W0365585

Christopher Wilson
Camilla

Christopher Wilson

Camilla

Die Geschichte einer großen Liebe

Aus dem Englischen
von Jutta Lützeler

Marion von Schröder

Die Originalausgabe erschien 2003 unter dem Titel *The Windsor Knot*
bei Citadel Press Books, New York.

Alle Abbildungen © Ullstein Bild, außer
I, II, III, IX und XVIII © Rex Features

Marion von Schröder ist ein Verlag der Ullstein Buchverlage GmbH

ISBN-13: 978–3-547-71106-6
ISBN-10: 3-547-71106-1

Copyright der deutschen Ausgabe
© 2006 by Ullstein Buchverlage GmbH, Berlin
Alle Rechte vorbehalten
© 2006 der überarbeiteten Ausgabe by Christopher Wilson
Gesetzt aus der Berkeley bei LVD GmbH, Berlin
Druck und Bindung: Clausen & Bosse, Leck
Printed in Germany

INHALT

VORWORT

Sie hatte nie davon geträumt, eines Tages Königin zu werden. Die junge Camilla Shand hegte lediglich die vage Hoffnung, es eines Tages ihrer Urgroßmutter gleichzutun und die Geliebte des zukünftigen Königs zu werden.

Unter den weiblichen Teenagern ihres gesellschaftlichen Standes war es nicht ungewöhnlich, davon zu träumen, dem Prinzen von Wales zu begegnen, von ihm umworben zu werden und plötzlich das Leben einer Märchenprinzessin zu führen. Camilla dagegen war realistischer. Wie ihre Ahnin Alice Keppel beinah ein Jahrhundert zuvor, begnügte sie sich damit, als Fußnote in die Geschichte einzugehen, indem sie dem Geliebten, ähnlich den früheren königlichen Kurtisanen, Unterstützung, Trost und Aufmerksamkeit schenkte.

Mehr hatte sie nie beabsichtigt. Sie wusste instinktiv, dass die Höflinge und die älteren Mitglieder der britischen Monarchie von Prinz Charles erwarteten, dass er sich eine Braut aus den Reihen der alten europäischen Königshäuser suchte – eine Vernunftehe im Dienste der Dynastie, die sogar 1970 noch als angemessen und erstrebenswert galt. Im schlimmsten Fall würde der zukünftige König Britanniens ein Auge auf die Tochter eines Herzogs, Marquis' oder Grafen werfen, aber auf keine Geringere. Und so kam Camilla wegen ihres gesellschaftlichen Ranges – und weil sie keine Jungfrau mehr war – als Prinzessin von Wales nicht in Frage.

Das wusste sie, ließ sich jedoch nicht beirren. Ihr blieb immer noch die Rolle der Geliebten, ein sehr mächtiges, wenn auch inoffizielles Amt bei Hofe, das bislang allen britischen Monarchen zugute gekommen war. Als sie dem Prinzen von Wales das erste Mal begegnete, tat sie etwas, was noch nie zuvor eine Frau getan hatte. Furchtlos, ehrgeizig und waghalsig, wie sie war, forderte sie ihn heraus. Ganz anders als die in Hermès oder Gucci gekleideten Mädchen aus der Oberschicht, die er kannte und die vor ihm knicksten und affektiert lächelten, war Camilla eine starke Persönlichkeit, die man nicht unterschätzen sollte – unbändig, erfahren und etwas verrucht.

Auf den jungen Prinzen, dessen sexuelle Erfahrungen begrenzt und ständig von der Angst begleitet worden waren, entdeckt zu werden, hatte Camillas unkomplizierter und direkter Umgang mit Sex eine gewaltige Wirkung. Wie schon Alice Keppel ein Jahrhundert zuvor, überschüttete Camilla ihren Prinzen mit mütterlicher und körperlicher Liebe, befreite ihn von seinen Hemmungen und füllte die Leere, die durch eine kühle und distanzierte Mutter entstanden war.

Das war im Jahr 1972. Im Frühjahr 2006 waren Charles und Camilla bereits seit fast vierunddreißig Jahren ein Liebespaar. Prinzessin Diana, das strahlende Symbol des Königshauses, hatte sich gerade mal für die Hälfte dieses Zeitraums in das Leben der beiden Geliebten verirrt. Doch das Aufeinanderprallen der drei verursachte tief greifende Veränderungen, die den Lauf der Geschichte beeinflussten. Ein Leben wurde zerstört und der Ruf der beiden anderen stark beschädigt.

War es nur ein schrecklicher Irrtum des Schicksals, dass die berühmteste Frau des zwanzigsten Jahrhunderts in einer Pariser Unterführung starb? Oder waren die ganze Zeit dunklere Mächte am Werk gewesen, die schließlich Dianas furchtbares Ende herbeiführten? Auf den folgenden Seiten geht es vor allem darum, dass Charles von Camilla besessen war; diese Obsession steuerte sein Tun, schob alle Einwände beiseite, brach Regeln und tötete letztlich – und darüber lässt sich durchaus streiten – seine Frau. Aber *warum* war er so besessen von ihr?

Lag es an der sexuellen Macht, die Camilla über ihn hatte? Nutzte sie diesen Einfluss, um ihren eigenen Ehrgeiz zu befriedigen, in die Nähe des Throns zu gelangen? Lief Charles seiner Frau davon, weil er sich unzulänglich fühlte und sich schämte? Trieb Diana, für die der Liebesakt nicht das Wichtigste war, ihren Mann durch mangelnde Aufmerksamkeit zurück in Camillas Arme? Auf den folgenden Seiten wird weder eine zufällige Dreiecksgeschichte noch eine anrüchige *Ménage-à-trois* beschrieben. Doch es geht durchaus um persönlichen Ehrgeiz: um Dianas klaren Wunsch, Prinzessin zu werden, egal, um welchen Preis; um Charles' Traum von einer zufrieden stellenden Vernunftehe im Dienste der Dynastie; um Camillas Begehren, in die Fußstapfen ihrer Urgroßmutter zu treten, die eine Affäre mit dem damaligen König hatte.

Diese Geschichte entlastet niemanden. Sie hat dazu geführt, dass die westliche Welt eine Ikone, möglicherweise das berühmteste Gesicht des Jahrhunderts, verloren hat und ein altehrwürdiges Königshaus für immer geschwächt worden ist. Keiner der Beteiligten hätte sich alle Konsequenzen seines Tuns ausmalen können, und doch steuert die Geschichte langsam und unausweichlich auf den Tod und den Verlust aller Illusionen zu. Es ist eine Tragödie, die der alten Griechen würdig wäre und in der jede Figur im Laufe der Zeit durch das wiederholte Erzählen eine Erhöhung erfährt.

Diana war der hellste Stern der britischen Königsfamilie in den letzten 500 Jahren. In ihrer Zeit als Prinzessin von Wales brachte sie einer müden und ziellosen Institution Glanz und Frische und gab ihr einen neuen Sinn. Die Welt der Erwachsenen kann durchaus ohne eine Monarchie existieren, wie Deutschland sehr deutlich zeigt. Doch die in Designerkleider gehüllte und mit kostbaren Juwelen geschmückte Diana war aufgrund der Faszination, die eine glaubwürdige Monarchie auf die Menschen ausübt, in der Lage, die Aufmerksamkeit auf andere Dinge zu lenken – auf das Leiden von AIDS-Infizierten, die Isolation von alten Menschen, die Schrecken von Landminen. Ihr Bekanntheitsgrad war eine positive Kraft, die Gutes bewirkte – das lässt sich nicht bestreiten, trotz der verfälschenden Berichte, die seit ihrem Tod 1997 (vor allem von Prinz Charles' Lager) in Umlauf gebracht wurden. Diana brachte neuen Schwung in die Monarchie und verlieh ihr eine neue Bedeutung.

Charles hat sich zumindest in seinem professionellen Leben ohne Zweifel hervorgetan. Kein anderer Thronfolger hat für die Jugend so viel zur Bekämpfung der Arbeitslosigkeit beigetragen und ihr in solchem Maß Hoffnung und Selbstachtung geschenkt. Er hat die Stimme der Vernunft gegen beunruhigende Entwicklungen erhoben und versucht, der blinden Arroganz der Politiker durch Worte und Taten Einhalt zu gebieten. Es gibt keinen anderen Kandidaten für den Job als König von England, und selbst wenn es ihn gäbe, müsste er ein überaus gebildeter und vielseitiger Mensch sein. Charles hat viel geleistet und Anerkennung verdient. Dennoch mögen einige nach der Lektüre dieser Seiten meinen, dass er ein isolierter, egoistischer und moralisch schwacher Mensch bleibt – jemand, der stärker als die beiden anderen Mitwirkenden in der Windsor'schen Dreiecksgeschichte für die Katastrophen verantwortlich gemacht werden muss, die über alle drei hereinbrechen sollten. Es war Charles, der Diana kaltblütig als Ehefrau wählte; Charles, der einem frisch verheirateten Offizier und Kameraden Hörner aufsetzte; Charles, der seine Frau betrog, als die Dinge schwierig wurden.

Und Camilla? Charles war so entschlossen, seine große Liebe zu heiraten, dass in den Jahren nach Dianas Tod erstaunliche, von der britischen Presse geduldete und unterstützte Anstrengungen unternommen wurden, den Ruf der beiden wiederherzustellen. Nach und nach wurde die Geschichte umgeschrieben, um zu verschleiern, dass die Frau, die bei Charles' Krönung an seiner Seite sitzen würde, dieselbe Frau war, die, nachdem sie ihr erstes Lebensziel, einen Kavallerieoffizier zu heiraten, erreicht hatte, ihren ehemaligen Geliebten aufs Neue in ihr Bett gelockt hatte. Die Beweise auf den folgenden Seiten lassen wenig Zweifel daran, dass Camilla Charles hätte widerstehen können. Schließlich hatte sie gerade ein Kind bekommen und plante weiteren Familienzuwachs. Als Ehefrau eines Mitglieds der römisch-katholischen Kirche (sie selbst war nicht katholisch) wusste sie besser als die meisten anderen Menschen, wie gefährlich der Weg war, den sie eingeschlagen hatte – nicht aus moralischen Gründen, sondern aus rein praktischen. Nachdem Camilla den in sie vernarrten Prinzen wieder in den Fängen hatte, wurde die Erfüllung der ihm auferlegten Pflicht – eine passende Braut zu finden – schier unmöglich. Er hatte nur Augen für Camilla. Und sie tat nichts, um ihn von sich zu stoßen.

Prinzessin Diana glaubte, dass ihr Ehemann ihr hätte treu sein müssen; in Anbetracht der langen Tradition ehelicher Untreue im britischen Königshaus eine kindische und unreife Ansicht. Schließlich entstammte sie selber einer ehebrecherischen Verbindung, und zwar zwischen König Charles II. und seiner Geliebten Nell Gwynn. Dennoch klammerte sich Diana an die Idee, dass das Eheversprechen, das sie sich vor den Augen der Nation und der Welt gegeben hatten, auch geachtet werden sollte. Charles wandte sich nach einem schwachen, aber aufrichtig gemeinten Versuch, Diana treu zu bleiben, wieder der einzigen Frau zu, die er wirklich liebte – und langsam, Stück für Stück, begannen die Zinnen der königlichen Burg zu zerbröckeln.

Der vorsätzliche und verrückte Racheakt von Prinzessin Diana, die mit dem Autor Andrew Morton bei seinem Buch *Diana. Ihre wahre Geschichte* zusammengearbeitet hatte, hätte mit einem Streich das Ende der britischen Monarchie bedeuten können. Seit Erscheinen des Buches 1992 gab es nur wenige Anzeichen dafür, dass die Öffentlichkeit gewillt war, dem Hause Windsor wieder den Respekt zu erweisen, den es seit Jahrhunderten genossen hatte.

Diana gestand hinsichtlich ihrer Hochzeitsreise: »Nachts träumte ich ständig von Camilla … war von Camilla besessen. Ich hatte sehr große Hoffnungen (für unsere Ehe), die jedoch schon am zweiten Tag völlig zerstört wurden.«[1] Und so wuchs ihr Groll und explodierte schließlich mit der Wucht eines Molotowcocktails, der durch eine Glasscheibe geworfen wird.

Die Veröffentlichung von *Diana. Ihre wahre Geschichte* bewirkte, dass Charles öffentlich für seinen Ehebruch verurteilt wurde, doch die Konsequenzen des Buches reichten noch viel weiter. Zwischen den Zeilen von Dianas Geschichte konnte man Skizzen aus dem Alltagsleben der königlichen Familie ausmachen. Die Journalisten und Autoren hatten über all das bislang nur spekuliert, aber nun war es so, als seien Überwachungskameras im Buckingham-Palast installiert worden, deren Aufnahmen wir beobachten durften. Dies veränderte auf drastische Weise das Bild, das sich sowohl die Presse als auch die Öffentlichkeit vom Königshaus gemacht hatte. Plötzlich gab es großes Interesse daran, die Schwächen der Royals zu entlarven, und ebenso daran, diese Enthüllungen zu lesen.

Die Ehe des zweiten Sohnes der Königin, des Herzogs von York, entpuppte sich als Schwindel, als die lüsterne Fergie Sex mit ihrem texanischen Freund hatte, während ihr Mann nebenan auf dem Sofa saß und fernsah.

Der jüngste Sohn der Königin, Prinz Edward, der eine Stelle im Theater annahm, wurde der Homosexualität beschuldigt. Die Tochter der Königin, Prinzessin Anne, hatte angeblich nicht nur eine, sondern zwei Affären mit dem Mann von Camilla Parker Bowles gehabt. Und Prinz Philip, das eiserne Oberhaupt der Familie, wurde angeklagt, mit Lady Romsey, der Frau seines Cousins, ins Bett zu gehen.

Doch das waren nur die Sexgeschichten. Als es auf Schloss Windsor – seit der Zeit der Normannen Familiensitz – brannte, wurde die Königin an den Pranger gestellt, weil sie selbst keinen einzigen Penny für die Millionen Pfund teuren Reparaturen beisteuerte, jedoch an ihre Untertanen appellierte, beim Bezahlen der Rechnungen zu helfen. Dies führte schließlich zu der lautstarken Forderung, Ihre Majestät möge Einkommenssteuer zahlen – und in dem Moment, in dem sie vor diesem Thema kapitulierte, verlor Königin Elisabeth II., obschon ihre Besteuerung von allen als gut und richtig angesehen wurde, einen Großteil ihrer geheimnisvollen Aura. Mit einem Schlag wurde sie in den Augen der Öffentlichkeit eine Normalsterbliche, und als direkte Konsequenz wurde *ihr* das Debakel nach Dianas Tod in die Schuhe geschoben. Die einst allmächtige Regentin verlor damit viel von dem Respekt, den sie sich ihr ganzes Leben lang hart erarbeitet hatte.

Nachdem die Monarchie in Großbritannien (mit nur einer kurzen Unterbrechung) seit der Zeit vor der Eroberung durch die Normannen im Jahr 1066 bestanden hatte, war sie nun vermutlich an ihrem Tiefpunkt angelangt. Hätten sich Charles und Camilla nicht verliebt und hätte Diana dies nicht aufgedeckt, wären die Presse und die Öffentlichkeit in Großbritannien nicht so schnell bereit gewesen, die Institution der Königsfamilie in Frage zu stellen. Doch wie die folgenden Seiten nur allzu deutlich zeigen werden, war Camilla die Einzige in Charles' lieblosem Leben, die ihn wirklich verstand, seine Bedürfnisse erfüllte und ihm zuhörte.

Der Prinz besitzt hinsichtlich seines eigenen Schicksals beinah einen sechsten Sinn, was seine Kritiker innerhalb und außerhalb der Mauern des Palastes noch verblüffen dürfte. In den Jahren nach 1997 ist seine Rehabilitierung sehr stark von der Öffentlichkeit wahrgenommen worden, und es ist durchaus möglich, dass er durch die demütigenden Erfahrungen ein stärkerer und doch zugänglicherer Monarch werden wird, wenn seine Zeit gekommen ist. Vor seinem Fall hatte man nämlich den Eindruck, dass das Verhalten des Prinzen Züge von Arroganz und Kurzsichtigkeit anzunehmen begann.

Im Januar 1993 tauchte unter dubiosen Umständen ein sechsminütiger Ausschnitt aus einer Unterhaltung mit Camilla Parker Bowles auf, die er drei Jahre zuvor mit ihr geführt hatte. Wie auch immer sie entstanden sein mögen, so sollte die Veröffentlichung der so genannten Camillagate-Bänder Charles' Arbeit aus vierundvierzig Jahren mit einem Schlag zerstören – und zwar seine lebenslangen Bemühungen, die Akzeptanz der Menschen zu erringen, die er eines Tages regieren würde.

Für diesen Akt der Täuschung – vorzugeben, eine Frau zu lieben, während er heimlich einer anderen gehörte – wurde der Prinz von Wales in der Öffentlichkeit auf eine noch nie da gewesene Art angegriffen. Umfragen zeigten immer wieder, dass die britische Nation den Gedanken nicht ertragen konnte, dass Charles ihr Covergirl Nummer eins betrogen hatte.

Nach der Verkündung der Königin, dass die Ehe des Prinzen

und der Prinzessin von Wales gescheitert sei, und mit den auftauchenden Beweisen, dass die Verbindung von Anfang an eine Täuschung gewesen war, begannen die Geschichtsschreiber ihre Federn zu spitzen, um ihren Nachruf auf das Haus Windsor zu schreiben. Es bedarf nicht viel, um das Vertrauen der Gelehrten in eine überholte Institution zu erschüttern, deren Machtbasis marode ist und die nur noch eine zeremonielle Funktion innehat. Plötzlich gab es gute Gründe zu glauben, dass die britische Monarchie den Tod von Elisabeth II. nicht überleben würde.

Doch die Zeit ist in der Lage, Ängste zu lindern und Wunden zu heilen, und so konnte man annehmen, dass die Wut darüber, so vorsätzlich getäuscht worden zu sein, bald einer höheren Toleranz gegenüber Charles' ungewöhnlicher Lage und seinem offensichtlich unwürdigen Verhalten weichen würde. Aber Verzeihen kann nur mit Verstehen einhergehen, und ein klares Verstehen ist nur möglich, wenn die Anhänger der Monarchie sämtliche Fakten über Charles' Affäre mit Camilla Parker Bowles erhalten.

Das versuche ich in diesem Buch, denn ich bin überzeugt, dass die bis dato erschienenen unvollständigen Versionen der Geschichte die Fakten verzerrt haben, indem sie sich auf Diana, ihr Leben und ihre Probleme konzentriert haben. Interessanterweise sagte die einzige Person, die letztlich alles verstanden hat – Diana selbst –, in einem privaten Gespräch mit einem BBC-Reporter kurz vor ihrem Tod: »Sehen wir doch den Tatsachen ins Auge, Camilla ist und war Charles' Liebe seines Lebens. Ich hege ihr gegenüber keine Feindseligkeit mehr. Ich denke sogar, dass sie eine Form von Anerkennung verdient. Schließlich war sie ihm gegenüber eine lange Zeit loyal und außerordentlich diskret.«

Charles und Camilla existieren, und das werden sie auch weiterhin. Diejenigen, die einer vereitelten Liebe ein gewisses Mitgefühl entgegenbringen, werden sich in den folgenden Kapiteln möglicherweise bestätigt fühlen. Doch die Geschichte ist keine kuschelige Romanze. Menschen, sowohl Kinder als auch Erwachsene, wurden von diesem Fehlgriff Amors sehr verletzt. Viele andere, vielleicht sogar Millionen, fühlen sich aus dem einen oder anderen Grund durch das Geschehene betrogen.

Vor allem wurde Diana betrogen. Doch wie die folgenden Seiten zur Genüge zeigen werden, wusste sie die ganze Zeit über Camilla Bescheid – vom Moment ihrer ersten Begegnung mit Charles an war sie vor der verheirateten Frau gewarnt gewesen. Camilla war zu allgegenwärtig und Charles' Werben um Diana zu unschuldig, als dass der Groschen nicht hätte fallen müssen – selbst bei einem Mädchen, das zu diesem Zeitpunkt alles andere als eine Frau von Welt war.

Im Rückblick betrachtet kann man erkennen, dass es eine andere Version der Ereignisse gibt als die, die während der vergangenen Jahre so vehement vorgebracht wurde. Man darf davon ausgehen, dass Diana Camilla, falls sie sie überhaupt wahrgenommen hat, nur als vage Bedrohung angesehen hat, wie alle zukünftigen Ehefrauen, die Ex-Freundinnen des Mannes kennen lernen. Unschuldig schritt sie auf den Altar der St. Paul's Cathedral zu und glaubte, dass Charles von nun an ganz allein ihr gehören würde.

Die Realität sah etwas anders aus. Es war von Anfang an klar, dass Charles eine Verbindung im Dienste der Dynastie wollte, um die Thronfolge zu sichern und die Kritiker zum Schweigen zu bringen – allen voran seinen Vater. Denn man warf ihm vor, dass er seine Pflichten vernachlässige, wenn er unverheiratet bliebe. Diana hatte ebenfalls ehrgeizige Beweggründe – sie war entschlossen, diese Verbindung in eine Liebesbeziehung zu verwandeln, was ihr jedoch nie gelang.

Charles' Besessenheit von Camilla ließ unter dem Ansturm des Charmes seiner jungen Frau kaum nach, aber Camilla hatte sich ja auch immer ihre Urgroßmutter Alice Keppel zum Vorbild genommen. Alice' »Amtszeit« als Lieblingsmätresse – als *La Favorita* – von König Edward VII. dauerte sehr lange und wurde nie angefochten. Doch bei jenen ersten Begegnungen auf dem Smith's Lawn[2] konnte Camilla nicht geahnt haben, dass ihre Rolle in der britischen Geschichte erheblich größer sein würde als die ihrer Urgroßmutter. Denn eines Tages würde Camilla nicht nur die königliche Geliebte, sondern die Königin werden.

Nun, da Charles und Camilla aus dem Schatten hervorgetreten sind, bleibt nur noch die Aufgabe, das Paar zu akzeptieren. Das Volk, das die Herzogin von Cornwall nun endlich näher in Augenschein nehmen kann, nimmt sie immer herzlicher auf. Dennoch bleibt ein seltsames Gefühl in der Magengrube zurück. Das Gefühl, dass da etwas nicht stimmt, dass man immer noch nur eine Version der Tatsachen präsentiert bekommt und dass gewisse Fakten über Camillas Leben ein Geheimnis bleiben werden. Auf den folgenden Seiten gibt es detaillierte Beispiele dafür, dass irreführende Informationen verbreitet wurden, um ganz offensichtlich die Position des Prinzen von Wales wieder zu stärken. Es ist allerdings ein offeneres, mutigeres Vorgehen nötig, um diejenigen zu besänftigen, die immer noch wegen der Hochzeit von 1981 gekränkt sind. Sie fühlen sich genarrt, weil sie den Union Jack schwenkten und Dianas Namen riefen, während Charles am Altar stand und an Camilla dachte.

Dies ist eine unvollkommene Geschichte, die ihren Ursprung in einem Kind hat, das sehr wenig Liebe erfuhr und dem es auch in seinem weiteren Leben immer schwerer fiel, Liebe zu gewinnen.

Als der Junge zum Mann heranwuchs, fand er in Camilla Parker Bowles eine Frau, der er vertrauen und seine Ängste mitteilen konnte und unter deren aufmerksamem Blick er den einsamsten Job in Großbritannien erfüllen konnte.

Es ist eine unvollkommene Liebesgeschichte, aber wir leben ja auch in einer unvollkommenen Welt.

London, Februar 2006

KAPITEL 1

Vier Uhr morgens

Berkeley Square, Ende Oktober

Bis zum ersten Frost sind es noch ein oder zwei Wochen, und Mayfair, Londons mondäner Bezirk im West End, klammert sich an die letzten Überreste des Sommers. Die Äste der riesigen Platanen sind völlig kahl, und der dichte Blätterteppich darunter wurde bereits weggefegt.

Auf dem Land, in den höheren Kreisen der britischen Gesellschaft, geht die Saison ihren üblichen Gang. Es wird nun auf Fasan, nicht mehr auf Moorhuhn geschossen, und die Angelausrüstungen sind weggeräumt. Die Jäger haben ihre roten Röcke aus dem Schrank geholt und ihre Stiefel auf Hochglanz poliert.

In London ist die Partysaison in vollem Gange, auch wenn sich die Debütantinnen in alle vier Winde zerstreut haben. Die Mode mag sich wandeln, doch die Londoner Saison, an der sich seit beinah einem halben Jahrhundert kaum etwas verändert hat, verläuft wie gehabt.

Im Oktober 1972 standen die Gegner im Vietnamkrieg kurz vor einem Waffenstillstandsabkommen. Dr. Henry Kissinger hielt geheime Treffen mit den Nordvietnamesen in Paris ab und flog von dort aus zu Gesprächen mit dem Präsidenten des Südens Thieu nach Saigon. Großbritanniens politische Anführer, Edward Heath und Harold Wilson, hatten einen unbehaglichen Burgfrieden hinsichtlich Großbritanniens Mitgliedschaft in der Europäischen Gemeinschaft erzielt. Großbritannien befand sich in einer wenig erbaulichen Auseinandersetzung mit Island: Der Kabeljaukrieg brach aus, und Fischereiboote und die Royal Navy beschossen sich gegenseitig. Ein Flug nach New York kostete 87 Dollar; eine Flasche Pol-Roger-Champagner 4,50 Dollar.

Während ihres Besuchs im kommunistisch regierten Jugoslawien bereiste die Königin zusammen mit Prinz Philip und Prinzessin Anne Kroatien. Zur gleichen Zeit wurde zu Hause ein Gedenkgottesdienst für den lüsternen Cousin der Regentin, Prinz William von Gloucester, abgehalten, der zwei Monate zuvor bei einem Flugzeugabsturz ums Leben gekommen war.

Der begehrteste Junggeselle der Welt war ein vierundzwanzigjähriger Leutnant zur See bei der Royal Navy, der zwar kein Mann von Welt war, jedoch schon mehr von der Welt gesehen hatte als die meisten seiner Altersgenossen.

Charles Philip Arthur George, Prinz des Vereinigten Königreiches und Inhaber einer eleganten Auswahl anderer Titel, war drei Jahre zuvor als Prinz von Wales eingesetzt worden, und während er und die Nation diese neue und ungewohnte Anrede noch genossen, kannten ihn viele nach wie vor eher als Prinz Charles.

Obwohl schon viel über den Jungen geschrieben worden war, wusste man über den Mann nur wenig. Nach dem Besuch eines abgelegenen schottischen Internats war er in der Anonymität der Universität von Cambridge untergetaucht und anschließend, wie schon sein Vater, Großvater und Urgroßvater, der Royal Navy beigetreten.

Um dem Diktat des Herzogs von Edinburgh zu folgen, erlernte Charles auch das Fliegen und verbrachte einige der Sommermonate des Jahres 1972 damit, sich mit den Wessex-Helikoptern der Royal Navy und den Flugzeugen der königlichen Flotte vertraut zu machen. Bald sollte er zur Marine zurückkehren und den Tiefpunkt seiner Dienstzeit erleben – als einfacher Offizier auf dem Minensuchboot *HMS Glasserton*. Doch in jenem Herbst gönnte sich der sonst so ernsthafte Prinz eine kleine Pause. Er war jung, fit, nicht unattraktiv – und mehr als bereit, sich zu verlieben.

Beim Thema Frauen sah er sich als eine jüngere Ausgabe des Mannes, den er am meisten bewunderte – den verstorbenen Cousin seiner Mutter, Prinz William von Gloucester. William hatte all die Eigenschaften gehabt, die ein Prinz besitzen sollte –

er war groß, dunkelhaarig und unerhört gut aussehend gewesen. Er hatte sehr anziehend auf Frauen gewirkt und sämtliche Regeln gebrochen. So hatte er während seines Aufenthalts in Tokio mit einer älteren Frau zusammengelebt, die bereits Mutter und zweimal geschieden war. Sie war Künstlerin, hatte ihn nackt gemalt und anschließend das Bild ausgestellt. Danach hatte er sich einer weiteren älteren Frau zugewandt, ebenfalls geschieden und Mutter. Prinz William von Gloucester hatte immer zwischen den schönsten Frauen wählen können und dies auch regelmäßig getan.

Charles, der seinen älteren Verwandten seit jeher bewundert hatte, wollte ihm nacheifern. Williams heldenhafter Tod in jenem Sommer während eines Flugwettkampfs in der Nähe von Wolverhampton in den Midlands verstärkte nur noch Charles' Entschluss, in dessen Fußstapfen zu treten. Er würde sich schöne Frauen suchen, sie umgarnen, erobern … und verlassen.

So weit seine Vorstellung. In der Realität waren seine Eroberungen bis dahin weder zahlreich noch besonders aufregend gewesen. Als Student am Trinity College in Cambridge entdeckte er zusammen mit Lucia Santa Cruz, der glamourösen Tochter des chilenischen Botschafters in London, die Freuden der Liebe. Sie war drei Jahre älter als der Prinz und arbeitete für Lord Butler, den Rektor von Charles' College. Sie assistierte ihm bei den Recherchen für seine Memoiren *The Art of the Possible*. Butler erinnerte sich: »Der Prinz fragte, ob sie in unserer Lodge wohnen dürfe, um etwas Privatsphäre zu haben, eine Bitte, der wir sehr gerne nachkamen« – und dort gingen sie miteinander ins Bett. Die Beziehung endete ungefähr zu der Zeit, als Charles seinen Abschluss machte.

Er begann anschließend eine kurze und unbefriedigende Liaison mit Lucinda Buxton, die später eine bekannte Filmemacherin wurde und das Single-Dasein sowie die Gesellschaft von Frauen einer Ehe vorzog. Charles schloss außerdem Freundschaft mit Sibella Dorman, Tochter des Generalgouverneurs von Malta, Sir Maurice Dorman, wobei hierbei keine große Leidenschaft im Spiel gewesen sein dürfte. Der Einladung auf die Insel, wo man das Paar dabei beobachtete, wie es sich gegenseitig mit Sonnenöl einrieb, folgte eine Einladung zu einer Reise auf der königlichen Jacht *Britannia*. Diese sollte nach Charles' Amtseinsetzung als Prinz von Wales stattfinden.

Und das war's auch schon. Charles' Biografin Penny Junor schreibt: »Er hatte eine Anzahl von Freundinnen … aber die Beziehungen waren meist platonischer Art. Da er kein geborener Frauenheld war, schenkte er einem Mädchen statt einer roten Rose lieber einen schrecklichen Scherzartikel, wie zum Beispiel einen Umschlag, aus dem beim Öffnen Gummibänder hervorschossen.

Wie die meisten Jungen, die fünf Jahre ihrer Jugend in der reinen Männerwelt einer Privatschule eingesperrt worden waren, hatte er nie die Gelegenheit gehabt, seinen Mangel an Selbstvertrauen zu überwinden. So verhielt er sich gegenüber dem anderen Geschlecht sehr unbeholfen und unsicher. Seine Altersgenossen konnten in aller Anonymität üben und sich auch blamieren. Ihm war jegliche Anonymität verwehrt.«

Außerdem fehlte es ihm an Gelegenheiten. In den Monaten vor dem Oktober 1972 hatte er Kanada und die USA bereist, war zu den Fidschi-Inseln, den Bermudas und nach Barbados gesegelt – und war anschließend noch nach Frankreich, Kenia, Deutschland und Gibraltar gereist. Hinzu kamen seine militärischen Pflichten bei der Royal Air Force und später bei der Royal Navy. Mädchen kennen zu lernen war ein Problem.

Nicht so am Berkeley Square. Nicht so im *Annabel's*.

Von vielen als der beste Nachtclub der Welt angesehen, war das *Annabel's* damals wie heute eine unauffällige Lokalität, wo es weder Animierdamen noch Shows oder Spieltische gab. Stattdessen gab es in dem Club eine Reihe dunkler Räume im Souterrain, die diskret im englischen Landhausstil eingerichtet waren. An deren holzvertäfelten Wänden hingen Bilder von Augustus John, Sir Edward Landseer, Sir Alfred Munnings und dem königlichen Hofmaler Sir Oswald Birley, dem Vater des Clubgründers Mark Birley. Das *Annabel's* verfügte über mehrere, in Dunkelgrün gehaltene Bars, einen Speisesaal, einen Tanzbereich und eine von Messingsäulen gestützte Gewölbedecke, die täglich poliert wurden. Der Club zeichnete sich durch eine elegante, intime Atmosphäre aus.

Die Kritiker behaupteten, dass den Gästen eine gewisse Blasiertheit und Arroganz anhaftete, die sie aus dem Bewusstsein zogen, dem inneren Kreis der englischen Gesellschaft anzugehören. Und dieser schloss soziale Emporkömmlinge sowie Menschen, die nicht vertrauenswürdig oder niederer Herkunft waren, aus. Außerdem gestattete man nur den Journalisten Zutritt, die ein Schweigegelübde hinsichtlich der Dinge ablegten, die sich hinter den verschlossenen Türen abspielten. So dauerte es zum Beispiel mehrere Jahre, bis an die Öffentlichkeit drang, dass Sandra Paul – inzwischen mit dem ehemaligen Innenminister Michael Howard verheiratet – einen unsittlichen Antrag von Ted Kennedy erhalten hatte.

In solch einer Umgebung kann sich der Adel ungehindert gehen lassen, und in den Siebzigern war das *Annabel's* der ideale Ort für die ersten Schritte ins Erwachsenenleben. Dort konnte die Jugend abseits der Neugier der gewöhnlichen Leute flirten und berauschende Musik genießen. Dort, im Dunkeln, sollte Geschichte geschrieben werden.

Eine Gruppe junger Gäste ging unter der Markise entlang und stieg die Treppe hinunter. Zu ihnen gehörte die zweiundzwanzigjährige Prinzessin Anne, die gerade erst von ihrer Reise nach Jugoslawien zurückgekehrt war. Mit von der Partie war außerdem Prinz Charles, der sich das seltene Vergnügen eines Zechgelages gönnte, nachdem er den langweiligen Dienst im Schulungszentrum *HMS Dryad* in Portsmouth hinter sich gebracht hatte.

Der Prinz und seine jüngere Schwester wurden selten zusammen in der Stadt gesehen, aber es waren die Begleiter der königlichen Geschwister, die jemandem mit hellseherischen Fähigkeiten eine Gänsehaut verursacht hätten. Zu ihnen zählten der zuvorkommende Gerald Ward, ein Grundbesitzer aus Berkshire, dessen Vater die Household Cavalry kommandierte und zum *Silver Stick in Waiting*[3] der Königin ernannt worden war.

Dieser Doppelposten sollte eines Tages durch einen späteren Inhaber, einen anderen Offizier, bekannt werden.

Und dann war da noch die fünfundzwanzigjährige Camilla Shand, ein in der Party-Szene relativ unbekanntes Mädchen, das sich für Pferde interessierte und klare, blaue Augen und eine hübsche, rundliche Figur besaß. Miss Shand arbeitete, wenn sie denn eine Anstellung hatte, als Sekretärin, was allerdings nicht hieß, dass sie aus einer unteren Gesellschaftsschicht kam und sich ihren Lebensunterhalt verdienen musste. Sie besaß einen aristokratischen Stammbaum – manche behaupteten sogar, einen königlichen. Sie war 1965 als Debütantin in die Gesellschaft eingeführt worden und hatte in den vergangenen sechs Jahren die Früchte des Londoner Gesellschaftslebens gekostet. Die meisten ihrer Freundinnen waren verheiratet, doch sie selbst, sexy, aber unscheinbar, war aus verschiedenen Gründen noch nicht vergeben.

Für jemanden mit ihrem finanziellen und sozialen Status lebte Camilla an einem ungewöhnlichen Ort – in einer Wohnung in der Cundy Street am hinteren Ende von Belgravia. Einer ihrer Vorfahren, Thomas Cubitt, hatte sich seinen Namen und sein Familienvermögen durch den Bau des Anwesens der Herzöge von Westminster erworben. Doch Camilla wohnte in dem einzigen Teil des Bezirks, den er nicht gebaut hatte, und zwar in einem von vier hässlichen, siebenstöckigen Wohnhäusern aus der Nachkriegszeit. Dort hatten früher einige elegante, mit Stuck verzierte Häuser gestanden, die im Krieg zerbombt worden waren. Mozart hatte wenige Meter von ihrer Wohnung entfernt eine Symphonie geschrieben. Diese hohen, hässlichen Wohntürme standen also in völligem Gegensatz zu dem mit Säulen verzierten, weiß gestrichenen Anwesen von Belgravia. Auch der Busbahnhof Victoria Coach Station mit seinen rumpelnden Bussen und Abgaswolken war ganz in der Nähe.

Miss Shand hatte keine bekannten Verbindungen zum Königshaus, aber ihre Mitbewohnerin und Vermieterin der im Erdgeschoss liegenden Drei-Zimmer-Wohnung war Lady Moyra Campbell, Tochter des vierten Herzogs von Abercom und Ehrendame bei der Krönung von Elisabeth II. Deren Mutter war eine enge Freundin der Königinmutter und Erste Kammerfrau in deren königlichem Haushalt gewesen. Lady Moyra zog aus, als sie einen irischen Landbesitzer heiratete, und Camillas neue Mitbewohnerin wurde Virginia Carrington, die schöne Tochter des konservativen Politikers und ehemaligen Offiziers der Guards, Lord Carrington.

Camilla kannte das *Annabel's*, obwohl es erst kürzlich von der Jugend entdeckt worden war. In der Swallow Street am Piccadilly Circus, etwa zehn Gehminuten vom Berkeley Square entfernt, befanden sich die verlassenen Überreste des einzigen nächtlichen Konkurrenten um die Gunst der Adligen, des *Sybilla's*.

Dieser Nachtclub war 1966 eröffnet und nach Camillas Cousine, Sybilla Edmonstone, benannt worden. Sie war all das, was Camilla nicht war – schön, gefeiert und sehr modisch. Der Kontrast zwischen dem Leben der beiden Mädchen lässt sich am besten durch zwei Ereignisse verdeutlichen, die sich in jenem Jahr beinah gleichzeitig zutrugen. Auf der einen Seite war da Camillas eher langweiliger Debütantinnenball im Haus ihres Onkels, Lord Ashcombe, in Surrey. Auf der anderen Seite war da die Eröffnung des *Sybilla's*.

Durch die Mitbesitzer George Harrison, damals dank der weltweiten Bekanntheit der Beatles eine gottähnliche Gestalt, und Baronet[4] Sir William Pigott-Brown war die Eröffnungsnacht eine Sensation und die bis dahin größte Manifestation der Swinging Sixties. Alle vier Beatles waren anwesend. Die Rolling Stones hatten ihre Amerikatournee verschoben, um dabei zu sein. Es war ein wunderbarer Moment des Gleichklangs, als für eine kurze Zeit die Klassenbarrieren verschwanden und Popstars von niederer Herkunft mit den Grafen von Lichfield und Shelbourne, mit Lord Eliot und den Kindern von Lord Harlech und Prominenten wie Vanessa Redgrave, Julie Christie und Rudolf Nurejew zusammentrafen.

Und mitten in diesem Trubel, unter den Augen aller, befand sich Sybilla. Mit ihren zweiundzwanzig Jahren besaß sie *das* Gesicht und die Figur eines Models, die Welt der Schönen und Reichen sang wahre Lobeshymnen auf sie, und sie verfügte über ein beeindruckendes Vermögen, das von dem Handelsimperium ihres Urgroßvaters in Chicago stammte. Ihr Name und ihr Gesicht standen für das freizügige Leben ihrer Zeit; ihre bloße Anwesenheit reichte aus, damit erwachsene Männer weiche Knie bekamen. Dies unterschied sich völlig von dem Grünschnabel Camilla Shand, deren Anziehungskraft auf das andere Geschlecht eher in ihrer Natürlichkeit als in einer göttlichen Erhabenheit begründet lag. Auch ihre Erziehung war im Vergleich zu ihrer älteren Cousine alles andere als kosmopolitisch gewesen.

Oberflächlich betrachtet passte Camilla also überhaupt nicht zum Prinzen von Wales. Ihr Vater, der sich in ihrer Kindheit »Filmrepräsentant« nannte, wohnte in London, zog jedoch das Landleben vor, wo er sich mit großer Begeisterung der Fuchsjagd und mit wenig Erfolg seinen Geschäften widmete.

Sie war weder mit den Herzögen von England noch mit irgendeinem ausländischen Königshaus verwandt – die beiden Kreise, in denen Charles eine zukünftige Braut finden könnte. Auch war sie zu diesem Zeitpunkt noch nicht im Besitz eines eigenen Vermögens, und von den Mädchen in ihrem Debütantinnenjahrgang war sie vermutlich das am wenigsten fotogene. Außerdem war allseits bekannt, dass sie eine aufregende Affäre mit einem Armeeoffizier namens Andrew Parker Bowles gehabt hatte, der mit zweiunddreißig acht Jahre älter als sie war, und man munkelte, dass das Paar irgendwann heiraten würde.

Aber Parker Bowles, ein Major im Kavallerieregiment Blues and Royals, war nach Deutschland versetzt worden. Außerdem hatte Camilla in den vergangenen Sommermonaten, gemeinsam mit ihrer Freundin Carolyn Gerard Leigh und Andrew Parker Bowles' Schwester Mary Ann Paravicini, deren Mann Nick ein Offizier der Life Guards und Polo-Freund von Charles war, viel Zeit im Guard's Polo Club in Windsor verbracht.

Der erste Kontakt war geknüpft. Und auf einer Party, kurz nachdem sich Charles und Camilla zum ersten Mal begegnet waren, unterbreitete sie ihm dann mit dem für sie typischen *joie de vivre* den berühmten Vorschlag: »Meine Urgroßmutter und Ihr Urgroßvater waren ein Paar. Wie wär's mit uns beiden?«

Ihre Behauptung entsprach durchaus den Tatsachen. Zwischen 1898 und seinem Tod 1910 hatte König Edward VII. eine enge körperliche und geistige Beziehung mit der Ehrenwerten Mrs. George Keppel unterhalten, einer Frau, die achtundzwanzig Jahre jünger war als er. Unter all den außerehelichen Beziehungen des Königs war dies die intensivste gewesen. Und Charles, der sich sehr gut in der Geschichte seiner Familie auskannte, wusste um die besondere Rolle als Vertraute und Gastgeberin, die Alice Keppel im Leben seines Vorfahren gespielt hatte.

Hätte er sich die Fotos von Alice Keppel näher angesehen, hätte er eine unheimliche Ähnlichkeit zwischen den Frauen bemerkt. Aber es gab noch zahlreiche weitere Parallelen zwischen Alice und Camilla. Und letztlich würde Camilla tiefere Spuren in der Geschichte hinterlassen als ihre berühmte Urgroßmutter.

Vor dem Prinzen lag die Aussicht auf einen Aufenthalt in der kalten Einöde von Lincolnshire, wo er einen einwöchigen Auffrischungskurs im Cockpit eines Jet Provost der Royal Air Force absolvieren würde. Anschließend musste er sich in die noch unwirtlichere Umgebung der Advanced Flying Training School, einer weiterbildenden Flugschule der Royal Air Force in Anglesey, begeben. Aber in dieser Nacht in der warmen und dunklen Umgebung des *Annabel's* hatte er das Angebot von Camilla Shand in den Ohren. Champagnerkorken knallten, und Romantik lag in der Luft.

Prinzessin Anne und Gerald Ward tanzten zu den aktuellen Hits, zu Eric Claptons »Layla«, zu »Run to me« von den Bee Gees, zu Michael Jacksons »Ain't no sunshine« und zu »Virginia plain« von Roxy Music. Als die Musik etwas langsamer wurde, begaben sich Charles und Camilla auf die Tanzfläche und tanzten zu Python Lee Jacksons »In a broken dream« und Faron Youngs »It's four in the morning«.

Um vier Uhr morgens hatten sie das *Annabel's* längst verlassen und befanden sich in der Erdgeschosswohnung im Stack House in der Cundy Street, wo sie eine Leidenschaft entdeckten, die viele Jahre halten sollte; glückliche und manchmal auch schmerzvolle Jahre, aber in jedem Fall Jahre, in denen ihre Liebe nicht eine Minute erkalten würde.

KAPITEL 2

Geliebte und Mutter

Der Lauf der Geschichte wiederholte sich. Es gibt Parallelen zwischen Charles' und Camillas Affäre und der zwischen dem Prinzen von Wales und Mrs. Wallis Simpson. Trotzdem ist es die Beziehung zwischen Camillas Urgroßmutter Alice Keppel und Charles' Ururgroßvater König Edward VII., die am meisten Licht auf die Liebesgeschichte zwischen den beiden werfen kann.

Alice Keppel wurde 1869 in Schottland als jüngste Tochter von Admiral Sir William Edmonstone und Mary Elisabeth Parsons geboren. Edmonstone, der vierte Baronet, gehörte durch eine Heirat im fünfzehnten Jahrhundert dem königlichen Haus der Stuarts an. Die Tochter von König Robert III., Mary, heiratete Sir William Edmonstone von Culloden, und im Jahre 1445 wurde ihnen der Familiensitz von Duntreath Castle auf der Stirlingshire-Seite von Loch Lomond zugesprochen.

Inmitten des gefährlichen schottischen Moors gelegen und vor dem unwirtlichen Hintergrund von zwei kahlen Hügeln erbaut, machte Duntreath mit seinem Innenhof und seinen Ecktürmen einen Furcht einflößenden Eindruck. Doch das karge Äußere des Gebäudes umschloss einen unerwarteten Komfort, und durch seine einsame Lage und Geschichte war es zweifelsfrei genau der richtige Ort, um die Geliebte eines Königs hervorzubringen. »Es war romantisch und besaß ein Ausmaß an Luxus, das damals seinesgleichen suchte. Seine ineinander übergehenden Salons und seine bewusst gewählten Aussichtspunkte wirkten freundlich und ein wenig vom französischen Stil beeinflusst. Die Atmosphäre des Anwesens war teils mittelalterlich, teils exotisch«, schrieb ein Familienmitglied.

Als Alice zur jungen Frau heranwuchs, wurde man ihrer Persönlichkeit gewahr. Man beschrieb sie als ehrlich, energisch und praktisch veranlagt, und dies waren die gleichen Adjektive, die beinah ein Jahrhundert später zur Beschreibung einer anderen Frau verwendet werden sollten. Sie besaß außergewöhnliche Güte – »sie war nicht engherzig oder böse, hatte keine Vorurteile«, schrieb ein Biograf. »Schon als Kind war ihr Takt erstaunlich.« In einer Zeit, als nur wenige Auserwählte von der ehelichen Untreue des Königs wussten, und nachdem Alice Edwards Geliebte geworden war, schützten sie lediglich ihr Charme und ihre Gutherzigkeit vor Anfeindungen.

Ihre Erziehung war aristokratisch, doch als die jüngere Schwester konnte sie ihrem zukünftigen Ehemann keine große Mitgift einbringen. Dennoch heiratete sie aus Liebe, nicht wegen des Geldes, und nahm den Antrag des Ehrenwerten George Keppel an, dem dritten Sohn des siebten Grafen von Albermarle. Als sie 1891 heirateten, war sie zweiundzwanzig und er sechsundzwanzig und Offizier bei den Gordon Highlanders.

Obwohl auf beiden Seiten das Geld fehlte, waren ihre Zeitgenossen der Meinung, dass sie es gut getroffen hatte – denn Alice gehörte, wie auch ihre Nachfahrin Camilla, nicht zu den gefeierten Schönheiten ihrer Zeit. Dame Rebecca West bemerkte: »Ihr Charme lag nicht in ihrem Äußeren begründet; tatsächlich war es George, der äußere Reize zu bieten hatte. Alice hatte weder ein besonders hübsches Gesicht noch eine auffallend gute Figur. Sie besaß eine helle, blasse Haut und diese schottischen Augen, die an einen klaren Gebirgsbach erinnerten. Ihr Blick wirkte häufig sehr besorgt, wie der einer OP-Schwester in einem gut geführten Krankenhaus.« Hugh Walpole bemerkte: »Mrs. Keppel ist ein witziger Mensch. Ich mag sie. Sie ist wie ein Wachhabender, der einen wunderbaren Sinn für Humor besitzt.«

Die Familie ihres Mannes stammte zwar aus Holland, war jedoch im späten neunzehnten Jahrhundert eine besonders vornehme englische Familie. Arnold Joost von Keppel begleitete Prinz Wilhelm von Oranien im Jahre 1688 bei dessen erster Reise nach Großbritannien. Und auch als dieser im folgenden Jahr als König William III. den Thron bestieg, blieb er einer seiner engsten Verbündeten. Er wurde zum Grafen von Albermarle ernannt und zum Ritter des Hosenbandordens geschlagen – »wegen seiner *beaux yeux*[5]«, wie Sir Harold Acton trocken bemerkte.

Die enge Verbindung zu dem Monarchen blieb über drei Generationen erhalten, was sehr ungewöhnlich war. So wurden die Grafen der zweiten und dritten Generation ebenfalls zu Rittern des Hosenbandordens geschlagen. In den nachfolgenden Generationen setzte sich die Verbindung zum Thron fort, wenn auch in weitläufigerer Form – George Keppels Vater, der siebte Graf, war Schatzmeister Königin Victorias und zweimal Staatssekretär im Kriegsministerium. Seine Mutter, Sophia Macnab, hatte als Ehefrau eines angesehenen Aristokraten und Höflings nicht gerade eine selbstverständliche Position inne. Denn sie war die Tochter des Kanadiers Sir Allan Napier Macnab. Als Soldat, Anwalt, Geschäftsmann und Politiker besaß Macnab ein enormes Vermögen, das er bei Grundbesitzspekulationen gemacht hatte. Seinen Adelstitel verdankte er wiederum dem Eifer, mit dem er die kanadische Rebellion von 1837 unterdrückt hatte.

Alice' Ehemann George wurde von einem Zeitgenossen folgendermaßen beschrieben: »einer jener groß gewachsenen, gut aussehenden Engländer, die, makellos gekleidet, den perfekten Gentleman personifizieren.« Er war außerdem ein Frauenheld und, obwohl er einer großen Familie entstammte, immer knapp bei Kasse. Das änderte sich erst, als König Edward ihm eine Stellung im Handel vermittelte und er als Repräsentant für seinen Freund Sir Thomas Lipton, einen Lebensmittelhändler, arbeitete. Oberflächlich gesehen und in Anbetracht der kommenden Ereignisse verhieß die Verbindung des jungen Paares nichts Gutes. Und doch hielt die Beziehung länger als fünfzig Jahre, von 1891 bis 1947, als die Eheleute wenige Wochen nacheinander starben.

Drei Jahre nach ihrer Eheschließung in der St. George's Church am Hanover Square wurde ihr erstes Kind Violet geboren. Als Erwachsene sollte sie ebenfalls berühmt-berüchtigt werden, da sie als Violet Trefusis 1918 eine turbulente Liebesaffäre mit der Schriftstellerin Vita Sackville-West begann. Lesbische Beziehungen, deren Existenz von Königin Viktoria schlichtweg geleugnet wurde, waren immer noch äußerst schockierend, sogar in den intellektuellen Salons von Mayfair.

Als Violet noch keine vier Jahre alt war, geschah etwas, das das Leben ihrer Mutter verändern sollte. Am 27. Februar 1898 kam der Prinz von Wales zum Abendessen in das Haus der Keppels am Wilton Crescent, Belgravia. Mit den Worten seines Biografen Sir Philip Magnus: »Über Nacht kam es zu einer Vertrautheit« – und eine Affäre begann, die bis zum Tod des Königs anhalten würde. Der Historiker Richard Hough drückte es etwas deutlicher aus: Die Beziehung »entzündete sich mit der Geschwindigkeit eines Freudenfeuers.«

Das Paar war sich zuvor bereits begegnet. Während er das Norfolk Yeomanry Regiment inspizierte, dessen Ehrenoberst er war und in dem George Keppel als Offizier diente, sah der Prinz Alice Keppel und bat seinen Freund Lord Leicester, sie einander vorzustellen. Sie trafen sich anschließend beim Rennen in Sandown, wo sie von Sir John Leslie begleitet wurde. Dann, so schrieb Leslies Enkelin Anita, »gab Seine Königliche Hoheit Leslie zu verstehen, dass seine Anwesenheit nicht länger benötigt wurde. Humorig beschrieb mein Großvater stets diesen gewissen Blick – eine Mischung aus schlauem Taxieren und Bewunderung –, der auf dem Gesicht des Prinzen auftauchte, während seine Augen über Mrs. George Keppels liebreizendes Gesicht und modisch gerundete Figur glitten.«

»Sie war attraktiv genug, um ihn sexuell anzuziehen, unterhaltsam, wenn er gelangweilt war, geduldig, wenn er krank war, unauffällig, wenn er in der Öffentlichkeit erschien«, bemerkte der Schriftsteller Theo Aronson. »Wie alle erfolgreichen Geliebten war Alice Geliebte und Mutter zugleich«, und nichts könnte Alice' Nachfahrin Camilla besser beschreiben.

Weniger als zwei Jahre nach dem Beginn der königlichen Affäre gebar Mrs. Keppel eine zweite Tochter. Immer wieder haben Historiker davor zurückgeschreckt, die Herkunft des Kindes anzuschneiden – doch gewisse Fakten deuten darauf hin, dass Edward der Vater war. Alice war zu diesem Zeitpunkt bereits neun Jahre mit ihrem Mann verheiratet. Vom Beginn der Affäre an war der König ein beinah täglicher Besucher im Hause der Keppels, zuerst am Wilton Crescent, dann am Portman Square. Von Anfang an war George Keppel ein stiller Mitspieler in dieser *Ménage-à-trois;* er verfolgte eigene romantische Interessen. Es dürfte nicht abwegig sein, anzunehmen, dass die körperliche Seite der Beziehung der Keppels zu diesem Zeitpunkt keine Rolle mehr spielte, obwohl das Paar bis zum Schluss einander liebevoll zugetan war.

Außerdem ist es äußerst fraglich, ob Keppel überhaupt Alice' erstes Kind gezeugt hat. Man nahm an, dass Violet die Tochter eines früheren Geliebten war, und zwar des kurz zuvor verwitweten Ernest William Beckett, dem zukünftigen Lord Grimthorpe. Später würde Violets Geliebte, Vita Sackville-West, dem Schriftsteller Philippe Jullian erzählen, dass Beckett tatsächlich Violets Vater sei.

Weitere Beweise für die platonische Natur von Alice' Beziehung zu ihrem Ehemann könnten in der sarkastischen Bemerkung der Marquise Curzon zu finden sein, die zu ihrem Mann sagte: »Mrs. Favoritin Keppel bekommt schon wieder ein Kind fragwürdiger Herkunft! Entweder ist es von Lord Stavorale oder von H. Sturt!« Da Alice keine weiteren Kinder bekam, kann man davon ausgehen, dass sie bald darauf eine Fehlgeburt erlitt. In jedem Fall lässt die Vielzahl ihrer Affären darauf schließen, dass das Ehepaar keine sexuelle Beziehung führte.

Ein weiterer und verräterischer Hinweis tauchte sechzig Jahre später auf, als das Kind, das Alice in den ersten Monaten der Affäre mit dem König zur Welt brachte, im hohen Alter beschloss, seine Memoiren zu schreiben. Sonia Keppel gab dem Buch den doppeldeutigen Titel *Edwardian Daughter,* was sowohl »Edwards Tochter« als auch »Eine Tochter des Edwardianischen Zeitalters« heißen konnte und wohl am deutlichsten ihre wahre Herkunft verriet.

Sollte Sonia Rosemary Keppel die Tochter von Edward gewesen sein – eine Theorie, die von Theo Aronson vertreten wird –, wäre sie die Halbschwester von König George V. und ihre Enkelin Camilla eine Cousine zweiten Grades der Königin. Camilla wäre außerdem die Großcousine zweiten Grades von Prinz Charles. Diese verwandtschaftlichen Verflechtungen dürften keinem der beiden entgangen sein.

Edwards Affäre mit Alice dauerte noch keine drei Jahre, als er als König Edward VII. den Thron bestieg. Er war sechzig, sie einunddreißig. George Keppels umgängliche Gelassenheit machte ihnen die Sache leichter. »Er war ein äußerst gut aussehender, groß gewachsener Armeeoffizier mit einem borstigen Schnauzer, einer aristokratischen Nase und einem herzlichen Lachen. Er hatte selbst eine Schwäche für das weibliche Geschlecht und keine Einwände gegen die Freundschaft des Prinzen mit seiner Frau, an der er sehr hing. Als sein Einkommen nicht mehr ausreichte, um das von ihm erwartete Leben zu führen – und die Bankiers, die Alice ›unwiderstehlich attraktiv‹ fanden, nicht mehr helfen konnten –, arbeitete er bereitwillig für Sir Thomas Lipton, der auf Bitte des Prinzen eine Anstellung für ihn fand«, schrieb der Historiker Christopher Hibbert.

Mrs. Keppel befriedigte mehr als nur die körperlichen Bedürfnisse des Königs. Und ihre Stellung an seiner Seite wurde dank ihres grazilen und unauffälligen Auftretens auf allen Ebenen akzeptiert, sogar, wenn auch etwas widerstrebend, von Königin Alexandra. Als Edward und Mrs. Keppel sich begegneten, war das Königspaar bereits fünfunddreißig Jahre verheiratet. Die Königin war vierundfünfzig und wegen ihrer Taubheit sehr isoliert.

Anita Leslie bemerkte in ihrem Buch *Edwardians in Love:* »Als Edwards Nichte, Prinzessin Alice, zu Besuch nach Sandringham kam, traf sie Mrs. Keppel und fand sie bezaubernd. Sie setzte sich nie groß in Szene oder zog einen Vorteil aus ihrer Position als Favoritin des Königs. Königin Alexandra war ihr sehr zugetan und unterstützte die Liaison. Es gab viele Gerüchte über die Beziehung und unnötiges Mitgefühl für Tante Alex, das sie gar nicht nötig hatte, da sie mit der Beziehung einverstanden war.«

Genau wie ihre Urenkelin achtzig Jahre später gab Alice Dinnerpartys für ihren königlichen Geliebten. Bei einer Gelegenheit wurde sie neben den König gesetzt, »damit sie die Möglichkeit bekam, mit ihm zu reden«. Zu Ostern unternahmen die Keppels und der König alljährlich eine Reise nach Biarritz, und die Keppels besuchten außerdem regelmäßig Sandringham.

Der König, der mit zunehmendem Alter ein gütiges Naturell entwickelte, genoss die Anwesenheit von Alice' Töchtern, und es kursierte die Äußerung, sie hätten »in ihrer Kindheit den Reifen mit einem Zepter vorangetrieben«, nicht mit einem Stock. Die jüngere Tochter – Camillas Großmutter Sonia Cubitt – erinnerte sich später: »Manchmal besuchte der König Mama zum Tee und war da, wenn ich gegen sechs Uhr hinzukam. Bei solchen Gelegenheiten dachten wir uns ein faszinierendes Spiel aus. Ohne sich um den Zustand seiner Hose zu kümmern, stellte er mir sein Bein zur Verfügung, auf dem ich zwei gebutterte Brotstücke ablegte (mit der gebutterten Seite nach unten). Dann wettete jeder von uns einen Penny, und welches Stück am längsten liegen blieb, hing natürlich davon ab, welches mit mehr Butter bestrichen war.«

Dieses nachsichtige Verhalten vergalt Alice Keppel dem König mit ihrer Hingabe als Geliebte und Gefährtin. Lord Hardinge von Penshurst, ständiger Leiter des Außenministeriums und Vizekönig von Indien, bemerkte in einem privaten Memorandum: »Jeder wusste von der Beziehung zwischen König Edward und Mrs. George Keppel … Ich sah Mrs. Keppel zu der Zeit sehr häufig und erkannte, dass sie wusste, was in der politischen Welt vor sich ging. Ich möchte an dieser Stelle ihrer wunderbaren Diskretion und dem ausgezeichneten Einfluss Dank zollen, den sie stets auf den König ausgeübt hat. Sie nutzte ihr Wissen niemals zu ihrem eigenen Vorteil oder dem ihrer Freunde aus, und mir ist nicht ein einziges Mal zu Ohren gekommen, dass sie ein unfreundliches Wort über irgendjemanden äußerte. Es wäre schwierig gewesen, eine andere Dame zu finden, die diese Rolle als Freundin von König Edward mit der gleichen Loyalität und Diskretion gespielt hätte.«

Freunde von Camilla Parker Bowles würden beinah ein Jahrhundert später bei Dinnerpartys und in privaten Unterhaltungen diese Gedanken wiederholen. Wie Sir Philip Magnus bemerkte: »Die Wahrheit ist, dass der König in Alice Keppel nicht nur eine Frau gefunden hatte, die … ihn körperlich erregte und geistig entspannte (eine seltene Kombination), sondern obendrein eine Geliebte, die ihn umhegte wie eine Ehefrau. Kein Mann, nicht einmal ein Monarch, hätte mehr verlangen können.«

Es gab natürlich andere Geliebte – darunter die Princesse de Sagan, die Gräfin von Warwick und die Schauspielerin Lillie Langtry –, aber es war Alice, zu der Edward die tiefste Beziehung knüpfte. Sie war weitgehend als *La Favorita* bekannt. Erstaunlich war die Toleranz sowohl von Königin Alexandra als auch von George Keppel – und nur bei einer Gelegenheit ließ ihre Engelsgeduld die Königin im Stich, wie der Historiker Christopher Hibbert berichtete: »Eines Tages … blickte sie aus dem Fenster in Sandringham und sah, wie Mrs. Keppel mit dem König in einer offenen Kutsche vorfuhr. Mrs. Keppel war zu diesem Zeitpunkt bereits etwas untersetzt, und der Anblick ihres nach vorne ragenden Busens neben der korpulenten Figur des Königs erschien der Königin völlig grotesk. Sie rief ihre Hofdame herbei, um sie an dem Anblick teilhaben zu lassen, und brach in lautes Gelächter aus« – etwas, das Prinzessin Diana ein paar Generationen später nicht fertig brachte.

Bis zu König Edwards Tod im Jahr 1910 nahm Alice Keppel einen gleichberechtigten Platz im innersten Kreis um den König ein. Dieser bestand aus seinem Finanzberater Sir Ernest Cassel, seinem Ratgeber in militärischen Fragen Sir William Esher, dem Ersten Seelord Lord Fisher, Lord Hardinge, seinem Privatsekretär Sir Francis Knollys und dem portugiesischen Botschafter Marquis Luis de Soveral. Erstaunlicherweise empfingen sie nicht nur die oberen Ränge der Gesellschaft mit offenen Armen, sondern, wie bereits erwähnt, auch die Königin. Bei einem Empfang im Januar 1904 in Chatsworth, dem Sitz des Herzogs von Devonshire, spielten der König und Mrs. Keppel, »die ein bezauberndes Kleid und Diamanten trug«, Bridge in einem Zimmer, während die Königin in einem anderen Raum mit Liedern und Musik unterhalten wurde. Die Königin schien sich dank ihrer eigenen ungewöhnlichen Lebendigkeit auch nicht im Geringsten daran zu stören, dass sie sich unter dem gleichen Dach befand wie ihr Mann und dessen Geliebte.

Obwohl Alice – wie Camilla – private Dinnerpartys für ihren Geliebten gab, übte sie sich in der Öffentlichkeit in absoluter Zurückhaltung. Nur wenn sie mit dem König ins Ausland reiste, konnte sie als Gleichgestellte behandelt werden. Edwards Biograf, Gordon Brook-Sheperd, erklärte, dass in Biarritz Alice die Königin gewesen sei. Ungefähr einen Monat im Jahr, von Anfang März bis Anfang April, hielt das Paar in dem französischen Seebad Hof, wo *er* eine Suite im Hotel du Paris bewohnte, während *sie* in der Villa Eugenie zu Gast war, dem luxuriösen Zuhause von Sir Ernest Cassel.

Sie trafen sich täglich um Viertel nach zwölf und schlenderten gemeinsam die Promenade entlang, von allen erkannt, aber von niemandem belästigt. Manche französischen Illustrierten gingen sogar so weit, die Umrisse von Mrs. Keppel wegzuretuschieren, wenn sie mit dem König fotografiert worden war.

Dann aßen sie in seiner Suite im Hotel du Paris zu Mittag, wo nach Angaben eines Historikers beide viel tranken. Das angenehme Wetter am Atlantik, die französische Küche und die Abwesenheit des Protokolls erlaubten es dem König, sich zu entspannen, seine ganze Aufmerksamkeit seiner Begleiterin zu widmen und ihr das Kompliment zu erweisen, sie wie eine Gleichgestellte zu behandeln.

»Edward VII. hielt zu viel von Alice, um sie der Demütigung einer heimlichen Existenz auszusetzen«, schrieb Theo Aronson, obwohl solch ein höfliches Verhalten natürlich nur in einer verständnisvollen Umgebung möglich war. Der König konnte Alice niemals zu seinem alljährlichen Besuch in Marienbad mitnehmen. Dort traf er im Verlauf seiner so genannten »Bäder-Diplomatie« die politischen und königlichen Anführer aus ganz Europa, und man hätte Alice' Anwesenheit verschleiern müssen. Aber er nahm sie bei mehreren Gelegenheiten mit nach Paris, wo sie ein Bündnis mit der ehemaligen Kaiserin Eugenie, der Witwe Napoleons III., schmiedete.

Es war jedoch in Biarritz, wo das Sterben des Königs seinen Anfang nahm. Dort traf er im März 1910 ein, nachdem er eine ungewöhnliche Auseinandersetzung mit Königin Alexandra über die Reise gehabt hatte. Der Aufenthalt dort war für ihn inzwischen so selbstverständlich wie der Griff zu seinem Gewehr am Glorreichen Zwölften.[6] Er hatte sich in Paris erkältet, und Alice pflegte ihn, bis er wieder gesund war. Ihr Aufenthalt in Biarritz dauerte länger als gewöhnlich – sieben Wochen –, und es war der längste Zeitraum, den das Paar jemals an einem Stück gemeinsam verbrachte.

Der Rückkehr nach Großbritannien Ende April folgte eine erneute Erkältung, die sich zu einer Bronchitis entwickelte. Innerhalb einer Woche war er dem Tod nah. Vielleicht lag es an der außergewöhnlichen Nähe, die sie während ihres letzten Urlaubs miteinander erlebt hatten, vielleicht an der Dauer ihrer Beziehung – sie waren nun seit zwölf Jahren unzertrennlich –, dass Alice vehement für das kämpfte, was sie als ihr Recht erachtete. Sechs Tage brauchte die Königin, die man über den Notfall benachrichtigt hatte, um von ihrem Urlaubsort auf Korfu nach Hause zurückzureisen. Während dieser Zeit kümmerte sich Alice im Buckingham-Palast um den König. Als Alexandra eintraf, schickte Alice ihr einen Brief, den Edward ihr vor seiner Blinddarmoperation 1902 geschrieben hatte und in dem stand, dass »man ihr, sollte er im Sterben liegen, sicherlich erlauben würde, ihn zu sehen«.

Alexandra, die sich mit dem unerwarteten Ableben ihres Mannes konfrontiert sah, war entschieden dagegen, aber schließlich erlaubte man der kämpferischen Alice den Zutritt zu dem Zimmer, in dem der König im Sterben lag. So konnte sie ihren Geliebten noch einmal sehen. Edward bestand darauf, dass sich die Frauen in einem Akt der Versöhnung küssten, und die Königin willigte erstarrt ein. Als sich jedoch der Gesundheitszustand des Monarchen ernsthaft verschlechterte, entfernte man die widerstrebende und inzwischen hysterische Alice aus dem Zimmer.

Lord Esher schrieb später: »Im Großen und Ganzen war es ein bemitleidenswerter und eher theatralischer Auftritt, zu dem es gar nicht hätte kommen dürfen.« Die Königin fügte bitter hinzu: »Ich hätte sie nicht geküsst, wenn er mich nicht darum gebeten hätte.«

In ihrer Trauer war Alice untröstlich – ihre Tochter Sonia schrieb: »Dunkelheit lag über dem Haus, die Gardinen waren zugezogen, das Licht gedämpft, schwarze Tücher wurden aufgehängt, und sogar meine Unterwäsche wurde mit schwarzen Bändern verziert.« Der König hatte über Cassel Vorkehrungen für seine Geliebte getroffen. Sie erhielt eine Villa in Italien, von der sie jedoch erst fünfzehn Jahre später Gebrauch machte. Zunächst nahm sie ihre ganze Familie mit auf eine Reise durch Ceylon und den Orient und kehrte zwei Jahre später in ein neues Haus am Grosvenor Square zurück.

Ihr Leben ohne den Geliebten dauerte noch siebenunddreißig Jahre. 1925 kaufte sie schließlich ein Haus in Florenz, floh von dort jedoch nach England, als der Zweite Weltkrieg ausbrach, und kehrte nach der Friedenserklärung nach Italien zurück. Am 11. September 1947 starb sie im Alter von achtundsiebzig Jahren an Leberzirrhose. Sie hat sich kein einziges Mal indiskret über ihre Beziehung mit dem König geäußert und auch kein Tagebuch geführt. Ihre Hingabe für ihn war absolut.

George Keppel folgte seiner Frau innerhalb weniger Wochen in den Tod; man sagte, er habe keinen Grund mehr gesehen, ohne sie weiterzuleben. Sie waren sechsundfünfzig Jahre verheiratet gewesen.

Als ein berühmtes Leben zu Ende ging, hatte ein anderes gerade begonnen. Alice' Enkelin Rosalind, verheiratet mit einem schneidigen Armeeoffizier namens Bruce Shand, brachte am 17. Juli 1947 im King's College Hospital ihre Tochter Camilla zur Welt. Die Geschichte sollte sich wiederholen.

KAPITEL 3

Der Weg zum Ehrgeiz

Obwohl Camilla später in Gedenken an ihre Großmutter mütterlicherseits – die Tochter Edwards VII. – zusätzlich den Vornamen Rosemary annahm, wurde sie bei ihrer Geburt einfach nur Camilla Shand genannt. Ihr kurz zuvor aus der Armee entlassener Vater Bruce, der im Sommer 1947 ohne Zweifel zu viel mit seiner unprofitablen Karriere als Filmrepräsentant zu tun hatte, überließ es seiner Frau Rosalind, die Geburt anzumelden. Fünf Tage nach der Entbindung im King's College Hospital war sie es, die zum Standesamt in Lambeth ging, um den nötigen Papierkram auszufüllen und ihr Erstgeborenes zu registrieren. Das Paar war zu diesem Zeitpunkt fast zwei Jahre verheiratet.

Gut aussehend und weltgewandt, war Shand vor seiner Heirat eher unkonventionell und bewegte sich in leichtlebigeren Kreisen als seine Altersgenossen aus Rugby. Seine neuen Freunde stammten aus einer höheren Gesellschaftsschicht, aber er besaß einen natürlichen Charme, der ihm schon bald Zutritt in die elegante Welt der Clubs rund um die St. James' Street verschaffte. Mit Mitte zwanzig wurde er Mitglied des 200 Jahre alten *Boodle's Club*. Dieses extravagante Leben »mit häufigen und teuren Abendessen im *Mirabelle*, Nächten im *Four Hundred* und zahlreichen Drinks in der *Ritz Bar*« brachte ihn in finanzielle Schwierigkeiten. Eine Gruppe von Freunden musste seine wackelige Finanzlage in Ordnung bringen, während er wieder in den Krieg zog. Aber es fehlte ihm niemals an Kameraden. »Überall schien man Freunde zu treffen, und es wäre schwierig gewesen, sich einsam zu fühlen«, bemerkte er und fügte dann trocken hinzu: »Außerdem waren die Amerikaner noch nicht eingetroffen« und deutete damit an, dass die besten Mädchen daher noch zu haben waren.

Doch kurz nach seiner Rückkehr nach England heiratete er die Ehrenwerte Rosalind Cubitt, Tochter des dritten Lord Ashcombe. Beide Partner brachten Geld mit in die Ehe, doch sie würden nie ohne zusätzliches Einkommen leben können. Das Paar zog zur Miete in das Manor House in West Dean, hoch über dem Kanal in den Sussex Downs gelegen.

Camilla war vier Monate alt, als die Nation endlich die Last des Krieges abschüttelte und die Vermählung von Prinzessin Elisabeth mit Prinz Philip von Griechenland feierte. In London entstand solch eine Aufregung anlässlich des bevorstehenden Spektakels – scheinbar eine Verkörperung all dessen, wofür die Nation gekämpft hatte –, dass der Preis für die Sitzplätze entlang des Hochzeitszuges der heutigen Summe von 35.000 Pfund entsprach. Im Buckingham-Palast fand eine Reihe rauschender Empfänge statt, wie man sie seit einem Jahrzehnt nicht mehr erlebt hatte. Bei einem Fest betrank sich ein indischer Maharadscha so sehr, dass er herumpöbelte und den Herzog von Devonshire körperlich angriff. Bei einer anderen Party tanzte Prinzessin Juliana der Niederlande mit Elisabeths Onkel, dem Herzog von Gloucester, glitt aus und landete »groß, plump und keuchend« auf dem Boden. Die Umstehenden, einschließlich der königlichen Familie, erstarrten, bis jemand sie schließlich auf die Füße hievte.

In Sussex feierte die Bevölkerung das Ereignis in einem ruhigeren Rahmen, und der Bürgermeister von Lewes, Ratsherr Whittington, schickte ein Telegramm, was alle für den Anlass als durchaus angemessen ansahen. Tausend Schulkinder aus der Gegend wurden zum Tee in die Stadthalle gepfercht, und in der Nähe des Herrenhauses wurde ein Freudenfeuer entzündet, obwohl so kurz nach dem Krieg das nötige Material nur unter Schwierigkeiten aufgetrieben werden konnte. Gabriel, die betagte Glocke im Marktturm, wurde während der Hochzeitszeremonie eine Stunde lang geläutet und störte die Gäste im Crown Hotel, die dort ohne großen Erfolg versuchten, das Geschehen auf dem Prototypen eines Fernsehers zu verfolgen.

Die königliche Hochzeit, die für die Nation nach den langen

dunklen Jahren wie ein Lichtblick erschien, war von Lord Mountbatten inszeniert worden. Dieser würde eine Generation später dem noch ungeborenen Sohn von Königin Elisabeth und dem blonden kleinen Mädchen, das noch zu klein war, um sich an diese herzerwärmenden Ereignisse zu erinnern, Unterschlupf gewähren. Im unbekannten, ländlichen Sussex aufgewachsen, sollte dieses Mädchen vierunddreißig Jahre später in den Stunden vor einer anderen, noch berühmteren königlichen Hochzeit das Bett des zukünftigen Herrschers teilen.

Als Camilla sechzehn Monate alt war, feierte die Nation die Geburt des Thronerben. Prinz Charles kam an einem kalten, unwirtlichen, mondlosen Novemberabend im Buffi Room des Buckingham-Palastes zur Welt. Ganz im Gegensatz zu dem Ort, an dem Miss Shand geboren worden war – dieser war zwar effizient ausgestattet, jedoch ein wenig überfüllt und unterbesetzt gewesen. Aber wie Camilla bekam er als Bürger eines Wohlfahrtsstaates eine Lebensmittelkarte, kostenlose Milch, Orangensaft und Lebertran und wurde gegen Diphtherie geimpft.

Das Land hatte sich gerade über die Geburt des zukünftigen Königs beruhigt, als Bruce und Rosalind Shand im King's College Hospital ein weiteres Kind bekamen, das Annabel heißen sollte. Nach einigen Wochen – nachdem die Geburt registriert worden war – erinnerte man sich taktvoll an einen anderen Namen, sodass das Mädchen zukünftig nach ihrer Großmutter Sonia Annabel Shand genannt wurde. Zwei Jahre später kam der Bruder Mark Roland (nach Lord Ashcombe benannt) zur Welt, und die Familie war komplett.

Hübsch und mit langen blonden Haaren, war Camilla ein lebhaftes Kind, das schnell Freundschaften schloss. Ihre erste Schule – Dumbrells in Ditchling – lag knapp fünf Kilometer von dem neuen Zuhause der Shands entfernt, das sich in dem ehemaligen Pfarrhaus in Plumpton, The Laines genannt, befand.

Die Methoden in Dumbrells orientierten sich an der aktuellen Lage im Land und waren hart, kompromisslos und unnachgiebig. Dennoch war die treibende Kraft viktorianischen Ursprungs und der Einfluss seiner Mitbegründerinnen, Edith und

Mary Dumbrell, die die Schule 1885 eröffnet hatten, noch immer überall zu spüren, als Camilla fünfundsechzig Jahre später durch die Eingangstür geschoben wurde. Der Protegé der beiden Damen, Miss Knowles, war inzwischen Direktorin, doch die unauslöschliche Aura der Gründerinnen war überall greifbar. Nichts hatte sich verändert – die Schule war wie eine Zeitkapsel aus der Zeit Königin Victorias und klammerte sich an Werte und Moralvorstellungen, die längst nicht mehr existierten. Eine von Camillas Lehrerinnen, Miss Vera Clarke, umschrieb die Schule und deren Schülerinnen mit recht frostigen Worten. Sie beteuerte, dass die Kinder, wenn sie mit viereinhalb in die Schule kämen, als Allererstes das Wort Nein lernen müssten.

Die Kinder von heute, so Miss Clarke kurz nach Camillas Abgang von der Schule, seien unabhängiger, lauter und rücksichtsloser. Sie seien häufig oberflächlich, seltener zu komplexen Gedankengängen fähig und neigten dazu, in ihrer Eile zu impulsiv zu handeln. Sie seien sehr schlecht in Orthografie und hätten ein schlechtes Gedächtnis. Außerdem solle man um Himmels willen niemals zu vertraut mit den Schülerinnen werden.

»Die Schule war sehr streng«, erinnerte sich eine ehemalige Schülerin. »Es war vorgeschrieben, dass man, hatte man etwas liegen lassen, den Gegenstand einen ganzen Tag lang mit sich herumtragen musste. Das galt auch für die Mahlzeiten. Eines der älteren Mädchen kam einmal mit drei Hüten auf dem Kopf zum Mittagessen. Eine jüngere Schülerin wurde von einem Nähkorb behindert, den man ihr um die Taille gebunden hatte.«

Die fünfjährige Camilla hatte schreckliche Angst vor einer großen »gekreuzigten« Fledermaus mit ausgestreckten Flügeln, die einen Ehrenplatz in der Eingangshalle der Schule einnahm. Dort standen Glaskästen mit verschiedenen ausgestopften Tieren. Die ehemaligen Schülerinnen erzählten gern und mit zur Schau gestellter Tapferkeit von den alten Zeiten. Sie mussten um 6.30 Uhr aufstehen und ein kaltes Bad nehmen. Es gab keine Zentralheizung in den Schlafsälen, im Winter musste das Eis in den Wasserkrügen zerstoßen werden, und Frostbeulen waren an der Tagesordnung. Um 7.30 Uhr rief eine Glocke die Schülerinnen zu »grausamen Leibesübungen« zusammen, bevor es nach zwanzig Minuten zum Gebet ging.

Dieser fast spartanische Stil, in dem die jungen Mädchen, die das erste Mal von zu Hause fort waren, erzogen wurden, war hart. Aber das kleine blonde Mädchen zeigte sofort, aus welchem Holz es geschnitzt war. Mitschülerinnen erinnern sich an die Kälte und Camillas Fähigkeit, diese zu ertragen. Wegen der fehlenden Heizung trugen die Schülerinnen das ganze Jahr über Gummistiefel – und die Mädchen erzählten sich untereinander, dies geschehe wegen der Schlangen im Garten.

Eine andere Schülerin aus dieser Zeit erinnert sich: »Einmal kam ein Schulinspektor und war völlig entsetzt. Er hatte nicht geahnt, dass es solch einen Ort tatsächlich gibt. Die Schule war sehr hart, und ich habe immer gesagt, dass jedes Kind, das mit Dumbrells fertig wird, auch mit allem anderen fertig wird.«

Zu Hause im ehemaligen Pfarrhaus drehte sich das Leben um Pferde. Bruce Shand hatte in den Jahren vor dem Krieg seinem Rang als Kavallerist alle Ehre gemacht und auf seinem kastanienbraunen Pferd namens The Bashaw mit der Jagdgesellschaft Cottesmore gejagt. In seinem Regiment gab es zahlreiche eifrige Jagdreiter. Als Camilla neun wurde, hatte Major Shand die Mitglieder der Southdown-Jagd so sehr mit seinem Engagement beeindruckt, dass sie ihn zum Zweiten Master of Foxhound ernannten. Camilla bekam ihr eigenes Pony und hatte sehr bald das fragwürdige Vergnügen, in einer der landschaftlich schönsten Gegenden in ganz Südengland auf die Fuchsjagd zu gehen.

Als Prinz Charles seine ersten qualvollen Schritte im Internatsleben von Cheam in Berkshire unternahm, wurde entschieden, dass die zehnjährige Camilla – nun, da sie die harte Prüfung bestanden hatte, die so viele Privatschulen auf dem Land in der Nachkriegszeit darstellten – ihre Ausbildung in London fortsetzen sollte.

Dies war eine recht ungewöhnliche Entscheidung, denn die meisten adligen Familien auf dem Land wählten normalerweise ein Internat in den Grafschaften, die London umschlossen. Doch die Shands besaßen ein Haus in South Kensington, und das gab wohl den Ausschlag. Die Wahl hatte jedoch wenig mit Camillas Abneigung gegen die Zustände in Dumbrells zu tun; es war von Anfang an offensichtlich, dass sie genau wie ihr Vater gerade bei Druck von außen großen Mut bewies. Ihre Schulzeit in Dumbrells ähnelte wohl ein bisschen seinem Aufenthalt in Spangenburg, und das führte Vater und Tochter nur noch enger zusammen.

Prinz Charles war aus anderem Holz geschnitzt. Er hasste seine Schule Cheam von ganzem Herzen. Ein Biograf bemerkte: »Die Königin erinnerte sich, dass er auf der Reise dorthin regelrecht vor Angst zitterte. Noch Nächte nachdem sie ihn dort zurückgelassen hatte, lag er in seinem Holzbett, das, wie auch seine Mutter bemerkt hatte, zu hart war, um darauf herumspringen zu können, und weinte leise in sein Kissen, in der Hoffnung, dass ihn niemand hören möge. Die Erinnerung daran ist noch immer schmerzlich; es sei, so sagte er viele Jahre später, die unglücklichste Zeit seines Lebens gewesen.«

Diese beiden gegensätzlichen Erfahrungen lassen bereits auf die Art der Beziehung schließen, die später zwischen der resoluten Frau und dem schüchternen, unsicheren Mann entstehen würde. Während sie an ihre Fähigkeiten glaubte und schnell Freundschaften schloss, war er durch seine Position gezwungen, sich spontane Reaktionen und Freundschaften zu verkneifen. Auch die Wärme in Camillas Familie – sie genoss eine enge und liebevolle Beziehung zu ihren Eltern – unterschied sich sehr stark von der emotional kargen Welt, die Charles während seiner prägenden Jahre ertragen musste. Er begrüßte seine Mutter mit Handschlag oder mit einer Verbeugung. Später würde er sich voller Bitterkeit daran erinnern, dass es manchmal einen ganzen Tag und eine Nacht dauerte, bevor er die Königin sehen durfte oder sie ihn zu sich rief.

Im Alter von zehn Jahren, als Charles seine unglückliche Zeit in Cheam antrat, wurde Camilla Shand in die vornehme Queen's Gate School in Kensington geschickt. Diese wurde damals als »ein Institut« beschrieben, »in dem die Ehefrauen für das halbe Auswärtige Amt herangezogen wurden«. Die Schule war zwar vornehm, aber nicht unbedingt der Ort, an dem man einem Prinzen begegnen würde. Camillas Vater nahm immer den Bus von ihrem Haus in South Kensington zur South Audley Street in Mayfair, wo er als Partner bei der angesehenen Weinhandlung Block, Grey und Block eingestiegen war.

Die Englischlehrerin der sechsten Klasse der Queen's Gate School war Penelope Fitzgerald, die später den Booker-Preis gewinnen sollte. »Als ich an der Schule anfing«, erinnert sie sich, »änderten sich dort gerade die Zustände. Vorher hatte man den Mädchen dort nur beigebracht, wie man Schecks ausstellt und Bridge spielt, aber zu diesem Zeitpunkt hatte man bereits begonnen, die Qualität des Unterrichts anzuheben.«

Die sportliche Camilla – die für kurze Zeit den schicken Spitznamen Milla trug – erbrachte überdurchschnittliche Leistungen im Fechten und verbesserte schnell ihre Reitkünste. London war wie eine offene Tür in eine neue Welt, und so kurz vor dem Beginn der sechziger Jahre genoss sie die täglichen Freiheiten, die nur den Stadtkindern der Oberschicht zuteil wurden. Tee bei Fortnum's, ein Bummel mit Freunden durch Harrods, ein Spaziergang durch den Hyde Park, um an einem Sommertag die Household Cavalry zu beobachten, die mit glänzenden Brustpanzern und funkelnden Medaillen vorbeiritt. Im ländlichen Norfolk, viele Kilometer von dieser Welterfahrenheit entfernt, lernte ein kleines Mädchen namens Diana Spencer gerade das Gehen und Sprechen.

Noch weiter entfernt saß Charles inzwischen in Gordonstoun fest, der schottischen Privatschule in Elgin, die zu den brutalsten Schulen in einer Zeit der Brutalität zählte. Ross Benson erinnert sich: »Er wurde gepiesackt. Er war die meiste Zeit dort furchtbar einsam. Eine Clique von Raufbolden erhängte die Katze ihres Hausmeisters Major ›Hebbie‹ Downtown, als Rache dafür, dass er versucht hatte, ihr unmögliches Benehmen zu maßregeln. In einem anderen Haus begrüßten die älteren Jungen die Neulinge für gewöhnlich mit einem Ritual, bei dem sie deren Arme mit Zangen traktierten, bis das blanke Fleisch zum Vorschein kam. In sämtlichen Häusern wurden die Jungen regelmäßig in Wäschekörben aus Binsen eingesperrt und manchmal stundenlang unter die kalte Dusche gestellt.«

Während Charles sehr wahrscheinlich von solchen wilden Exzessen verschont blieb, kam er auf keinen Fall ganz ungeschoren davon; oft ersetzte die psychische die körperliche Folter, die sich die Jungen gegenseitig antaten.

Camillas und Charles' Schulzeit unterschied sich in einem weiteren Aspekt. Kurz nach ihrer Ankunft in Queen's Gate war klar, dass die lebhafte Miss Shand Interesse an Jungs hatte und diese an ihr. Obwohl es sich um eine Mädchenschule handelte, war es durchaus möglich, im Laufe des Tages den Jungen der Westminster oder der St. Paul's School zu begegnen. Oder auch anderen, die nicht privilegiert genug waren, eine Ausbildung in einer Londoner Privatschule zu erhalten. Camilla mag nicht das hübscheste Mädchen in ihrer Klasse gewesen sein, aber sie besaß ein »inneres Leuchten«, wie eine ihrer Mitschülerinnen es beschrieb. »Wenn ein Junge in Sicht kam, konnte sie die Lampen anknipsen – und wie!« Damit hatte Camilla etwas mit einer anderen königlichen Geliebten gemein, und zwar mit Wallis Warfield, die später als Mrs. Wallis Simpson in die Geschichte eingehen sollte. Fünfzig Jahre zuvor bemerkte Wallis' Biograf Charles Higham, dass die Mitschülerinnen der Berühmtheit aus Baltimore »sich fragten, wie sie, die äußerlich am wenigsten zu bieten hatte, es wohl geschafft habe, sich den hübschesten Jungen zu angeln. Ihr Geheimnis war, dass sie sich gründlich über ihr Opfer informierte. Sie wusste, wie sie einen Jungen zu nehmen hatte, um sein jugendliches männliches Ego aufzubauen«. Darin bestand tatsächlich eine unheimliche Parallele zwischen ihr und Camilla.

In der Phase, in der man sich gedanklich dem anderen Geschlecht zuwendet, befand sich Charles hingegen in einer Umgebung, in der schon die Vorstellung von Sex als Perversion angesehen wurde. Die Philosophie von Gordonstouns sexuell gehemmtem Gründer Kurt Hahn war es, »beim Übergang zur Pubertät harmlose Leidenschaften zu wecken, die während der gefährlichen Jahre als Wächter dienen«.

Ein Mitschüler von Charles erinnerte sich: »Es gab wenig Homosexualität in Gordonstoun … doch es gab auch wenig Heterosexualität, und in der Schule hatte der Prinz keine Gelegenheit, den Umgang mit Frauen zu üben. Ganz im Gegenteil: Um die königliche Tugend nicht zu gefährden, wurde der Kontakt zum weiblichen Geschlecht sorgfältig unterbunden.«

Das galt für Besuche von jüngeren Schwestern in der nur von Männern bewohnten Schule, den Kontakt zu der nahe gelegenen Mädchenschule und auch für Wochenendbesuche von Orten, wo in Frage kommende weibliche Wesen hätten anwesend sein können. Während Camilla in London wie alle heranwachsenden Mädchen ihre Wirkung auf das andere Geschlecht ausprobierte, saß Charles 600 Kilometer entfernt in einer kalten und unfreundlichen Schule, in der weit und breit kein Mädchen in Sicht war. Im Nachhinein betrachtet war es eine unglückliche Methode, um ein Kind zu einem rundherum zufriedenen, ausgeglichenen und kontaktfreudigen Menschen zu erziehen.

In London entwickelte sich Milla Shand zu so etwas wie einem »Wildfang«, wie eine ehemalige Klassenkameradin es beschrieb. Eine andere Mitschülerin, die später als der Popstar Twinkle bekannt wurde, erinnerte sich: »Ich hielt sie immer für das coolste Mädchen der Schule. Ich weiß noch genau, als sie fünfzehneinhalb war. Sie war eine kleine hochnäsige Madam und sah immer toll aus. Sie war wohl das, was man unter einer Sloane Ranger[7] versteht. Wir kamen nicht so gut miteinander aus, weil sie sich fürs Jagen und Schießen interessierte. Wir hatten immer einen Riesenstreit deswegen, weil ich völlig dagegen war.

Sie wusste, dass ich ein Popstar werden wollte – doch sie brauchte erst gar nicht zu sagen, was sie werden wollte. Sie besaß ein Selbstbewusstsein, für das ich sie bewunderte. Sie war ein Mensch, der einfach nur er selbst sein musste.«

Während manchen der Schülerinnen eine Zukunft als jungfräuliche Debütantin vorherbestimmt war, schlugen andere den Weg des Hippie-Daseins auf der King's Road ein. Sie aßen im *Chelsea Kitchen*, das gerade von Terence Conran eröffnet worden war, oder versuchten – meist erfolglos – im *Picasso Café* etwas Hasch abzugreifen, wie es so schön hieß.

Trotz ihres unbestreitbaren Sexappeals trug Milla unmoderne Twinsets und Tweedröcke und schien durch und durch konventionell. Sie gehörte nicht zu den Mädchen, die begeistert durch die magentafarbenen Türen der Biba-Boutique in Kensington drängten. »Sie schien sich nicht sehr daran zu stören, dass sie anders als die anderen war. Es war irgendwie seltsam, denn Mädchen können sehr grausam sein, aber Milla hatte etwas an sich, das die anderen sofort als Stärke erkannten«, erinnerte sich eine Freundin von damals. »Die anderen Mädchen sahen zu ihr auf – viele wollten sie zur Freundin. Sie besaß eine gewisse Anziehungskraft – ich denke, sie wusste einfach, dass sie etwas aus ihrem Leben machen würde.«

Wenn man dies mit den Erfahrungen von Prinz Charles vergleicht, bei dessen Anblick die Jungen in Gordonstoun ständig Schlürfgeräusche machten – jedem, der sich mit ihm abgab, wurde vorgeworfen, sich angeblich nur bei ihm anbiedern zu wollen, daher fühlte sich Charles zurückgewiesen und isoliert –, dann wird klar, wer von den beiden nach der Schulzeit ausreichend für das Erwachsenenleben gerüstet war. »Sie würde das Leben führen, das sie wollte«, sagte eine Mitschülerin von Queen's Gate. »Genau das strahlte Milla aus.«

Im Sommer 1964, als Charles mit seinen O-Levels[8] kämpfte – er legte Prüfungen in den Fächern englische Sprache und Literatur, Latein, Französisch und Geschichte ab –, schickte sich Camilla an, Queen's Gate zu verlassen. Was ihre schulischen Leistungen anging, so waren sie nicht überragend, und Camilla würde nicht versuchen, ihre A-Levels[9] zu machen. Stattdessen sollte sie in die Schweiz und anschließend nach Paris, in die Lieblingsstadt ihres Großvaters väterlicherseits, reisen, um den letzten Schliff zu bekommen. Obwohl es von den Erziehungsfachleuten als Drückebergerei der Oberschicht angesehen wird, können das Reisen und die Begegnung mit fremden Sprachen und Kulturen für Menschen mit ausreichender Neugier durchaus eine sehr lehrreiche Erfahrung sein. Paris war Mitte der sechziger Jahre ein Zentrum der Revolution. Die OAS, die dem rechten Flügel angehörende Organisation der Geheimarmee, die von kriminellen französischen Generälen und Colonels des verlorenen Algerienputsches angeführt wurde, begann eine Serie von Bombenanschlägen gegen führende Intellektuelle. Das Ziel war es, die nachfolgenden Proteste und Demonstrationen, zu denen es tatsächlich auch kam, den Kommunisten in die Schuhe zu schieben. Nachdem sich erst einmal die Atmosphäre des Aufbegehrens entzündet hatte, galt es als schick, an Kundgebungen teilzunehmen. Autos brannten, und Bürgersteige wurden demoliert. Auf dem Boulevard St. Michel regelte ein Student eines Morgens ganz lässig den Verkehr, während die CRS-Sondereinsatztruppe hilflos danebenstand. Die Studenten hatten die Kontrolle an sich gerissen.

Als Camilla nach England zurückkehrte, folgten ihr die Proteste – es gab Krawalle auf dem Grosvenor Square, und die Rolling Stones hielten die Stimmung der Zeit mit ihrem Song »Street Fighting Man« fest. Die Beatles schrieben »Revolution«, doch dann wurde bekannt, dass der Song eher *gegen* als *für* radikale Veränderungen war. Bob Dylan spielte in der Royal Albert Hall und wurde heftig ausgebuht, als er seine Folksongs beendete, sich zum ersten Mal eine elektrische Gitarre umschnallte und die ersten Akkorde seiner Hymne »Like a Rolling Stone« anstimmte.

Nach Camillas Rückkehr folgte unweigerlich ihre Einführung in die Londoner Gesellschaft. Dieses seltsame, komplizierte und früher einmal höfische Ritual hatte seit seiner Hochzeit im Edwardianischen Zeitalter etwas von seinem Status verloren. Die Tatsache, dass die Debütantinnen nicht länger bei Hof von der Königin empfangen wurden, schmälerte zwar sein Ansehen, doch der verbliebene Sinn und Zweck stand ganz im Dienst des Hauses Windsor und dem Fortbestand der Klassengesellschaft. Das Ritual mochte im neuen gleichmacherischen Großbritannien des sozialistischen Premierministers Harold Wilson einen geringeren Status genießen als früher. Trotzdem hielten sich die in Weiß gekleideten Jungfrauen, die beim Queen Charlotte's

Ball den großen Kuchen in den Tanzsaal des Grosvenor House Hotels in Mayfair brachten, für etwas Besseres als die Debütantinnen, die einundfünfzig Jahre zuvor den Bachelor's Cotillion im Lyric Theater in Baltimore besucht hatten.

Doch da irrten sie sich. Denn bei beiden Anlässen wurde eine junge Frau in die Gesellschaft eingeführt, die die Geliebte und – noch viel wichtiger – die große Liebe des emotional zu kurz gekommenen Prinzen von Wales werden sollte.

Camillas offizielle Einführung in die Gesellschaft ereignete sich an einem kühlen Märztag im Jahr 1965 bei einer Cocktailparty, die ihre Eltern für sie in der Pavilion Road 30 in Knightsbridge direkt hinter Harrods gaben. Diese Mieträume waren bei Eltern sehr beliebt, deren Häuser in London nicht groß genug waren, um ungefähr 150 Debütantinnen, deren Verehrer, Verwandte und Freunde zu bewirten, die für gewöhnlich an diesem wichtigen Ereignis teilnahmen. Die Einführung in die Gesellschaft war ein altehrwürdiges Ritual, das mit Teepartys begann und sich in Cocktailpartys, Abendessen, Tanzabenden und Bällen fortsetzte, bis man schließlich im Herbst der Meinung war, dass sich die Mädchen in der Welt der Erwachsenen zurechtfinden würden.

Es existiert sogar noch ein Augenzeugenbericht, der von Camillas erstem Schritt ins Gesellschaftsleben berichtet und ein wenig den Zeitgeist von damals wiedergibt. Mrs. Betty Kenward, die unter dem beeindruckenden Pseudonym »Jennifer« für die Gesellschaftskolumne von *Harper's Bazaar* schrieb, bemerkte: »Die Cocktailparty, die die ehrenwerte Mrs. Shand anlässlich der Einführung ihrer bezaubernden Tochter Camilla in die Gesellschaft gab, war ein voller Erfolg.

Es war einer der ersten Debütantinnenempfänge der Saison, und da sich die jungen Leute noch nicht kannten, hätte es etwas heikel werden können. Die Gastgeberin und Camilla aber waren eifrig bemüht, die Gäste einander vorzustellen, und alles lief ganz wunderbar.«

Draußen in der wirklichen Welt kam es zwischen Indien und Pakistan zu einem militärischen Konflikt wegen der Kaschmirregion. General Franco, der Spaniens Anspruch auf Gibraltar geltend machte, erzwang eine Belagerung des Felsens. Ian Smith, der neue Premierminister von Rhodesien, veröffentlichte eine einseitige Unabhängigkeitserklärung von Großbritannien und dem Commonwealth. Die Armee der Vereinigten Staaten verstrickte sich immer tiefer in den Vietnamkrieg und veranlasste eine Serie von Bombenangriffen auf Nordvietnam. In New York wurde Malcolm X, der Anführer der schwarzen Extremisten, erschossen, und die Bürgerrechtsbewegung wurde von blutigen Rassenunruhen in Watts, einem Vorort von Los Angeles, erschüttert.

Aber im vornehmen Knightsbridge trank man Champagner, und Camilla Shand wurde in die Gesellschaft eingeführt. Unter den Gästen befanden sich der aus einer Bankiersfamilie stammende Rupert Hambro, der kurz darauf ihr Liebhaber wurde, sowie ein Heer junger Frauen, die nach der damaligen Mode Kleider mit Rundausschnitt, Perlen und zu viel Wimperntusche trugen. Lady Mary Gaye Curzon, die umwerfende blonde Tochter von Graf Howe, die zur Debütantin des Jahres ernannt wurde, gehörte ebenfalls zu den Gästen. 1965 wurden 311 Mädchen in die Gesellschaft eingeführt. Sie trugen Modelle von Mary Quant und bevölkerten in ihren Miniröcken die King's Road und die Carnaby Street. Sie tanzten zu der altmodischen Musik von Confrey Phillips und (unten in den Discos, die inzwischen bei keinem Debütantinnenball fehlen durften) zum mitreißenden Sound der Beatles, der Stones und der Walker Brothers.

Doch im Jahr 1965 ging die alte Welt zu Ende. Sir Winston Churchill starb, und auch T. S. Eliot und Somerset Maugham. Den Beatles wurde der Titel Mitglied des Ordens des British Empire verliehen. Als sie im Buckingham-Palast darauf warteten, dass ihnen die Königin den Orden übergab, rauchten sie vorher auf der Toilette einen Joint. Im gleichen Jahr trafen sich die Amerikaner und Russen im Weltraum.

Die Antibabypille war inzwischen fast überall erhältlich, und die Sexgewohnheiten einer Generation veränderten sich beinah über Nacht. Laut Nigel Dempster, dem Londoner Chronisten, verlor Camilla ihre Unschuld an Kevin Burke, einen wohlhabenden, gut aussehenden Neunzehnjährigen, der seinerzeit ein fester Bestandteil der Debütantinnenszene war. »Sie war furchtbar lustig, sehr beliebt, und auch wenn sie keine Schönheit war wie Mary Gaye Curzon, war sie dennoch attraktiv und sexy«, so Burke, Sohn des Luftfahrtmoguls Sir Aubrey Burke. »Sie war weder schüchtern noch auf den Mund gefallen, sondern hatte immer eine witzige Bemerkung auf den Lippen.«

Er fügte hinzu: »Ich war mit Camilla das ganze Jahr zusammen. Na ja, wir waren verliebt, aber dann hat sie mich abserviert.«

Es ist gut möglich, dass Mr. Burke Camillas erster Liebhaber war, aber ein Freund aus Sussex bemerkte sarkastisch: »Camilla hat schon früh angefangen, mit Männern herumzumachen.« Auf jeden Fall war es an der Zeit, ihre erste feste Beziehung hinter sich zu lassen. Der nächste Kandidat war jemand, den sie wirklich wollte.

Die Royal Horse Guards, wegen der blauen Farbe ihrer Uniform allgemein als die »Blues« bekannt, gehörten zur Household Cavalry. Auf ihren schwarzen Pferden vor dem Eingang von Whitehall postiert, waren die berittenen Wachposten eine der größten Touristenattraktionen in London. Im Zweiten Weltkrieg hatten die Blues an der Seite von Bruce Shands Regiment tapfer bei El Alamein gekämpft, doch ihr Ruhm reichte bis Waterloo und sogar noch weiter zurück.

Zu den blaublütigen Offizieren zählten Viscount Somerton, Lord Chetwode – und Lord Fermoy, dessen Schwester Frances im Begriff war, sich scheiden zu lassen, und eine erbitterte Schlacht um das Sorgerecht ihrer vier Kinder verlieren sollte, zu denen die vier Jahre alte Diana Spencer gehörte.

Diese und andere Soldaten des Regiments waren in Eton zur Schule gegangen – mit Ausnahme des siebenundzwanzigjährigen, kürzlich zum Captain ernannten Leutnants Andrew Henry Parker Bowles, der dem römisch-katholischen Glauben angehörte.

Der auffallend gut aussehende Andrew mochte zwar kein

Eton-Absolvent sein, doch seine Empfehlungen waren einwandfrei. Sein Vater Derek, der ebenfalls in der Armee gedient hatte und in Donnington Castle House in der Nähe von Newbury lebte, galt als der engste Freund der Königinmutter. Daher fand man auch bei der Krönung ihrer Tochter 1953 eine Aufgabe für den vierzehnjährigen Andrew. Er wurde Lord Simonds, dem Vorsitzenden des Oberhauses, als Page zur Seite gestellt – ein Ausdruck der Hochachtung seitens der Königinmutter.

Die Grafen von Macclesfield gingen aus der Herrschaft von König George I. hervor, als aus Sir Thomas Parker, Lordkanzler von Großbritannien, erst Lord Parker, Baron von Macclesfield, wurde und fünf Jahre später – 1721 – Viscount Parker und Graf von Macclesfield. Sein guter Ruf wurde allerdings geschmälert, als ihn Mitglieder des Hochadels der Korruption bezichtigten und er für schuldig befunden wurde.

Algernon, der sechste Sohn des Grafen, heiratete die Tochter von Lord Kenyon, der die Ehre hatte, als Kammerdiener für Königin Victoria, König Edward VII. und König George V. zu arbeiten. Ihr Sohn Eustace heiratete im Jahr 1913 eine Erbin namens Wilma Bowles, Tochter von Sir Henry Ferryman Bowles, nach dessen Tod der Name Parker Bowles entstand. Andrew Parker Bowles war durch den Stammbaum und die Eheschließungen seiner Vorfahren auch mit anderen vornehmen Familien verwandt, und zwar mit den Grafen von Derby und Cadogan, den Herzögen von Marlborough und über die Grafen von Strathmore sogar mit der Königinmutter. Seine Mutter, Dame Anne, war eine enge Freundin der Königin und Hauptbevollmächtigte der Pfadfinderinnen. Über ihre Familie, die de Traffords, konnte Andrew seinen Stammbaum bis ins zwölfte Jahrhundert zurückverfolgen.

All das kam einem Kavallerieoffizier in einem angesehenen Regiment natürlich sehr gelegen und stand im Gegensatz zu Bruce Shands bescheidener – wenn auch interessanterer – Familiengeschichte. Andrews Stammbaum war auch in der Londoner Gesellschaft sehr nützlich, denn nur junge Männer von vornehmer Geburt erhielten eine Einladung zu den Partys, die jedes Jahr von den Eltern der Debütantinnen gegeben wurden.

Als Camilla ihn kennen lernte, war Andrew Parker Bowles schon ein wenig zu alt, um noch einmal die Runde auf den Debütantinnenbällen zu machen, und unter normalen Umständen wäre er seiner zukünftigen Frau niemals begegnet. Doch während er in Neuseeland dem Generalgouverneur, Sir Bernard Fergusson, als Adjutant zur Seite gestellt worden war, hatte sein jüngerer Bruder Simon, der für Bruce Shand bei Block, Grey und Block arbeitete, sie zu mehreren gesellschaftlichen Anlässen begleitet. Ihre Beziehung war platonischer Natur, und als Andrew der Begleiterin seines Bruders begegnete, war es Liebe auf den ersten Blick.

Nigel Dempster berichtete: »Andrew bewohnte in London ein kleines Junggesellenappartement in der Portobello Road in Notting Hill, und dort begannen er und Camilla eine ›sehr heiße Affäre‹, wie sich Freunde erinnern. Andrew war bereits ein erfahrener Liebhaber, und – wie sich bald herausstellte – noch ein untreuer dazu. Er hatte eine Schwäche für schöne adelige Frauen, und zu ihnen gehörten unter anderem Lady Caroline Percy, die bereits die feste Freundin eines Baronets war, und Lady Anabel Lindsay.«

Dieser adelige Reigen war eine mondäne Welt für sich, weitab von der eiskalten Einöde von Gordonstoun, in der Prinz Charles sich durch das Schuljahr quälte. Er wünschte sich aufs Sehnlichste, dieser freudlosen und ungeselligen Umgebung zu entfliehen, in die ihn sein Vater verbannt hatte. Anfang 1966 hatte er endgültig genug. Obwohl er für seine Hauptrolle in der Schulaufführung von »Macbeth« mit viel Beifall bedacht worden war, hatte er in fast allen anderen Fächern nur durchschnittlich bis schlecht abgeschnitten. Er hatte es in keine einzige Schulmannschaft geschafft, und was seine A-Levels anging, bestand wenig Hoffnung auf eine glänzende akademische Karriere. Sein Wechsel nach Timbertop, einer Außenstelle der Geelong Grammar School, 300 Kilometer nördlich von Melbourne, war eine willkommene Veränderung.

Während Camilla Shand und Andrew Parker Bowles sich einen Namen als schillerndes Paar im Swinging London machten, lebte der erst siebzehnjährige Thronerbe im australischen Outback und lernte zum ersten Mal in seinem Leben, auf eigenen Beinen zu stehen. Zu seinen Arbeiten gehörten Holz hacken, Schweine füttern, Fliegenfallen säubern und Schafe scheren. Wäre Camilla ihm in der Zeit zwischen Knaben- und Mannesalter begegnet, hätte sie ihn ohne Zweifel ganz schnell wieder vergessen. Im Vergleich zu dem zehn Jahre älteren, schneidigen Kavallerieoffizier und Mann von Welt konnte er einfach nicht mithalten.

Und doch ... Kevin Burke, der verschmähte Liebhaber, berichtete, dass ihm während ihrer einjährigen Beziehung immer wieder aufgefallen war, wie viel Bedeutung sie der Tatsache beimaß, dass ihre Urgroßmutter die Geliebte von Edward VII. gewesen war. »Sie erwähnte es immer wieder, als wäre es eine Art Talisman«, erinnerte er sich später. Dieser Teil ihrer Familiengeschichte war eine große treibende Kraft.

Doch all das lag noch in der Zukunft. Parker Bowles, ein talentierter Amateurjockey, legte beim Rennen die gleiche sorglose Einstellung an den Tag wie in seinem Liebesleben. Bald schon sollte er sich bei einem Sturz in Ascot eine Rückenverletzung zuziehen, doch die Art, wie er seine Liebesaffären führte, hätte ihm ebenso großen Schaden zufügen können.

Nachdem er 1966 eine Affäre mit Camilla begonnen hatte, spielte er sie gegen seine damalige Geliebte, Lady Caroline Percy, aus, und jeder wusste es. »Ich wusste ganz genau, dass ich nicht die Einzige war, mit der Andrew sich damals traf«, sagte Lady Caroline. »Es gab immer andere Mädchen und ältere Frauen. Als wir in die Gesellschaft eingeführt wurden, kannte ich Camilla nicht sehr gut, doch wenn ich mit Andrew auf einer Party erschien, kam sie auf mich zu und fragte mich, was ich mit ihrem Freund wolle. Das machte sie auch mit anderen Mädchen. Irgendwann hatte ich genug und sagte zu ihr: ›Du kannst ihn wiederhaben, wenn ich mit ihm fertig bin.‹«

Nigel Dempster gibt in seinem Buch *Hinter den Türen von*

Windsor einen sehr guten Einblick in das turbulente Liebesleben des Armeeoffiziers. Insgesamt war das Paar sieben Jahre mal zusammen, mal getrennt, bevor es schließlich heiratete. Camilla trug bei ihrer Hochzeit in der Guards Chapel und bei dem anschließenden Empfang im St.-James-Palast unschuldiges Weiß, doch im Grunde war sie zuvor an einem Liebesreigen beteiligt gewesen, der – je nach Moralvorstellung des damaligen Betrachters – einer französischen Posse oder einem billigen Sexroman glich. Es war tatsächlich die Zeit der freien Liebe, und während die öffentlichen Verfechter ihre Einstellung durch Kaftane, lange Bärte und Miniröcke zum Ausdruck brachten, hatten sie dennoch kein Monopol auf diesen lockeren Lebenswandel. In der Hippie-Ära konnte jeder mitmachen.

Andrew Parker Bowles war mit Sicherheit kein Hippie, doch er genoss die Atmosphäre der Sechziger in vollen Zügen. Er sah sehr gut aus, besaß einen umwerfenden Charme, einen athletischen Körper, ausreichende Geldmittel, und nur wenige Frauen konnten ihm widerstehen. Vor seiner Versetzung nach Neuseeland war er mit Sue Morley, der Tochter eines Brigadiers, verlobt gewesen, aber die Beziehung hatte nicht lange gehalten. Nun trieb er sein Spiel mit Camilla Shand, die er fallen ließ, dann wieder bezirzte und die völlig machtlos dagegen war.

»Andrew verhielt sich Camilla gegenüber einfach furchtbar, aber sie wollte ihn unbedingt heiraten. Als ich mit ihm zusammen war, hatte er gleichzeitig eine Affäre mit einer verheirateten Frau«, erinnerte sich Lady Caroline Percy. Camilla reagierte, indem sie mit dem Bankierserben Rupert Hambro ins Bett ging. »Rupert wusste, dass die Affäre keine Zukunft hatte, denn Camilla war völlig von Andrew besessen. Doch er mochte sie und wusste, dass sie immer Freunde bleiben würden«, schrieb Dempster. »Er erinnert sich immer noch an den leidenden Unterton, wenn sie ihm von den kniffligen Situationen erzählte, die Andrews Untreue manchmal zur Folge hatte. Aber hinterher sah sie stets die lustige Seite der Dinge. Sie war immer sehr schlagfertig und kannte die besten Anekdoten.«

1969 wurde Andrew Parker Bowles nach Deutschland in die

Hobart Barracks in der Nähe von Hannover abkommandiert. Das gab Camilla Zeit, aufzuatmen und sich umzusehen. Während der darauf folgenden Jahre wurde er ihr bei seinen kurzen Heimatbesuchen wieder untreu; diesmal mit Prinzessin Anne, die mit ihren gerade zwanzig Jahren elf Jahre jünger war als er und zu diesem Zeitpunkt mit Brian Alexander liiert war, dem Sohn des Kriegshelden Graf Alexander von Tunis.

Anne, die eine ähnlich ausgeprägte Libido wie der Kavallerieoffizier besaß, erlag seinem Charme und genoss die heiße Affäre, die beiden viel Vergnügen bereitete. Doch die Beziehung erhielt einen Dämpfer, da Parker Bowles wegen seines Dienstes in Deutschland die meiste Zeit abwesend war. Außerdem hätte eine Eheschließung mit Anne wegen seines römisch-katholischen Glaubens einen Aufruhr in der königlichen Familie verursacht.

Camilla hatte nun viel Zeit und verbrachte ihre Tage beim Polo. Ihre Freundin aus Debütantinnentagen Carolyn Gerard Leigh, Tochter von Colonel Gerard Leigh, dem Vorsitzenden des Guards Polo Club in Windsor, forderte Camilla auf, sie zu den Spielen zu begleiten.

Kurz bevor Charles nach Cambridge ging, bestritt er sein erstes Poloturnier auf dem Smith's Lawn, und sein Team schlug das von Captain Ronald Ferguson im Endspiel. Als Student wurde er Mitglied im Poloclub der Universität; zum einen auf Befehl seines Vaters hin, zum anderen, weil es seinem zurückhaltenden, introvertierten Charakter und seiner isolierten Stellung als Prinz von Wales entgegenkam. Er wurde in die Universitätsmannschaft aufgenommen, und als er seinen Abschluss machte, hatte sich seine Leistung sogar verbessert.

Einmal erklärte er: »Ich liebe dieses Spiel. Ich liebe die Pferde. Ich liebe die Bewegung. Es ist der einzige Teamsport, den ich beherrsche. Es ist genau der richtige Sport für mich, denn ich kann mich nicht einfach aus Schloss Windsor stehlen und ein bisschen Fußball spielen.«

Er erwähnte nicht, dass Polo ein Aphrodisiakum ist, das die sexuelle Spannung der Spieler erhöht, und dass sich die weiblichen Zuschauer dieser Tatsache sehr wohl bewusst sind. Er erwähnte auch nicht, dass eine Art Geheimsprache zwischen den Spielern und den Zuschauern existiert, die, aufgeheizt durch Pimm's oder Champagner, nach Ende des Spiels schon zu etlichen denkwürdigen Begegnungen geführt hat.

Außerdem war Polo eine Sportart, in der sich der Prinz in kürzester Zeit hervortat, und zum ersten Mal durfte er angeben, ohne die Kritik der Presse auf sich zu ziehen. Der Polosport war sogar so unspektakulär, dass Charles in den Anfängen auf dem Smith's Lawn von der Presse nahezu in Ruhe gelassen wurde, da diese weder die Regeln verstand noch genug Interesse aufbrachte, um sie zu lernen.

Es gab noch einen weiteren Grund, warum Charles Gefallen an diesem Sport fand. Die weiblichen Zuschauer waren genau die richtige Sorte Frau: wohlerzogen, verschwiegen, bewundernd und diskret. Nach den linkischen ersten Versuchen in Sachen Liebe während seiner Studienzeit war ihm der Gedanke an seine Herkunft zu peinlich gewesen, als dass er einfach wie ein normaler junger Mann weiterprobiert hätte. Und plötzlich wurde er um seinetwillen, seiner Figur und seiner Reitkünste wegen von schönen Frauen bewundert. Seine Stellung als der Prinz von Wales war nur das Tüpfelchen auf dem i; die Frauen schauten ihn vor allen Dingen an, weil er ein durchtrainierter, harter Spieler in engen Reithosen war, ein echter Draufgänger obendrein.

Eine der Frauen, die ihn anschaute, und zwar ganz genau, war Camilla Shand.

KAPITEL 4

Sex, Lügen und Verlierer

Als Charles und Camilla sich schließlich 1971 auf dem Smith's Lawn im Schatten von Schloss Windsor begegneten, war es beinah so, als hätten sie sich schon ewig gekannt. Mit Sicherheit hatten sie viele gemeinsame Bekannte. So hatte zum Beispiel der vierzehnjährige Charles seine allererste Verabredung mit Marilyn Wills, der Tochter von Jean Wills, einer Cousine der Königin. Bei dieser Verabredung sahen sich die beiden Jugendlichen gemeinsam den Film *Meine Lieder, meine Träume* an. Marilyn war später im Jahr 1965 einer der Ehrengäste bei Camillas Debütantinnenparty in der Pavilion Road 30, und die beiden Mädchen blieben enge Freundinnen.

Als Charles begann, an der Fuchsjagd teilzunehmen, wurde er ein begeisterter Fan der bemerkenswerten Ulrike Murray-Smith. Die Respekt einflößende Jagdreiterin war die Ehefrau von George Murray-Smith, einem der engsten Freunde von Bruce Shand in Sandhurst. Diesem Paar gelang es, in gleich zwei Generationen eine verzehrende Leidenschaft für die Jagd zu entfachen – bei Shand und dem Prinzen von Wales.

Eine weitere Verbindung zwischen Charles und Camilla war Nick Paravicini, ein draufgängerischer ehemaliger Offizier der Life Guards und Freund des Prinzen, der eine prominente Figur auf dem Smith's Lawn darstellte. Er hatte ironischerweise Andrew Parker Bowles' Schwester Mary Ann geheiratet, die sich während der Auslandsaufenthalte des Kavalleristen mit Camilla angefreundet hatte. Dies waren jedoch nur die drei offensichtlichsten Verbindungen zwischen Camilla und Charles. Da sie noch viele andere gemeinsame Freunde und Bekannte hatten, kamen sie leicht miteinander ins Gespräch, und es dauerte nicht lange, bis sie sich voneinander angezogen fühlten. Hinzu kam außerdem noch, dass Bruce Shand zum Mitglied der Queen's Body Guard of the Yeoman of the Guard[10] ernannt worden war und somit in den engeren Umkreis der königlichen Familie gelangte. Es handelt sich hierbei um eine altehrwürdige Gruppe beherzter ehemaliger Soldaten, deren Uniformen aus dem neunzehnten Jahrhundert bei so manchem Staatsempfang einen farbenprächtigen Hintergrund für den Monarchen bilden.

Das Liebesleben des Prinzen lag zu diesem Zeitpunkt etwas brach. Nach Lucia Santa Cruz und Sibella Dorman, seinen beiden ersten Eroberungen, hatte er keine weiteren sexuellen Erfahrungen sammeln können. Seit seinem Abschluss in Cambridge 1970 hatte ihn die Königin in die Pflicht genommen, da sie ihn nun der Welt präsentieren wollte. Nach einem Besuch in Ottawa folgte eine Tour durch Kanada. Anschließend wurde er mit Prinzessin Anne zu einem Gastbesuch zum US-Präsidenten Richard Nixon nach Washington geschickt. Dann folgten Reisen zu den Fidschi-, Gilbert- und Ellis-Inseln, auf die Bermudas, nach Barbados und anschließend nach Paris, wo er die Krone beim Begräbnis von Charles de Gaulle repräsentierte. Einer kurzen Safari mit seiner Schwester in Kenia folgte ein weiterer Aufenthalt in einem anderen Männergefängnis der Royal Air Force, und zwar der Offiziersschule Cranwell in Lincolnshire. Und so war der junge, sportliche, gut aussehende Prinz im Sommer 1971 auf der verzweifelten Suche nach einer passenden, willigen Frau. Er war zweiundzwanzig Jahre alt und hatte weniger Erfahrung mit dem anderen Geschlecht als die Mehrheit seiner männlichen Altersgenossen. Diese Tatsache, verbunden mit seiner großen Schüchternheit, seiner Angst, in den Fängen einer Abenteurerin zu landen, und seiner allgemeinen Unwissenheit in Bezug auf Frauen (die ihn wohl immer noch charakterisiert), hinderte ihn daran, einfach auf das andere Geschlecht zuzugehen.

»Für den Prinzen begann das richtige Leben mit Camilla«, sagt der argentinische Polospieler Luis Sosa Basualdo, ebenfalls ein bekanntes Gesicht auf dem Smith's Lawn. »Entweder traf er ein Mädchen beim Polo, oder er nahm es mit zum Polo. Sein Lieblingsort war der Guards Polo Club.«

Dank der aktiven Unterstützung durch Prinz Charles erlebte der Polosport einen Aufschwung. Obwohl es für die Zuschauer anfangs ein relativ unbekannter Sport war, der sehr starke militärische Züge aufwies, wandelte er sich während des darauf folgenden Jahrzehnts (vor allem, als die Prinzessin von Wales hinzukam) zu einem regelrechten Rummel. Der Champagner floss in Strömen, und es versammelten sich Zuschauer, die nicht einmal im Traum daran dachten, auf ein Pferd zu steigen.

In den frühen Siebzigern war Polo immer noch das Ziehkind des Grafen Mountbatten, seines Neffen Prinz Philip und das einiger Anhänger des britischen Empire. Doch die Popularität des Sports wuchs. Innerhalb weniger Jahre wurde Polo zur inoffiziellen Arena, in der sich die Königin und ihre Familie auf informelle Weise unter das gemeine Volk mischen konnten – zumindest unter diejenigen, die sich für den Pferdesport interessierten und den Details des Spiels folgen konnten. Und es war auf dem Smith's Lawn, wo Captain Mark Phillips sein Debüt als zukünftiges Mitglied der königlichen Familie geben würde.

Charles vollbrachte, durch seinen Vater und Captain Ronald Ferguson (der schließlich als Vater der zukünftigen Herzogin von York berühmt werden sollte) ermutigt, eine ansehnliche Leistung auf dem Spielfeld. 1972 wurde er zum Kapitän des Young England Poloteams ernannt. Das war ein Trost für Prinz Philip, der wegen einer Handgelenksverletzung seinen Platz im Poloteam von England verloren hatte und nie wieder hatte spielen können. Charles stand unter großem Druck, auf dem Polofeld gute Leistungen zu erbringen, und erfüllte die Erwartungen durchaus. Den Mädchen gefiel das ausgesprochen gut.

Einer der Stars auf dem Smith's Lawn war der erfahrene Reiter Andrew Parker Bowles. Oft wurde er bei Freundschaftsspielen gegen Prinz Charles aufgestellt. Ein ständiger Besucher im Guards Polo Club erinnert sich: »Andrew kam sehr oft auf den Smith's Lawn – er war ein ausgezeichneter Spieler. Ungefähr einmal die Woche brachte er Camilla mit. Wenn Andrew gegen Charles spielte, schaute sie zu, wenn nicht, dann beobachtete sie nur Charles. Sie interessierte sich nicht so sehr für das Spiel. Sie hatte viel größeres Interesse daran, sich in Charles' Nähe aufzuhalten.

Es ist wirklich erstaunlich, dass er von ihr Notiz nahm. Es waren viele glamouröse Frauen dort, und sie hatte Löcher in ihren Jeans und sah furchtbar aus. Sie war nicht gerade eine Schönheit.«

»Es entwickelte sich sofort eine Beziehung – man brauchte sie nur kurz zu beobachten und sah sofort, dass etwas passieren würde«, sagt ein anderer Freund aus dieser Zeit. »Es bestand eine magnetische Anziehungskraft zwischen den beiden, und man merkte schon von weitem an der Intensität ihrer Unterhaltung und an der Art, wie sie sich ansahen, wie die Sache ausgehen würde. Es war, als würde man zwei Dampfloks zusehen, die mit voller Geschwindigkeit aufeinander zurasen.«

Ironischerweise übersah die britische Presse, die entschlossen war, eine Braut für den Prinzen zu finden, diese Tatsache völlig. Charles' Erfolge im Sattel wurden nur sporadisch in den Zeitungen erwähnt, und es passierte zu dieser Zeit so viel in seinem Leben, dass der heilige Rasen des Guards Polo Club häufig keine Erwähnung fand. »Und es gab einfach niemanden, der bei der *Daily Mail* anrief und ihnen sagte ›Kommt schnell, Charles hat wahrscheinlich eine Frau gefunden‹«, sagte einer der Stammgäste. Außerdem steckte die Berichterstattung der Regenbogenpresse über die königliche Familie – im Gegensatz zur Hofberichterstattung – noch in den Kinderschuhen. Der wichtigste Vertreter, James Whitaker vom *Daily Mirror,* war gerade erst auf der Bildfläche erschienen.

Aber noch bevor die Polosaison von 1971 zu Ende ging, musste Charles wieder zu seinen Pflichten zurückkehren. Das Programm, das sein Vater ihm zur Vorbereitung auf seine zukünftige Rolle als König ausgearbeitet hatte – womöglich musste er sie sehr bald übernehmen –, war hart, anspruchsvoll und ließ ihm wenig Spielraum, sich um Liebesangelegenheiten zu kümmern. Whitaker berichtet: »[Charles] ist ein Mann, der einer Frau mit Blumen, sanften Worten, Händchenhalten und flackerndem Kerzenlicht den Hof macht. Am Ende des Abends bringt er sie nach Hause und ruft sie sofort an, sobald er seine eigene Wohnung im Buckingham-Palast betritt. Dann spricht er die nächste halbe Stunde sanft und liebevoll mit ihr. Er sagt ihr, wie sehr er sie liebe, wie sehr ihm die Farbe ihrer Augen und der Geruch ihrer Haare gefalle.« All dies waren Dinge, die er einer Frau nur schwer direkt ins Gesicht sagen konnte – ein unseliger Charakterzug, der zwei Jahrzehnte später mit der Affäre um die Camillagate-Bänder ans Tageslicht kommen würde.

Doch in dieser Phase seines Lebens war nicht genug Zeit, einer Frau den Hof zu machen. Im Herbst des Jahres 1971 sah er alleine und, so glaubte er, ungeliebt seinem dreiundzwanzigsten Geburtstag entgegen. Ihm stand die nächste Stufe seiner asketischen Karrierevorbereitungen bevor, und er trat als Leutnant zur See der Royal Navy bei. Nach einem sechswöchigen Einführungskurs im Britannia Royal Naval College in Dartmouth machte er sich auf den Weg nach Gibraltar, um an Bord der *HMS Norfolk* zu gehen. Sollte er in den folgenden neun Monaten an Camilla Shand gedacht haben, dann wurden diese Gedanken sicherlich von dem unaufhörlichen Lärm und den quietschenden Turbinen des 5 600 Tonnen schweren Lenkflugkörperzerstörers unterbrochen.

Im darauf folgenden Mai gönnten ihm seine Vorgesetzten eine kurze Pause und erlaubten ihm, seine Mutter und seinen Vater bei einem Staatsbesuch in Frankreich zu begleiten. Und pünktlich zum Beginn der Polosaison befand sich Charles wieder an Land, wo er auf der *HMS Dryad*, einem Schulungszentrum der Royal Navy in Portsmouth, Fortbildungen belegte. Von dort aus war es in seinem Aston Martin Volante nur eine fünfzigminütige Fahrt nach Broadlands, dem Landsitz seines »Ehrengroßvaters« Graf Mountbatten. Während dieser Zeit suchte er angesichts der beharrlichen Fragen seines Vaters über das Marineleben lieber Unterschlupf bei Mountbatten, der selber Flottenadmiral war. Die Beziehung der beiden wurde nun auch inniger, denn Charles konnte mit Mountbatten von Mann zu Mann über sein Liebesleben reden (vielmehr über den Mangel eines solchen). Der alte Seebär liebäugelte damit, durch eine dynastische Verbindung seine eigene Machtposition zu stärken. Doch einerseits war seine dafür in Frage kommende Enkelin der Familie Knatchbull noch zu jung, und andererseits hatte Charles noch keine Chance gehabt, sich die Hörner abzustoßen.

Die Polosaison von 1972 verschaffte Charles eine weitere Pause, und die Beziehung zu Camilla Shand konnte sich endlich entwickeln. Aber es blieb ihnen nur wenig Zeit. Ein paar Monate nach seiner Rückkehr aus Deutschland erkannte Andrew Parker Bowles, dass seine Beziehung mit Prinzessin Anne keine Zukunft hatte. Bereits im Herbst traf sie sich mit Captain Mark Phillips, einem Offizier der 1st Queen's Dragoon Guards. Charles' Affäre mit Camilla – als sie denn endlich Wirklichkeit wurde – verlief kurz und stürmisch und entpuppte sich für ihn als eine aufregende Offenbarung. »Sie machte ihn endlich zum Mann« lautete der Kommentar eines Freundes von Camilla.

Doch trotz langer Telefonate und geflüsterter Zärtlichkeiten wurde schon bald mehr als deutlich, dass die Beziehung keine Zukunft hatte. Camillas siebenjährige Affäre mit Andrew Parker Bowles war zu publik, als dass sie lange ein Geheimnis hätte bleiben können. Und der fragwürdige Sittenkodex jener Zeit hätte keine Prinzessin von Wales mit einem entsprechenden Vorleben akzeptiert. Das allein machte jede Hoffnung auf eine gemeinsame Zukunft zunichte, doch obendrein gab es da noch das Problem mit Camillas Stammbaum.

Im zweiten Elisabethanischen Zeitalter gab es keine offiziellen festen Regeln, wen die jungen Prinzen und Prinzessinnen heiraten sollten – König George V. hatte die Bestimmungen während seiner Regentschaft so weit gelockert, dass seine Tochter statt eines ausländischen Prinzen auch einen Aristokraten heiraten durfte. Der Herzog von York hatte etwas Ähnliches verfügt, wodurch das Blut der Grafen von Strathmore in die Königsfamilie einging. Dennoch ging man davon aus, dass Charles, sollte er ein englisches Mädchen heiraten, jemanden von hoher Geburt wählen würde.

Obwohl Camilla Shand aufgrund der Vorfahren ihrer Mutter aristokratisch war, gab es in ihrem Stammbaum Ungereimtheiten. Außerdem waren da noch die radikale Lesbe Violet Trefusis und die Vorfahren von Bruce Shand, allen voran dessen viermal verheirateter Vater – ebenfalls peinliche Faktoren, wenn sie ans Tageslicht kämen.

All dies, gepaart mit der grausamen Tatsache, dass Camilla zwar eine große Anziehungskraft besaß, jedoch sehr unfotogen war, bedeutete, dass die Affäre zum damaligen Zeitpunkt zum Scheitern verurteilt war. Camilla wusste das, als sie den Prinzen in ihr Bett ließ. Und in jedem Fall war Andrew Parker Bowles, der sich gerade von Prinzessin Anne getrennt hatte, endlich bereit zu heiraten.

»Es gab einige Leute, die damals der Meinung waren, dass Camilla Charles nur verführt hatte, weil Andrew Anne verführt hatte«, hörte man aus einer Quelle aus Polokreisen. »Sie war entschlossen, ihm zu beweisen, dass sie genauso gut wie er ein Mitglied der königlichen Familie rumkriegen konnte. Bei ihr war alles ein Wettkampf, und sie schien ihm ständig zeigen zu müssen, dass sie genauso gut war wie er, egal worin.«

Falls die Affäre zwischen Andrew und Camilla, die Jahre zuvor begonnen hatte, tatsächlich eine Art Schlachtfeld war, so wurde am 15. März 1973 mit der Bekanntgabe der Verlobung des Paares der Waffenstillstand ausgerufen. Andrew verbrachte den Tag in einer Privatklinik in Berkshire, wo er nach einem Reitunfall mit Hilfe eines Spazierstocks herumhumpelte.

Vier Monate später heiratete das Paar, was ein Gesellschaftsmagazin als »die Hochzeit des Jahres« beschrieb. Die Guards Chapel am Birdcage Walk, einen Steinwurf vom Buckingham-Palast entfernt, war so überfüllt, dass zusätzlich zu den regulären 500 Stühlen weitere 300 aufgestellt werden mussten – und selbst danach waren einige verspätete Gäste gezwungen zu stehen. Der Bräutigam schien sich von den Auswirkungen seines Junggesellenabends erholt zu haben, der im *White's*, dem äußerst exklusiven Herrenclub auf der St. James's Street, stattgefunden hatte. »Ich bin für die entstandenen Schäden aufgekommen«, verriet Andrews Bruder Simon nonchalant. »Die Party ist ein bisschen außer Kontrolle geraten – es gab eine Menge zerbrochenes Porzellan, kaputte Gläser und Stühle.«

Prinzessin Anne, die momentan in Captain Mark Phillips vernarrt war – sie würden vier Monate später heiraten –, wohnte ebenfalls der Trauung ihres ehemaligen Geliebten bei. Sollte sie einen Anflug von Bedauern verspürt haben, litt sie nicht sehr lang unter der Situation, da sie nach dem Scheitern ihrer eigenen Ehe wieder zu Parker Bowles zurückkehrte.

Bei der Zeremonie war sogar die Königinmutter als entfernte Verwandte von Andrew anwesend. Prinzessin Margaret versäumte zwar die Messe, nahm jedoch bei dem Empfang auf der anderen Seite des Parks im St.-James-Palast teil. Es war ein sehr heißer Sommertag, und Camilla sah kühl und gefasst aus, als sie endlich das Ziel erreichte, das sie sieben Jahre lang angestrebt hatte. »Sie trug Unmengen Tüll und Diamanten im Haar«, erinnerte sich ein Gast. »Sie funkelte mit den Edelsteinen um die Wette.«

Zwischen Charles und Camilla war es fürs Erste aus. »Es kam damals gar nicht in Frage, dass Charles Camilla heiratete«, erinnerte sich ihre Freundin Carolyn Gerard Leigh. »Er war viel jünger als sie, einfach nur ein netter Junge … Camilla war sich ihres besonderen Status sehr wohl bewusst, aber sie wollte niemals Königin werden.« Jedenfalls wollte sie es damals noch nicht.

Prinz Charles war nicht bei der Hochzeit anwesend. Seit Anfang Juli befand er sich an Bord der Leander-Fregatte *HMS Minerva* und schipperte durch die Gewässer nahe den Westindischen Inseln. Falls seine Gedanken bei seiner verlorenen Liebe weilten – trotz anderer Versionen der Geschichte war es tatsächlich Camilla, die ihn fallen ließ, nicht umgekehrt –, dann sollte dieser Zustand nicht lange anhalten. Die *Minerva* ging in Hamilton auf den Bermudas vor Anker, und Charles schlenderte mit Sir Richard Sharples, dem britischen Gouverneur, über den Rasen des Government House. Eine Woche später wurde Sharples genau an der gleichen Stelle von Terroristen ermordet. Und da die *Minerva* wegen anstehender Reparaturarbeiten erneut in Hamilton vor Anker gehen musste, wurde Charles kurzfristig auf das Forschungsschiff *Fox* versetzt.

Die Reise ging weiter zu den Bahamas, wo der Prinz die Königin bei den Unabhängigkeitsfeierlichkeiten des Landes vertrat. Er verbannte alle Gedanken an die Liebe aus seinem Kopf, tauchte in der Karibik und tanzte bis fünf Uhr morgens in den Nachtclubs von Caracas, Venezuela, bevor sein Schiff um sechs Uhr auslief. Während die Frischvermählten auf Hochzeitsreise gingen, machte die Admiralität Pläne für Charles, die sich in den folgenden Jahren als sein bestes Alibi herausstellen sollten. Denn im Guards Polo Club tauchte das eventuell sehr schädliche Gerücht auf, dass Prinz Charles der Vater von Camillas Sohn sei.

Wäre an dieser Geschichte etwas dran, würde sie die Zukunft der Monarchie ernsthaft gefährden. Bereits frühere Könige und Prinzen hatten illegitime Kinder gezeugt; so zum Beispiel zwei Generationen zuvor der Herzog von Kent und der vorherige Prinz von Wales. Sogar über das Patenkind von Prinz Philip, den in Maidenhead geborenen Max Boisot, kursierte vierzig Jahre lang das Gerücht, er sei der Sohn des Prinzen. Die Behauptung hielt sich, bis Philips Freundin aus den Kriegstagen, die ehemalige Nachtclubbesitzerin Helene Cordet, im Jahr 1988 die Sache dementierte. Ihr Sohn war zu diesem Zeitpunkt vierundvierzig und Professor für Volkswirtschaftslehre im Europäisch-Chinesischen Business Center in Peking. Sie sagte, Philip habe zwar dessen Gebühren für Gordonstoun bezahlt, aber nur, weil sie praktisch mittellos gewesen sei.

Trotz dieser Vorfälle in der Vergangenheit war es undenkbar, dass so etwas in der Gegenwart geschehen könnte – warum, ist nur schwer nachzuvollziehen. Schließlich sind die unehelichen Nachfahren von König Charles II. respektable Personen der britischen Gesellschaft und Inhaber der Herzogtümer St. Albans, Grafton und Richmond und Gordon.

Für diejenigen mit einem Gespür für Skandale war daher der Gedanke gar nicht abwegig. Camilla – wie jeder auf dem Smith's Lawn wusste – hatte vor ihrer Heirat eine Affäre mit Charles gehabt und war nur wenige Monate nach ihrer Hochzeit wieder mit dem Prinzen verbandelt gewesen. Königliche Bastarde nehmen solch einen hohen Stellenwert in der britischen Geschichte ein, dass es auch in diesem Fall die Eingeweihten nicht sonderlich überrascht hätte. Und so verbreitete sich das Gerücht innerhalb der vornehmen Gesellschaft und nahm an Tragweite zu.

Doch die Sache hatte einen Haken. Es entspricht den Tatsachen, dass Camilla siebzehn Monate nach ihrer Heirat, am 18. Dezember 1974, ihren Sohn Thomas Henry Charles (der dritte Vorname war ein weiterer Beweis für die Klatschmäuler) zur Welt brachte. Es entspricht auch den Tatsachen, dass Charles sich bereit erklärte, die Patenschaft des Jungen zu übernehmen. Aber damit hört die Verbindung auch schon auf. Genau neun Monate vor der Geburt des Kindes war Camilla damit beschäftigt, für sich und ihren Mann ein Heim in Bolehyde Manor in Wiltshire einzurichten, während der Prinz von Wales sich als Kommunikationsoffizier auf der *HMS Jupiter* auf der anderen Seite der Erdkugel befand. In dieser Zeit begleitete er außerdem die Königin und Prinz Philip zur Eröffnung der Commonwealth Games nach Neuseeland. Und es gibt keinerlei Anhaltspunkte, dass er die Zeit fand, den halben Erdball zu umfliegen, um sich heimlich mit einer Frau zu treffen, die ihn wegen eines älteren Mannes abserviert hatte. Und es gibt ebenso wenig Beweise dafür, dass Camilla nach Australien oder Neuseeland flog, um sich mit ihm in einem der Häfen zu treffen, in denen die *Jupiter* vor Anker ging. All diese Fakten bedeuteten jedoch nicht, dass das Gerücht verschwand. Als es schließlich an die Öffentlichkeit drang, waren die Leute bereit, alles über die Beziehung zwischen Charles und Camilla zu glauben.

In der Anfangszeit ihrer Ehe bemühten sich die Parker Bowles, sich an das Grundprinzip der ehelichen Treue zu halten. Doch alte Gewohnheiten legt man nur schwer ab, und Andrew war nicht der Mann, der sich die vielen Gelegenheiten entgehen ließ, die ihm unterkamen. Außerdem bemerkten enge Freunde Camillas ihren Ehrgeiz, die bedeutende Verbindung zum Königshaus aufrechtzuerhalten, die sie mit Hilfe von Sex und Verständnis geknüpft hatte. Obwohl sie nur fünfzehn Monate älter war als Charles, verkörperte sie für den unerfahrenen Prinzen sowohl eine Mutterfigur als auch eine sexuelle Fantasie – und dessen war sie sich durchaus bewusst.

Aber dem Paar fehlte es in dieser Zeit an Gelegenheiten, sich zu treffen, und Charles wurde, wie ihm Graf Mountbatten geraten hatte, »zur beweglichen Zielscheibe« für die Frauen. Sein Ehrengroßvater hatte ihm, so dessen Privatsekretär John Barratt, bereits den Vorwurf gemacht, die Sache mit Camilla zu ernst zu nehmen, und ihm geraten, sich die Hörner abzustoßen. Es folgte eine Zeit, in der Charles mit Frauen herumexperimentierte, wobei diese jedoch fast nie auf ihre Kosten kamen. Es hieß, Mountbatten habe damals, um seinen Einfluss auf den Prinzen zu erhöhen, in Nassau einen Privatfonds eingerichtet. Mit diesem Geld sollten die Schwierigkeiten aus der Welt geräumt werden, die aus unselig verlaufenen Frauengeschichten entstanden. Angeblich wurde zwischen Ende 1974 und Mitte 1979 zwei- oder dreimal auf dieses Konto zurückgegriffen. Das ist auch nicht ganz auszuschließen – Kenner der britischen Geschichte wissen, dass ein ähnliches Arrangement für Charles' bisexuellen Großonkel, den Herzog von Kent, getroffen worden war. Andererseits ist es sehr unwahrscheinlich, dass Mountbatten allein Tausende von Dollars aufgebracht hat. In diesem Lebensabschnitt war er etwas knapp bei Kasse; der Teppich in seinem Schlafzimmer hatte Löcher, und er fuhr in einem verrosteten, verkehrsuntüchtigen Auto herum. Aber die Leute erzählten sich diese Geschichte ganz gerne, da sie andeutete, dass Charles es sexuell recht wild trieb.

Wie dem auch sei, Charles stand nun eine rastlose Zeit bevor, in der ihn die Vorbereitungen auf die Rolle als zukünftiger König sein persönliches Glück kosten sollten. Wegen seiner eigenen unsicheren Kindheit als Flüchtling war Prinz Philip fest entschlossen, aus seinem Sohn einen perfekten Thronfolger zu machen. So wurde alles andere unwichtig, sogar Charles' persönliches Glück. Im Grunde war es ein bewundernswertes Ziel, auch wenn es nur von dem Gedanken genährt wurde, dass eine unprofessionelle Monarchie wie die, in die Philip hineingeboren worden war, sehr kurzlebig sein könnte. Die Angst, dass aus seinem Sohn das werden könnte, was aus einigen seiner Verwandten des griechischen Königshauses geworden war, bestimmte Philips ganzes Tun. Charles sah diesen Standpunkt schließlich ein – doch die Freundschaft der beiden und der Respekt für seinen Vater blieben dabei auf der Strecke.

Rückwirkend betrachtet sind die rastlosen Jahre zwischen 1972 und 1980 der eindeutige Beweis für den Mangel an Sorge und Verständnis für Charles seitens seiner Eltern und Berater. Manche Beobachter sagen, dass seine Suche nach alternativen Philosophien und Lösungen nur ein Ventil für das Gefühl war, nicht geliebt zu werden.

Zwischen 1972 und 1980 hatte Charles eine Reihe von festen Freundinnen und diverse sexuelle Abenteuer mit anderen Frauen. Keine dieser Beziehungen war wirklich befriedigend. Diejenigen, die ihn sexuell anzogen, waren ihm ansonsten egal. Diejenigen, die geistig mehr auf seiner Wellenlänge zu liegen schienen, sprachen ihn körperlich nicht an. Seine Beziehungen waren ein trauriges Durcheinander, aber statt Mitgefühl rief jede neue Niederlage (die in der Presse paradoxerweise als Eroberung dargestellt wurde) nur den Zorn seines Vaters hervor, dessen Hauptanliegen es war, dass die königliche Linie so schnell wie möglich gesichert wurde.

Eine Frau, die Charles damals sehr gut kannte, berichtete: »Er war [bei Frauen] furchtbar schüchtern. Ich glaube nicht, dass es ihm großen Spaß gemacht hat. Er benutzte Frauen, und das wusste er auch.«

Eine andere Frau, die den Prinzen damals kannte, sagte: »Er war eine sanfte, melancholische Seele. Tief in seinem Innern schien er sehr einsam und sehr verzweifelt zu sein.« Das hinderte ihn jedoch nicht daran, sich zu verlieben – kein ungewöhnliches Verhalten bei Menschen, die sich ungeliebt fühlen.

Er ging neun Monate mit Georgiana Russell aus, der Tochter des britischen Botschafters in Spanien, die mit dem Herzog von Bedford, Sir John Russell, verwandt war. Aufgrund ihrer griechischen Abstammung mütterlicherseits besaß sie eine gewisse exotische Ausstrahlung – die Mutter war eine Altersgenossin von Prinz Philip, die sich jedoch als Bürgerliche länger in ihrer Heimat aufgehalten hatte –, und Charles fühlte sich sehr von ihrer Kultiviertheit angezogen. Sie war achtzehn Monate älter als er und arbeitete für die *Vogue*.

Die Beziehung war jedoch zum Scheitern verurteilt. Charles musste noch lernen, dass eine Frau mehr braucht als einen Mann, der ihr sehr bald seine Liebe erklärt und anschließend trotzdem an seinen Gewohnheiten festhält. Mag sein, dass er ihnen seine Liebe gestand, doch er war schon zu lange Single und benahm sich dementsprechend egoistisch. Georgiana Russell warf nach einem Angelurlaub im eiskalten Balmoral das Handtuch, da Charles in die gleiche Routine verfiel, die er schon seit Jahren praktizierte und die er auch nicht zu ändern beabsichtigte.

Stephen Barry, Charles' Kammerdiener, erinnerte sich: »Ihr war furchtbar kalt, und sie bekam nur Reste zu essen, weil der Prinz eine seiner sparsamen Phasen hatte. Ich glaube, sie hatte sich die Woche etwas glamouröser vorgestellt – ein romantisches Zwischenspiel in den Highlands mit ihrem Prinzen. Aber nichts da. Er stand den ganzen Tag mit den Beinen im eiskalten Wasser, während sie sich zu Tode langweilte. Ich dachte mir schon, dass sie nicht durchhalten würde, und ich sollte Recht behalten.«

Nach Georgiana folgte Lady Jane Wellesley, die eine wunderbare Kandidatin für das Amt einer Prinzessin war – zumindest nach Ansicht der Fleet Street. Sie war wunderschön und selbstsicher und kannte Charles seit ihrer Kindheit. Ihr Vater hatte als achter Herzog von Wellington und direkter Nachfahre von Großbritanniens tapferstem Soldaten einen ausreichend vornehmen Stammbaum. Der Herzog und die Königin waren enge Freunde, und Lady Jane besaß alle äußeren Merkmale einer zukünftigen Prinzessin von Wales.

Während der drei Jahre andauernden Beziehung stieg Charles' Popularität im Land kontinuierlich. Es sah so aus, als würde er noch vor seinem dreißigsten Geburtstag vor den Altar treten, also vor der Gnadenfrist, die er sich selber gesetzt hatte. Doch letztlich wurde nichts daraus, trotz der 10.000 Menschen, die 1975 zu Neujahr in Sandringham auf die Bekanntgabe der Verlobung warteten.

»Sie schien in beinah allen Bereichen die Prüfung zu bestehen, denn sie war aristokratisch, lebhaft, attraktiv und absolut diskret, doch Charles war sich nie ganz sicher«, schrieb sein Biograf Alan Hamilton. »Er fand sie emanzipiert, hart und radikal in ihren Ansichten, und tatsächlich nahm sie einen Job in der hochgradig ehrgeizigen Welt des Fernsehens an und verband ihre Recherche-Aufgaben bei der BBC mit der Position der Repräsentantin des Nationalen Journalistenverbandes. Für Charles war sie letztlich zu freimütig, zu unverblümt und nicht ausreichend gewillt, eine untergeordnete Rolle zu spielen. Obwohl es sehr faszinierend gewesen wäre, mitzuerleben, welchen Einfluss sie nach einer Heirat auf den Prinzen von Wales gehabt hätte.«

Lady Janes Einstellung lässt sich am besten durch ihr Verhalten verdeutlichen, als die Presse ihr das gleiche Interesse entgegenbrachte wie fünf Jahre später Lady Diana Spencer. Statt scheu zu lächeln, den Blick zu senken und kurz für die Fotografen stehen zu bleiben, bevor sie in den Wagen stieg, beantwortete Lady Jane die Frage, ob sie Charles zu heiraten gedenke, mit der schnippischen Bemerkung: »Ich will nicht noch einen Titel. Ich habe schon einen, vielen Dank auch.« Und mit diesen Worten verschwand sie aus seinem Leben. Manche mutmaßten, dass Charles ihr einen Antrag gemacht und sie ihm daraufhin den Laufpass gegeben hatte.

Charles steckte in einer schwierigen Lage. Er hatte in Camilla eine perfekte Partnerin gefunden. Sie erfüllte vollkommen seine egoistischen Bedürfnisse und war klug genug, nie um etwas zu bitten, sondern immer nur zu geben. Die beiden hatten kurz nach der Geburt von Camillas Sohn Tom ihre sexuelle Beziehung wieder aufgenommen, doch die Affäre war ein Tabubruch und wäre niemals geduldet worden. So musste Charles tapfer seine Pflicht tun und sich weiter eine Ehefrau suchen. Es ist kaum verwunderlich, dass er diesen Aspekt seiner Pflichten als Thronfolger zynisch betrachtete. Zu viel Druck und mangelnde Freiheit innerhalb der britischen Gesellschaft zwangen ihn, einen Weg einzuschlagen, den er später aufrichtig bereuen sollte.

Die frustrierende Suche ging weiter. Und keine Episode war frustrierender als die mit Laura Jo Watkins. Im März 1974 unternahm die *HMS Jupiter* einen Höflichkeitsbesuch in San Diego, dem Heimathafen der U. S. Pazifikflotte, und Laura Jo war ein groß gewachsenes, blondes, umwerfend aussehendes Mitglied des Empfangskomitees. Die Tochter von Admiral James Watkins, der Graf Mountbatten während seines Dienstes bei der Sechsten US-Flotte auf Malta kennen gelernt hatte, und der Prinz verliebten sich ineinander. Mountbatten beschloss, die Gunst der Stunde zu nutzen und sie nach London einzuladen, wo sie Charles zu der Abschiedsparty für den scheidenden US-Botschafter Walter Annenberg begleiten sollte.

Charles lud sie anschließend ein, sich seine Antrittsrede im Oberhaus anzuhören – ein sehr wichtiges Ereignis für ihn, da er in dieser Rede der Geschichte seinen Stempel aufdrücken würde. Er sprach über die Verbesserung der Freizeiteinrichtungen im Land. Diese Thematik war zwar wenig kontrovers und mied die großen Probleme der Zeit, war jedoch durchaus akzeptabel und langfristig relevant, zumal dieser Bereich von den vorherigen Regierungen ignoriert worden war. Sie war wie geschaffen für Charles' erwachenden Wunsch, sich um das geistige Wohlergehen der Nation zu kümmern.

Doch egal, welche Wirkung er sich erhofft hatte, so wurde diese durch die Anwesenheit der bezaubernden Miss Watkins auf der Besuchergalerie des Oberhauses zunichte gemacht. Freizeiteinrichtungen sorgen nicht für Schlagzeilen; eine umwerfende Blondine, obendrein noch eine Amerikanerin, schon. Also richteten die Zeitungen ihr Augenmerk auf die Tochter des Admirals, und schon bald wurde sie als »unverheiratete Wallis

Simpson« beschrieben – eine nicht ganz passende Parallele, die ihre Nationalität und die (unausgesprochene) Tatsache in den Vordergrund rückte, dass sie mit dem Prinzen von Wales schlief.

Diese geschmacklose Analogie löste bei der Königinmutter, einer lebenslangen Feindin von Mrs. Simpson, Tobsuchtsanfälle aus, und sie gab Mountbatten die Schuld.

Nun ging alles schief – bis Charles einer anderen umwerfenden Blondine begegnete, und zwar Davina Sheffield. Wenn die Nation eine kitschige Prinzessin von Wales haben wollte, dann kam eigentlich nur sie in Frage. Egal, aus welchem Winkel man sie auch fotografierte, sie sah immer großartig aus. Nachdem sie dem Prinzen das erste Mal im Sommer 1975 bei einer Dinnerparty in Jane Wellesleys Haus in Fulham begegnet war, wurde sie während der ersten neun Monate des folgenden Jahres immer häufiger an der Seite von Charles gesehen.

Ein paar Wochen nach ihrer ersten Begegnung lud Charles sie ein, um sich dem »Balmoral-Test« zu unterziehen, den sie mit Bravour bestand. »Jane und Davina sind sehr eng befreundet gewesen, haben aber seitdem nicht mehr miteinander gesprochen«, sagte ein Freund damals. Zwischen der Begegnung im Sommer und dem neuen Jahr flog Davina nach Vietnam, wo sie sich aufopferungsvoll um sechs Waisenjungen kümmerte, bevor Saigon an die Kommunisten fiel.

Als sie an Charles' Arm wieder an die Öffentlichkeit trat, war sie genau die Richtige: stets gut gekleidet und immer bereit, in die Kameras zu lächeln. Doch im September kam das Aus – ihr ehemaliger Freund, der Harrow-Absolvent und Schnellboot-Designer James Beard, mit dem sie in einem Cottage in Winchester zusammengelebt hatte, plauderte aus dem Nähkästchen. Er erzählte, sie hätten eine sexuelle Beziehung gehabt, und fügte dann hinterlistig hinzu: »Ich halte Prinz Charles für einen beeindruckenden Mann und bin mir sicher, dass sie miteinander sehr glücklich werden. Ich bin der Meinung, dass sie eine sehr gute Königin abgeben und ihm eine wunderbare Frau sein wird.«

Mit dieser letzten Bemerkung zerstörte Beard die irrationalen

Hoffnungen der Nation auf eine jungfräuliche Braut, und die Beziehung war vorbei.

Und so herrschte weiterhin ein reges Kommen und Gehen, was seine weiblichen Begleiterinnen anging. Zu denen, die von der zunehmend verwirrten Presse überhaupt bemerkt wurden, zählten unter anderem die Schwestern des Herzogs von Westminster, Lady Leonora Grosvenor und Lady Jane; Lady Victoria und Lady Caroline Percy, Töchter des Herzogs von Northumberland; Bettina Lindsay, Tochter von Lord Balneil; Lady Cecil Kerr, Tochter des Marquis von Lothian; Lady Henrietta FitzRoy, Tochter des Herzogs von Grafton; Lady Charlotte Manners, Tochter des Herzogs von Rutland, und ihre Cousine Libby Manners; Angela Nevill, Tochter von Lord Rupert Nevill; Louise Astor, Tochter von Lord Astor von Hever; und Lady Camilla Fane, Tochter des Grafen von Westmorland.

Obwohl sich diese Frauen auf den ersten Blick sehr voneinander unterschieden, stammten sie alle aus der gleichen englischen Gesellschaftsschicht. Sie waren alle Sprösslinge aristokratischer Familien, die auf Privatschulen erzogen worden waren, die gleichen konservativen Wertvorstellungen besaßen und letztlich furchtbar langweilig waren. Die einzige Ausnahme bildete Fiona Watson, Tochter des Grundbesitzers Lord Manton aus Yorkshire, die, wie sich schließlich herausstellte, unter einem anderen Namen ihren wundervollen Körper mit den Maßen 100–60–90 im *Penthouse* entblößt hatte. Man muss kein Kenner des Königshauses sein, um sich vorstellen zu können, was nach Bekanntgabe dieser Neuigkeit aus ihr wurde.

Mit Camilla besprach Charles die intimen Details dieser halbherzigen Versuche, eine Ehefrau zu finden. »Da sie diesem Druck nicht mehr ausgesetzt war, konnte sie wie niemand sonst über dieses Thema lachen und Witze machen. Und genau das brauchte er, denn ehrlich gesagt wurde seine Unfähigkeit, jemanden zu finden, langsam lächerlich«, sagte ein Freund. »Und je länger es dauerte und je größer der Druck wurde, sich für diese oder jene zu entscheiden, desto mehr widerstrebte es ihm natürlich. Es wurde nicht einfacher für ihn.«

Aufgrund dieser Vertraulichkeit lud er Camilla und Andrew Parker Bowles zur Party anlässlich seines dreißigsten Geburtstags ein. Er tanzte mit ihr, mit der Gräfin von Lichfield – ehemals Lady Leonora Grosvenor und eine Ex-Freundin von ihm – und mit einer weiteren alten Flamme, Lady Jane Wellesley. Es schien fast so, als hätte er an diesem Abend nur mit Ehemaligen getanzt. Die Ausnahme bildete die Schauspielerin Susan George, die anschließend mit dem Prinzen an einem geheimen Ort im Stadtviertel St. James's ein Abendessen bei Kerzenlicht genoss. Obwohl sie mindestens einmal die ganze Nacht bei ihm blieb, war es für Charles nichts Ernstes, er ließ sich lediglich eine Weile treiben. Miss George war zwar sehr charmant, hatte jedoch bereits eine Reihe männlicher Partner gehabt. Außerdem hätte die Nation niemals eine Frau als zukünftige Königin akzeptiert, die in Sam Peckinpahs Film *Wer Gewalt sät* eine Szene gespielt hatte, in der man ihr die Kleider vom Leib riss und sie vergewaltigte. Die Affäre hielt nicht sehr lange.

Die Jahre vergingen. Inzwischen war das Jahr 1977 angebrochen, in dem ihm, so Charles' eigene Vorhersage, seine Braut begegnen würde. Es war jedoch keine Kandidatin in Sicht, obwohl die Kuppler einen Moment lang den Atem anhielten, als Charles eine Wohltätigkeitsveranstaltung in Monte Carlo besuchte und neben Prinzessin Caroline von Monaco platziert wurde. Sie hassten sich auf den ersten Blick, und der Traum von einer großen dynastischen Verbindung zerplatzte angesichts der Kommentare der beiden. Er »langweilte« sie, und sie »verärgerte« ihn. Mit einer seltenen und recht offenen Bemerkung fügte Charles bissig hinzu: »Bevor ich ankam, hatte mich die Welt schon mit Caroline verlobt. Bei unserem ersten Treffen hatte uns die Welt verheiratet – und jetzt steckt die Ehe bereits in Schwierigkeiten.«

Während eines Polospiels im Juli im Cowdray Park Polo Club in Sussex wurde Charles der schönen Cristabel Barria-Borsage vorgestellt, einer Angehörigen der oberen Zehntausend Kolumbiens. Seine offizielle Begleiterin an diesem Tag war jedoch ein weiterer Spross der englischen Aristokratie, Lady Sarah Spencer, die Schwester seiner zukünftigen Frau. »Sarah«, so lautete ein Bericht, »war zwar an diesem Abend seine offizielle Begleiterin, aber es war ganz offensichtlich, dass ihm Miss Barria-Borsage äußerst gut gefiel, und er zögerte nicht, seine Rechte als Prinz geltend zu machen. Sie tanzten stundenlang miteinander, und Sarah war nicht sehr glücklich darüber.«

Auf der Rückfahrt nach London saß die feurige Kolumbianerin neben ihm, während sich eine sehr traurige Sarah Spencer auf dem Rücksitz neben den Sicherheitsbeamten quetschte. Ein paar Tage später gestand die wenig verschwiegene Miss Barria-Borsage einer Freundin, Charles habe sie verführt. »Als sie ins Bett stiegen, fragte sie den Prinzen: ›Wie soll ich Sie nennen – Sir oder Charles?‹ lautete der Bericht. Als er anfing, sie zu lieben, erwiderte er: ›Nenn mich Arthur.‹«

Sarah wurde ernsthafter behandelt. Aus heiterem Himmel sollte sie in der Royal-Ascot-Woche am traditionellen Empfang auf Schloss Windsor teilnehmen. Sie machte sich beklommen auf den Weg dorthin. Sie litt an einer nervösen Essstörung, und im Gegensatz zu seiner unterkühlten Reaktion auf Dianas Bulimie, zeigte Charles in dieser Situation Mitgefühl und Verständnis. Das Mädchen war jedoch in einer schlechten Verfassung. Nach nur wenigen Monaten wog die 50 Kilo schwere und 1,70 Meter große Sarah nur noch 35 Kilo. Sie gab zu, dass sie von den Maßen 86–60–86 auf 69–50–71 abgemagert war. »Ich sah aus wie jemand aus einem Konzentrationslager – ich konnte keine passenden normalen Sachen finden und kaufte in der Kinderabteilung von Marks and Spencer ein – bei den Sachen für Zehnjährige.«

Sie fuhr fort: »In solch einer Situation benimmt man sich wie ein Alkoholiker und will einfach nicht zugeben, dass man ein Problem hat. Noch schlimmer, man glaubt am Ende, dass man so dünn schön aussieht.« Es war nur ein Vorgeschmack auf das, was Charles, in leicht abgewandelter Form, mit seiner Frau erleben würde. Das Mädchen, das wegen seiner Trinkerei von seiner Schule West Heath verwiesen worden war (»Ich trank aus Langeweile. Ich trank alles: Whiskey, Cointreau, Gin, Sherry und vor allem Wodka, weil die Angestellten es nicht riechen konnten«), hatte im Zuge ihrer Krankheit sogar ihren Zahnschmelz verloren.

Aber Charles ließ nicht locker und nahm sie mit zum Skilaufen nach Klosters, wo sie ein Schlafzimmer teilten. Im Sommer darauf ging Sarah jedoch zu weit, als Charles zu einem Polospiel in Trouville an die französische Nordküste reiste. Als die Woche näher rückte, ließ sie ihn immer deutlicher wissen, dass er sie doch mitnehmen solle. »Sie hielt sich dran, wie gerne sie mitfahren würde, wie gut ihr Französisch sei und dass sie viele Leute kenne, die ebenfalls dort sein würden«, erzählte ein Freund. Aber Charles entschied sich für eine Französin namens Chantal. »Nicht die Sorte Mädchen, die als Prinzessin von Wales in Frage kam«, bemerkte ein erfahrener Beobachter des Königshauses trocken, der das Paar dabei beobachtete, wie es in einer Disco in Trouville die Nächte durchtanzte. Wieder einmal wurde Sarah auf Sparflamme gesetzt, diesmal jedoch für immer.

Es sollten noch einige Flirts und große Leidenschaften folgen. Lord Mountbatten kam 1979 bei einem terroristischen Bombenanschlag in Irland ums Leben. Sämtliche Hoffnungen des alten Seebären auf eine Verbindung zwischen Charles und seiner Enkeltochter Amanda Knatchbull lösten sich danach in Luft auf. Der Prinz begann stattdessen eine Romanze mit Jane Ward, der hübschen und aus gutem Hause stammenden Geschäftsführerin des Guards Polo Club. Nach ihr folgte eine kurze Affäre mit dem Sprössling eines Brauerei-Clans, Sabrina Guinness, die zuvor mit Jack Nicholson und Mick Jagger befreundet gewesen war. Als sie auf Balmoral auftauchte, konnten die Königin und Prinz Philip sie auf den ersten Blick nicht ausstehen. Angesichts Sabrinas Bemerkung, dass sie das Fahrzeug, mit dem man sie vom Bahnhof abgeholt hatte, an eine »Black Maria«[11] erinnere, blaffte Prinz Philip sie an: »Mit denen kennen Sie sich aus, was?« Und als sie sich auf einen Stuhl setzen wollte, fuhr die Königin sie an: »Setzen Sie sich nicht dorthin – das ist Königin Victorias Stuhl!« Sabrina erkannte, dass das ganze Unterfangen zwecklos war – zumal Prinz Charles sie während seines gesamten Aufenthalts ignorierte. Trotzdem unternahm sie noch einen letzten

Versuch, die Beziehung zu beleben, indem sie dem Prinzen zweimal schrieb, bevor sie die Stellung als Nanny von Tatum O'Neal antrat. Er machte sich beide Male nicht die Mühe, ihr zu antworten.

In dieser Zeit besuchte Charles regelmäßig Bolehyde Manor, das Landhaus der Parker Bowles'. Er tat dies, wenn Andrew zu Hause war, aber auch, wenn er nicht da war. »Er aß regelmäßig dort«, erinnerte sich ein Freund. »Das war, bevor er überlegte, Highgrove zu kaufen. Abgesehen von den Anwesen der Königsfamilie besaß er kein eigenes Zuhause.

Er machte sich durchaus Gedanken über sein Image in der Öffentlichkeit, aber er wollte einfach nur bei Camilla sein. Auch wenn sie zu diesem Zeitpunkt ihre sexuelle Beziehung noch nicht wieder aufgenommen hatten. Camilla hatte absolut nichts gegen seine Besuche einzuwenden. Oft hatte Charles nichts Besseres zu tun, als in der Küche herumzusitzen, während sie das Essen für eine Dinnerparty vorbereitete. Wenn die Gäste auftauchten, verschwand er nach oben und aß sein Abendessen von einem Tablett. Nachdem die Gäste gegangen waren, kam er wieder nach unten und machte da weiter, wo er aufgehört hatte.«

Andrew Parker Bowles fand Charles immer häufiger bei sich in Bolehyde Manor vor, wenn er nach Hause kam. Er akzeptierte die Situation und verlor durch seine Gastfreundschaft gegenüber dem Prinzen an Ansehen bei seinen Bekannten im Guards Polo Club. Ein Mitglied beschwerte sich: »Wenn er, nachdem er selbst gespielt hatte, gebeten wurde, Schiedsrichter zu sein, sagte er sehr oft: ›Tut mir Leid, aber ich habe eine königliche Verabredung‹, und machte sich davon, um Charles die Drinks zu mixen.«

Und immer noch war der Prinz ledig und schien keinerlei ernsthafte Anstalten zu unternehmen, um eine Ehefrau zu finden – bis Anna Wallace auf der Bildfläche erschien.

Anna, Tochter eines schottischen Grundbesitzers, war mit fünfundzwanzig sowohl schön als auch clever. Außerdem war sie eine leidenschaftliche Reiterin, stammte aus einer guten

Familie, war diskret und besaß einen sehr starken eigenen Willen. Während ihrer lang andauernden Beziehung kam sie in den Genuss einer Sonderbehandlung, so als wüsste Charles, dass er sich auf der Zielgeraden befand und am Ende seiner Junggesellentage angelangt war.

»Aber die Sache war von vornherein zum Scheitern verurteilt. Sie hatte wie Davina Sheffield eine Reihe von Freunden gehabt – sie war kein unbeschriebenes Blatt«, erinnerte sich ein Freund. »Und sie trat für ihre Rechte ein.«

Charles war inzwischen mehr als verzweifelt auf der Suche nach einer Ehefrau und wurde von allen Seiten unter Druck gesetzt, sich der zunehmend ungeduldigen Nation auch als heiratswillig zu präsentieren. Daher machte er Miss Wallace einen Antrag. Sie war reich, alt und klug genug, den Antrag abzulehnen. Beim Empfang anlässlich des achtzigsten Geburtstags der Königinmutter kam es zu einem heftigen Streit, der durch die gesamte Presse ging. Nachdem er sie zugunsten der anderen Gäste völlig vernachlässigt hatte, fuhr sie ihn an: »Ignorieren Sie mich nie wieder auf diese Art und Weise! Niemand behandelt mich so, nicht einmal Sie!« Anschließend folgte ein ebenso böser Schlagabtausch beim Polo-Ball in Stowell Park, dem Anwesen von Lord Vestey in Gloucestershire. Anna verließ ihn, und zwar für immer.

Denn an diesem Abend hatte Charles ausschließlich mit Camilla Parker Bowles getanzt. Die beiden waren wieder zusammen, und es war ihnen egal, wer davon wusste.

KAPITEL 5

Camilla küssen

Im Grunde war die Beziehung zwischen den beiden nie beendet gewesen. Bis zu diesem Zeitpunkt hatten sich Charles und Camilla eingeredet, ein Musterbeispiel an Diskretion zu sein, doch die Maskerade täuschte schon lange niemanden mehr.

Anfang 1980 hielt sich Andrew Parker Bowles, inzwischen zum Oberstleutnant befördert, in Rhodesien auf, wo die Situation sich im Vorfeld der Unabhängigkeit des Landes verschlechtert hatte. Lord Soames, der Schwiegersohn von Kriegspremier Winston Churchill, war zum Gouverneur ernannt und der ehrgeizige, gerade erst beförderte Parker Bowles als oberster Verbindungsoffizier in die Kolonie geschickt worden.

Anfang März sah man Charles und Camilla das erste Mal seit jener Nacht im *Annabel's* acht Jahre zuvor gemeinsam in der Öffentlichkeit. Die *Daily Mail* berichtete:

Während Household-Cavalry-Offizier Lt. Andrew Parker Bowles, 40, bei den Friedensbemühungen in Rhodesien mithilft, feuerte seine Frau gestern in Plumpton ihren alten Freund Prinz Charles an.

Camilla, 32, die praktisch neben der Rennbahn aufgewachsen ist, schaute anlässlich Charles' Besuch wieder einmal bei ihren Eltern vorbei.

Andrew, der von Gouverneur Soames persönlich ausgesucht wurde, entpuppte sich als einer der größten Erfolge der Briten in der ehemaligen Rebellenkolonie.

Bald war ihnen das Satiremagazin *Private Eye* mit seinem Klatschkolumnisten Grovel auf der Spur:

Kaum hatte man Lord Soames zum Gouverneur von Rhodesien ernannt, wurden auch schon die Posten für die Jungs verteilt. Unter den Glücklichen war Major Andrew Parker Bowles, inzwischen Oberst und für das britische Bündnis mit den Guerilla-Truppen verantwortlich.

Andrew, 39, ist mit Camilla Shand, einer ehemaligen (?) Geliebten von Prinz Charles, verheiratet. Sollte ich den königlichen Aston Martin Volante vor dem Anwesen der Parker Bowles' sichten, während der tapfere Oberst seine Pflichten im Ausland erfüllt, dann werde ich ebenfalls wissen, was meine Pflicht ist.

Die Katze war aus dem Sack. Doch aufgrund der strengen Rechtsprechung bei Verleumdungsklagen und da es, abgesehen von den Gerüchten in der vornehmen Gesellschaft, keine konkreten Beweise dafür gab, dass der Prinz wieder mit seiner alten Flamme schlief, konnten nur Eingeweihte zwischen den Zeilen lesen, was sich in Charles' Leben abspielte – obwohl er angeblich immer noch in Anna Wallace verliebt war und sich bemühte, sie zu seiner Frau zu machen.

Die sanften Sticheleien entgingen Miss Wallace nicht. Vielleicht war sie bereit, die Scharade hinzunehmen, und spielte trotz allem mit dem Gedanken, Prinzessin von Wales zu werden – vor allem, da Charles sein Ziel so beharrlich, wenn auch nicht gerade leidenschaftlich verfolgte. Anna konnte wirklich keinen Zweifel daran haben, wie die Abmachung aussehen würde. Während ihrer Beziehung, die fast ein ganzes Jahr andauerte und die scheinbar auch auf ein Ziel zusteuerte, hatte das Paar nicht ein einziges Mal miteinander geschlafen. Anna mochte in dieser Hinsicht ihre eigenen Arrangements getroffen haben, doch bei Charles war das mit Sicherheit der Fall. Was das anging, war er voll und ganz zufrieden gestellt.

Es war eine abnormale Beziehung für zwei Erwachsene, auch wenn schon so manche erfolgreiche Ehe auf weniger aufgebaut wurde. Doch jener Abend in Stowell Park war mehr, als eine Frau mit Selbstachtung hinnehmen konnte. »An jenem Abend in Stowell Park mit Camilla Parker Bowles zu tanzen – ich meine, Camilla Parker Bowles!«, sagte ein Freund. »Anna war nicht dumm, sie wusste, dass Camilla all seine Frauen begutachtete. Camilla hatte ihn im Griff – Seine Königliche Hoheit wusste, dass Anna sich das alles nicht bieten lassen würde.«

Ein weiterer Artikel erschien während der Zeit, in der Charles Anna Wallace den Hof machte – und der Inhalt hätte ihr noch mehr Grund zur Beunruhigung geben müssen. Die *Daily Mail* berichtete am 11. April 1980:

Prinz Charles dürfte nächste Woche in Rhodesien bei den Feierlichkeiten anlässlich der Unabhängigkeit Simbabwes einen gemischten Empfang erwarten. Der ehemalige Premierminister Ian Smith, der einst schwor, dass »nicht einmal in tausend Jahren« die Schwarzen dieses Land regieren würden, verschwindet ins Ausland, um eine »seit langem geplante Verpflichtung wahrzunehmen«.

Der Thronerbe darf jedoch mit der Anwesenheit eines vertrauten Gesichts rechnen – seine alte Flamme, Mrs. Camilla Parker Bowles, 32, wird als offizielle Begleiterin von Charles in Salisbury erwartet.

Der Bericht ging weiter:

Paradoxerweise ist [Andrew] Parker Bowles inzwischen wieder zurück in England, nachdem er unter Soames erfolgreich das Bündnis herbeigeführt hat, und wird nicht mit seiner Frau, der Nichte von Lord Ashcombe, zurückreisen.

Sprecher des Buckingham-Palastes sind immer zufrieden, Charles in Begleitung einer glücklich verheirateten Frau zu sehen, da so etwas keinen Anlass für Gerüchte bietet.

Dieser letzte Satz war ein weiterer Schuss vor den Bug des Prinzen, doch der ließ sich nicht beirren. Camilla hatte ihn wieder in ihr Leben gelassen, und er war ihr völlig verfallen.

Ihre erneut entflammte Leidenschaft war gefährlich und zu diesem Zeitpunkt außer Kontrolle geraten. Trotz des zeitlich wohl platzierten Artikels – niemand der Eingeweihten glaubte auch nur einen Moment lang an das Etikett »offizielle Begleiterin« – bestand Charles darauf, dass sie ihn nach Simbabwe begleitete. Dies rief den Zorn der höher gestellten Beamten hervor. »Das Einholen der britischen Flagge ist schon entwürdigend genug, auch ohne dass bekannt wird, dass der Abgesandte der königlichen Familie seine Flamme mitgebracht hat«, hieß es später aus einer Quelle im Auswärtigen Amt. »Der Mangel an Takt war unbeschreiblich. Es machte die ganze Angelegenheit zu einem Witz.«

Lord Soames, Großbritanniens erfolgreichster Nachkriegsbotschafter in Paris und ein äußerst erfahrener Diplomat, reagierte entsetzt. Schon allein die Vorstellung, mit Charles, Camilla, Andrew Parker Bowles und seiner eigenen Tochter, Charlotte, an einem Tisch sitzen zu müssen, fand er unmöglich. Zu allem Überfluss hatte sich Andrew nämlich während seiner Dienstzeit in Afrika in Soames' Tochter verliebt. Doch schließlich konnte man Charlotte dazu überreden, nach London zurückzufliegen. Lady Soames, die angesichts dieser Dinnerparty ein Stoßgebet zum Himmel schickte, meinte nur trocken: »Ich bitte dich, o Herr, dass wenigstens der Claret gut ist.«

In London glaubte man derweil, dass die Affäre mit Anna Wallace wie gehabt weiterlief, und die Kuppler setzten all ihre Hoffnungen auf eine baldige Bekanntgabe der Verlobung. Doch den Prinzen, dessen Beziehung mit Camilla in der Hitze und dem Staub Afrikas erneut gestärkt worden war, interessierte das wenig. »Er wusste sehr wohl, dass er sich früher oder später eine Ehefrau suchen musste, wandte sich dennoch Rat suchend an Camilla«, sagt ein ehemaliger Hofbeamter. »Es war wirklich sehr seltsam. Camilla war der Meinung, dass sie nun, da ihr Familienleben in geordneten Bahnen verlief, genauso handeln konnte wie ihre Urgroßmutter. Alles, was man sich über Alice Keppel erzählte, schien sich bei ihr zu wiederholen. Es war genau das, was sie sich schon immer gewünscht hatte. Und man darf sich nicht täuschen – in *dieser* Beziehung gab es zwei sehr entschlossene Menschen, die ihre Wünsche durchsetzen wollten. Nichts sollte ihnen im Weg stehen.«

Camilla schlüpfte ganz leicht in die Rolle der Beraterin. Sie hatte genügend Zeit, denn ihr Mann hielt sich immer wieder für lange Zeit im Ausland auf, und so konnte sie sich ganz und gar Charles und seinen Problemen widmen. Oft trafen sie sich in Sussex, und zu dieser Zeit wurden auch Camillas Eltern auf das Doppelleben ihrer Tochter aufmerksam. Major Shand war zwar selbst seit beinah einem Vierteljahrhundert glücklich verheiratet, betrachtete diese kuriose Wendung in der Geschichte jedoch aus einem weltmännischen Blickwinkel. Schließlich war sein eigener Vater mehr als einmal Opfer seines wankelmütigen Herzens geworden. Freunde behaupten, dass diese Beziehung Mrs. Shand viel größere Sorgen bereitete. Doch sie erkannten, dass Charles nach so vielen Jahren ohne eine wahre Freundin und Gefährtin endlich einen sicheren Hafen gefunden hatte – jemanden, dem er sich zum ersten Mal in seinem Leben ganz und gar anvertrauen konnte. Die Erleichterung war unbeschreiblich, die Folgen nicht vorhersehbar … doch diejenigen, denen Charles am Herzen lag, dankten dem Schicksal, dass er endlich jemanden gefunden hatte, der ihm dabei half, die Bürden des Lebens zu tragen.

Charles und Camilla hatten – abgesehen von ihrer neu erwachten, überwältigenden Leidenschaft – viele verschiedene gemeinsame Interessen. Beide waren geübte Reiter und genossen die Jagd, und Camilla bestand darauf, dass er in Gloucestershire jagte. Beide interessierten sich für Architektur – Camilla konnte sich auf das Leben ihres Großvaters Philip Morton Shand, des eifrigen Verfechters der Bauhaus-Bewegung und Freundes von Walter Gropius, beziehen. Beide malten Aquarell und waren stets bemüht, ihre Technik zu verbessern. Außerdem hatten sie eine Leidenschaft für Italien und die italienische Kunst und Architektur entwickelt. Spätere Kritiker verspotteten Camilla wegen ihrer fehlenden akademischen Bildung und ihres übertriebenen Interesses für die Jagd, machten sich aber nicht die Mühe herauszufinden, was Charles sonst noch an ihr gefiel. Und da gab es so einiges.

Für die Bevölkerung existierte die Leidenschaft der beiden gar nicht. Nur einige wenige wurden Zeuge der beinah animalischen Anziehungskraft, die mittlerweile zwischen ihnen bestand.

Der Ball des Polo-Clubs Cirencester war wie immer eine private Festivität, zu der weder die Öffentlichkeit noch die Presse zugelassen waren. Bei dem alle zwei Jahre stattfindenden Ball war es in jenem Jahr außergewöhnlich heiß. Auf dem Rasen des 6000 Hektar großen Anwesens von Graf Bathhurst, Cirencester House, war ein großes Zelt errichtet worden, und man erwartete rund 350 schwarz befrackte und mit Juwelen geschmückte Gäste.

Der Ehrengast war der Prinz von Wales, der ein großer Fan des Spielfelds von Cirencester war und regelmäßig dort spielte. Zu den Gästen zählten auch Andrew und Camilla Parker Bowles. Es war eine sehr festliche Angelegenheit, der Wein floss in Strömen, und der heiße Sommerabend brachte selbst den langweiligsten Partygast in Stimmung.

»Doch es passierte etwas ganz Erstaunliches«, erinnerte sich Charles' ehemalige Freundin Jane Ward, die an diesem Abend ebenfalls anwesend war. »Charles und die Parker Bowles saßen am gleichen Tisch, und Charles tanzte den ganzen Abend nur mit Camilla. Beim Tanzen küssten sie sich leidenschaftlich – sie hörten gar nicht mehr auf, tauschten regelrechte Zungenküsse aus und tanzten einen Tanz nach dem anderen.

Andrew wusste nicht genau, wie er darauf reagieren sollte – es saß lächelnd da und sagte zu den Leuten: ›Seine Königliche Hoheit scheint meine Frau sehr zu mögen. Und ihr scheint es ebenso zu gehen.‹ Offensichtlich störte es ihn nicht weiter, während andere, besonders die Älteren, unangenehm berührt waren. Manchen war es peinlich, und sie reagierten schockiert und verärgert, weil das Ganze so offensichtlich war«, fuhr Miss Ward fort. »Es ist bei so einer Abendgesellschaft schon schlimm genug, sich den ganzen Abend nur einer Frau zu widmen. Es ist aber noch schlimmer, wenn es sich um die Frau eines anderen handelt. Wie die beiden sich aufführten, ging wirklich zu weit.«

Ein weiteres Beispiel für Charles' lüsternes und unsensibles Verhalten im Kreis vertrauenswürdiger Freunde wurde von denen beschrieben, die sich an eines von Camillas Lieblingskleidern erinnerten. »Es war braun, sehr kurz, bestand aus einem nylonartigen Material und hatte einen tiefen Ausschnitt, der ihre besten Vorzüge betonte«, erzählte einer von ihnen. »Charles warf einen Blick auf ihr Dekolleté, schob seine Hände in ihren Ausschnitt und griff nach ihren Brüsten. In gemischter Gesellschaft macht man so etwas einfach nicht – aber man muss Camilla zugestehen, dass sie den Vorfall einfach mit einem Lachen abtat. Charles war es völlig egal, und alle Anwesenden taten einfach so, als sei nichts geschehen. Es war ziemlich peinlich, aber ich glaube, das ist einfach seine Art, mit Frauen umzugehen. Arme Diana, kann ich da nur sagen.«

Diese Episoden zeigen am besten, auf welch schmalem Grat Andrew Parker Bowles wanderte und mit wie viel Anstand er versuchte, die Probleme in seiner Ehe (falls es überhaupt Probleme gab) zu überwinden. Genau wie bei Alice Keppel und ihrem Ehemann George waren die Eheleute Parker Bowles einander untreu, und doch hielt sie ein starkes Band zusammen. Falls sich Andrew – und das scheint offensichtlich – bereit erklärt hatte, die *Gefährliche Liebschaft* zwischen seiner Frau und dem Prinzen von Wales zu tolerieren, bezahlte er in Bezug auf sein öffentliches Ansehen einen hohen Preis. Später würde er in Ascot die Sticheleien ertragen müssen, als man ihn »Ernest Simpson« nannte – eine Anspielung auf den Mann, der sich von dem letzten Prinzen von Wales so bereitwillig hatte Hörner aufsetzen lassen. Doch zu diesem Zeitpunkt war er bereits immun gegen das Flüstern und Kichern, das ihm überallhin folgte.

Für diese Art von Verhalten lässt sich unmöglich ein Motiv finden, doch fest steht, dass Andrew Parker Bowles spätestens seit 1980, vermutlich schon früher, von der neu entflammten sexuellen Beziehung zwischen seiner Frau und dem Prinzen von Wales wusste. Als die Affäre schließlich in der Presse auftauchte, gab ein Freund folgenden Kommentar ab: »Andrew ist nicht unglücklich. Er hat sein eigenes Süppchen am Kochen.«

Seit ein paar Jahren war der Prinz schon auf der Suche nach einem eigenen Zuhause. Als er 1974 noch im Dienst der Royal Navy stand, hatte er ein Angebot für ein Haus erhalten und es angenommen. Es handelte sich um Chevening, ein rotes Backsteingemäuer in Kent, das über 115 Zimmer und 1400 Hektar Grundbesitz verfügte. Er konnte das Haus nicht ausstehen, und seine Besuche dort wurden immer seltener.

Mit dem Herzen und seinen Gedanken fest im Westen Englands verwurzelt und durch die starke, führende Hand von Camilla ermutigt, befahl er seinem Mitarbeiterstab, sich für ihn nach einem richtigen Zuhause umzusehen. Es musste in Gloucestershire oder Wiltshire liegen – mit anderen Worten: nicht zu weit von Bolehyde Manor entfernt –, und bald darauf machte man ihm einen annehmbaren Vorschlag. Es handelte sich um das Haus des Ministers Maurice Macmillan, dem Sohn des ehemaligen Premierministers.

Highgrove, ein geschmackvolles, wenn auch vergleichsweise kleines Haus im georgianischen Stil, verfügte über neun Schlafzimmer und ein Grundstück von ungefähr 150 Hektar. Es war bezaubernd, genügte jedoch kaum den Ansprüchen eines Prinzen von Wales, der dort womöglich eine Familie zu gründen gedachte. Einige sahen in seiner Wahl eine Manifestation seiner »Klein, aber fein«-Philosophie. Andere sahen in der Wahl des Hauses, das in der Nähe der Anwesen seiner Schwester und seines Cousins, des Prinzen Michael von Kent, lag, eine natürliche Symmetrie, durch die eine Art »königliches Dreieck« entstand.

Das war allerdings reine Spekulation. Highgrove – nahe einer Hauptstraße und an einem öffentlichen Weg gelegen, der direkt vor der Haustür entlanglief – war eine schlechte Wahl, aber Charles entschied sich, es zu kaufen. Er sagte später: »Es war die Herausforderung, etwas daraus zu machen, und ich habe mich regelrecht verliebt. Die große Zeder vor dem Haus und der von einer Mauer umgebene Garten haben schließlich den Ausschlag gegeben.«

Vielleicht. In jedem Fall ist es sicher, dass der Faktor des »königlichen Dreiecks«, wie bereits erwähnt, absolut keine Rolle spielte. Charles sah seine Schwester zu dieser Zeit nur selten. Sie äußerte sich nicht gerade positiv über sein Privatleben und sonnte sich in der Liebe und Anerkennung ihres Vaters – etwas, auf das sich Charles schon lange keine Hoffnungen mehr machte, was ihn aber immer noch beschäftigte. Den Herzog und die Herzogin von Kent sah er ebenso selten. Charles hing zwar an seinem Cousin Prinz Michael, empfand jedoch für dessen Frau nach anfänglicher Begeisterung nur noch eisige Verachtung. Es wurde ihr sogar der Zutritt zu Highgrove verboten. Charles hatte tatsächlich die Sicherheitsleute gebeten, den Prinzen und die Prinzessin von Kent darauf aufmerksam zu machen, dass es doch ihre finanziellen Mittel zu sehr belasten würde, wenn gleich drei potenzielle Opfer eines terroristischen Anschlags so nah beieinander wohnten.

Es war Camilla, die für ihn die Wahl traf. Das Haus war mit dem Wagen nur wenige Minuten von Bolehyde Manor entfernt, und allein das spielte eine Rolle. Nicht zum ersten Mal erlaubte Charles seinem Herzen, seinen Verstand zu lenken. Der Kauf des Hauses kostete etwas über 800.000 Pfund und wurde im August 1980 getätigt – also einige lange Monate nachdem die Affäre (halb) öffentlich gemacht worden war. Und nun, da der Prinz ein Haus und das Herz der Frau besaß, die er nach eigenen Worten liebte, konnte er sich auf eine Heirat konzentrieren.

Dieser Schritt war tatsächlich mit solch eiskaltem Kalkül entschieden worden.

New Grove, das Anwesen von Commander Robert de Pass in der Nähe von Petworth in Sussex, war eines von Charles' »sicheren Häusern«. Während der langen und einsamen Jahre seit seiner ersten Affäre mit Camilla hatte er einige Freundinnen mit dorthin genommen – obwohl diese stets woanders untergebracht waren und die Demütigung ertragen mussten, von einem Sicherheitsbeamten hingebracht, vom Prinzen geliebt und anschließend wieder weggefahren zu werden. Eines der Mädchen, aus gutem Elternhaus und voller Hoffnung auf einen romantischen »höfischen« Abend, war angesichts der brutalen Realität und Charles' schroffen Aufmerksamkeiten in Tränen aufgelöst weggefahren worden.

An einem Juliwochenende des Jahres 1980 wurde ein anderes hoffnungsvolles junges Mädchen nach New Grove eingeladen. Dies geschah offensichtlich auf Geheiß von Philip, Sohn der de Pass'. Er und das Mädchen hatten sich durch Rory Scott kennen gelernt, einen gut aussehenden Offizier der Guards. Dieser hatte die Ehre, dass ihm die Tochter von Graf Spencer die Hemden bügelte, wofür er sie mehrere Male für ein Wochenende in das Haus seiner Eltern ebenfalls in der Nähe von Petworth eingeladen hatte. An diesem besagten Wochenende erfuhr Diana erst, als sie in London ihre Tasche packte, dass der Prinz von Wales ebenfalls zu den Gästen in New Grove zählen würde. Es heißt, sie wären sich das erste Mal auf einem Heuballen begegnet.

»Du bist jung«, hatte Philip de Pass ihr gesagt. »Vielleicht magst du ihn ja.« Während des Wochenendes fuhr sie zu dem nahe gelegenen Polofeld von Cowdray Park, um Charles und seinem Team, den *Les Diables Bleu*, zuzusehen. Nach dem Spiel fuhr die ganze Wochenendgesellschaft zu einem Barbecue zurück nach Petworth. Auf einem Heuballen ergab sich dann die erste Gelegenheit für einen Wortwechsel.

Manche haben Dianas Gesprächseröffnung als spontane Bekundung ihres Mitgefühls dargestellt, die den Prinzen tief berührte. Bezugnehmend auf seine Rolle bei der Beerdigung des ermordeten Graf Mountbatten in der Westminster Abbey sagte Lady Diana Spencer zu dem Prinzen: »Sie sahen so traurig aus, als Sie beim Gottesdienst den Mittelgang entlanggingen. Es war das Tragischste, was ich je gesehen habe. Mein Herz hat für Sie geblutet, und ich dachte, dass es falsch sei, dass Sie allein sind; Sie sollten jemanden haben, der sich um Sie kümmert.«

Aber James Whitaker, der Diana bereits kannte und in den folgenden Monaten ihr Vertrauter werden sollte, behauptete, dass seit der Entfremdung zwischen Sarah und dem Prinzen unter den Spencer-Schwestern Sarah, Diana und Jane, deren Ehemann Sir Robert Fellowes Privatsekretär der Königin war, abgesprochen gewesen sei, Diana »ins Spiel zu bringen«. Daher kann der Beginn des Gesprächs als cleverer Zug gesehen werden, Charles' Achillesferse zu treffen. Falls dies tatsächlich Dianas Intention gewesen sein sollte, so wäre dieser Trick völlig überflüssig gewesen.

Diana gestand später: »Er wich mir nicht von der Seite, und das Ganze war sehr seltsam. Ich dachte: ›Das ist ja nicht gerade sehr cool‹ – ich dachte, Männer dürften nicht so leicht zu durchschauen sein. Es war wirklich komisch. Und dann stürzte er sich beinah auf mich, und das fand ich auch sehr seltsam. Ich wusste nicht, wie ich damit umgehen sollte.«

Der Prinz verließ die Wochenendparty verfrüht und bestand darauf, dass ihn die Achtzehnjährige zurück nach London begleitete. Da sie von ihrer Schwester wusste, dass eine Frau, die seinen Wünschen zu schnell nachgab, in seiner Achtung sank, widersetzte sie sich ihm mit der Begründung, dass dies ihren Gastgebern gegenüber zu unhöflich wäre. Charles kehrte also alleine nach London zurück, um dort Camilla anzurufen und seinen neusten Schachzug zu besprechen.

Er begann sein Werben um Diana auf die für ihn typisch ungelenke Weise. In letzter Minute bat Charles Diana, ihn zu einer Aufführung von Verdis »Requiem« in der Royal Albert Hall zu begleiten. Diana blieb dabei so wenig Vorlaufzeit, dass ihre Mitbewohnerin Carolyn Bartholomew sich erinnerte: »Ich kam gegen sechs Uhr nach Hause, und Diana meinte: ›Schnell, schnell, ich treffe mich in zwanzig Minuten mit Charles.‹ Na ja, wir hatten wirklich viel Spaß, während sie sich fertig machte. Sie musste sich noch die Haare waschen und föhnen und das Kleid auswählen … Das Kleid, wo ist bloß das Kleid? Wir haben es tatsächlich in zwanzig Minuten geschafft. Aber, ich meine, wie konnte er es nur wagen, sie so spät einzuladen?«

Das Ganze wirkte so übereilt, dass unter Berücksichtigung der fehlenden Gefühle seinerseits – der Satz »Was immer ›verliebt sein‹ auch heißen mag«, den er bei ihrer Verlobung äußerte, verfolgte das Paar während der gesamten Ehe – nur ein Schluss in Frage kam: Charles hatte die Lösung für seine Probleme gefunden.

Bald darauf führte er sie Camilla Parker Bowles zur Begutachtung vor, doch vorher musste Lady Diana Spencer noch eine Reihe von königlichen Verpflichtungen absolvieren, bei denen ihr Stehvermögen geprüft werden sollte. Dazu zählten die Cowes Week[12] an Bord der königlichen Jacht *Britannia,* die traditionelle Reise in den Norden nach Schottland, und anschließend Balmoral. In weniger als einem Monat nach ihrer ersten Begegnung mit Charles hielt man sie insgeheim für die nächste Prinzessin von Wales. »Die Eile war beinah anrüchig«, sagte eine von Dianas Freundinnen. Diana selber fühlte sich durch die Atmosphäre an Bord der königlichen Jacht »ziemlich eingeschüchtert«. Seine Freunde waren nicht nur viel älter als sie, sondern sie schienen auch über die Strategie des Prinzen ihr gegenüber Bescheid zu wissen. Diana fand sie zu freundlich und zu wissend – »Sie klebten an mir wie Kleister«, erzählte sie ihren Freunden.

Sie fügte hinzu: »Ich war bei weitem die Jüngste. Charles fragte: ›Hättest du Lust, spazieren zu gehen, würdest du gerne grillen?‹, und ich antwortete: ›Ja, gerne.‹ Ich fand das alles wunderbar.«

Nachdem sie den »Balmoral-Test« bestanden hatte, kehrte Diana in Begleitung von Charles' Freund Nicholas Soames nach London zurück. Auf dem Flug von Aberdeen nach Heathrow war noch jemand anderes an Bord, und zwar Andrew Parker Bowles. Er und Camilla waren ebenfalls unter den Gästen auf Balmoral gewesen, und Camilla hatte einen ersten Blick auf die zukünftige Prinzessin werfen können. Anschließend reiste Andrew mit Diana in Richtung Süden ab, Camilla und Charles blieben alleine auf Balmoral zurück. Die Freude ihres Stelldicheins wurde jedoch getrübt – Camilla bekam Mumps und musste ins Krankenhaus gebracht werden.

Ob Andrew Parker Bowles sich zu diesem Zeitpunkt an der Beziehung seiner Frau mit Charles störte, ist fraglich. Sicherlich waren seine Gefühle für Lord Soames' Tochter noch nicht erloschen, und es wurde noch einige Zeit unter seinen Freunden spekuliert, ob er Camilla nun wegen ihr verlassen würde – nicht wegen Camillas Affäre mit Charles, sondern wegen seiner eigenen Gefühle. Letztlich wurde ihm seine Unentschlossenheit zum Verhängnis. Charlotte Soames begegnete 1989 Graf Peel, einem Grundbesitzer aus Yorkshire, und heiratete ihn noch im selben Jahr.

Es besteht kein Zweifel, dass Diana von Anfang an von Camillas Beziehung mit dem Prinzen gewusst hat. »Ich war zu Besuch in Bolehyde, und [...] konnte nicht verstehen, warum sie immer zu mir sagte: ›Drängen Sie ihn nicht, dies zu tun. Tun Sie jenes nicht.‹ Sie wusste so viel darüber, was er privat tat, was wir privat taten. Schließlich habe ich mir alles zusammengereimt.«

Und somit war die Liebesbeziehung zwischen Charles und Diana, die der Welt vorgespielt wurde, von Anfang an nur Theater. Ein grausamer Streich gegen die Menschen, die glaubten, dass es in Großbritannien, im hartgesottenen Zeitalter von Margaret Thatcher, noch Raum für ein romantisches Märchen gab.

Charles und Diana hatten ihre eigenen Beweggründe für diese Heirat, und beide verfolgten offensichtliche, ehrgeizige Ziele. Sie wollte Prinzessin von Wales und letztlich Königin werden; er wollte eine für ihn *und* die Öffentlichkeit akzeptable Ehefrau, die ihm einen Erben schenken würde.

Zwischen der ersten Begegnung und den ersten Gerüchten über eine Verlobung passierte alles so schnell, dass die sonst so zynische Presse den Kopf verlor und bei dem Märchen mitspielte. Kein einziger Berichterstatter oder Enthüllungsjournalist achtete auf die kleine, leise Stimme, die ihnen den Namen Camilla Parker Bowles ins Ohr flüsterte. Die Aussicht auf eine königliche Hochzeit und die Möglichkeit, den Geist des letzten Prinzen von Wales zu Grabe zu tragen, waren zu verführerisch.

Hinter den Kulissen ging es etwas härter zu. Lady Diana wurde von begeisterten Zeitungsreportern gejagt, und obwohl sie dieses neue Leben mit lobenswertem Humor nahm, zerrten die Umstände doch immer stärker an ihren Nerven. Verzweifelt kontaktierte sie das Pressebüro vom Buckingham-Palast und bat es um Hilfe, doch man machte ihr unmissverständlich klar, dass sie auf sich allein gestellt sei. Es half ihr auch nicht, dass Charles sie anrief und ihr ausgiebig von Camillas Sorgen erzählte, die von drei oder vier Reportern verfolgt wurde. Diana, die vierzehn Jahre jünger als ihre Rivalin und weitaus weniger abgehärtet und erfahren war, musste zehnmal so viele ertragen.

Dianas Laune besserte sich auch nicht, als sie und Prinz Charles einen Monat später bei einem Rennen in Ludlow in den West Midlands vor die Augen der Öffentlichkeit traten. Charles, der sich bei diesem Anlass als Amateurjockey profilieren wollte, hatte Diana mitgebracht, damit sie Gelegenheit hatte, sein Können im Sattel zu bewundern. Charles kam auf seinem Pferd Allibar als Zweiter ins Ziel, aber obwohl Diana ihn anfeuerte, konnte man ihr doch eine gewisse Zurückhaltung anmerken. Erst später bemerkten die Leute, dass Charles als Anstandsdame keine Geringere als Camilla Parker Bowles mitgebracht hatte. Am Ende des Tages gelang es dem Trio, den hartnäckigen Pressefotografen zu entkommen – und Charles gab die Anweisung, den Wagen nach Bolehyde Manor zu fahren, wo sie das ganze Wochenende verbrachten. Dianas Stimmung hellte sich nicht auf, als man ihr mitteilte, dass sie auch das folgende Wochenende dorthin zurückkehren würden.

Doch sie konnte nichts dagegen unternehmen. Camilla schien die Zügel fest in der Hand zu halten, und Charles war damit einverstanden. »Diana musste ihre Gefühle herunterschlucken«, sagte eine Freundin damals. »Sie musste sich in Geduld üben – sie war noch nicht einmal seine Verlobte.«

Eine andere Freundin beschrieb die Beziehung zwischen den beiden zwar als recht warmherzig, verglich sie jedoch auch mit der zwischen einem Herren und seiner Dienerin. »Sie musste einfach weitermachen und sich allem fügen, was Charles – und Camilla – vorschlugen. Sie war davon überzeugt, dass sie ansonsten abserviert worden wäre. Können Sie sich vorstellen, wie schrecklich das gewesen sein muss?«

Es wurde offensichtlich, dass Dianas Mutter, die vermutlich durch ihre Tochter Jane über die Camilla-Situation Bescheid wusste, nicht besonders beeindruckt von Charles' Werben um ihre andere Tochter war. Sie warnte Diana, ohne jedoch die aufkeimende Beziehung zu unterbinden.

Es kann kein Zweifel daran bestehen, dass Diana über die Situation voll und ganz im Bilde war. Sie hatte durch die Gerüchteküche erfahren, was mit ihrer Vorgängerin Anna Wallace passiert war, und kannte die Gründe für das Scheitern dieser Beziehung. Man erzählte sich sogar, dass Miss Wallace Diana durch eine dritte Person eine Warnung übermitteln ließ, um sie auf das Camilla-Problem hinzuweisen.

Als der September in den Oktober überging, dinierte Diana mit Charles im Buckingham-Palast. Die Eheleute Parker Bowles waren auch dabei. Nach einem weiteren Wochenende in Bolehyde Manor wurde Diana mitgeteilt, dass sie das folgende Wochenende wieder dort verbringen würden. Charles nahm sie mit nach Highgrove und bat sie, das Haus für ihn einzurichten. Camillas hilfreiche Ratschläge nach dieser Aufforderung machten Diana nur allzu klar, dass die ältere Frau das Haus sehr gut kannte. Es dauerte nicht lang, bis der Groschen fiel: Camilla hatte bei der Auswahl des Hauses geholfen. »Ich fand es sehr unpassend [dass er mich darum bat, sein Haus einzurichten]«, erinnerte sie sich ein paar Jahre später voller Bitterkeit.

Diana wusste nun ziemlich genau, wie die Beziehung zwischen Charles und Camilla beschaffen war, und sollte sie noch letzte Zweifel gehabt haben, wurden diese auf äußerst aufsehenerregende Weise zerstört.

Am 16. November 1980 erschien im *Sunday Mirror* ein Artikel, der behauptete, dass Diana Charles zehn Tage zuvor einen Besuch im königlichen Zug abgestattet habe, der über Nacht auf einem Nebengleis in Staverton in Wiltshire gestanden hatte. Angeblich sei sie mehrere Stunden dort geblieben – und die Schlussfolgerung war eindeutig. Man unterstellte ihr ganz offensichtlich, dass sie mit Charles geschlafen hatte, obwohl sie noch nicht miteinander verlobt waren.

Der Artikel sorgte damals in Großbritannien für erhebliches Aufsehen. Das Land glaubte ganz fest daran, dass Charles eine gut aussehende, charmante, frische junge Frau aus gutem

Hause gefunden hatte, die seine zukünftige Frau werden und als Jungfrau vor den Altar treten würde. So überholt diese Vorstellung auch aus heutiger Sicht sein mag, war es damals das, was die Öffentlichkeit wollte.

Doch es gab Beweise. Nachdem Charles mit drei Funktionären aus seinem Herzogtum Cornwall zu Abend gegessen hatte, hatte eine blonde Frau den Zug betreten. Das Gesprächsverzeichnis verriet später, dass kurz zuvor ein Anruf nach Bolehyde getätigt worden war.

Im Anschluss an den Artikel kam es zu einem Täuschungsmanöver, das eines zukünftigen Königs absolut unwürdig war. Sowohl Charles als auch die Königin zeigten sich sehr verärgert über die angebliche Erfindung des *Sunday Mirror*, und der Pressesekretär der Königin, Michael Shea, wurde angewiesen, an den Redakteur der Zeitung zu schreiben. Er protestierte aufs Äußerste gegen die Story, die, so Shea, »völlig unwahr« und eine »komplette Erfindung« sei. In völliger Unwissenheit hinsichtlich der tatsächlichen Umstände – denn er handelte nur nach Informationen, die ihm der Prinz von Wales höchstpersönlich gegeben hatte – verlangte Shea einen Widerruf samt Entschuldigung, der in einer der nächsten Ausgaben an einer auffälligen Stelle platziert werden sollte.

Der Redakteur der Zeitung, ein angesehener Journalist namens Bob Edwards, war angesichts der Vehemenz der Reaktion aus dem Palast schockiert. Einerseits konnte er die Wut über seine Story verstehen, da sie das Potenzial hatte, die lang ersehnte Verlobung des Prinzen zum Scheitern zu bringen. Andererseits schien die Beschwerde auf der absoluten Überzeugung zu basieren, dass Diana nicht in dem Zug gewesen war.

Doch die Beweise besagten etwas anderes: Eine Frau war in den Zug gestiegen, hatte einige Stunden dort verbracht und war heimlich wieder verschwunden. Da die Reporter der Fleet Street regelrecht in Diana vernarrt waren und daher ihr gesundes Misstrauen völlig über Bord geworfen hatten, kam niemand auf die Idee, dass es sich bei der Frau im Zug – sollte sie denn existieren – um jemand anderen handeln musste.

Diana wurde von der Affäre völlig überrumpelt. Sie glaubte, dass ihr Ansehen in der Öffentlichkeit ernsthaft Schaden nehmen könnte. Da Charles ihr immer noch keinen Antrag gemacht hatte, beeilte sie sich, die Dinge richtig zu stellen. »Ich bin keine Lügnerin«, sagte sie James Whitaker vom *Daily Mirror*. »Ich war noch nie in diesem Zug. Ich war noch nicht einmal in seiner Nähe.

Ich war den ganzen Abend mit meinen Mitbewohnerinnen Virginia [Pitman], Carolyn [Pride] und Ann [Bolton] zu Hause. Bitte, glauben Sie mir, ich sage die absolute Wahrheit. Ich habe etwas zu Abend gegessen und ferngesehen und bin anschließend früh ins Bett gegangen. Ich war am Abend vorher auf Prinzessin Margarets Party im *Ritz* und fühlte mich nicht so gut und ein bisschen verkatert. Mir war nicht danach, auszugehen, und daher habe ich die Wohnung nicht verlassen. Meine Mitbewohnerinnen werden das bezeugen.«

Dies war ein überraschender Ausbruch für ein Mädchen, das bereits ein paar Monate zuvor gelernt hatte, dass man der Presse besser gar nichts sagte. Doch Diana ging sogar einen Schritt weiter. »Diese Behauptungen haben mich nicht gerade in ein positives Licht gerückt«, sagte sie Whitaker. »Das alles nimmt mich sehr mit.«

Diana war überzeugt davon, dass es sich bei der fraglichen Frau – und inzwischen hatten Charles' Sicherheitsbeamte bestätigt, dass eine Frau dort gewesen war – um Camilla Parker Bowles handelte. Es war ein niederschmetternder Gedanke für Diana, dass Charles vier Monate nach Beginn ihrer Beziehung mit ihr die Nacht im *Ritz* durchtanzen konnte, um sich anschließend heimlich mit seiner Geliebten zu treffen. Und das, während sie, Diana, immer noch in den Erinnerungen an den romantischsten Abend ihres so jungen Lebens schwelgte. Schlimmer noch war jedoch der Gedanke, dass Charles' dummer Akt der Untreue womöglich ihre eigenen ehrgeizigen Pläne zerstört haben könnte.

Der Vorfall war jedoch noch nicht beendet. Dem Presserat wurde eine Beschwerde vorgelegt, worin angesichts des Dementis des Buckingham-Palastes verlangt wurde, dass der *Sunday*

Mirror zensiert werden müsse. Doch inzwischen hatten die Palastbeamten erfahren, was tatsächlich vorgefallen war, und verkündeten in einer nach außen hin großmütigen Geste, sie würden die Sache nicht weiter verfolgen. Der Redakteur des *Sunday Mirror,* der immer noch nicht die wahren Fakten kannte, traf sich persönlich mit Prinz Charles, doch das Thema wurde nicht angesprochen.

Sechs Jahre später erhielt Bob Edwards für seine außergewöhnlichen Verdienste für den Journalismus die Ehrung »Commander des Ordens des Britischen Empire«, was beinah einem Ritterschlag gleichkam. Scheinbar hatte der Palast ihm verziehen. In seinen Memoiren hatte Edwards großzügig geschrieben: »Wie furchtbar, wenn ich mich in der ganzen albernen Sache geirrt haben sollte.« Doch das hatte er nicht. Diejenigen, die die Ehre hatten, in jenem Jahr zu Weihnachten in das Haus des Redakteurs eingeladen zu werden, hätten in dessen Weihnachtspost die Karte eines ehemaligen Politikers und Freundes der königlichen Familie entdecken können, auf der die kurze Nachricht stand: »Es war Camilla.«

Nach dem »königlichen Zugskandal«, wie er anschließend in der Presse getauft wurde, unternahm Charles eine schon länger geplante Reise nach Indien. In Neu Delhi hielt er eine Rede, die er einige tausend Kilometer von zu Hause entfernt dazu nutzte, denjenigen eins auszuwischen, die sein Verhalten in jener verhängnisvollen Nacht kritisiert hatten. Er griff die, wie er es nannte, »Sensationsgier« der britischen Medien an und den Mangel an Moral in der Berichterstattung. An die Mitglieder des Indischen Instituts für Technologie gewandt, sagte er: »Ehrlichkeit und Integrität sind unentbehrliche Faktoren bei der Berichterstattung und gehen häufig in der Sensationsgier verloren.« Was persönliche Integrität angeht, so war das ein Tiefpunkt in Charles' Leben.

Innerhalb der darauf folgenden eifrigen Bemühungen, Kapital aus dem Unbehagen der Presse zu schlagen, schrieb Dianas Mutter, Mrs. Frances Shand Kydd, einen Brief an die *Times* und beschwerte sich über die »Lügen und Belästigungen«, die Diana ertragen müsse. Was die Lügen anging, so hatte sie sicherlich Recht, doch war es diesmal nicht die Presse, die sparsam mit der Wahrheit umging. Anschließend nahmen sechzig Abgeordnete des Unterhauses den Staffelstab auf und entwarfen ein Schreiben, in dem sie die »Art und Weise, in der Lady Diana Spencer von den Medien behandelt wurde«, verurteilten. Es kam zu einem hastig einberufenen Treffen zwischen Redakteuren der Fleet Street und dem Presserat – und all das nur, weil der Prinz von Wales Camilla Parker Bowles angerufen und eingeladen hatte, mit ihm das Bett zu teilen.

Aus diesem Blickwinkel betrachtet waren Charles' Verhalten und ganz besonders seine Reaktion in Neu Delhi eines zukünftigen Königs nicht würdig. Aber zu diesem Zeitpunkt handelte er längst nicht mehr aus freien Stücken. Die Nation, die Königin und sein tyrannischer Vater wollten, dass er heiratete. Man hatte eine passende Braut gefunden, und Charles tat – im Gegensatz zu seinem Großonkel – seine Pflicht und erfüllte die in ihn gesetzten Erwartungen. Es war einfach nur Pech, dass ihm das Schicksal bestimmt hatte, sich in eine verheiratete Frau zu verlieben, die seine Probleme verstand und gelernt hatte, ihm Trost zu spenden.

Je stärker sein eigenes Bedürfnis nach einer Ehe nachließ, desto stärker wurde er zu einer Heirat gedrängt. Er war praktisch in flagranti erwischt und seine Affäre mit einer verheirateten Frau aufgedeckt worden. Es war eine frustrierende und verwirrende Erfahrung, und er reagierte nicht sehr gut darauf. Diana verbrachte weder die Weihnachtstage noch den Silvesterabend mit ihm. Erst am Neujahrstag 1981 wurde sie zu ihm nach Sandringham eingeladen.

Ob nun aus Mitgefühl für ihre Enkelin oder aus dem Wunsch heraus, dass der Name ihrer Familie nicht in den Schmutz gezogen würde, warnte Lady Fermoy Diana vor den Schwierigkeiten, die eine Heirat mit einem Mitglied der Königsfamilie mit sich bringen konnte. »Du musst verstehen, dass ihr Sinn für Humor und ihr Lebensstil ganz anders sind«, sagte sie. »Ich glaube nicht, dass es dir gefallen wird.«

Doch die Warnung zeigte keine Wirkung. Nachdem er sich noch einmal mit Camilla beraten hatte, beschloss Charles, Diana nach seiner Rückkehr aus einem Skiurlaub in Klosters einen Antrag zu machen. Er ging bei seinem Vorhaben jedoch sehr gemächlich vor. Nachdem er am 3. Februar nach London zurückgeflogen war, wurde Diana erst drei Tage später nach Schloss Windsor gerufen. Sie erinnerte sich später: »Ich fuhr nach Windsor und kam gegen fünf Uhr dort an. Er bat mich, Platz zu nehmen, und sagte: ›Ich habe dich so sehr vermisst.‹ Aber er war nie jemand, der einen anderen Menschen berührte. Es war sehr merkwürdig, aber ich konnte keine Vergleiche ziehen, weil ich zuvor noch nie einen Freund hatte.

Jedenfalls fragte er: ›Willst du mich heiraten?‹, und ich antwortete: ›Ja, in Ordnung‹, und lachte. Er blieb todernst. Er sagte: ›Ist dir klar, dass du eines Tages Königin sein wirst?‹ … also sagte ich Ja. Er lief nach oben und rief seine Mutter an.«

Später enthüllte der Autor Andrew Morton, dass Diana in ihrer Unschuld geglaubt hatte, dass Charles sie liebte. Laut Morton bemerkte sie einen verliebten Blick in seinen Augen, der ihr jedoch unecht vorkam. Trotz ihrer Jugend und ihrer Unerfahrenheit konnte sie spüren, wie unreif der Prinz in Herzensangelegenheiten war. Doch sie weigerte sich, über diese Charakterschwäche nachzudenken. »Für mich war es eine Art Verpflichtung – weiterzumachen und mit den Menschen zu arbeiten.«

Wie groß Charles' Anteil an diesem kaltblütigen Antrag war und wie groß Camillas, bleibt reine Spekulation. Doch nachdem Camilla genügend Gelegenheiten gehabt hatte, ihren Protegé zu taxieren, unterlief ihr eine fundamentale Fehleinschätzung. Als Freunde sie fragten, was sie von Diana halte, erwiderte sie: »Sie ist ein Mäuschen.«

Das Mäuschen war noch nicht bereit zu brüllen und nahm das Schweigen ihres zukünftigen Mannes während ihrer anschließenden zehntägigen Reise nach Australien äußerst sanftmütig hin. Als die Tage verstrichen und er keine Anstalten machte, sie anzurufen, nahm sie schließlich all ihren Mut zusammen und rief von New South Wales im Buckingham-Palast an. Man teilte ihr mit, dass Charles nicht da sei. Später rief er zurück, und als sie wieder in England eintraf, wurde sie von einem Mitglied von Charles' Mitarbeiterstab mit einem großen Blumenstrauß abgeholt. Es war jedoch keine Karte dabei.

Danach entwickelten sich die Dinge mit beunruhigender Geschwindigkeit. Am 28. Februar 1981 wurde die königliche Verlobung offiziell bekannt gegeben. Charles und Diana gaben ihr gemeinsames Debüt vor den Fernsehkameras, und die Reporter stellten ihnen die verhängnisvolle Frage: »Sind Sie verliebt?« Charles wusste, dass Camilla zusah; lag es daran, dass er darauf nur stammeln konnte: »Was immer ›verliebt sein‹ auch heißen mag.«?

Die königliche Maschinerie übernahm das Ruder, und Diana wurde für immer aus ihrer Wohnung am Colherne Court entführt. Sie bekam eine großzügige Wohnung in Clarence House, dem Londoner Haus der Königinmutter, und bereits zwanzig Minuten nach ihrer Ankunft fand sie eine Einladung von Camilla zum Mittagessen auf ihrem Bett vor.

Ironischerweise war es die freundlichste Willkommensgeste, die Diana erhielt. Nicht ein einziges Mitglied der königlichen Familie war da, um sie zu begrüßen, und sie hatte keine Ahnung, wo sich ihr zukünftiger Ehemann aufhielt. Camillas Nachricht war einige Tage vor der Bekanntgabe der Verlobung geschrieben worden, und so war ganz klar, dass sie schon vorher davon gewusst hatte. Doch das überraschte Diana nicht so sehr, denn in den sechs Monaten seit Beginn dieses merkwürdigen Liebesdreiecks war Camilla stets allgegenwärtig gewesen. Was Diana jedoch am meisten störte, war die Tatsache, dass Camilla gewusst hatte, dass sie in Clarence House, nicht im Buckingham-Palast untergebracht werden würde, während man Diana erst wenige Stunden vor ihrem Umzug darüber informiert hatte.

Das Mittagessen war der Höhepunkt während der ersten Tage in der Obhut der Königsfamilie. Mit untrüglichem weiblichen Instinkt wusste Diana, was Camilla mit der Frage meinte, ob sie vorhabe, in Highgrove an der Fuchsjagd teilzunehmen. Das Mäuschen verneinte die Frage brav.

Weniger als einen Monat später flog Charles für fünf Wochen nach Australien. Es kam zu einem tränenreichen Abschied in Heathrow, doch Dianas Tränen hatten weniger sentimentale Gründe, sondern waren auf ihren Zorn und ihren Frust zurückzuführen. Einige Stunden zuvor hatten sich Charles und Diana in seinem Arbeitszimmer im Buckingham-Palast aufgehalten, als das Telefon klingelte. Ohne offensichtliche Verlegenheit hob Charles ab und verabschiedete sich ausgiebig von Camilla, während seine Verlobte sich gezwungen sah, einen peinlichen Rückzug aus dem Zimmer anzutreten.

Man kann davon ausgehen, dass Diana drei Monate vor der Hochzeit – auch wegen des peinlichen Zwischenfalls im königlichen Zug – über das ganze Ausmaß der bestehenden Beziehung ihres zukünftigen Ehemanns mit einer anderen Frau Bescheid wusste. Es muss ihr weiterhin klar gewesen sein, dass es für sie nach dem Betreten von Clarence House kein Zurück mehr geben würde. Und während die Nation sich auf die Feierlichkeiten einstimmte, wurde ihr immer wieder das ganze Ausmaß des Preises vor Augen geführt, den sie für ihren Ehrgeiz bezahlen musste.

Diana stammte aus einem guten, aber zerrütteten Elternhaus, war von ihrer Mutter verlassen, mit einer Reihe von Tricks vor den Altar gelockt worden und wurde jetzt auch noch von der Presse verfolgt. Da überraschte es nicht, dass sie zusammenzubrechen drohte. Und sie tat es.

Obwohl sich Diana äußerlich von einem hässlichen Entlein in einen Schwan verwandelte und die Nation sie in ihr Herz schloss, ging es ihr innerlich immer schlechter. Während der Abwesenheit ihres Verlobten in Australien wurde sie wieder einmal Opfer einer nervösen Essstörung.

Rückblickend betrachtet hätte Camillas Hilfe Diana Halt geben können, doch nach dem ersten gemeinsamen Mittagessen kehrte Camilla aufs Land und zu ihrer Familie zurück. Diana verbrachte einen langen Tag nach dem anderen im Buckingham-Palast und fand nur wenig Beschäftigung. Sie hatte von Anfang an eine persönliche Abneigung gegen die Höflinge Lady Susan Hussey und Oliver Everett entwickelt, die sie in den königlichen Verhaltensregeln unterrichten sollten.

Die Bulimie zeigte sich laut Ross Benson folgendermaßen: »Wenn sie mittags keine Gäste hatte, ging Diana in die Küche, die zum Kinderzimmer gehörte. Sie nahm sich eine große Glasschüssel mit den Initialen E II R, in die ungefähr eine halbe Schachtel Frühstücksflocken hineinpasste. Sie füllte sie mit Kellogg's Frosties und mehreren klein geschnittenen Bananen, Erdbeeren und manchmal auch Apfelstücken. Dann fügte sie mehrere Esslöffel Castorzucker hinzu und goss Windsor-Sahne darüber, die dickflüssige, fetthaltige Sahne, die von der Milch der Jersey-Kühe auf dem hauseigenen Hof auf Windsor hergestellt wird. Dann setzte sie sich auf den Trockner und aß die ganze Schüssel leer, um das Ganze anschließend mit Orangensaft hinunterzuspülen. Wenn sie fertig war, ging sie auf die Toilette und würgte alles, was sie gerade in sich hineingeschlungen hatte, wieder heraus. Dieses Ritual, bei dem sie sich abwechselnd voll stopfte und alles wieder erbrach, geschah manchmal zwei- oder auch drei- bis viermal am Tag.«

Obwohl sie von Bediensteten, Höflingen und zukünftigen Verwandten umgeben war, war Diana dennoch völlig allein. Ihr Verlobter kehrte von seinen Reisen zurück und machte sich gleich darauf wieder davon, meist, um Camilla zu sehen. Eine feste Routine spielte sich ein: Er hatte die Pflicht, hinauszugehen und Hände zu schütteln, ihre Pflicht bestand darin, zu Hause zu bleiben und zu lernen, eine Prinzessin zu sein. Unter der Woche trafen sie sich nur selten, manchmal sogar nur zufällig. Die Bediensteten, die sich natürlich mitten im Geschehen befanden, waren sich untereinander einig, dass sich zwischen den beiden nichts Körperliches abspielte. Er hielt ihre Hand oder legte den Arm um sie, aber – so drückte sich einer der Bediensteten aus – in Anbetracht der Leidenschaft, die dabei zum Ausdruck kam, hätte sie ebenso gut seine Schwester sein können.

Doch nicht nur Diana hatte Zweifel, sondern auch Charles. Es plagten ihn Schuldgefühle bei der Vorstellung, das Bett mit einer anderen Frau, mit einem Opferlamm zu teilen, während er nur mit Camilla schlafen wollte. Er fühlte sich außerdem schuldig, weil Diana offensichtlich immer stärker unter dem Druck litt, der sich in ihrem Innern aufstaute. Jene Anziehungskraft, jene ersten sorgenfreien Sommertage waren einer düsteren Entfremdung zwischen den beiden gewichen – und Charles war der Erste, der vor dem, was vor ihnen lag, zurückschreckte.

»Sie ist sehr hübsch, ein perfektes Püppchen ... aber sie ist noch ein Kind«, gestand er einen Monat vor der Hochzeit einem Freund. »Sie wirkt so jung, dass man gar nicht glauben kann, dass sie schon mit der Schule fertig, geschweige denn schon im heiratsfähigen Alter ist.« Dies sind nicht die Worte eines Mannes, der von leidenschaftlicher Liebe ergriffen ist, sondern die eines Mannes, der von Schuldgefühlen und Zukunftsängsten erfüllt ist. Er sprach mit der Königin und Prinz Philip darüber, aber das explosive Ende dieses Treffens deprimierte ihn nur. Nun hatte er niemanden mehr, an den er sich wenden konnte.

Mit Ausnahme von Camilla. Verzweifelt trug er ihr sein Leid vor: Er liebte Diana nicht und war sich trotz der Proteste seiner Verlobten nicht sicher, ob sie ihn liebte. In einer anderen Zeit, in der arrangierte Ehen gang und gäbe gewesen waren, hätte wunderbares Einvernehmen zwischen ihnen herrschen können. Doch beide waren unter der falschen Annahme in diese Ehe geschlittert, dass ihre Beziehung auf mehr als lediglich »dynastischen« Beweggründen basiere. Beide versuchten sie, Liebe vorzutäuschen, aber nur Diana war mit dem Herzen bei der Sache.

Voller Pflichtgefühl erkannte Charles, dass er niemals ein Leben mit Camilla würde führen können. Ihm wurde aber auch klar, dass er lieber Junggeselle bleiben wollte, als sich an eine Frau zu binden, mit der er auf sexueller, geistiger sowie intellektueller Ebene fast nichts gemeinsam hatte. All diese Punkte trug er Camilla vor – doch auch hier stieß er auf mangelndes Verständnis. Diana sei die »richtige Braut«, so seine Vertraute.

Sie riet ihm, all seine Zweifel hinter sich zu lassen und ihr zu vertrauen.

Es kam zu einem beinah noch nie da gewesenen Streit zwischen dem Prinzen und Mrs. Parker Bowles. Er bestand darauf, die ganze Sache abzublasen, bevor es zu spät war. Sie war verletzt, weil er anscheinend kein Vertrauen in ihr Urteilsvermögen hatte. Sie wurde tatsächlich so wütend auf ihn, dass sie sich weigerte, ihn zu sehen oder seine Anrufe entgegenzunehmen. Der Prinz, der zu dem Schluss gekommen war, dass er in ihr endlich einen sicheren Hafen gefunden hatte, war daraufhin völlig orientierungslos und außer sich. Er fragte sogar seine Schwester um Rat, in der Hoffnung, in ihr eine unerwartete Verbündete zu finden. Ihre Antwort fiel sehr knapp aus: »Mach einfach die Augen zu und denk an England.«

Der gefürchtete Tag rückte immer näher. Es war ein warmer Sommer, und London begann in Vorfreude auf die größte Feier, die seit der Krönung der Königin im Jahr 1953 und ihrem silbernen Thronjubiläum 1977 stattgefunden hatte, regelrecht zu erstrahlen. Charles kam von einer Reise in die USA zurück, gab seiner zukünftigen Frau ein Küsschen auf die Wange und ging, um sich zum Mittagessen umzuziehen. Angesichts seiner mangelnden Leidenschaft brach Diana in Tränen aus.

Viele gingen zu diesem Zeitpunkt davon aus, dass Charles und Diana, die die wenigen Wochen vor der Hochzeit zusammen unter einem Dach im Buckingham-Palast lebten, auch miteinander schliefen. Das taten sie jedoch nicht. Diana schlief in ihrer kleinen Suite im Kinderzimmertrakt, während Charles Zimmer bewohnte, die sich sehr weit davon entfernt befanden. Eines Nachts im Juni, so lautete ein Gerücht, gab es ein heftiges Gewitter, woraufhin sie ängstlich in Charles' Zimmer rannte. Es sollte ihre erste gemeinsame Nacht werden, doch »trotz ihrer Nähe wurde es nicht die denkwürdige Nacht, die sie hätte werden können«, hieß es aus anderer Quelle. »Charles legte beschützend den Arm um sie und sagte ihr, sie brauche keine Angst zu haben. Er behandelte sie mit Anstand – mit mehr Anstand, als sie sich gewünscht hätte.«

Drei Wochen vor der Hochzeit wurde auf Schloss Windsor ein formeller Empfang für tausend Leute gegeben, bei dem Elton John eine Kabaretteinlage darbot. Charles machte seine Runde im Saal und tanzte kein einziges Mal mit Diana, sondern überließ sie sich selber. Als er später zu Bett ging, blieb sie in der auf den Empfang folgenden Disco, wo sie bis fünf Uhr morgens tanzte. Sie war der letzte Gast, und die Angestellten hatten längst zusammengeräumt und waren nach Hause gegangen.

Da sie niemanden hatte, mit dem sie die Nacht verbringen konnte, ging sie in ihr Zimmer, packte eine Tasche, sprang in ihr Auto und fuhr zu dem einzigen Ort, an dem sie sich sicher fühlte – nach Althorp. Laut Aussage der Menschen, die sie dort antraf, hatte Diana fest vor, nicht wieder nach London zurückzukehren und die Hochzeit platzen zu lassen. Sie wollte die Flucht ergreifen und es Charles überlassen, die Scherben zusammenzukehren.

Später an diesem Tag redete sie mit ihrem Vater, dem Grafen Spencer, und nach dem Wochenende stimmte sie widerstrebend zu, nach London zurückzukehren. Als sie im Buckingham-Palast ankam, behandelte man sie, als sei nichts passiert, und jedes noch so seltsame Verhalten ihrerseits wurde auf die typische Panik vor der Hochzeit geschoben. Doch es sollte noch schlimmer kommen. Wenige Tage vor der Trauung kam ein Päckchen in dem Büro an, das sie sich mit Michael Colbourne, dem Finanzsekretär des Prinzen, teilte. Darauf stand der Name von Mrs. Parker Bowles. Trotz heftiger Proteste öffnete Diana das Päckchen und entdeckte ein Goldarmband mit einer blauen Emaillescheibe und den verwobenen Initialen G und F. Charles' Kosename für Camilla war Girl Friday.[13] Laut Andrew Morton kam im Büro des Prinzen alles zum Stillstand, während Diana ihren zukünftigen Ehemann wütend wegen des Geschenks konfrontierte und dann in lautes Schluchzen ausbrach. Colbourne bestritt später diesen Punkt, doch es lässt sich nicht leugnen, dass diese Episode stattgefunden hat. Sie ist ein Beweis dafür, mit wie wenig Umsicht der Prinz selbst zu diesem späten Zeitpunkt mit Dianas Gefühlen umging.

Am Montag (die Hochzeit sollte Mittwoch stattfinden) war Diana erneut zu dem Schluss gekommen, dass sie die Sache nicht zu Ende bringen konnte. Doch inzwischen waren längst die Fernsehkameras aufgebaut und die Absperrungen für die Menge errichtet worden, und Tausende von Stühlen, Flaggen und Fähnchen säumten die drei Kilometer lange Strecke vom Buckingham-Palast zur St. Paul's Cathedral. Unten im Hof konnte sie die Rufe der Soldaten des königlichen Marstalls hören, die ihre Pferde trainierten. Der Palast, der ihr während der Monate ihres Aufenthalts wie ein Mausoleum vorgekommen war, erwachte plötzlich zum Leben. Man hörte die Geräusche von Staubsaugern, das Singen der Dienerinnen, die die Betten bezogen und selten benutzte Zimmer aufschlossen, und das Klappern und Klirren von silbernen und goldenen Tellern, die poliert wurden.

In der Julihitze wirkte der Lärm des Musikkorps der Guards lauter und durchdringender als sonst, und wann immer Diana aus dem Fenster sah, konnte sie die unzähligen Union Jacks der Touristen sehen, die aus der ganzen Welt herbeigeflogen waren, um Zeugen des bevorstehenden Spektakels zu werden.

Doch trotz der Tatsache, dass sich Millionen darauf eingestellt hatten, sie in echter Märchentradition den Gang zum Altar entlangschweben zu sehen, konnte sie sich immer noch nicht mit dem abfinden, was vor ihr lag. An jenem Montag verschwand Charles mit dem Geschenk, das er für Mrs. Parker Bowles bestellt hatte. Er fuhr nach Windsor, wo er an der zeitlich schlecht geplanten Taufe von Prinzessin Annes zweitem Kind Zara teilnahm (Annes ehemaliger Liebhaber Andrew Parker Bowles erschien als Pate), und überließ seine zukünftige Frau wieder einmal sich selbst.

In ihrer Verzweiflung rief Diana ihre Schwestern Jane und Sarah zu sich, und gemeinsam aßen sie im Buckingham-Palast zu Mittag. Nach wochenlangen Depressionen fasste sie plötzlich Mut und eröffnete ihnen, dass sie die Hochzeit absagen würde.

»Pech für dich«, sagten sie. »Dein Gesicht ist schon auf den Geschirrtüchern verewigt worden – jetzt ist es zu spät, zu kneifen.«

Also schlich sich die unglückliche junge Frau, die noch einen Monat zuvor ein Teenager gewesen war, in ihr Zimmer und machte sich für den Ball fertig, der am Abend stattfinden würde. Es ist allein ihrer Fähigkeit zuzuschreiben, sich schnell wieder fangen zu können, dass sie abends ihre gute Laune wiederfand und sich in ihr Schicksal fügte. Ganze 800 Gäste drängten sich an diesem Abend in den Buckingham-Palast, und Charles und Diana, von livrierten Dienern flankiert, empfingen sie am oberen Ende der großen Treppe. Zu den Gästen zählte, neben Nancy Reagan und »Acid« Raine[14], Dianas schrecklicher Stiefmutter, auch Camilla Parker Bowles.

Es waren nur noch wenige Stunden bis zu der historischen Zeremonie, die Popgruppe Hot Chocolate heizte den Gästen im Ballsaal ein, und der Jahrgangschampagner von Krug floss in Strömen. Während mit Juwelen geschmückte Frauen und mit Medaillen behängte Männer, die der Creme de la Creme der Königshäuser und der Aristokratie angehörten, in den mit Kerzen erleuchteten Räumen und Fluren tanzten und lachten und tranken, stand der letzte Akt des Verrats in dieser historischen Tragödie noch bevor.

KAPITEL 6

Ein kleines Problem

Dianas königliche Karriere begann in den erhabenen Räumen von Clarence House, dem aus dem achtzehnten Jahrhundert stammenden Haus der Königinmutter auf der Mall, das zu Fuß fünf Minuten vom Buckingham-Palast entfernt liegt. Und nach Clarence House kehrte sie auch in den frühen Morgenstunden jenes Dienstags nach dem Hochzeitsball zurück. Charles blieb währenddessen auf dem Ball – gemeinsam mit Camilla Parker Bowles.

Man muss Charles der Fairness halber zugestehen, dass er sich – nachdem er wie Diana überlegt hatte, ob er tatsächlich heiraten soll – dieser Herausforderung genauso stellte wie all seinen anderen Verpflichtungen.

Dass er in den Stunden so kurz vor seiner Hochzeit mit Camilla Parker Bowles geschlafen hatte, sah er nicht als Akt des Verrats. Er sah diese Nacht vielmehr im Licht der Tatsache, dass er sich von nun an ganz seiner Frau und dem Eheleben widmen musste. Dies, so sagte er Camilla, sei das letzte Mal, dass sie miteinander schlafen würden.

Und das taten sie. Charles' Kammerdiener Stephen Barry erzählte später James Whitaker: »Der Prinz war von Anfang an verrückt nach Camilla gewesen, seit ihrer ersten Begegnung Anfang 1970. Doch als er in der Woche seiner Vermählung mit ihr ins Bett ging, war das wirklich unglaublich. Unglaublich waghalsig, wenn nicht sogar unglaublich dumm.«

Vielleicht. Doch sollte diese Episode in den dunklen Stunden, nachdem der Buckingham-Palast zur Ruhe gekommen war und sich die letzten Gäste verabschiedet hatten, wirklich ein leidenschaftlicher Abschied sein, dann muss es ein sehr schmerzlicher Moment gewesen sein. Der Endpunkt einer intensiven Beziehung voller gegenseitigem Verständnis, die in den vorangegangenen zwei Jahren gewachsen und erblüht war und deren Ursprung fast eine Dekade zurückreichte. Die Intensität ihrer Affäre hatte sich durch die Hindernisse, die sich den beiden in den Weg gestellt hatten, und das Wissen, dass ihr Handeln verboten war, verstärkt.

Doch es war dennoch ein Akt des Verrats, nicht nur an Charles' zukünftiger Frau, sondern auch an der Königin und der Nation, die allesamt erwartet hätten, dass er am Vortag seines Eheversprechens seine Lust zügelte. Nur wenige Stunden später würde Charles den Erzbischof von Canterbury, Dr. Robert Runcie, vor der versammelten Gemeinde sagen hören: »Und sollte jemand unter euch sein, der einen triftigen Grund kennt, warum diese zwei Menschen nicht im heiligen Bund der Ehe vereint werden sollen, dann spreche er jetzt oder schweige für immer.« Eine Person – Stephen Barry – hätte solch einen Grund vorbringen oder zumindest eine Diskussion über die Klugheit von Charles' Tun beginnen können. Doch er schwieg.

Am Abend vor der Hochzeit schickte Charles einen Boten mit einem Hochzeitsgeschenk zu seiner Verlobten. Es war ein Siegelring mit den eingravierten Federn des Prinzen von Wales. Der Mann musste sich einen Weg durch die Menschenmenge vor den Toren des Buckingham-Palastes bahnen, die dem in seinem Wohnzimmer sitzenden Prinzen mit vor Gefühl heiserer Stimme ein Ständchen brachte und »Rule Britannia« für ihn sang. »Ich stand am Fenster, und Tränen strömten mir über das Gesicht«, erinnerte sich der Prinz. Aber warum vergoss er diese Tränen? Weil er dankbar für die aufrichtige Zuneigung seiner Untertanen war? Weil er um die Geliebte trauerte, die er hinter sich lassen musste? Weil er Angst vor dem Leben mit einer Ehefrau hatte, die er nicht lieben konnte? Oder weil dieser im Grunde anständige, hart arbeitende, ehrenwerte und engagierte Mann spürte, dass er sich und jeden anderen im Stich ließ?

Währenddessen öffnete Diana in Clarence House Charles' Geschenk und las die beiliegende Karte, auf der stand: »Ich bin so stolz auf dich und werde morgen am Altar auf dich warten.

Schau ihnen einfach in die Augen und hau sie um.« Diana, die überglücklich über diese uncharakteristisch romantische Geste war, traf sich mit ihrer Schwester zum Abendessen, aß, so viel sie konnte, und musste sich prompt übergeben.

Es kam zu einem kurzen Moment der Rache. Nach der Trauung fand ein Hochzeitsbrunch im Buckingham-Palast statt, zu dem 120 Gäste eingeladen waren. Der Name von Camilla Parker Bowles wurde von der Gästeliste gestrichen, ebenso der von Lady »Kanga« Tryon, einer anderen engen Freundin von Charles. Camilla lud daraufhin zu einem eigenen Mittagessen ein und gab sich mit dem Wissen zufrieden, dass sich ihr Hochzeitsgeschenk für Charles bereits in seinem Koffer befand. Diana, die vielleicht Charles' Entschluss spürte, die Vergangenheit hinter sich zu lassen – und es als ersten Schritt seinerseits wertete, dass er die Ausladung von Camilla und Lady Tryon an diesem wichtigen Tag akzeptierte –, begann sich zu entspannen. »Ich hatte sehr große Hoffnungen«, sagte sie.

Aber Camilla verschwand nie ganz aus ihrem Leben. Nachdem das Paar in Gibraltar zu einer Mittelmeer-Kreuzfahrt an Bord der königlichen Jacht *Britannia* aufgebrochen und es zu einem unglücklichen Vollzug der Ehe gekommen war, sprachen die beiden gerade ihre Termine ab, als zwei Fotos von Mrs. Parker Bowles aus Charles' Kalender fielen. Es folgte ein tränenreicher Streit, der durch die angestaute Anspannung der gerade vergangenen Hochzeitstage verschlimmert wurde. Charles fühlte sich in die Ecke gedrängt. Es war ihm peinlich, ertappt worden zu sein, und er war wütend, weil seine um Jahre jüngere Frau ihm gegenüber einen moralischen Vorteil erzielt hatte. Also weigerte er sich einfach, seine Beziehung zu der älteren Frau zu diskutieren. Diana war außer sich.

Einige Tage später hatte das Paar den Präsidenten von Ägypten, Anwar Sadat, und dessen Ehefrau Rhan zum Abendessen an Bord der königlichen Jacht zu Gast, die in Port Said vor Anker gegangen war. Sadat bevorzugte einen Freizeitanzug, während Charles eine Gesellschaftsuniform der Marine mit Fliege und gestärktem Hemd trug. Diana hatte es sich zur Aufgabe gemacht, Charles' elegantes Äußeres zu verjüngen, und musterte alles, was er trug, sehr genau. So bemerkte sie an seinen gestärkten Ärmeln neu aussehende, goldene Manschettenknöpfe. Darauf waren zwei ineinander verschlungene »C«s eingraviert, und wieder stellte Diana ihren Mann zum Thema Mrs. Parker Bowles zur Rede. Er gab schließlich zu, dass die Manschettenknöpfe ein Geschenk von Camilla waren, doch statt einzuräumen, dass es sehr taktlos gewesen war, sie vor seiner Frau zu tragen, griff er auf das Argument »Na und? Sie ist seit Jahren eine gute Freundin von mir« zurück.

Dianas Erinnerungen an diese ersten Tage ihrer Ehe zeigen die Hoffnungslosigkeit der Situation: »Es war einfach traurig. Ich hatte sehr große Hoffnungen, die jedoch schon am zweiten Tag völlig zerstört wurden.« An Bord der *Britannia* war sie umgeben von Mitarbeitern und Angestellten, sodass sie niemals wirklich mit ihrem Mann allein war. »Zu diesem Zeitpunkt war die Bulimie schrecklich, wirklich schrecklich. Es nahm überhand und passierte auf der Jacht viermal am Tag. Ich stopfte alles, was ich finden konnte, in mich hinein, um es zwei Minuten später wieder zu erbrechen. Ich weiß noch, dass ich mir während unserer Flitterwochen die Augen aus dem Kopf geweint habe. Ich war so müde, aber aus den völlig falschen Gründen.«

Und doch schienen die beiden entschlossen – gegen jede Hoffnung –, das Beste daraus zu machen. Schließlich blieb ihnen nach dieser kurzen Zeit auch nichts anderes übrig. Beide mögen den Verdacht gehegt haben, dass es nicht funktionieren würde, aber sowohl das junge, naive Mädchen als auch der ältere, erfahrene Mann ahnten, dass sie in der Falle saßen. Sie hatten die Gesichter in der Menge gesehen und wussten, was sie den Menschen schuldig waren. Und ein wachsendes Band der Zuneigung, das in Briefen zwischen dem Paar zum Thema Liebe zum Ausdruck kam, bewies, dass immer noch Hoffnung bestand. »Wenn man jung ist«, sagte Diana später, »dann kommt immer wieder Hoffnung auf.«

Die Befürworter des Prinzen von Wales waren davon überzeugt, dass nach dieser letzten Liebesnacht im Buckingham-

Palast sowohl Charles als auch Camilla den Entschluss gefasst hätten, zukünftig getrennte Wege zu gehen. Sie hatte eine junge Familie, und auch wenn sie nie die typische Ehefrau eines Armeeangehörigen war, hatte sie ihrem Mann gegenüber doch einige soziale Verpflichtungen. Charles hingegen musste ein Leben in der Öffentlichkeit führen und hatte nach seiner Heirat endlich ein geregeltes Privatleben.

Doch als er nach der Rückkehr aus den Flitterwochen mit Diana einige Zeit auf Balmoral eingesperrt war, erkannte Charles, dass er sein Leben mit einem ihm fremden Wesen teilte. Diana verlor mit erschreckender Geschwindigkeit an Gewicht, obwohl abgesehen von den Bediensteten, die gelegentlich hinter ihr sauber machen mussten, niemand von ihrer Essstörung wusste. Sie war auf Balmoral völlig isoliert; von Freunden, ihrer Familie und dem vertrauten Leben in London getrennt; obendrein war sie das neueste Mitglied der königlichen Familie, und in Unterhaltungen immer die Letzte, die von den Mitgliedern dieses »xenophobischen« Clans angesprochen wurde. Es gab keine vertrauten Bezugspersonen, keine Momente, in denen sie Kraft schöpfen konnte, kein Entkommen. Sie brach zusammen.

Andrew Morton schrieb: »Unweigerlich entwickelte sie Selbstmordgedanken, nicht weil sie sterben wollte, sondern weil sie verzweifelt Hilfe brauchte.«

Diana erinnerte sich später, dass sie ständig von Camilla träumte. Ihr Zustand beunruhigte Charles sehr, doch er wollte sich nicht eingestehen, dass sie tatsächlich krank war. Also bat er seinen Freund Sir Laurens Van der Post, sich seiner Frau anzunehmen. In Charles' Augen war der Schriftsteller und Philosoph ein Visionär – ein moralischer und spiritueller Guru, dem er vertrauen konnte. Doch selbst hierbei unterlief ihm eine typische Fehleinschätzung. So mancher war der Meinung, dass Van der Post nicht ganz der war, der er zu sein schien. Schließlich begann der Mythos, den der Mann um seine Person errichtet hatte, zu zerbröckeln. Es kam heraus, dass er ein vierzehnjähriges Mädchen verführt hatte, das er auf Bitten seiner Eltern auf einer Seereise nach Großbritannien begleitet hatte. Anschließend hatte er das Mädchen in einem Ein-Zimmer-Appartement in Chelsea untergebracht, wo er es besucht und seine sexuellen Fantasien ausgelebt hatte. Das Mädchen war schwanger geworden und hatte eine Tochter zur Welt gebracht.

Van der Posts Worte hatten wenig Einfluss auf Diana, die cleverer als ihr Gatte war und den alten Mann verabscheute. Aber ihre Probleme verschwanden nicht, und Anfang Oktober flog sie nach London, um professionelle Hilfe von Ärzten und Psychologen in Anspruch zu nehmen, die sie im Buckingham-Palast aufsuchten. Sie kamen allesamt zu dem Schluss, dass man ihr Beruhigungsmittel geben sollte. Charles – einerseits ein Mann, der einfach von den Schwierigkeiten des Ehelebens überrumpelt worden war, anderseits aber ein Mann, der sich beim geringsten Anzeichen von menschlicher Schwäche emotional distanzierte – war entsetzt.

In Abwesenheit seiner Frau und in seinem verwirrten, sehr unglücklichen und ratlosen Zustand brach Charles sämtliche Versprechen, die er sich selbst gegeben hatte, und rief Camilla an.

Sosehr sie auch den Entschluss gefasst haben mochte, sich von Charles fern zu halten, so kann kein Zweifel daran bestehen, dass Camilla seinen Anruf mit Erleichterung entgegennahm. Trotz ihres Streits wegen Dianas Eignung als zukünftige Prinzessin von Wales – und man muss zugeben, dass Charles' Zweifel sich inzwischen als berechtigt herausgestellt hatten – bestand zwischen den beiden eine magische Anziehungskraft, die im Geheimen entstanden und im Laufe der Zeit gefestigt worden war und die einfach nicht nachlassen wollte. Sie verabredeten ein Treffen.

Und so wurde Prinz Charles drei Tage vor der öffentlichen Bekanntgabe der Schwangerschaft der Prinzessin von Wales dabei beobachtet, dass er an der Jagd mit der Vale-of-the-White-Horse-Meute teilnahm. Mit dieser Jagdgesellschaft war er vorher noch nie in Verbindung gebracht worden, da er das bessere Gelände (und die überlegenere Zucht) von Quorn, Belvoir und Beaufort bevorzugte.

Doch am 2. November 1981, also vier Monate nach seiner Vermählung und im Anschluss an seinen verlängerten Schottland-Aufenthalt, passte diese nicht so bekannte Hundemeute perfekt in die Pläne des Prinzen von Wales. Man hatte gehofft, dass er mit der Beaufort reiten würde, doch während er begierig darauf war, endlich wieder in den Sattel zu steigen, wählte er stattdessen die entlegenen Vorzüge von Ewen in der Nähe von Cirencester, wo sich die Vale an diesem Tag versammelte.

Seine Anwesenheit im Feld blieb die ersten Stunden unentdeckt, bis ein Fuchs die Hunde aus einem Wald zu einer Hauptstraße führte. Als Charles um die Ecke bog, stieß er auf die Zuschauer, die die Jagd zu Fuß begleiteten, und eine Gruppe von Pressefotografen. Mit hochrotem Kopf fuhr er diese an: »Wann hört ihr endlich auf, mir das Leben schwer zu machen?« Seine Vehemenz überraschte die Zeugen dieser Szene, doch als er sein Pferd zurück zu der neu versammelten Jagdgruppe lenkte, gesellte sich eine blonde Reiterin zu ihm, und sie ritten gemeinsam weg. Die Frau sah Camilla Parker Bowles verdächtig ähnlich.

Nach diesem Treffen, das in der Presse unerwähnt blieb, da diese inzwischen über die mögliche Geburt eines zukünftigen Königs völlig aus dem Häuschen war, entspannten Charles und Camilla sich wieder. Sie fingen an, regelmäßig miteinander auf die Jagd zu gehen, häufig mit der Beaufort-Meute, manchmal jedoch auch im abgelegenen Leicestershire, wo Charles' alte Freundin Ulrike Murray-Smith zu finden war. Camilla hatte von Kindesbeinen an gejagt, während Charles etwas später damit angefangen hatte, doch beide zogen aus diesem Sport das gleiche Maß an Befriedigung. Die Autorin Suzy Menkes bemerkte: »Ich glaube, dass Charles, wie viele andere, einen enormen sexuellen Kick bei der Jagd verspürt.«

Er fand es toll, Camilla in vollem Galopp auf dem Rücken eines Pferdes zu sehen. »Sie ist eine rücksichtslose Reiterin, die sehr aggressiv ist und laut herumschreit«, sagte ein Mitglied der Beaufort-Jagd, das bereits mit ihr geritten war. »Sie mit dem Begriff ›energisch‹ zu beschreiben wäre eine Untertreibung. Sie sollten sie schreien hören, wenn man gerade auf einen Zaun zureitet. Sie schreit dann: ›Verdammte Scheiße, geht verdammt noch mal aus dem Weg!‹ Sie überfährt die Menschen einfach und kann sehr einschüchternd wirken.«

Vergleicht man diese heißblütige, erotische, athletische Frau mit der schrecklich neurotischen und essgestörten Diana, ist es plötzlich gar nicht mehr so schwer, zu verstehen, warum Charles seinen Schwur der Abstinenz gebrochen hat. Vier lange Monate hatte er sich um seine sehr unglückliche Frau gekümmert, so gut er konnte, ihre Temperamentsausbrüche ertragen und noch mehr Schande auf sein Haupt geladen, als er sich als schlechter Lügner entpuppte.

Camilla hingegen war normal. Sie war erwachsen. Sie war eine Frau mit üppigen Kurven, bestand nicht nur aus Haut und Knochen. Sie konnte stundenlang Charles' Litaneien zuhören, ohne ihn mit ihren eigenen Sorgen zu unterbrechen. Sie war auf sexuellem Gebiet experimentierfreudig. Und sie war ehrlich gesagt eine sehr nette, wenn auch ehrgeizige Frau.

Außerdem war sie zu der Erkenntnis gelangt, dass es in ihrem Leben genug Platz für den Prinzen und seine Probleme gab. Die Aussicht, nun, da er verheiratet war, in die Fußstapfen ihrer Urgroßmutter als *La Favorita* zu treten, war sehr verlockend.

Das beängstigende Verhalten Dianas, die nun neben all ihren anderen Schwierigkeiten auch noch unter der Last ihrer Schwangerschaft litt, schweißte Charles und Camilla noch enger zusammen. John Bowes-Lyon, der zusammen mit Charles Pate von Camillas Sohn Thomas war, berichtete: »Sie hatte Anfälle, die nur ein paar Minuten andauerten. Sie flippte völlig aus und war nicht mehr zu bändigen, und dann war es genauso schnell wieder vorbei, wie es angefangen hatte.«

Ob nun Dianas Treppensturz an diesem Weihnachtsfest in Sandringham ein Ausdruck dieser Wut war, ob es sich um einen Selbstmordversuch (was lächerlich wäre, da die Treppe nicht sehr hoch war) oder einfach nur um das Ringen um Aufmerksamkeit handelte, spielt keine Rolle. Für Charles war es in jedem Fall sehr deprimierend, als er herbeigerufen wurde, um seiner schwangeren Frau hochzuhelfen und einen Gynäkologen aus London zu rufen.

»Zuerst glaubten die Leute, ihre Ausbrüche seien ein Anzeichen für Epilepsie«, berichtete John Bowes-Lyon. »Aber das wurde später ausgeschlossen, da sie weder ihre Zunge verschluckte noch andere Symptome der Epilepsie zeigte. Sie leidet offensichtlich an einer vererbbaren Krankheit, und wie der königlichen Familie mitgeteilt worden ist, hat es in der Fermoy-Familie bereits andere Vorfälle dieser Art gegeben.«

Da aus Charles' Sicht noch eine lebenslange Ehe vor ihnen lag, streckte er ihr einen Ölzweig entgegen. Er wusste, dass Diana sich daran störte, dass Camilla Highgrove mit ausgesucht hatte, und das Haus gerne loswerden wollte. Daher schlug er ihr vor, sich einen anderen Landsitz zu suchen. Diana nahm den Vorschlag hocherfreut an, stellte aber die Bedingung, dass das neue Haus so weit wie möglich von Camilla entfernt liegen und sich näher an Althorp, dem Sitz ihrer Familie, befinden sollte. Das bedeutete für ihn, dass er sich von Gloucestershire und dem Westen Englands verabschieden musste.

Am 4. März 1982 berichtete der ungewöhnlich gut unterrichtete Journalist William Hickey vom *Daily Express* unter der Überschrift DIANA WENDET SICH VON HIGHGROVE AB:

Der Prinz und die Prinzessin von Wales suchen nach einem neuen Zuhause. Trotz weit reichender Renovierungen in Highgrove heißt es, dass der Prinzessin der »Charakter des Anwesens« nicht gefällt und sie umziehen möchte.

Da sie an die palastartige Umgebung ihres eigenen Elternhauses Althorp gewöhnt ist, lässt sich dieser Umstand sehr leicht nachvollziehen. Althorp verfügt über 6000 Hektar, Highgrove nur über 140.

Das Paar hat in seiner siebenmonatigen Ehe nur wenig Zeit in Highgrove verbracht, und man hört von Belton House, dem Anwesen von Lord Brownlow in Lincolnshire, dass Charles und Diana an einem Kauf interessiert sind.

Belton war in vielerlei Hinsicht ideal. Es wirkte im Gegensatz zu Highgrove imposant. Es war ein beeindruckendes Haus mit vier Innenhöfen, das im siebzehnten Jahrhundert errichtet worden war. Es enthielt Schnitzereien von Grinling Gibbons, kostbare Gobelins und Gemälde von Tizian, Rubens, Raphael und Van Dyk sowie eine *Mona Lisa* von Leonardo Da Vinci, die dem Meisterwerk im Louvre ähnelte. Gleichermaßen attraktiv war die Tatsache, dass das Anwesen zwar in einem erstklassigen Jagdgebiet lag, dort jedoch absolut keine Verbindung zu Camilla bestand. Charles hatte sich gelegentlich während seiner Ausbildung bei der Royal Air Force im nahe gelegenen Cranwell aufgehalten, und das Anwesen lag nur einen Steinwurf von Sandringham entfernt. Es gab Verbindungen zum Königshaus – der Vater des damaligen Bewohners, Perry Brownlow, der sechste Baron, war während der kurzen Regentschaft von Edward VIII. sein erster Kammerdiener und einer der engsten Freunde des Herzogs und der Herzogin von Windsor gewesen. Für Diana hatte das Anwesen den Vorteil, dass es nur eine kurze Fahrt vom Haus ihrer Schwester Sarah entfernt lag.

Das königliche Paar besuchte Belton 1982 mindestens dreimal und traf beinah die Entscheidung, dort einzuziehen. Diana, die verzweifelt hoffte, Highgrove den Rücken kehren zu können, drängte ihren Mann immer vehementer. Doch für Charles sprachen zwei Faktoren dagegen. Das Anwesen aus dem siebzehnten Jahrhundert mit seinen knapp 6000 Hektar war im Unterhalt sehr kostspielig und lag zu weit vom Herzogtum von Cornwall entfernt, um auf dessen Ressourcen zurückgreifen zu können. Außerdem bedeutete ein Umzug, dass er Highgrove verlassen musste. Zu viele der Hochzeitsgeschenke des Paares, einschließlich eines Swimmingpools und einiger schmiedeeiserner Tore, waren mit dem Anwesen verbunden, und es wäre als sehr unhöflich aufgefasst worden, wenn sie das Haus einfach aufgegeben hätten.

Doch Charles kann, wie seine Kritiker schon immer bemerkt haben, nur schwer eine Entscheidung treffen, und so überlegte er im darauf folgenden Jahr hin und her, ob er Belton kaufen sollte. Das Haus kam schließlich erst im Sommer 1983 auf den Markt. Die offizielle Begründung, warum Charles und Diana sich gegen einen Umzug nach Belton entschieden hatten, lautete, dass Beltons Pracht nicht mit der neuen Sparsamkeit der königlichen Familie vereinbar sei. Diana war sehr wütend darüber, dass sie in Highgrove bleiben musste – obwohl sie mit Hilfe des Innenausstatters Dudley Poplak 100.000 Pfund ihres Mannes darauf verwendete, das Haus umzugestalten und jede Spur von Camillas Einfluss zu entfernen.

Die Beziehung zwischen Charles und Camilla, über die die Zeitungen seit der Zeit von Anna Wallace mehr oder weniger deutlich berichtet hatten, verschwand von der Bildfläche. Sogar Kolumnisten, die das Paar aufmerksam im Auge behalten hatten, erhielten plötzlich keinerlei Informationen mehr, und im Mai 1982, während Dianas Schwangerschaft voranschritt, erschien ein peinlicher und unzutreffender Artikel in der Regenbogenpresse. Er enthüllte, dass Camilla zusammen mit ihrer Freundin Rose Pitman (die später Andrew Parker Bowles heiraten sollte) gebrauchte Kleider verkaufte. In Anspielung auf Camillas Ausschluss vom Hochzeitsbrunch im Jahr zuvor schloss der Artikel mit den Worten: »Dieser Ausflug in das Handelsgewerbe würde der königlichen Familie nicht im Traum einfallen und bestätigt nur Camillas Status – den einer Außenseiterin.«

Sie muss beim Lesen sehr gelacht haben. Aber der Artikel kam ihren Absichten entgegen. Er diente als weiteres Element eines Täuschungsmanövers, das die Botschaft enthielt: »Die beiden sind Geschichte.« Und immer weniger Leute fragten nach ihnen, da sie zu sehr von der bevorstehenden Geburt des Thronfolgers abgelenkt waren.

Nachdem Prinz William von Wales am 21. Juni 1982 auf die Welt gekommen war, wurde die Entfremdung zwischen Charles und Diana noch größer. Er war bei der langen und schmerzhaften Geburt seines Sohnes anwesend, und das Paar erlebte einen seltenen Moment der Gemeinsamkeit und teilte den Stolz, den jedes junge Paar bei der Geburt des Erstgeborenen empfindet.

Doch Diana war bei der Niederkunft in keiner guten Verfassung. Ihr Körper litt unter den Nachwirkungen der Bulimie und ihrer schwachen Konstitution. Nachdem die erste Euphorie vorbei war, folgte eine Wochenbettdepression, die wiederum erneute Essstörungen auslöste. Charles war sich des Problems durchaus bewusst; schließlich ließ sie es ihn nicht vergessen. Dianas Depression äußerte sich oft darin, dass sie Charles immer wieder wegen seiner andauernden Beziehung zu Camilla angriff, deren Details die Prinzessin noch nicht konkret kennen konnte, sondern nur instinktiv erahnte. Es gab Tränen und panische Anrufe, wenn er nicht rechtzeitig nach Hause kam, sowie schlaflose Nächte, wenn er fort war. Charles' Telefongespräche mit Mrs. Parker Bowles wurden immer wichtiger für ihn, und es war nur eine Frage der Zeit, bis Diana eines mit anhörte. Als der Prinz einmal in der Wanne saß und telefonierte, schallten seine Worte aus dem Badezimmer und trafen Diana wie ein Dolch ins Herz.

Der Mann, der auf die Frage nach seinen Gefühlen für seine zukünftige Frau geantwortet hatte »Was immer ›verliebt sein‹ auch heißen mag«, hob die Stimme über das plätschernde Wasser und sagte zu Mrs. Parker Bowles: »Was immer auch geschehen mag, ich werde dich immer lieben.«

Die körperliche Liebe hatte nach der Geburt von William für das königliche Paar keinen besonders hohen Stellenwert. Nachdem sie in den Kensington-Palast gezogen waren, bestätigte ein Diener, dass die Eheleute selten gemeinsam in dem Himmelbett übernachteten. Oft ging Diana früh schlafen, während Charles lieber lange aufblieb. »Wenn er abends fertig war, schlich sich der Prinz nach oben und betrat, ohne seine Frau zu stören, vom Flur aus sein Ankleidezimmer, das an das Hauptschlafzimmer grenzte. Dort stieg er in das Bett, das stets für ihn bereitstand. Ob er das nun aus Rücksicht auf seine Frau tat oder weil er allein sein wollte, kann ich nicht sagen. Aber es passierte regelmäßig.«

Der Diener konnte dies nicht wissen, doch jene Nächte, die der verärgerte Charles in der Nähe und zugleich ohne seine Frau verbrachte, verschafften ihm einen gewissen Seelenfrieden. Er war verheiratet – offensichtlich unentrinnbar –, und es bestand immer noch ein gewisses Gefühl der Zuneigung zwischen ihm und Diana. Aber Camilla war nun einmal Charles' große Liebe. Bei ihr hatte er Frieden und Gelassenheit gefunden – etwas, auf das jeder Liebende ein Anrecht hat –, und die Nächte in seinem Ankleidezimmer erlaubten es ihm, von ihr zu träumen. Das unerträgliche Zusammenleben mit seiner Frau war bereits zum Scheitern verurteilt, doch das wusste er zu diesem Zeitpunkt noch nicht. Währenddessen klammerte er sich an den Glauben, dass er den Mut zum Weitermachen aufbringen würde, solange Camilla hinter ihm stand.

Aber es war ein harter Kampf. Am Abend des Volkstrauertages 1982, dem Jahr des Falkland-Krieges, sollten Charles und Diana die Königin zum alljährlichen Gedenkgottesdienst für die British Legion[15] begleiten, der in der Royal Albert Hall in London stattfand. Gemeinsam mit der am darauf folgenden Tag stattfindenden Ehrung am Ehrenmal in Whitehall erinnert dieser Termin die Nation an die Menschen, die bei der Verteidigung ihres Landes gestorben sind, und zählt zu den wichtigsten öffentlichen Auftritten im Terminkalender der Königsfamilie.

Minuten vor dem Beginn der Zeremonie erhielt ein Türsteher die Information, dass Diana nicht teilnehmen würde. Es hatte einen Riesenstreit gegeben, und sie war nicht in der Verfassung, in der Öffentlichkeit zu erscheinen. Hektisch wurden in der königlichen Loge Stühle hin und her gerückt, während man die Königin über die bevorstehende Abwesenheit ihrer Schwiegertochter in Kenntnis setzte. Fünfzehn Minuten später, als die Königin bereits Platz genommen hatte, tauchte Diana auf und sah laut einem Augenzeugen »mürrisch und genervt« aus. Diese neuste Episode stellte einen weiteren peinlichen Moment für Charles dar, vor allem, da es am nächsten Tag in den Zeitungen aufgegriffen wurde.

»Niemand verspätet sich bei der Königin«, schrieb der unermüdliche James Whitaker, »also machte ich mich daran, herauszufinden, was los war.

Ungefähr einen Monat zuvor war Diana wutentbrannt von Balmoral abgereist und hatte Charles und ihren dreieinhalb Monate alten Sohn zurückgelassen. Sie wollte einfach nur weg von Schottland. Vor allem hatte sie etwas dagegen, dass Charles sich bei jeder Meinungsverschiedenheit auf die Seite seiner Mutter schlug. Außerdem störte es sie, dass die Königinmutter ständig versuchte, ihr ›zu helfen‹. Die Königinmutter hatte ihr bei ihrem Eintritt in die königlichen Kreise – entgegen dem weit verbreiteten Glauben – keinerlei Hilfestellung gegeben, und Diana fand, dass sie inzwischen auch sehr gut ohne die kleinen Belehrungen zurechtkam.«

Whitaker fand außerdem durch Gespräche mit Dianas Pressesekretär Vic Chapman heraus, dass es durchaus ein kleines Problem gab. Chapman ließ sich dazu herab, zu erzählen, dass die Prinzessin zwanghafte Verhaltensweisen entwickelt habe, und nannte als Beispiel ihre Schuhe, die nach dem Putzen genauso ordentlich in einer Reihe aufgestellt werden mussten, wie die Bediensteten sie vorgefunden hatten. »Sie ist besessen davon, dass alles um sie herum perfekt sein muss«, erklärte Chapman.

Der Artikel von Whitaker deutete als einer der Ersten darauf hin, dass sich die Prinzessin von Wales irrational verhielt und dass dies in einer Essstörung begründet sein könnte. Er beschrieb ihren furchtbar dünnen Körper und erwähnte die Tatsache, dass sie bei offiziellen Anlässen in der Öffentlichkeit unnötigerweise betonte, sie müsse auf ihre Linie achten.

Das Erscheinen des Artikels sorgte für Furore. Ein Sprecher des Buckingham-Palastes gab ein wütendes Dementi und fügte dann noch verzweifelt hinzu: »Mein Gott, lasst sie doch in Ruhe.« Der Radioreporter von der BBC, Brian Redhead, kritisierte in einer Sendung Whitakers Artikel und nannte ihn eine »Unverschämtheit«, doch der Autor verfügte über korrekte Informationen aus einer sehr sicheren Quelle – und das war Dianas äußerst besorgte Schwester Sarah.

Dass nun die Medien öffentlich die Essstörungen seiner Frau diskutierten, war für Charles peinlich. Denn jedes Mal, wenn etwas Negatives über seine Frau und ihn in den Zeitungen stand, musste er seinem kritischen Vater Rechenschaft ablegen. Er begann gemeinsam mit Diana zu Mittag zu essen, um sicherzugehen, dass sie »vernünftig« aß.

Andrew Parker Bowles war kurz zuvor zum Kommandanten der Household Cavalry befördert worden. Das Hauptquartier des Regiments, ein Hochhauskomplex, der die Südseite des Hyde Parks verschandelt, wurde sein Zuhause, seit er nicht nur militärische, sondern auch gesellschaftliche Pflichten hatte. Camilla war, wie schon erwähnt, keine typische Armee-Ehefrau. Sie war damit zufrieden, ihr Leben in Bolehyde Manor zu verbringen, das nur eine kurze Fahrt von Highgrove entfernt lag. Bald würde das Ehepaar in ein anderes Haus ziehen, und zwar nach Middlewick House nahe Corsham, das nur achtzehn Kilometer von Highgrove entfernt und somit noch näher gelegen war. Diana sah diesem Umstand mit großer Sorge entgegen, besuchte jedoch der Form halber ohne größeres Murren die Einweihungsparty.

Charles' Begeisterung für die Jagd wuchs. Seine offizielle Arbeitsbelastung nahm ab, und so hatte er mehr Zeit für persönliche Interessen – und die Fuchsjagd stand ganz oben auf der Liste seiner Aktivitäten. Er ritt ein-, zwei-, dreimal die Woche mit der Jagdgesellschaft Beaufort, sodass er in Highgrove bleiben musste, während Diana nach London zurückfuhr. Mitglieder der Beaufort bemerkten, dass Charles den Sammelplatz mied und sich später zu der Gruppe gesellte, nachdem die Jagd schon begonnen hatte. Mrs. Parker Bowles, ein angesehenes Mitglied der Jagdgesellschaft, fiel häufig im Feld zurück, und das Paar führte seine Pferde in den Wald und gesellte sich erst viel später am Tag wieder zu den anderen Teilnehmern.

Obwohl Diana an diesen Jagdtagen nie anwesend war, war sie sich sehr wohl bewusst, was dort vor sich ging. Im November 1983, kurz nachdem sie bei einem Aufenthalt auf Balmoral eine Fehlgeburt erlitten hatte, kam es zu einem riesigen Streit in Highgrove. Charles wollte zu einem Jagdtag aufbrechen, doch Diana hatte ihn zuvor so verstanden, dass er nicht teilnehmen würde. Es kam zu einer weiteren lautstarken Meinungsverschiedenheit vor Zeugen, als er das Haus verließ, um sich mit der Beaufort und Mrs. Parker Bowles zu treffen. Als er davonfuhr, brach Diana wieder unter Tränen zusammen, doch mittlerweile war Charles gegen solche Szenen immun. Er hatte einfach genug.

Ihre ehelichen Intimitäten waren jedoch noch nicht ganz beendet, und im September 1984 brachte Diana Prinz Harry zur Welt. Diesmal freuten sie sich getrennt über die Geburt des neuen Erdenbürgers. In seinem nie versiegenden Wissensdurst war Charles so etwas wie ein Experte in Babyfragen geworden, sodass Diana eines Tages vor Zeugen zischte: »Mein Mann weiß so viel über Kindererziehung, dass ich ihm vorgeschlagen habe, dass er das nächste bekommt und ich mich entspannt zurücklehnen und ihm Ratschläge erteilen kann.«

Aber es sollte kein nächstes Mal geben. Zwischen den beiden tat sich solch eine Kluft auf, dass das Paar drei Jahre nach seiner Hochzeit nicht mehr das Bett teilte. Charles hatte Harrys Ankunft im St. Mary's Hospital in Paddington mit einem lässigen »Oh, es ist ein Junge, und er hat sogar rote Haare« kommentiert – er hatte sich ein Mädchen gewünscht – und war anschließend zu einem Polospiel gefahren. Für manche symbolisierte dieses Verhalten das Ende der Ehe.

Aber es war noch nicht so weit. Das Paar nahm weiterhin an offiziellen Anlässen teil und hatte zwischen seinen Streitereien einen relativ erträglichen Waffenstillstand geschlossen. Ihre Freizeit verbrachten die beiden jedoch getrennt. Charles ging häufig in die Oper – und Camilla begleitete ihn. Manchmal brachte sie auch Andrew Parker Bowles mit, der bei diesen Gelegenheiten zufrieden lächelnd hinter ihnen in der königlichen Loge saß.

Für Charles waren diese Abende eine Oase der Ruhe inmitten seines turbulenten häuslichen Lebens, und wenn er zurückkam, schäumte Diana vor Empörung. »Ihre Laune wurde von Stunde zu Stunde schlechter, und wenn Charles schließlich nach Hause kam, raste sie vor Wut und knallte die Türen«, hörte man aus einer Quelle. Charles ging der Konfrontation meistens aus dem Weg, schüttelte den Kopf und ließ sie stehen. Dieses Verhalten steigerte Dianas Zorn nur noch.

Nach außen hin gab sich das Paar große Mühe, als Einheit

aufzutreten. Was die Pflichten anging, waren sie sich ungewöhnlich einig, und Dianas Liebesaffäre mit der Öffentlichkeit befand sich immer noch in einer sehr heißen Phase. Egal, wohin sie ging, es gelang ihr, Tausende Menschen zu elektrisieren, sobald sie auch nur den Wagen verließ. Ihre ersten zaghaften Schritte auf dem Parkett der Mode gehörten der Vergangenheit an. Sie kleidete sich mittlerweile in einer perfekten Mischung aus Gewagtheit und Bescheidenheit, und ihr Erfolg zu Hause und im Ausland war unbestritten. Sie besaß eine faszinierende teils förmliche, teils lockere Ausstrahlung. Einerseits war sie die Prinzessin von Wales, andererseits hatte jeder Zugang zu ihr.

Beobachter entdeckten bei Charles zu dieser Zeit eine gewisse Reserviertheit gegenüber ihrem Erfolg und schrieben es seiner Eifersucht zu. Bei gemeinsamen Auftritten entschuldigte er sich bei den Menschen mit den Worten: »Tut mir Leid, dass Sie mit mir vorlieb nehmen müssen, aber meine Frau ist nicht da.« Oder: »Ich fürchte, ich bin es nur, Sie sollten Ihr Geld zurückverlangen.« Es ließ sich nicht leugnen, dass ihr Gesicht auf den Titelblättern der Zeitschriften erschien, wenn sie gemeinsam durch die Welt reisten, nicht seines. Bei gemeinsamen Auftritten richteten sich die Kameras nur auf sie, und die Blumen in der Menge waren immer für Diana bestimmt. Für Charles war dies anfangs sehr verwirrend, da er sein ganzes Leben in den Dienst seines Landes gestellt hatte und nun der Meinung war, dass seine Untertanen dies spüren und ihm dafür Aufmerksamkeit und Anerkennung schenken sollten. Sogar 1994 hatte er sich immer noch nicht mit dem neu erwachten Interesse an der Königsfamilie abgefunden, das Dianas Erscheinen auf der Bildfläche ausgelöst hatte. Der ehemalige Kabinettminister der Labour-Partei Roy Hattersley prägte in einem Interview sogar den Begriff »Showbiz-Monarchie« und warf den Medien vor, dass sie beim Erschaffen dieses Phänomens mitgeholfen hätten und die Schuld bei ihnen zu finden sei. Doch die Wahrheit lag irgendwo dazwischen. Im letzten Viertel des zwanzigsten Jahrhunderts hatte die Presse nur wenig Interesse am Hause Windsor gezeigt, bis Diana kam. Trotz des inneren Tumults, den die Prinzessin in dieser großen Dynastie verursacht hatte, hatte sie auch dabei geholfen, sie wieder in den Blickpunkt des Interesses zu rücken.

Charles konnte jedoch niemandem gegenüber – mit Ausnahme von Camilla – seine Empörung darüber zum Ausdruck bringen, dass die Öffentlichkeit so furchtbar falsch lag. Die Menschen würden doch nicht so leicht auf ein hübsches Gesicht hereinfallen? Sie konnten doch sicherlich spüren, dass die Frau keine Substanz besaß, dass etwas mit ihr nicht stimmte?

Doch die bewundernde Öffentlichkeit war nicht dazu in der Lage. Der Einzige, der von Dianas Instabilität wusste, war Charles. Die Einzige, mit der er diese Last teilen konnte, war Camilla. Sie hatte ein neues Haus in Pickwick, einem Dorf in der Nähe von Corsham in Wiltshire, gefunden. Middlewick House war ein wunderschönes, im achtzehnten Jahrhundert errichtetes Herrenhaus, das Flair besaß und über 200 Hektar Land verfügte. Somit hatte Camilla genügend Platz, ihre Pferde zu trainieren und der unwillkommenen, aber zu diesem Zeitpunkt noch nicht allzu aufdringlichen Aufmerksamkeit der Presse aus dem Weg zu gehen. Middlewick war ein typisches englisches Landhaus, und Camilla verliebte sich sofort in das Anwesen. Außerdem lag es günstig und nur eine fünfzehnminütige Autofahrt von Highgrove entfernt. Die Eheleute Parker Bowles verkauften Bolehyde Manor für rund 500.000 Pfund. Der Erwerb von Middlewick House wurde ihnen außerdem durch eine unerwartete Erbschaft ermöglicht, als am 16. August 1986 Camillas Großmutter Sonia Cubitt verstarb.

Die Tochter von Alice Keppel nahm das Geheimnis mit ins Grab, ob sie nun die illegitime Tochter von König Edward VII. war oder nicht. Sie hinterließ jedoch ein beträchtliches Vermögen, aus dem Camilla angeblich über eine halbe Million Pfund erbte. Dies hätte beinah dem Gerücht, dass Prinz Charles für Middlewick House gezahlt hatte, ein Ende bereitet. Doch nur wenige Leute wollten so eine gute Geschichte auf sich beruhen lassen, ohne alle Möglichkeiten zu erkunden.

Diese Gerüchte blieben jedoch ohne Konsequenzen für den Prinzen, der zu diesem Zeitpunkt ganz andere Probleme hatte. Seine Frau litt weiterhin an Bulimie, und es wurde immer peinlicher für Charles, da sich nun die Journalisten darüber ausließen, wie furchtbar dünn die Prinzessin geworden war. Bei einer Reise nach Vancouver, wo sie die Expo-Ausstellung eröffneten, lieferte ihre magere Figur Munition für aufgeregte Kommentare. Die Weltmedien schlugen schließlich Alarm, als sie am Ausstellungsstand von Kalifornien in Ohnmacht fiel. Sie legte die Hand auf die Schulter ihres Mannes, flüsterte: »Darling, ich glaube, ich bin gleich weg«, und brach prompt zusammen. Sie hatte tagelang nichts gegessen.

Charles war furchtbar wütend, und das mit einiger Berechtigung. Er hatte eine Pflicht zu erfüllen, und sie machte den ganzen Sinn der Reise zunichte. Doch, so argumentierten seine Freunde, sie hatte schon vor langer Zeit entdeckt, wie sie der verhassten Familie die Show stehlen konnte. Einmal nahm sie als überzählige Begleiterin der Königin an der Parlamentseröffnung teil, bei der die Monarchin die historische Aufgabe hat, die Mitglieder des Ober- und Unterhauses in das neue Parlamentsjahr zu führen. Diana hatte ihr Haar zu diesem Anlass zu einem Chignon frisieren lassen. Dies veränderte ihr ganzes Aussehen – wie sie sehr wohl wusste – und zog sämtliche Aufmerksamkeit von der Königin auf Diana. Alle waren sehr wütend, und sogar ihre stärkste Verbündete, Prinzessin Margaret, fragte die eigene Schwester: »Wie konntest du es zulassen, dass sie einen Narren aus dir macht?«

In späteren Biografien gab es Kritik an Prinz Charles, da er Dianas Wutausbrüche weder im Zaun gehalten noch den Anlass dafür ergründet und nach einer Lösung gesucht hatte. Seine Weigerung, sich außer bei extremen Provokationen in einen Streit mit seiner Frau hineinziehen zu lassen, wurde ihm als liebloses und ungehobeltes Verhalten angelastet. Seine Freunde hingegen argumentierten, dass Charles nur versucht hatte, das irrationale Gebaren seiner Frau zu beenden, indem er die Situation entschärfte. Das tat er, indem er einfach wegging und ihr so die Gelegenheit gab, sich zu beruhigen. Da er kein besonders guter Psychologe war, erkannte er nicht, dass er, indem er Diana die Möglichkeit nahm, ihrem Herzen Luft zu machen, alles nur noch verschlimmerte. Bei mehr als einer Gelegenheit wurden Ärzte herbeigerufen, um die Probleme mit Diana zu lösen. Die wiesen genau auf diesen Umstand hin, doch Charles hatte es mit einem irrationalen Wesen zu tun, und man darf nicht vergessen, dass er selbst auch nur ein Mensch war.

Bald darauf reisten Charles und Diana nach Althorp und wohnten dort in einer zuvor renovierten Suite. Bei ihrer Abreise ließen sie die Suite, so Graf Spencer, in einem »etwas beschädigten Zustand« zurück. Ein antiker Spiegel, ein Fenster und ein unersetzbarer Stuhl aus dem achtzehnten Jahrhundert waren zu Bruch gegangen. Als Lord Spencer später Gäste durch das Haus führte, gab er zu, dass es einen »riesigen Krach« zwischen dem Ehepaar gegeben hatte. Doch Diana, die anschließend von Stephen Barry dazu befragt wurde, tat die Demolierung des Zimmers ab. »Es war nicht genug Luft im Raum«, sagte sie. »Es war ein Unfall.«

1987 war die Ehe zu Ende, doch niemand war bereit, dies zuzugeben. Was Charles betraf, so machte ihm der Gedanke nichts aus, bis ans Ende seines Lebens mit Diana verheiratet zu bleiben. Den Menschen, auf den er sich verlassen konnte, nämlich Camilla, wusste er an seiner Seite. Mit ihrer unverminderten Unterstützung war er sicher, die meisten Rückschläge im Leben ertragen zu können.

Von ihrer eigenen Warte aus gesehen, hatte Diana erreicht, was sie sich vorgenommen hatte. Sie war Prinzessin von Wales geworden. Sie hatte zwei Söhne geboren und somit die »dynastischen« Pläne ihres Mannes erfüllt. Sie war eine Ikone geworden, eine eigenständige, wichtige Persönlichkeit. Sie bekam zwar keine Liebe – *was immer Liebe auch sein mochte* –, doch alles andere war so, wie es sein sollte. Eine Zeit lang sah es so aus, als sei die Bulimie, die sie so viele Jahre verfolgt hatte, zum Stillstand gekommen.

Doch dann ging alles schief. Bei ihrem Skiurlaub in Klosters wurden Charles und Diana vom Herzog von York und seiner frisch gebackenen Ehefrau begleitet. Man hatte die Herzogin gebeten, ein paar zusätzliche Männer mitzubringen. Einer von ihnen war Philip Dunne, Mitarbeiter einer Handelsbank, Sohn des Lord Lieutenant[16] von Hertfordshire und Patenkind von Prinzessin Alexandra. Eines Abends ging Diana in die Disco im Ort und unterhielt sich angeregt mit Dunne. An einem anderen Abend blieben sie und Fergie im Chalet und spielten ein albernes Après-Ski-Spiel, bei dem die Prinzessin schließlich in der untersten Schublade einer großen Kommode lag und so tat, als würde sie schlafen. Ein Zeuge berichtete, dass sie ausrief, der Erste, der sie küssen würde, würde sich in einen Prinzen verwandeln. Dunne meldete sich als Erster.

Dunne hat stets behauptet, dass ihre Beziehung völlig unschuldig war, und es gibt nur wenige Beweise, die das Gegenteil unterstützen. Doch die darauf folgenden Ereignisse trieben einen größeren Keil zwischen das Ehepaar Wales als alles, was zuvor geschehen war.

Dunne lud die Mitglieder der Skiparty in das Haus seiner Eltern nach Gatley Park ein. Bald stellte sich heraus, dass weder Charles noch Dunnes Eltern anwesend waren. Als diese Geschichte in der Regenbogenpresse erschien, konnte nur ein Schluss gezogen werden. Das königliche Paar machte gerade eine schwierige Phase in seiner Ehe durch, und Diana hatte jemanden gefunden, der sie tröstete. Es drohte ein riesiger Skandal, bis Dunne – sehr ausdrücklich – darauf hinwies, dass sich an diesem Wochenende zusätzlich ein Dutzend Freunde im Haus befunden hatten.

Doch Charles, der seine eigene Untreue vor Augen hatte, missdeutete die Anzeichen. Natürlich merkte er, dass eine gewisse Anziehungskraft zwischen dem jüngeren Mann und seiner Frau bestand. Und vielleicht fühlte er sich einen Augenblick lang im Recht, seine eigenen Beweggründe und Taten auf Diana zu übertragen. Wie dem auch sei, bei der Hochzeit des Marquis von Worcester, Sohn des Herzogs von Beaufort, die im Juni 1987 stattfand, hatte die Beziehung zwischen Charles und Diana den Nullpunkt erreicht. Beide misstrauten einander und missachteten jegliche Etikette.

Bei dem Empfang tanzte Charles als Erstes mit der Frau, der er einst einen Antrag gemacht hatte – mit Anna Wallace –, und setzte sich dann zu der Frau, nach der er sich die ganze Zeit gesehnt hatte – zu Camilla. Die beiden unterhielten sich den restlichen Abend miteinander, ohne die anderen Gäste zu beachten. Diana, die sehr wütend über diesen Anblick war, begann mit Philip Dunne zu tanzen. Sie tanzte sehr lange und ausgelassen, bis um sechs Uhr morgens die Musik aufhörte. Charles und Camilla hatten sich schon Stunden zuvor davongeschlichen.

Dieser Anblick sowie die Publicity, die jenes Wochenende in Gatley Park nach sich zog, überzeugten Charles davon, dass seine Frau ihn betrogen hatte. Dies versetzte seiner Eitelkeit einen ziemlich heftigen Schlag. Man muss kein liberaler Mensch sein, um zu erkennen, dass hier mit zweierlei Maß gemessen wurde. Doch der Prinz war ein Mann, der in dem Glauben aufgewachsen war, als zukünftiger König alles haben zu können. Und dazu zählte auch eine treue Ehefrau. Falls sie wirklich mit Dunne ins Bett gegangen war, so diente die Darbietung, die sie mit dem jungen Mann auf der Tanzfläche gab, dazu, es ihrem Mann regelrecht unter die Nase zu reiben – und das zu allem Überfluss vor den Augen fast der gesamten Aristokratie des Landes.

Charles' Annahme, dass Diana ihm untreu geworden war, basierte mit Sicherheit auf völlig falschen Tatsachen, doch er hielt nicht einen Moment inne, um darüber nachzudenken. Er nahm Camilla und machte sich auf den Weg nach Schottland, wo er am 22. September auf Balmoral eintraf.

Dort trat er sein längstes Exil an, aus dem ihn weder Kommentare des Parlaments noch der Presse zurückholen konnten. In den darauf folgenden siebenunddreißig Tagen sah er weder seine Frau noch seine Kinder. Er gab keinerlei Erklärung ab, und es schien ihm völlig egal, wie man sein Handeln interpretierte. Er verbrachte lange Tage allein mit Camilla und redete mit ihr über die sechs vergangenen furchtbaren Jahre. Er erinnerte sie an ihre eigene Vorhersage, Diana sei ein Mäuschen und ideal für den Job als Prinzessin von Wales. Er erinnerte sie außerdem an den gebrochenen Schwur, sich voneinander fern zu halten, und sprach lange und ausführlich mit ihr über die Zukunft. Er hatte ein Faible für die Toskana entwickelt und sah dort für sich und Camilla eine Zukunft, weit weg von den Peinlichkeiten und der ständigen Kritik, weit weg von der Pflicht, die ihn an Dianas Seite fesselte.

Drei Jahre später kam Charles einem Nervenzusammenbruch nahe, und es war hier, in den violett gefärbten Hügeln von Balmoral, wo diese Episode ihren Anfang hatte. Andere Freunde, darunter Lord und Lady Tryon, kamen zu Besuch und verbrachten die Tage mit den hier typischen Beschäftigungen: angeln, schießen, auf die Pirsch gehen und malen. In dieser Zeit fragte sich Charles möglicherweise zum ersten Mal, was das alles sollte und ob es die Sache wert war. Nicht einmal die Liebe von Camilla konnte verhindern, dass er in Depressionen fiel.

In London zählten die Zeitungen inzwischen die Tage, die das Paar getrennt war, und druckten die Zahlen in immer größeren Buchstaben ab. Dianas Beziehung zum Bankkaufmann Dunne wurde unter die Lupe genommen, und ein anderes Mitglied der unseligen Klosters-Gruppe, Major David Waterhouse, war gezwungen, ihm zur Hilfe zu eilen. »Es gab viel Gerede über die Prinzessin und Philip«, sagte er. »Es ist absurd, zu behaupten, sie hätten eine Affäre. Diese Anschuldigung ist völlig unwahr.«

Ob diese Worte Charles wie beabsichtigt erreichten und ob der Prinz aus dieser Versicherung Trost gewann, war schwer zu sagen. Es gab jedenfalls keinerlei Reaktionen oder Anzeichen aus dem Norden, dass er beabsichtigte, zu seiner Frau und seinen Kindern zurückzukehren.

Dann betrat eine britische Berühmtheit die Bühne, die am wenigsten geeignet schien, in der Ehe des königlichen Paars zu vermitteln. Jimmy Savile, ein Discjockey, dessen Markenzeichen eine dicke Zigarre und banale Sprüche sind, die sogar den ganz Hartgesottenen peinlich aufstoßen, war bei der BBC durch seine Ratgeber-Show *Jim 'll Fix It*[17] zur TV-Persönlichkeit avanciert.

Dieser Moment war ein Höhepunkt seines Lebens – denn wäre es ihm gelungen, die Ehe der Wales' zu kitten, hätte er der Nation einen ehrenvollen Dienst erwiesen und dafür den Ritterschlag erhalten, den er später tatsächlich bekommen sollte.

Savile schlug dem entfremdeten Ehepaar vor, als Ausweg aus dieser Sackgasse gemeinsam in der Öffentlichkeit zu erscheinen. Dies sollte in Dyfed in Wales geschehen, das von einer schrecklichen Flut heimgesucht worden war. Ihr Zusammentreffen auf dem Boden, der ihren Namen trug, wäre eine schöne und wirkungsvolle Geste gewesen. Aus welchem Grund auch immer – vermutlich auf Drängen von Camilla, die mit jedem Tag, den Charles seiner Familie fern blieb, seine Glaubwürdigkeit schwinden sah – machten sich Charles und Diana auf den Weg zum Stützpunkt der Royal Air Force Northolt, wo sie gemeinsam den Flug nach Swansea antraten.

Die Reise war von Anfang an ein Desaster. Diana kam als Erste in Northolt an und war sehr aufgewühlt, offensichtlich jedoch nicht auf die extreme Feindseligkeit vorbereitet, die Charles ihr gegenüber nach seiner Ankunft an den Tag legte. Eine Feindseligkeit, die er vor den zahlreichen Mitgliedern seines Stabs, die sich zur Vorbereitung der Abreise dort versammelt hatten, nicht zu verbergen versuchte.

Im Gegensatz zu Charles, der während seines Exils von den Weltmedien abgeschirmt gewesen war, hatte Diana in jenen siebenunddreißig einsamen und dramatisch erscheinenden Tagen sehr darunter gelitten, im Rampenlicht zu stehen. Sie hatte äußerlich unverändert ruhig ihre Pflichten wahrgenommen, während sie innerlich unter großem Druck stand. Sie versuchte nun, ihrem Mann auf dem kurzen Flug nach Wales etwas von diesen Erlebnissen zu vermitteln, doch Charles konnte sich kaum dazu überwinden, ihr zuzuhören. Während sie beschrieb, wie schwierig es war, ständig im Fokus der Aufmerksamkeit zu stehen, die sein selbst gewähltes Exil nach sich gezogen hatte, stöhnte er nur: »Oh Gott, was ist denn jetzt schon wieder?« Beinah den gesamten Flug über ignorierte er seine Frau völlig, und die Tour, die eigentlich die Stimmung der unglücklichen Waliser heben sollte, lenkte nur die Aufmerksamkeit vom Leid der Betroffenen ab und richtete diese auf das königliche Paar.

Die *Times* maß dem Auftritt der entfremdeten Eheleute zum Beispiel so viel Bedeutung zu, dass der Bericht einen Großteil der Titelseite einnahm. »Der Prinz wirkte sehr besorgt, während er den Berichten von Betroffenen lauschte. Die Prinzessin schaute grimmig drein, als sie die Fotografen sah, und vermutete sicherlich, dass diese nur darauf aus waren, den ersten gemeinsamen öffentlichen Auftritt des Paares seit dem 16. September festzuhalten.«

Das kurze Zusammentreffen in Carmarthen dauerte sechs Stunden, und ihre Pflichten gaben den beiden wenig Zeit, miteinander zu reden. Sie flogen gemeinsam zurück nach London, und Charles kehrte anschließend nach Balmoral zurück. Diana hingegen erkannte, dass abgesehen von ein bisschen PR bei den Menschen von Wales nichts Bedeutsames erreicht worden war. Ein Flutopfer, Mr. Darrel Reynold, bemerkte: »Ich hätte lieber 2000 Pfund Unterstützung bekommen als einen Besuch vom Königshaus. Sie können hier nicht viel tun.« Und so machte sich Diana tapfer auf den Weg zu einer Wohltätigkeitsauktion bei Christie's. Ein Zeitungsreporter, der bei dem Anlass gar keinen Zutritt hatte, beschrieb sie als »glücklich und entspannt«. Jimmy Saviles Versöhnungsversuch hatte sich letztlich als schwere Herkulesarbeit herausgestellt, die nicht einmal ein Mensch mit seinem überzogenen Selbstbewusstsein hatte bewältigen können.

Der Druck auf die beiden Beteiligten in dieser arrangierten Ehe wurde schlimmer. Freunde von Diana und Charles sind sich einig, dass zu diesem Zeitpunkt gar kein Zweifel daran bestand, dass eine Ehe ein Bund fürs Leben war. Es war nun an den beiden, nachzugeben und eine Lösung für ein gemeinsames Leben zu suchen. Doch keiner von beiden war in der seelischen Verfassung, dieses Zugeständnis zu machen. Nachdem ihre wohl meinende ehemalige Mitbewohnerin Carolyn Bartholemew Diana damit gedroht hatte, an die Öffentlichkeit zu gehen, begab sie sich in die Hände von Dr. Maurice Lipsedge, einem

Spezialisten für Essstörungen am Guy's Hospital. Eine der ersten Fragen, die er an sie richtete, lautete, wie oft sie bereits einen Selbstmordversuch unternommen habe. Die Prinzessin antwortete überrascht: »Vier oder fünf Mal.«

Lipsedges Einsatz brachte die Bulimie schließlich zum Stillstand, doch es gab immer wieder Rückfälle, wenn Diana gezwungen war, nach Highgrove zurückzukehren. Ihr Hass auf dieses Haus war tatsächlich immer stärker geworden, nachdem Charles endgültig verkündet hatte, dass sie nicht nach Belton in Lincolnshire ziehen würden. Doch während ihres Kampfes gegen die Bulimie erkannte sie, dass sie genug Stärke besaß, es mit Camilla aufzunehmen.

Anfang 1989 – am 2. Februar – fand eine Party zur Feier des vierzigsten Geburtstags von Camillas Schwester Annabel Elliott statt, die Simon Elliott, einen Grundbesitzer aus Dorset, geheiratet hatte. Es wurde in einem Haus in Ham Common in der Nähe von Richmond gefeiert, das Sir James und Lady Annabel Goldsmith gehörte, und Charles und Diana waren eingeladen. »Unter den vierzig Gästen herrschte die unausgesprochene Annahme, dass Diana nicht erscheinen würde«, so Andrew Morton. »Die Gäste waren daher überrascht, als sie hereinkam.«

Diana erinnerte sich an dieses Zusammentreffen als einen der mutigsten Momente in den letzten zehn Jahren. »Niemand hatte damit gerechnet, dass ich komme, aber eine innere Stimme sagte mir: ›Geh hin, verdammt noch mal.‹ Also putschte ich mich innerlich richtig auf. (…) Nach dem Essen waren wir alle oben, und ich plauderte angeregt. Plötzlich bemerkte ich, dass Camilla und Charles nicht da waren. Man versuchte, mich daran zu hindern, nach unten zu gehen – ›Oh, Diana, geh nicht runter.‹«

Sie ging nach unten und fand Charles, Camilla und einen anderen Mann, die sich angeregt unterhielten. Dieser spürte wohl trotz Dianas augenscheinlicher Ruhe, dass eine unangenehme Situation bevorstand, und schlug vor, nach oben zurückzukehren. Charles und der Mann gingen, doch Diana bat Camilla eindringlich, kurz zu bleiben. Sie erinnerte sich: »Ich sagte zu

Camilla: ›Wollen wir uns nicht setzen?‹ Also setzten wir uns, und ich hatte furchtbare Angst und sagte: ›Camilla, ich möchte, dass Sie wissen, dass ich genau weiß, was zwischen Ihnen und Charles vor sich geht. Ich bin nicht von gestern. Es tut mir Leid, dass ich im Weg bin, ich bin ganz offensichtlich im Weg, und es muss ganz schrecklich für Sie beide sein, aber ich weiß, was los ist. Behandeln Sie mich nicht wie eine Idiotin.‹«

Auf dem Heimweg im Auto, so Diana, »stauchte Charles sie ordentlich zusammen«, doch trotz der Tränen und der Vorwürfe änderte sich letztlich gar nichts. Auf beiden Seiten gab es nur noch mehr Schuldgefühle. Die Würfel waren gefallen, und Charles hielt dem Druck nicht stand. Im Herbst 1990 stand er, laut Freunden, am Rand eines Nervenzusammenbruchs. Anfänglich wurde es als Midlife-Crisis abgetan, aber im engsten Freundeskreis äußerte man die Sorge, dass er an Depressionen litt. »Es war das Schuldgefühl – seiner Familie und sich selbst gegenüber versagt zu haben –, mit dem er so schlecht zurechtkam«, schrieb sein Biograf Ross Benson. »Es dauerte vier Monate, bis er bereit war, offizielle Termine wahrzunehmen, und noch einige Zeit danach machten sich seine Freunde weiterhin Sorgen um seinen geistigen Gesundheitszustand.«

Sein seelischer Zustand hatte seinen Ursprung in einer körperlichen Verletzung. In diesem Sommer stürzte er bei einem Polospiel in Cirencester schwer und brach sich an zwei Stellen den rechten Arm. Der Bruch war so schlimm, dass an seinem Ellenbogen der Knochen herausragte. Die Verletzung war sehr komplex, und obwohl man anfangs davon ausgegangen war, dass der Bruch auf herkömmliche Weise heilen würde, musste der Knochen schließlich noch einmal gebrochen werden, da er nicht gerade zusammengewachsen war. Beim zweiten Versuch wurde ein Metallstift eingesetzt und Knochenmaterial von Charles' Hüfte verwendet, um das Zusammenwachsen zu beschleunigen. Aber es war ein langwieriger und schmerzhafter Prozess, und hinzu kam, dass bei der ersten Operation vermutlich ein Teil der Sehne in Mitleidenschaft gezogen worden war, was ihm nun fast permanent Schmerzen verursachte. Der verspätete Schock darüber, so hieß es, reiche aus, eine ernst zu nehmende Depression auszulösen.

Als der Prinz nach den beiden Operationen aus dem Krankenhaus entlassen wurde – zuerst im Juni aus dem Cirencester General Hospital und dann im Juli aus dem Queen's Medical Center in Nottingham –, wurde er von Diana begleitet. Sie brachte ihn nach Highgrove zurück, wo er sich erholen wollte. Doch sie blieb nicht lange dort. Wie der Sicherheitsbeamte Police Constable Andy Jacques später enthüllte, fuhr sie sofort wieder ab. »Es war eine große Heuchelei«, sagte er.

Jacques sollte später noch eine wichtige Rolle bei der Auflösung dieses ehelichen Puzzles spielen, denn inzwischen war das Misstrauen der Nation bezüglich der »engen Freundschaft« geweckt, wie die Fleet Street die Beziehung zwischen Charles und Camilla bezeichnete. Es dauerte zwei Jahre, bis sein Augenzeugenbericht an die Öffentlichkeit gelangte, doch der Police Constable erinnerte sich noch klar und deutlich an das Leben in Highgrove nach Charles' Polounfall.

»Kaum waren sie im Haus angekommen, raste Diana sofort nach London zurück«, sagte er. »Nachdem sie weg war, schickte Charles seine Sicherheitsleute los, um Camilla abzuholen, die in der Nähe lebte.

Später patrouillierte ich um das Haus, als ich bemerkte, dass in Prinzessin Dianas privatem Wohnzimmer Licht brannte. Wenn die Prinzessin nicht zu Hause war, sollte sich darin eigentlich niemand aufhalten.

Die Vorhänge waren zugezogen, aber durch einen Spalt erspähte ich Charles und Camilla, die Wange an Wange miteinander tanzten. Obwohl der Prinz seinen Arm in der Schlinge trug, bewegten sie sich zu sehr romantischer Musik. Schließlich sanken sie auf das Sofa und verschwanden aus meinem Blickfeld.

Ich ging weiter, doch als ich fünfzehn Minuten später noch einmal an dem Fenster vorbeikam, brannte das Licht immer noch. Ich sah, wie Camilla hinter dem Sofa zum Vorschein kam und ihr Kleid zurechtzupfte. Dann stand Charles auf. Er blickte nach unten und deutete an, dass er wegen der Armbinde seine Kleidung nicht in Ordnung bringen konnte.«

Laut einer anderen Version dieses Augenzeugenberichts, die in den USA im *Globe*-Magazin erschien, wurde der Mann Zeuge, wie »Charles und Camilla hinter dem Sofa hervorkamen und gegenseitig ihre zerknitterte Kleidung in Ordnung brachten«.

Angeblich hat der Bericht des Spanners Diana nach der Veröffentlichung einen Schock versetzt, doch dafür waren wohl eher die Übertreibungen der Presse verantwortlich. Diana wusste sehr wohl, was vor sich ging, auch wenn die zunehmende Offenkundigkeit des Ganzen sie entsetzte. Sie war besonders gut mit dem Butler von Highgrove, Paul Burrell, und dessen Frau Maria befreundet, und auch wenn während Dianas Unterhaltungen mit Maria keine direkten Informationen über Camillas Kommen und Gehen ausgetauscht wurden, war die Prinzessin dennoch in der Lage, sich ein zutreffendes Bild dessen zu machen, was während ihrer Abwesenheit vor sich ging.

Während dieses langen Sommers erlaubte der Prinz nur einer Person, sich um ihn zu kümmern, und zwar Camilla. Diana fuhr gelegentlich nach Highgrove, und unter den Bediensteten kursierte der Witz, dass sie zur einen Einfahrt herein-, während Camilla zur anderen hinausfuhr. James Whitaker berichtete: »Camilla wurde inzwischen von ihren Freunden als Charles' offizielle Gastgeberin in Gloucestershire angesehen. Sie prahlte mit den Rosen, die sie im Garten von Highgrove züchtete, gab Dinnerpartys für Charles und sonnte sich im Bikini, während Charles in ihrer Nähe im Garten herumwerkelte. An den Maßstäben der meisten zivilisierten Menschen gemessen, war dieses Verhalten unmöglich. Ein Nachbar erzählte mir: ›Es war so, als würde es keinen von beiden kümmern, ob jemand sah, was vor sich ging. Sie lebten praktisch wie Mann und Frau zusammen.‹«

Charles flog nach Balmoral – und Camilla flog mit. Begleitet wurden sie von Patty Palmer-Tomkinson, deren enge Bindung zu Charles sich nach dem Skiunfall 1988 in Klosters vertieft hatte, bei dem der königliche Stallmeister Major Hugh Lindsay gestorben und sie selber schwer verletzt worden war. Diana war nicht dabei, ihre zu diesem Zeitpunkt bereits zu einem Ritual gewordene Angewohnheit, die Prinzen zur Schule zu bringen, hinderte sie daran, mitzufahren. Als der September in den Oktober überging, machte Charles keinerlei Anstalten zurückzukehren. Er schien auch nicht den Wunsch zu verspüren, bei seiner Frau und seinen Kindern zu sein, obwohl die Jungen ihn vermissten. Es war eine Wiederholung des schottischen Exils von 1987, als seine Frau ihn angeblich betrogen hatte. Damals hatte man falsch begründeter Eifersucht und verletztem Stolz die Schuld geben können; nun litt er an einer durchaus realen Depression.

»Zu diesem Zeitpunkt unternahm er eine grundlegende Neubewertung seines Lebens«, sagte ein Freund der Eheleute Parker Bowles. »Er bekam eine schlechte Presse, und seine Ehe war ihm eine Qual. Außerdem war er wütend über die uneingeschränkte Beweihräucherung, die seiner Frau zuteil wurde, wo auch immer sie hinging. Ein Teil von ihm litt sicherlich unter einer egoistischen Eifersucht, doch vor allem war er tief in seinem Stolz verletzt. Er gab sich wirklich die allergrößte Mühe, aber das interessierte niemanden. Obwohl er innerlich immer gespürt hatte, was ihm vorherbestimmt war, wusste er nun zum ersten Mal in seinem Leben nicht, welcher Weg vor ihm lag.

Egal, wohin er sich wandte, es hieß immer nur Diana, Diana, Diana – dabei war die Frau ein echter Alptraum.

Charles fiel es damals wie heute schwer, sich selbst an etwas die Schuld zu geben. Es lässt sich nur schwer leugnen, dass er sich nicht nur bei der Wahl seiner Braut geirrt hat – diese Wahl war ganz und gar seine eigene –, sondern auch bei der Methode, mit der er diese Wahl getroffen hat.

Es war eine arrangierte Ehe, daran besteht gar kein Zweifel, aber es war alles sehr schlecht durchdacht. Es war beinah so, als hätte er sich einen Teufel darum geschert, wen er heiratet, nachdem er Camilla endlich wiedergefunden hatte. Er wusste, dass er sich vermählen musste – sein Vater war deshalb ständig hinter ihm her –, doch Charles war es egal. Es hätte jede sein können.«

Ein Jahrzehnt nachdem er einem naiven, jungen Mädchen die Treue geschworen hatte, kehrten in Birkhall auf dem Balmoral-Anwesen die quälenden Alpträume zurück. Niemand, weder die Palmer-Tomkinsons noch die Eheleute Parker Bowles (Andrew gesellte sich für kurze Zeit dazu), schien in der Lage, Charles aus seiner Depression zu reißen. Zusätzlich zu dem psychologischen Druck hatte er immer noch große Schmerzen von dem Polounfall. Er zog Wanderstiefel und Tweedsachen an und verbrachte Stunden an der frischen Luft, während er seine Gäste ermutigte, zu malen, zu zeichnen, zu schießen und zu angeln. Währenddessen schaute er in sein tiefstes Innerstes und mobilisierte seine spirituellen Kräfte, um eine Lösung für sein scheinbar unüberwindbares Problem zu finden. Denn selbst zu diesem Zeitpunkt kam weder eine Trennung noch eine Scheidung in Frage, und Charles konnte vor sich nur den langen, kalten, einsamen Weg in einer lieblosen Ehe mit einer Frau sehen, deren Gegenwart er nicht mehr ertragen konnte, nicht einmal für kurze Zeit.

In der Zwischenzeit hielt sich Diana in London auf und litt sehr. Charles begegnete ihren Wutanfällen stets, indem er einer Unterhaltung mit ihr aus dem Weg ging, und nun, da er 800 Kilometer von ihr entfernt war, hatten sie überhaupt keinen Grund mehr, miteinander zu reden, nicht einmal mehr am Telefon. Diana hatte keine Ahnung, was er in Birkhall tat, wie viele Leute bei ihm waren, um wen es sich bei seinen Gästen überhaupt handelte und wie lange er dort bleiben wollte. Sie erhielt keinerlei Informationen und versuchte tapfer zu sein, während sie insgeheim wusste, dass Camilla bei ihm war. Diana unternahm Mitte Oktober eine offizielle Reise nach Edinburgh, hatte aber nicht den Mut, auf Balmoral aufzutauchen und ihren Mann zu fragen, wann er nach Hause zu kommen gedachte. Nachdem sie ihren Termin wahrgenommen hatte, fuhr sie zurück Richtung Süden.

Eine Bedienstete im Kensington-Palast berichtete, dass Diana zu dieser Zeit »furchtbar besorgt« wegen Charles gewesen war. Sie fügte hinzu: »Sie ist normalerweise der netteste und unkomplizierteste Mensch, für den man arbeiten kann. Aber in der letzten Woche war sie eine richtige Zicke – man kann sehen, dass ihr die Situation unter die Haut geht. Es ist so, als arbeite man an einem Ort, an dem bald eine Bombe hochgehen wird.«

Kurz nach Dianas Reise in den Norden kehrte Charles für ein Wochenende zu seiner Frau und seinen Kindern zurück, machte jedoch genauso abrupt wieder kehrt und floh zurück nach Schottland. Erst am Ende des Monats kam er endgültig in den Süden zurück und fuhr nach Highgrove zu seinen Kindern. Es war kein Zufall, dass Diana in London war und an einem Empfang für den Präsidenten von Italien teilnahm, der in einer Kunstgalerie stattfand.

Ein Bericht über seine Aktivitäten besagte: »Charles kam Donnerstag gegen 19.00 Uhr in Highgrove an. Er aß allein zu Abend, nachdem er in seinem Arbeitszimmer an offiziellen Papieren gearbeitet hatte.

Gegen 23.00 Uhr schlüpfte der Prinz aus dem Haus und fuhr in Begleitung nur eines Polizisten in einem einfachen Ford Kombi zu Camillas Haus in Corsham. Er kehrte erst in den frühen Morgenstunden des Freitags zurück – während Diana noch in London war.«

Der Prinz und die Prinzessin trafen sich am Abend dieses Tages schließlich zu einem offiziellen Fototermin. Die Aufnahmen, die bei dieser Gelegenheit gemacht wurden, sollten ironischerweise die offiziellen Bilder zum zehnten Hochzeitstag des Paares werden. Doch der Termin, bei dem India Hicks – Lord Mountbattens Enkelin, Brautjungfer bei der zehn Jahre zurückliegenden Hochzeit und frisch gebackene Fotografin – hinter der Kamera stand, war ein trübsinniges und unerquickliches Treffen.

Nach nur wenigen Tagen fiel Charles in Highgrove die Decke auf den Kopf. Er war rastlos und verärgert über die ständigen Schmerzen und seine Unfähigkeit, mehr zu tun als herumzusitzen und zu lesen. Nach drei Monaten mit Schmerzen in seinem Arm bekam er nun auch noch Beschwerden in der Hüfte, aus der die Knochensubstanz für die zweite Operation entnommen worden war. Nach Rücksprache mit den Chirurgen John Webb und Christopher Colton, die ihn für reisetauglich erklärten, flog er auf Camillas Rat hin nach Südfrankreich. Dort stellte ihm Baroness Louise de Waldner das Château le Barroux in Caromb in der Nähe von Avignon zur Verfügung. Er nahm einen Physiotherapeuten und einen Sicherheitsbeamten mit und zwang sich, wieder mit dem Malen anzufangen. Doch trotz der heilenden Kräfte der Sonne und der atemberaubenden Landschaft mit ihren Kirsch- und Pfirsichbäumen und ihren Weinreben fand er keine Linderung für seine seelischen Qualen, die zu seinen körperlichen Schmerzen hinzukamen. Sein Zustand zeigte sich ganz deutlich auf dem berühmten Foto, auf dem der Prinz, den Arm in der Schlinge, mit zerzausten Haaren aus einem Fenster in die Ferne starrt. Nach einer Woche flog er in einem Jet der Flugzeugflotte der Königin zurück zu Camilla. Diana blieb währenddessen in London.

Die Zeit verging, und Charles machte sich immer weniger Mühe, seine Beziehung mit Camilla zu verbergen. Er fand es entwürdigend, seine Frau anzulügen, die zwar nicht besonders glücklich über die Situation war, jedoch durchaus Bescheid wusste. Doch seinem Verhalten haftete eine gewisse Großspurigkeit an, eine »Ich kann mir alles erlauben«-Attitüde, die scheinbar eine Reaktion auf den Stress war, den er aus seiner Sicht Diana zu verdanken hatte. Im Mai 1989 forderten Charles und Camilla regelrecht ihr Glück heraus und machten Urlaub in der Türkei.

Während Diana zu Hause offizielle Termine wahrnahm, genossen sie als Gäste des millionenschweren Geschäftsmanns Haldun Simavi unter der türkischen Sonne eine Besichtigungstour der großen archäologischen und historischen Stätten um Ephesus. Nach außen hin handelte es sich um einen offiziellen Besuch in der Türkei – Charles traf Präsident Kenan Evren und Premierminister Turgut Ozal in Ankara –, doch insgeheim war »die Kulturreise durch die Türkei«, wie der Trip in einer Zeitung bezeichnet wurde, die von Camillas Anwesenheit nichts wusste, das bis dato waghalsigste Abenteuer des Paares.

Charles glaubte, dass das Land zu unbekannt war, um die Journalistenmeute der Fleet Street auf den Plan zu rufen, doch seine Anwesenheit dort wurde dennoch in der Berichterstattung aufgegriffen. Sofort nach seiner Ankunft brach er einen Streit mit den Sicherheitsleuten der türkischen Polizei vom Zaun, weil er nicht enthüllen wollte, wohin ihn seine Tagesausflüge führten – und das aus gutem Grund.

Der *Sunday Mirror* gab einen Warnschuss ab:

Auf Prinz Charles' Kreuzfahrt schlugen die Wellen hoch, da er die Anwesenheit seiner blonden Begleiterin Camilla Parker Bowles unter Verschluss hielt. Spekulationen über die Identität der geheimnisvollen Schönheit, die sich in einem pinkfarbenen Bikini mit ihm auf einer Millionärsjacht tummelte, mehrten sich.

Das ausgelassene Paar wurde beim Schwimmen, Sonnenbaden und Wasserskifahren vor der türkischen Küste beobachtet. Egal, wo Charles während seines achttägigen Trips zu den archäologischen Stätten in Erscheinung trat, lautete die erste Frage: »Wo ist Ihre Frau?«

Das immense Interesse an Charles' Besuch, vor allem in der ausnahmsweise nicht zum Schweigen verdammten türkischen Presse, veranlasste Charles zu folgender Aussage: »Ich werde in die Türkei zurückkommen – zusammen mit meiner Frau.« Er war jedoch weder in der Lage noch gewillt, dieses Versprechen zu halten. Denn nach seiner Rückkehr stellte er fest, dass sich in seiner verhängnisvollen Ehe nichts geändert hatte. Die Fehler von Charles *und* Diana dienten letztlich beiden als Beweis dafür, dass der jeweils andere Schuld an der stetig voranschreitenden Zerrüttung der Beziehung hatte. Charles' Gefühle für Camilla, die inzwischen seit einem Jahrzehnt unvermindert anhielten, stempelten ihn in Dianas Augen zu einem schlechten Ehemann. Was Diana anging, glaubten fast alle in ihrer Umgebung, dass sie ihrem Mann in dieser Zeit körperlich treu geblieben war, trotz allen Geredes über Philip Dunne und später über James Gilbey und Captain James Hewitt.

Charles beschwerte sich vor allem darüber, dass Diana sich irrational verhielt. Sie hatte die Grundregeln verstanden, bevor er ihr einen Antrag gemacht hatte, war jedoch nicht in der Lage, die Rahmenbedingungen, die er für die Ehe festgelegt hatte, zu tolerieren. »Ein Vertrag ist ein Vertrag«, erklärte er seinen Freunden befremdet, aber Diana weigerte sich, ihre Ehe als geschäftliches Arrangement zu sehen. Ihre Kritiker argumentierten, dass sie dummerweise glaubte, was sie in den Zeitungen und Zeitschriften las, und versuchte, die Fantasien der Schreiberlinge über eine Märchenhochzeit zur Realität zu machen.

Als Diana spürte, dass ihr Mann ihr immer mehr entglitt, versuchte sie, der scheiternden Beziehung sowohl im privaten Bereich als auch in der Öffentlichkeit neues Leben einzuhauchen. Unterstützt von Freunden außerhalb des Palasts, übernahm sie immer mehr öffentliche Auftritte und umwarb die Presse mit einer Reihe neuer eleganter Outfits. Dabei entging ihr nicht die Ironie des Schicksals, dass sie zwar zu Hause unerwünscht und ungeliebt war, ihre Popularität jedoch stetig wuchs, sobald sie einen Fuß vor die Tore des Kensington-Palastes setzte.

Sie unternahm Anstrengungen, ihren Mann zurückzugewinnen: »Sie musste eine große Portion Stolz überwinden. Die Zurückweisung durch ihren Mann und die königliche Maschinerie war offensichtlich«, erinnerte sich ihr damaliger Freund James Gilbey. Unter dem Druck ihrer eigenen Familie und besorgter Mitglieder der königlichen Familie, der Ehe neues Leben einzuflößen, stimmte sie zu, dass ein weiteres Kind den Weg ebnen könnte – Charles hatte sich immer ein Mädchen gewünscht. Doch von allen Lösungen war dies die unwahrscheinlichste. Das Paar hatte im Sommer 1986 nach einem Urlaub in Spanien aufgehört, ehelichen Verkehr zu haben. Charles war zwei Tage vor dem Ende des Urlaubs zurückgeflogen, um sich mit Camilla auf Balmoral zu treffen, und von diesem Zeitpunkt an waren keinerlei Bemühungen unternommen worden, zu verheimlichen, dass er und Diana getrennt schliefen.

In der Öffentlichkeit hielt Diana die Fassade aufrecht. Bei einem Journalistenempfang in Madrid 1987 unternahm sie einen

Versuch, die Risse zu übertünchen. »Als wir heirateten, hielt uns die Welt für ein perfektes Paar. Nun sagen alle, wir führen ein getrenntes Leben. Als Nächstes werde ich wohl lesen, dass ich einen schwarzen Liebhaber habe«, witzelte sie mit Galgenhumor.

Sie versuchte zu erklären, warum die Menschen ihre häufigen Trennungen missverstanden. »Das ist alles sehr einfach. Mein Mann und ich erhalten jedes halbe Jahr an die 2000 Einladungen. Wir können sie nicht alle annehmen, aber wenn wir sie aufteilen, er eine Hälfte übernimmt und ich die andere, können wir zumindest doppelt so viele Termine wahrnehmen.« Während sie dies sagte, wusste sie sehr wohl, dass Charles zur Buchmesse von Bologna fliegen würde, um einen Preis für sein Kinderbuch *The old man of Lochnagar* in Empfang zu nehmen und anschließend eine Malreise durch die Toskana zu unternehmen. Er würde nach Florenz und Padua fahren, und Camilla würde ihn begleiten.

Es wurde immer offensichtlicher, dass das Paar trotz Dianas tapferer Bemühungen um die Ehe weniger und weniger freie Zeit miteinander verbrachte. James Whitaker vom *Daily Mirror* rechnete nach, dass Charles in den Monaten zuvor sieben Reisen ohne seine Frau unternommen hatte. *News of the World* hingegen führte eine Strichliste, wie oft sich das Paar traf. Die Zeitung berichtete, dass Charles und Diana in einem Zeitraum von neunzig Tagen fünfunddreißig davon getrennt verbracht hatten und dass offizielle Pflichten zwar für einige Trennungen verantwortlich waren, Charles jedoch sechsundzwanzig Nächte freiwillig von seiner Frau fern blieb. Im darauf folgenden April fuhr Charles erneut in Begleitung von Camilla nach Italien. Er gestand Major Ronald Ferguson: »Ich will einfach nur die ganze Zeit bei ihr sein.«

Dianas Frustration und Wut nahmen nun enorme Ausmaße an. Ein Bericht besagt: »Wenn er aus dem Zimmer ging, folgte sie ihm und schrie hysterisch. Sie knallte jede Tür zu, öffnete sie wieder und schlug sie noch einmal zu. Sie ging an einem Bücherregal vorbei und boxte gegen die Buchrücken und schrie dabei mit überschlagender Stimme: ›Nein, Charles, nein, nein, das werde ich nicht, Charles, nein, nein.‹« Die Bediensteten merkten, dass sie versuchte, praktisch jeder von Charles' Entscheidungen zu widersprechen. »Es gab Hysterie und Tränen«, erinnerte sich einer von ihnen. »Zu diesem Zeitpunkt wollte sie einfach nichts von dem, was er wollte. Es schien ihr beinah Spaß zu machen, sich zu streiten.«

Charles reagierte darauf, indem er einfach weniger Zeit mit seiner Frau verbrachte. Prinz William besuchte Wetherby's, eine Vorschule, die 785 Pfund pro Halbjahr kostete und eine kurze Fahrt vom Kensington-Palast entfernt in Notting Hill lag, sodass er und seine Mutter während der Schulzeit in London bleiben mussten. Diana brachte ihn regelmäßig hin und holte ihn ab, sodass die Pressefotografen beinah täglich die Gelegenheit hatten, sie in wechselnden Outfits abzulichten. Während dieser Zeit erschien sie sehr häufig in den britischen Zeitungen und festigte in der Öffentlichkeit das Bild der hingebungsvollen Mutter. So gewann sie zum Beispiel das Mütterrennen bei einem Sporttag der Schule, während Charles beim Rennen der Väter absichtlich als Letzter ins Ziel kam. Sein Plan – zu zeigen, dass er in der Öffentlichkeit nicht mit seiner Frau konkurrieren musste – ging nach hinten los. In den Zeitungen erschienen Bilder der beiden Rennen, und Diana wurde als »Gewinnerin« und Charles als »Verlierer« bezeichnet.

Der Prinz hielt sich immer häufiger in Highgrove auf, und selbst wenn Diana am Wochenende hinkam, sah er sie nur selten. Die verbale Kommunikation zwischen den beiden brach beinah vollständig ab, und Charles, der sowieso direkte Konfrontationen mied, verbrachte seine Samstage mit Polo oder auf der Jagd. Wenn Diana mit den Prinzen am Sonntag nach London zurückkehrte, hatte sie kaum ein Wort mit ihrem Mann gewechselt. »Er konnte es kaum ertragen, bei Diana zu sitzen«, sagte ein Angestellter, und sobald Diana weg war, fuhr er zu Camilla, deren Mann ebenfalls nach London zurückkehren musste.

Aber Charles' zuversichtliches Verhalten, sein stummer Versuch, in seiner Ehe ein, wie es die Franzosen nennen, »Arrangement« zu etablieren, trieb Diana nur zu noch heftigeren Wutanfällen. In den Jahren 1987 bis 1990 waren diese Zornausbrüche nach Augenzeugenberichten sehr beängstigend.

Laut Andrew Morton endete ein besonders heftiger Wortwechsel damit, dass Diana ihrem Mann mitteilte, dass sie, sollte er seine Haltung ihr gegenüber nicht ändern und ihre Vorzüge anerkennen, »ihre Lage überdenken« müsse. Und mit diesen Worten rannte sie unter Tränen nach oben ins Badezimmer. Während sie versuchte, ihre Fassung wiederzugewinnen, schob Prinz William eine Hand voll Papiertaschentücher unter der Tür durch und sagte: »Ich mag es nicht, wenn du traurig bist.«

Sie lernte, zurückzuschlagen und Charles zu verletzen. Im Mai 1988 befand sich Charles auf einer weiteren Reise nach Italien, und Freunde behaupteten, dass Camilla bei ihm sei. Auf dem Weg nach Paris erfuhr er, dass Prinz Harry, der zu diesem Zeitpunkt noch keine vier Jahre alt war, wegen eines Eingeweidebruchs für eine Notoperation ins Krankenhaus gebracht worden war. Charles bot sich sofort an, nach Hause zu fliegen, doch man sagte ihm, dass dies nicht nötig sei. Bald darauf erfuhr er, dass Diana sich nach der Operation im Great Ormond Street Hospital geweigert hatte, nach Hause zu gehen. Sie hatte die Nacht auf einem Stuhl verbracht, um von dort aus über ihren kleinen Jungen zu wachen. Die Schlagzeilen am folgenden Tag bezeichneten sie als Heilige, und Charles war außer sich. An einem Tag, an dem er eine Rede zum Thema Bildung hielt, sprach sie über AIDS, und wieder dominierte *sie* die Schlagzeilen. Sie hatte gelernt, ihn auszubooten, und langsam fing es an, ihr Spaß zu machen. Bei einer Reise nach Australien besuchten sie ein Musikkonservatorium, wo Charles sich überreden ließ, Cello zu spielen. Er hatte dieses Instrument spielen gelernt, es jedoch eigentlich in all den Jahren nie wirklich gut beherrscht. Er strich ein paar Mal zögerlich über die Saiten, und währenddessen durchquerte Diana den Raum, nahm vor einem Klavier Platz und schlug die ersten Noten eines Klavierkonzerts von Rachmaninow an. Alle Augen – und Kameras – richteten sich neugierig auf sie, und Charles' Gelegenheit, ein paar gute Aufnahmen für die Presse zu machen, wurde so brutal im Keim erstickt.

Unausweichlich wuchs das gegenseitige Misstrauen zwischen den Ehepartnern, und Charles beschwerte sich immer häufiger bei Camilla, dass Diana eine »Show« abziehe – viel Lärm um nichts mache. Eine von Dianas engsten Freundinnen bemängelte: »Es ist an der Zeit, dass er sie als gleichwertige Partnerin anerkennt. Momentan hat sie innerhalb der königlichen Familie eine sehr einsame Position.«

Charles, dem angeblich aufgeklärten Freidenker, entging dieses Ungleichgewicht völlig. Mit der Unterstützung von Camilla, die nun voll und ganz gegen Diana eingestellt war, sah er seine Frau als eine Art Fremdkörper, die im Vergleich zu seinem überlegenen intellektuellen Bühnenauftritt nur eine billige Varieténummer war. Wegen der Splendid Isolation[18], in der er zeit seines Lebens gelebt hatte, erkannte er nicht, dass seine Frau ein historisch einzigartiges und starkes Band mit der Nation geknüpft hatte, und zwar ohne seine Hilfe.

Die eigenen Versuche, seine Popularität zu steigern, waren manchmal ungeheuer banal. Als er nach seinem Armbruch die ersten ungelenken Schritte zurück ins öffentliche Leben unternahm, plante er, einen Kommentar zu den Spekulationen zu geben, die über seine Verletzung und seinen Seelenzustand kursierten. Laut Aussage von Dianas Freunden hatte er angeordnet, einen künstlichen Arm mit einem Haken aufzutreiben, damit er bei seiner Ansprache wie Captain Hook aussah. *Was* er sagen und *wie* er das sagen wollte, wird für immer ein Geheimnis bleiben. Der Arm und der Haken wurden beschafft, waren jedoch auf Dianas Anweisung ›nicht mehr auffindbar‹ – damit wollte sie wohl die Würde des Prinzen schützen.

Als die Schlacht zwischen den beiden so beunruhigend wurde wie sein Knochenbruch im Jahr zuvor, ließ Charles' Energie ihn eher im Stich. Und so gelang es Diana von Zeit zu Zeit, sich gegen ihn durchzusetzen. Als Prinz William in Ludgrove, seiner Vorschule, vom Golfschläger eines Mitschülers am Kopf getroffen wurde, befand sich Charles mit Camilla in Gloucestershire, während Diana in London war. Das königliche Paar beschloss eilig, sich im Royal Berkshire Hospital in Reading zu treffen, aber es war Diana, die die Dinge in die Hand nahm. Während Charles überlegte, ob man seinen Sohn nicht besser in das Nottingham Hospital bringen sollte, wo sein eigener Arm operiert worden war, empfahlen die Spezialisten das Great Ormond Street Hospital in London. »Du hast doch gehört, was sie gesagt haben«, fuhr sie ihren Mann an. »Kümmere dich darum!«

Der Tag endete mit einem weiteren Presseerfolg für Diana. Während William operiert wurde, ließ Charles sie allein im Krankenhaus zurück, um einen schon lange vorher festgelegten Termin im Royal Opera House wahrzunehmen. Die Schlagzeilen am nächsten Tag verkündeten: WAS FÜR EIN VATER BIST DU EIGENTLICH?

Und doch hatte Charles gelernt, ebenfalls zurückzuschlagen. Ihre Streitereien wurden nicht länger hinter verschlossenen Türen ausgefochten, und sämtliche Angestellten in den Büros des Prinzen und der Prinzessin wurden Zeugen der bösartigen gegenseitigen Attacken. Nach Aussage der Menschen, die für das Ehepaar arbeiteten, zahlte Charles es Diana nun mit gleicher Münze heim, wenn sie ihn angriff. Ein Angestellter im Kensington-Palast berichtete, dass er Diana immer wieder als »dummes Weib« oder »dummes Ding« beschimpfte. Der Angestellte fügte hinzu: »Es war schrecklich. Diana tat mir Leid. Aber es war ganz offensichtlich, dass die beiden sich hassten, und ich wusste, dass sie sich trennen würden – das merkte man an der Art, wie sie miteinander umgingen.«

Ein anderer Bediensteter wurde Zeuge von Auseinandersetzungen, in denen Diana Charles schließlich befahl, den Mund zu halten, woraufhin er erwiderte: »Ich kann es nicht mehr ertragen, mit dir zusammenzuleben.« Der Angestellte fügte hinzu: »Er sagte ihr, dass es ihm nicht passe, wie sie die Kinder erzog – dass sie zu lässig mit ihnen umgehe und ihre Stellung im Leben nicht respektiere. Und er sagte ihr, dass er es für dumm halte, die Kinder zu ermutigen, ständig Go-Kart fahren zu gehen.«

Doch der wahre Grund für all diese Streitereien war Camilla.

Im April 1991 war Diana gezwungen, mit den zwei jungen Prinzen alleine in den Skiurlaub zu fahren, da Charles im letzten Moment abgesagt hatte. Er wurde dafür jedoch heftig kritisiert. Palastbeamte und Mitglieder seines Stabs waren sich einig, dass eine öffentliche Trennung dieser Art negative Kommentare in der Presse nach sich ziehen würde, und so kam es auch. Doch Charles war nicht in der Stimmung, Kompromisse einzugehen oder die Freizeit mit seiner Frau zu verbringen. Die Begründung in der Öffentlichkeit lautete, dass Charles an diesem Wochenende nach Schottland müsse und wichtige Reden zu schreiben habe.

Charles fuhr tatsächlich nach Schottland – wo Camilla bereits auf ihn wartete. Diana wusste es und verfluchte insgeheim, dass sich die Pressefotografen der ganzen Welt auf den Skipisten tummelten, um sie zu knipsen, während kein einziger am Fluss Dee war, wo die Journalisten mit Sicherheit ein interessanteres Motiv gefunden hätten.

Nachdem sie bis dahin nur eine Statistenrolle in Dianas Leben gespielt hatte, bewegte sich Camilla Parker Bowles nun in die Mitte der Bühne und bekam ihren Anteil des Rampenlichts ab. Diana erklärte, sie sei tief verletzt von dem Vorschlag ihres Mannes gewesen, dass Camilla am Trauergottesdienst für Leonora Knatchbull im St.-James-Palast teilnehmen sollte. Die sechs Jahre alte Tochter von Lord und Lady Romsey hatte tapfer gegen den Krebs angekämpft und diesen Kampf verloren. Die Nation hatte das kleine Mädchen in ihr Herz geschlossen, nachdem es im Juni auf dem Balkon des Buckingham-Palastes mit leuchtenden Augen der alljährlichen Fahnenparade zugesehen hatte. Schon bald darauf sollte es jedoch der fatalen Krankheit zum Opfer fallen, und im Dezember ließ die Familie in seinem Namen einen Gedenkgottesdienst abhalten. Als Diana den Gottesdienst verließ, wurde sie, die Leonora auf dem Balkon im Arm gehalten hatte, mit Tränen in den Augen fotografiert. Doch es waren Tränen der Wut.

»Diana war wütend, weil Camilla Parker Bowles, die die Romseys erst kurze Zeit kannte, bei solch einem intimen Familiengottesdienst anwesend war«, schrieb ihr Biograf Andrew Morton. In Wahrheit war Broadlands, das Anwesen von Lord Romsey, für Charles und Camilla oft eine Zufluchtsstätte gewesen.

»Diana teilte ihrem Mann diese Meinung auf dem Rückweg zum Kensington-Palast in ihrer von einem Chauffeur gelenkten Limousine nachdrücklich mit. Als sie im Kensington-Palast ankamen, war die Prinzessin so aufgebracht, dass sie die Weihnachtsparty der Angestellten ignorierte, die gerade in vollem Gange war, und in ihr Wohnzimmer ging, um sich zu fangen. Ganz diplomatisch schickte Peter Westmacott, der stellvertretende Privatsekretär des Paares, ihren onkelhaften Sicherheitsbeamten Ken Wharfe zu ihr, damit er sie beruhigte.«

Die wahre Bedeutung dieses Zwischenfalls war jedoch, dass Charles seine Beziehung mit Camilla in einem größeren Freundes- und Familienkreis publik machte. Dies mag eine Reaktion auf die Hysterie seiner Frau oder auf ihre viel gepriesene Freundschaft mit James Hewitt gewesen sein. Vielleicht glaubte er auch, dass sich niemand groß daran stören würde, nun, da mehr Distanz in ihrer verkorksten Ehe herrschte. Dianas Ausbruch war für ihn eine große Überraschung. Schließlich wusste sie von den Reisen nach Italien und in die Türkei, sie wusste von Camillas Besuchen auf Balmoral und in Sandringham. Und sie wusste, dass Charles während des sommerlichen Familienurlaubs, um den viel Aufhebens gemacht worden war, stundenlang mit Camilla telefoniert hatte. Diana hatte bei dieser besonders fehlgeschlagenen PR-Aktion an Bord der Jacht des griechischen Reeders John Latsis darauf bestanden, ihre eigene Kabine zu bekommen. Sie aß gemeinsam mit den Kindern und gelangte zu der Überzeugung, dass Charles mehr Worte mit seiner Geliebten als mit ihr gewechselt hatte.

Freunde bemerkten ein »morbides Spiel«, das Diana bei gesellschaftlichen Anlässen spielte, wenn es sich nicht vermeiden ließ, dass sie alle drei anwesend waren. Mal beobachtete sie Camilla und wich dann ihrem Blick aus, mal beobachtete sie den Blickkontakt zwischen Charles und Camilla. Ein paar Tage vor einem Konzert, bei dem Geld für den Kirchturm der Salisbury

Cathedral gesammelt werden sollte, erfuhr Diana, dass ihre Rivalin anwesend sein würde. Sie war fuchsteufelswild, doch als die drei aufeinander trafen, war sie in der Lage, den Blickkontakt der beiden fast schon belustigt zu beobachten.

Manchmal erreichte Dianas Wut angesichts dieser Ménage-à-trois den Siedepunkt. Fußgänger in der Nähe von Marble Arch wurden eines Abends Zeugen einer außergewöhnlichen Szene, als das königliche Paar in seinem offiziellen Wagen vorbeifuhr. Es kam zu einem heftigen Wortwechsel, und Diana versuchte, während der Fahrt die Tür zu öffnen und aus dem Auto zu springen. Ein Straßenkehrer erinnerte sich, dass die Prinzessin hysterisch war und weinte: »Sie sagte so etwas wie ›Ich habe genug davon‹, und dann sah ich, wie ein Mann im vorderen Teil des Wagens, vermutlich ein Sicherheitsbeamter, sie zurückhielt.«

Zu diesem Zeitpunkt dauerte Charles' außereheliches Verhältnis mit Camilla ohne Unterbrechung bereits weit über ein Jahrzehnt an. Die Königinmutter wusste und akzeptierte es und ermutigte das Paar, in Birkhall, ihrem Haus auf dem Balmoral-Anwesen, zu wohnen. Das Haus Windsor hat hinter den schützenden Palastmauern eine ganz andere Sicht auf die Dinge als die, die die Öffentlichkeit kennt. Das Hauptziel ist, die Dynastie zu stärken – und schon als Diana erste Anzeichen von Widerspenstigkeit zeigte, stellte sich die Familie schützend vor den Lieblingssohn. Obgleich die Königin schon lange zuvor verkündet hatte, dass sie unter keinen Umständen einen Raum zu betreten gedachte, in dem sich die Geliebte ihres Sohnes befand. Während andere Familienmitglieder eine pragmatischere Haltung vertraten, würde sie selbst Ehebruch niemals gutheißen.

Ein Freund Dianas bemerkte: »Es gibt Regeln für die königliche Familie und andere für den Rest. Unglücklicherweise zählen sie sie nicht zur Familie, sondern zum Rest.« Es spielte keine Rolle, dass sie die Frau und Mutter der künftigen Könige war – ihre Bedeutung endete mit der Geburt ihres zweiten Sohnes, und wenn sie sich weigerte, Charles' große Liebe zu tolerieren, so argumentierten die höher gestellten Hofbeamten, dann käme sie eben aufs Abstellgleis.

Die Königin, so waren sich Beobachter einig, hatte zwar Mitgefühl angesichts Dianas isolierter Situation, aber nur bis zu einem gewissen Punkt. Im Buckingham-Palast existierte eine mächtige Maschinerie, deren oberstes Ziel es war, die Monarchie am höchsten Punkt der britischen Gesellschaftspyramide zu halten, und die Königin würde nichts tun, was die Arbeit für dieses Ziel gefährdete. Camilla verstand, was in den königlichen Kreisen von Frauen erwartet wurde – Schweigen, Gehorsam und Hingabe –, und jeder zollte ihr für ihre Diskretion Respekt.

Das Gleiche würde man von der Prinzessin von Wales nie behaupten können.

KAPITEL 7

Verlängerung der Qual

1992 konnte man von Anfang an die Anzeichen einer bevorstehenden Katastrophe spüren. Charles ritt beispielsweise mit der Meynell-Jagdgesellschaft und traf auf eine wütende Gruppe von Jagdgegnern, die er mit ungewöhnlicher Wut anschnauzte, sie sollten »die Klappe halten«. Vielleicht lag seine Reaktion in der Angst begründet, diese subversiven Elemente könnten Camilla Parker Bowles hoch zu Pferd entdecken.

Der Prinz und die Prinzessin hatten sich zu einer Reise nach Indien verpflichtet – »ein weiteres ausländisches Minenfeld, das das Ehepaar Wales durchqueren musste«, wie der erfahrene Beobachter des Königshauses James Whitaker bemerkte –, und Charles fing die Sache so an, wie er sie weiterzuführen gedachte. Obwohl es eigentlich Diana war, die sich immer um Mutter Teresa von Kalkutta gekümmert hatte, bestand der Prinz gegenüber seinem Privatbüro darauf, dass der Blumenstrauß, der an die gefeierte Nonne geschickt werden sollte, die sich in Rom von einer Herzoperation erholte, nur seinen Namen tragen sollte.

Charles verabschiedete sich von Camilla und trat die erste von zwei katastrophalen Reisen mit Diana an, die mehr als alles andere signalisieren würden, dass ihre Ehe am Ende war. Charles drückte sich vor seinem Versprechen an die indische Nation, dass er eines Tages mit seiner Frau vor dem Taj Mahal stehen würde. Diana posierte allein vor der prunkvollen Fassade, während Charles in Neu Delhi eine unromantische Ansprache vor einer Gruppe von Geschäftsleuten hielt. Wieder einmal hatte er das Bedürfnis der Weltmedien übersehen, das Paar vereint im Schatten eines der romantischsten Bauwerke der Welt zu sehen.

Die Reporter betrachteten Charles' Fernbleiben von Dianas Warte aus – dieser Fototermin war sehr symbolträchtig, wenn auch historisch eher unbedeutend – und werteten es als einen Affront gegen seine Frau und als eine verpasste Gelegenheit, der Reise ein positives Image zu geben. »Stattdessen hat der Prinz von Wales den Eindruck hinterlassen, ein völliger Idiot zu sein«, schrieb James Whitaker.

Am Vorabend des Valentinstages spielte Charles in Jajpur Polo. Nach Ende des Spiels stand er mit seinen Teamkameraden in einer Reihe, um von seiner Frau eine Trophäe entgegenzunehmen. Die Reporter warteten darauf, dass sich das Paar küssen würde – was es früher bei solch einer Gelegenheit immer getan hatte. Diese Hoffnung basierte auf dem einfachen Grund, dass wirklich niemand das Ende dieser Märchenhochzeit erleben wollte. Würden sie sich küssen oder nicht?

»Die Antwort auf diese Frage ließ nicht lange auf sich warten. Ich wurde Zeuge einer der grausamsten öffentlichen Demütigungen, die je ein Mann von seiner Frau erfahren hatte. Das Ganze spielte sich vor 100 Berufsfotografen und 5000 lachenden Indern ab. Mit einem Ausdruck des Triumphs in den Augen wartete Diana, bis die Lippen ihres Mannes beinah die ihren berührten, bis sie den Kopf wegdrehte. Nicht so schnell, dass Charles die Möglichkeit hatte, seinen Kopf zurückzuziehen – nein, dazu war ihr Verhalten viel zu berechnend. Stattdessen bewegte sie den Kopf ganz langsam nach links.

Charles, dem bewusst war, dass die ganze Welt zusah – das Fernsehen war ebenfalls dabei –, versuchte in einer höflichen und ritterlichen Geste, Dianas Mund zu folgen. Er suchte ihre Lippen, so weit er konnte, ohne das Gleichgewicht zu verlieren, und küsste schließlich halb ins Leere und halb einen Teil ihres goldenen Ohrrings.« Als Charles am nächsten Tag das Resultat in den Zeitungen sah, fühlte er sich furchtbar gedemütigt und wurde sehr wütend. Wieder einmal hatte Diana ihn vorgeführt. Aber es sei das letzte Mal gewesen, teilte er Camilla nach seiner Rückkehr mit.

Im März nahm Diana die Kinder zur traditionellen Skiwoche

im Frühjahr mit nach Lech in Österreich. Aber im Gegensatz zum Jahr zuvor, als Charles sich mit Camilla in Schottland aufgehalten hatte, kündigte er an, dass er am Wochenende von Mailand aus dazustoßen wollte, wo er (heimlich gemeinsam mit Camilla) eine Woche verbracht hatte. William und Harry sollten vor dem Arlberg Hotel auf ihren Vater warten, und zwar vor den Augen der Paparazzi aus der ganzen Welt, während Diana, die die vorherigen Tage die Kameras für sich beansprucht hatte, sich fern hielt.

Alles war gut organisiert, alles war wirkungsvoll, und es brachte Schlagzeilen auf den Titelseiten. Am nächsten Morgen punktete Charles noch einmal, als er weitere glückliche Familienbilder mit seinen Söhnen machen ließ. Nach dem PR-Desaster in Jajpur konnten erfahrene Beobachter nun erkennen, dass in Charles' Lager radikal umgedacht worden war. Zum ersten Mal in seinem Leben ging er in die PR-Offensive.

Es war in der Tat ein bescheidener, jedoch relativ erfolgreicher Anfang, der Charles und seinem Beschützer und Privatsekretär, Commander Richard Aylard, vor Augen hielt, in welche Richtung es zukünftig gehen müsste. Aus diesem Anfang entwickelte sich Charles' so genannte »Charme-Offensive«, mit der vor seinem fünfundzwanzigsten Jubiläum als Prinz von Wales die Herzen der britischen Nation zurückerobert werden sollten. Dass es gar nicht so leicht war, seine Popularität zurückzugewinnen, bemerkte Charles, als die Nachricht bekannt wurde, dass Dianas Vater, Graf Spencer, im Krankenhaus gestorben war.

Das königliche Paar verließ am nächsten Morgen Österreich in einer BAe 146 der königlichen Flotte. Auf dem Rollfeld in Northolt warteten bereits die Fotografen auf die trauernde Diana. Alles, was Charles in Lech erreicht hatte, wurde nun wieder zerstört, als er am Fuß der Treppe stand und sich mit Commander Aylard unterhielt. Plötzlich tauchte am oberen Ende der Treppe eine hager aussehende Diana auf, die sich mit einer schweren Tasche abmühte. Die Bilder, die in dieser Stunde der Trauer aufgenommen wurden, schienen zu sagen, dass sich wohl niemand die Mühe mache, der berühmtesten Frau der

Welt mit ihrem Gepäck zu helfen. Beim königlichen »Schiffeversenken« und Bemühen, sich gegenseitig auszubooten, hatte Charles gerade einen schweren Treffer einstecken müssen.

Das Paar fuhr wieder zum Kensington-Palast, wo Charles Diana mit den Jungen zurückließ und anschließend Highgrove und somit Camilla ansteuerte. Er erzählte ihr von dem Riesenstreit, zu dem es in Lech gekommen war, als das Paar auf die Organisation des Rückflugs gewartet hatte. Und davon, dass er selbstverständlich mit Diana habe fliegen wollen, sie jedoch darauf bestanden habe, allein nach Hause zurückzukehren. »Diese Uneinigkeit herrschte einige Stunden, bevor sein Privatsekretär die Königin im Schloss Windsor anrief, ihr die Situation erklärte und sie bat einzuschreiten«, berichtete Nigel Dempster. »Erst dann stimmte Diana zu, mit ihrem Mann nach Hause zu reisen.« Das war eine weitere Demütigung für den Prinzen, der trotz seiner dreiundvierzig Jahre darauf warten musste, dass seine Mutter einen Ehestreit schlichtete – auch wenn dieser noch so bedeutend gewesen sein mochte.

Charles und Camilla waren sich einig, dass die Ehe mit Diana kurz vor dem Aus stand. Nun musste man nur noch einen Weg finden, sie mit Takt und Anstand zu beenden. Man musste natürlich die Zukunft der Jungen in Betracht ziehen – und überlegen, was mit Diana geschehen sollte, der Frau, die Camilla vor nicht allzu langer Zeit als Mäuschen bezeichnet hatte.

Gestärkt durch den Beistand und den Trost Camillas bereitete sich Charles auf Graf Spencers Beerdigung vor. Ein Wessex-Helikopter der königlichen Flotte kam ihn in Gloucestershire abholen und brachte ihn direkt nach Northamptonshire. Diana, die in Ungnade gefallen war, weil sie die Königin in ihre Reiseplanung hineingezogen hatte, musste selber zusehen, wie sie zum Sitz ihrer Familie gelangte. Charles insistierte, dass es keinen gemeinsamen Kranz geben sollte, und die Beamten des Buckingham-Palastes hatten einige Mühe, hierfür eine plausible Erklärung zu finden.

Charles fuhr kurz mit nach Althorp und suchte mit einem besorgten Blick die Aufmerksamkeit des neuen Grafen, Dianas

Bruder Charles. Dieser war durch den Tod des Vaters sehr mitgenommen – Vater und Sohn hatten sich vor dem Tod des alten Grafen entfremdet, und der Sohn hatte sich um eine Versöhnung bemüht – und hatte so einige Mühe, sich auf die Worte des Prinzen zu konzentrieren. »Es schien ihn nicht zu kümmern, wie ich mich angesichts meines Verlusts fühlte«, sagte der neue Graf Spencer später. »Wir hatten gerade meinen Vater begraben, und er erzählte mir immer wieder, wie glücklich ich mich schätzen könne, so früh den Titel zu erben!«

»Ich wünschte, ich hätte so früh geerbt«, hatte Prinz Charles gesagt. »Meine Eltern trauen mir rein gar nichts zu.«

Falls dies ein Tiefpunkt bei der Beerdigung des alten Grafen Spencer war, so sollte es noch weitere geben. Die augenscheinliche Versöhnung in der Kirche zwischen Diana und ihrer Stiefmutter »Acid« Raine Spencer überzeugte beispielsweise Raines persönliche Assistentin Sue Ingram nicht besonders. »Die Kranzaufschrift, dass sie ihren ›Darling Daddy‹ vermisste, ergab einfach keinen Sinn. Sie hatte ihn kaum gesehen. Sie war seit der Heirat ihres Bruders 1989 nicht mehr in Althorp gewesen und hatte sich auch in London wenig Mühe gemacht, ihn zu treffen«, bemerkte sie trocken. Es erinnern sich auch noch andere an einen traurigen Spencer, der im Kensington-Palast eingetroffen war, um seine Tochter zu besuchen, dem man jedoch mitgeteilt hatte, sie sei zu beschäftigt. Bei einer anderen Gelegenheit war er weggeschickt worden, während er bei einem erneuten Besuch mit seinen Enkeln hatte spielen dürfen, seine Tochter aber nicht zu Gesicht bekommen hatte.

Charles verließ das peinliche Intermezzo per Helikopter, bevor die Trauerfeier beendet war, und ließ sich aufgrund eines angeblichen Termins entschuldigen. Kurz darauf war er zurück in Gloucestershire und berichtete Mrs. Parker Bowles von den Ereignissen. Wieder blieb Diana sich selbst überlassen und musste allein nach Hause zurückkehren. Nicht einmal der Tod ihres Vaters hatte es geschafft, einen Waffenstillstand zwischen Charles und ihr zu bewirken.

Die Prinzessin von Wales blieb in nicht eben glücklicher Stimmung gerade noch so lange in Althorp, um ihr Einverständnis zum Rauswurf ihrer Stiefmutter und zur Durchsuchung von deren Gepäck geben zu können. Charles hatte wenigstens den Anstand gehabt, Raine einen fünfseitigen handgeschriebenen Brief mit seinen Beileidsbekundungen zu schicken.

Einen Monat später machte Charles ohne Diana, die einen Termin in Ägypten wahrnahm, Urlaub in der Türkei. In Kairo deutete Diana mit einer Reihe von seltsamen, beiläufigen Bemerkungen an, wie sie ihre Zukunft sah. Bei einer Dinnerparty von Christopher Long, dem britischen Botschafter in Kairo, gab sie folgende Antwort auf eine Frage, und zwar als es gerade eine Gesprächspause gab: »Ich sehe mich immer noch als Lady Diana Spencer.«

Einer der Gäste, der Schriftsteller und ehemalige Beamte im Kultusministerium Mohamed Salmawy, erinnerte sie daran, dass sie bereits seit über einem Jahrzehnt die Prinzessin von Wales sei. »Was, wenn Ihr Mann gekrönt wird?«, fragte er.

»Oh«, erwiderte die Prinzessin und spielte mit ihrer Kaffeetasse, »ich denke, dann bin ich immer noch Lady Di.« Daraufhin verstummten sämtliche Unterhaltungen – denn jeder wusste, was Dianas Worte bedeuteten, auch wenn das Ende ihrer Ehe erst sieben Monate später verkündet werden sollte. Zu diesem Zeitpunkt wusste sie ganz genau, wo ihr Mann und Camilla Parker Bowles gerade waren, und sie war außer sich vor Wut.

Da Charles seit seiner unseligen Entdeckung in der Türkei im Jahr 1989 älter und weiser geworden war, gab er diesmal den Presseleuten keine Gelegenheit, ihn mit Mrs. Parker Bowles zu erwischen. Obschon später ein Bild des Paares auftauchte, auf dem neben Charles und Camilla ein grinsender und zufrieden dreinblickender Andrew Parker Bowles zu sehen war, der mit ihnen ein Picknick aus dem Kofferraum eines Range Rovers genoss. Aber diese Reise verlief auch nicht ganz ohne Zwischenfall. Ein Flugzeug der königlichen Flotte kam zum Einsatz, um Charles und Diana von ihren getrennten, aber gleichzeitig stattfindenden Reisen abzuholen. Eine Zeitung berichtete, dass Dianas Jet keinen Stopp einlegte, um Charles mitzunehmen, obwohl er direkt über Ankara hinwegflog. Beamte des Buckingham-Palastes behaupteten, das Flugzeug mit seinen zwanzig Sitzen sei zu voll gewesen, um Charles *und* seine Frau zu transportieren, und daher habe die Maschine am folgenden Tag noch einmal zurückfliegen müssen, um den Prinzen abzuholen. Dies bestärkte nur die Gerüchte, dass es Charles tatsächlich wieder einmal gelungen war, Camilla mit in den Urlaub zu nehmen, und er aus diesem Grund nicht bereit gewesen war, sich das Flugzeug auf der Rückreise nach England mit seiner Frau zu teilen.

Nach ihrer Rückkehr nach London machten sich Charles und Diana gemeinsam auf den Weg nach Sevilla in Spanien, wo die Expo stattfand. Ihre Ehe steuerte unausweichlich auf ein Riff zu, denn nur wenige Tage später sollten ihr Ruf und ihre elf Jahre andauernde Ehe ein irreparables Leck unter der Wasserlinie zugefügt bekommen.

Rückblickend bedauerte die Prinzessin von Wales die Veröffentlichung von Andrew Mortons Buch *Diana. Ihre wahre Geschichte* zutiefst. Der Polemiker und Populärhistoriker Paul Johnson bemerkte in seinem Buch *Wake up Britain:* »Mortons Buch war der schlimmste Schlag, den die Monarchie seit der Abdankung von Edward VIII. hatte einstecken müssen. Es ist wichtig, zu verstehen, dass der Schaden hauptsächlich selbst verschuldet war.«

Und tatsächlich nutzte Diana in Interviews, die sie mit dem Mittelsmann Dr. James Colthurst führte und die dieser an Morton weitergab, die Gelegenheit, sich die Last von der Seele zu reden, die sie seit ihrer ersten Begegnung mit Charles auf jenem Heuballen in Sussex mit sich herumtrug. Der ewige Schatten von Camilla Parker Bowles; das emotionale Auf und Ab, das sie zur Bulimie getrieben hatte; die ständig wachsenden Forderungen der Presse und der Öffentlichkeit, die sie zur Göttin erhoben und besitzen wollten; der Druck, ihre Kinder gegen die überholten Vorstellungen ihres Mannes auf natürliche Weise zu erziehen; die *Bullshit Brigade,* die den inneren Schutzwall des Buckingham-Palastes bildete und ihr das Leben zur Hölle machte; und schließlich ihre unendliche Einsamkeit – all das platzte nun in einem Wust aus wirren und manchmal auch widersprüchlichen Vorwürfen aus ihr heraus. In gedruckter Form fügten diese wütenden und traurigen Vorwürfe dem Hause Windsor den größten Schaden zu, den es je hatte erleiden müssen. Dianas Kritiker vertraten die Meinung, dass für eine Frau, die so offensichtlich hinter dem Königshaus und der Monarchie stand, das Austeilen von Munition gegen das Establishment, das sie eigentlich zu erhalten suchte, ein sehr schlecht durchdachtes, eitles und ziemlich dummes Verhalten war.

Die Angelegenheit hatte jedoch letztlich auch eine positive Seite, und zwar, dass die einfachen Menschen endlich einen Einblick hinter den schweren Vorhang erhielten, der das Königshaus abschirmt. Und wenn man die Civil List[19] mit den öffentlichen Geldern berücksichtigt, mit denen das Königshaus unter anderem unterhalten wird, so glauben diese Menschen vielleicht zu Recht, dass ihnen dieser Blick auch zusteht.

Diana. Ihre wahre Geschichte war jedoch ein unvollständiges Porträt, da es sich ausgiebig mit der Beziehung ihres Mannes zu Camilla Parker Bowles beschäftigte, jedoch Dianas eigene fragwürdigen Beziehungen mit dem Autoverkäufer James Gilbey und dem Armeeoffizier James Hewitt außer Acht ließ.

Ihr Kummer war durchaus berechtigt, doch das Mittel, mit dem sich Diana Luft verschaffte, ruinierte die Arbeit, die sie in den vorangegangenen Jahren geleistet hatte, um der überholten, muffigen und egozentrischen Institution der Monarchie neuen Glanz zu verleihen und die Aufmerksamkeit von profanen Dingen zurück auf die alten Vorzüge des britischen Königshauses zu lenken.

Ironischerweise leuchtete Dianas Stern zur gleichen Zeit wie der von Mrs. Margaret Thatcher. In den Augen der Welt waren diese beiden Frauen die Personifizierung des Besten, das Großbritannien zu bieten hatte. Sie standen für Glamour, Mitgefühl und Magie auf der einen Seite und für Elan, Mut und Beharrlichkeit auf der anderen. Keines der beiden Bilder zeigte alle Seiten der jeweiligen Frau, doch sie dienten dazu, das Ansehen

1 *Die kleine Camilla Shand und ihre jüngere Schwester Annabel*

II Das berühmte Foto: Charles und Camilla nach einem Polomatch

III Prinz Charles und Camilla Parker Bowles verlassen 1975 gemeinsam eine Theateraufführung

IV Camilla mit ihrem Vater Bruce Shand vor der Hochzeit mit Major Andrew Parker Bowles am 4. Juli 1973

V *Die schüchterne Diana Spencer 1980*

VI Die Prinzessin von Wales neben Camilla Parker Bowles in den achtziger Jahren

VII Der Prinz von Wales und Prinzessin Diana 1985 bei ihrem Australien-Besuch. Hängt der Haussegen schon schief?

VIII Der Prinz und die Prinzessin von Wales 1995 mit ihren Söhnen Prinz Harry (l) und Prinz William (r)

IX Camilla und ihr Ehemann Andrew Parker Bowles

X Andrew Parker Bowles, Ex-Mann von Camilla, heiratet Rosemary Pitman am 7. Februar 1996

XI Der Medienstar Diana 1996 beim Besuch eines Londoner Krankenhauses

XII Camilla Parker Bowles 1998 mit Tochter Laura und Sohn Tom

XIII Trauerfeier für Prinzessin Diana von England am 6. September 1997 in der Westminster Abbey. Dem Sarg folgen die Prinzen Charles, William und Harry sowie Dianas Bruder Charles Earl of Spencer

XIV Camilla 1998, hoch zu Ross

XV Der Prinz von Wales verlässt am 28. Januar 1999 mit Camilla das Ritz in London (erstes gemeinsames Foto der beiden nach Dianas Tod)

XVI Somerset House, London, 26. Juni 2001: Prinz Charles begrüßt Camilla erstmals in der Öffentlichkeit mit einem Kuss auf die Wange

XVII *Camilla ganz glamourös, im Jahr vor der Hochzeit mit Charles*

XVIII Ein glückliches Paar: Charles und Camilla am 9. April 2005

Großbritanniens in der Welt zu erhöhen und der Nation Grund zu geben, sich auf die Schulter zu klopfen, weil sie so clever war, britisch zu sein.

Letztlich scheiterten sowohl der Traum Thatchers – Wohlstand um jeden grausamen Preis zu erzielen – als auch der Dianas – als eine makellose, fürsorgliche Schönheit zu gelten – aus dem gleichen Grund. Beide hatten die Kontrolle über ihr Schicksal verloren und waren Opfer ihrer Selbstüberschätzung geworden. Während Diana den privaten Konflikt mit ihrem untreuen Ehemann ausfocht, befand sie sich im moralischen Vorteil, denn schließlich hatte er sie während ihrer gesamten Ehe betrogen. Doch als sie glaubte, dass die Nation sie gegen ihn unterstützen würde, unterlief ihr ein folgenschwerer Fehler. Ihre Freunde hatten sie überzeugt, dass sie beliebter war als Charles – schließlich bestätigten das die Umfragen nur zu deutlich. Sie redeten ihr ein, dass sie den Kampf (was immer das auch für ein Kampf sein mochte) gegen ihn gewinnen würde, sobald die ganze Sache an die Öffentlichkeit käme. Doch das war natürlich völliger Unsinn.

Denn Dianas Ziele waren sehr diffus – wenn man einmal von ihrem Wunsch absah, öffentlich ihrem berechtigten Ärger über Charles' Leben Luft zu verschaffen, von dem sie selbst ausgeschlossen war. Ihr Instinkt hatte sie all die Jahre als Prinzessin von Wales nicht im Stich gelassen, denn schließlich war sie es, die AIDS-Kranke umarmte und einen Rentner im Rollstuhl auf fünfzehn Meter zu erspähen und ihm durch einen Gruß den Tag zu versüßen vermochte. Doch ihre Entscheidung, das Buch zu genehmigen, in dem ihr Privatleben bloßgestellt wurde, zeigte nur, dass sie nicht fähig war, einen logischen Gedanken zu Ende zu denken.

Diana. Ihre wahre Geschichte tat mehr, als ihren Mann für seine Fehltritte zu bestrafen. Es zwang das britische Königshaus in die Knie.

Jeder königliche Biograf hält sich an Walter Bagehots abgedroschene Regel: »Wir dürfen nicht zulassen, dass das Tageslicht die Magie zerstört.« Nirgends kommt dies besser zum Tragen als in diesem Fall, denn Charles' Liebe zu Camilla Parker Bowles – oder vielmehr ihre Darstellung in Mortons Buch – zerstörte über Nacht die Liebe der Nation zum Königshaus. Plötzlich kamen sich die Menschen albern vor, weil sie an eine Institution geglaubt hatten, die offensichtlich unaufrichtig und korrupt war. Ihre Rache folgte in den anschließenden Meinungsumfragen.

Diejenigen, die Diana kannten, behaupten, dass sie das nicht beabsichtigt habe. Sie habe einfach nur den Schwindel ihrer Ehe enthüllen, eine gleichberechtigte Position in dieser Ehe einnehmen und die lauter werdenden Anschuldigungen gegen ihr inakzeptables Verhalten abschütteln wollen. Aber mit *Diana. Ihre wahre Geschichte* fiel das ganze Kartenhaus um sie herum in sich zusammen, und am Ende musste sie die Schuld für den drastischen Verlust an Glaubwürdigkeit des Hauses Windsor auf sich nehmen.

Die freundlichste Interpretation ist, dass sie nicht wusste, was sie tat. Diana war keine Intellektuelle, und es mangelte ihr an Unterstützung, wie sie ihr Mann und ihre Schwiegermutter erhielten. Ihre Freunde stammten allesamt aus den Reihen der Mitglieder der Oberschicht, die den Erwartungen dieser Welt nicht gerecht wurden. Eine ihrer Freundinnen war die Ehefrau eines Disco-Betreibers, und dann waren da noch ein Gebrauchtwagenhändler, ein Armeeoffizier, der in den Prüfungen für seine Beförderung durchfiel, und ein eingewanderter Restaurantbesitzer. Diese Leute mögen durchaus wunderbare Menschen gewesen sein, doch es mangelte ihnen an der nötigen Bildung und historischen Weitsicht, um einen erfolgreichen Angriff auf eine jahrtausendalte Institution zu führen. Sie waren nicht einmal ausreichend gerüstet, ihr eigenes Leben zu meistern, und ihr Eifer und ihre Ratschläge waren für Diana wertlos und ruinös.

Am 7. Juni erschien der erste Teil des Vorabdrucks von Mortons Buch in der Londoner *Sunday Times*. Die Presse kampierte vor Camillas Türschwelle, als das Ausmaß ihrer Beziehung zu Charles enthüllt wurde. Es bestand ein himmelweiter Unterschied zwischen den versteckten Andeutungen über eine »Vertraute« und der brutalen Tatsache eines Ehebruchs, mit der die Öffentlichkeit nun unterhalten wurde. Doch diejenigen, die darauf gehofft hatten, die Frau zu Gesicht zu bekommen, die nun offiziell als die Geliebte des Prinzen gebrandmarkt war, hatten Pech. Sie hatte sich zwei Nächte zuvor mit ihrer Schwester Annabel aus dem Staub gemacht. Atemlos berichtete die Regenbogenpresse, dass sie »verschwunden« sei. Ein Reporter fügte hinzu:

Als sie kurz vor ihrem Verschwinden nach Andrew Mortons Buch gefragt wurde, sagte Camilla: »Ich habe es noch nicht gelesen, aber ich werde es bestimmt tun, wenn es so weit ist.«

In dem Buch wird behauptet, dass Camilla Tage und Nächte in Highgrove verbringt, wann immer sich Charles dort aufhält. Sie gibt die Gastgeberin für ihn, sitzt am Tisch an seiner Seite, organisiert sein Privatleben, überprüft die Menüs und Gästelisten – und organisiert sogar die Personalküche und die Köche.

Der ehemalige königliche Leibwächter Andrew Jacques sagte: »Camilla schlüpft einfach in Dianas Schuhe. Charles steht ihr näher als sonst jemandem auf der Welt, und sie ist die Einzige, die seinen kostbaren Garten betreten darf.«

Die Journalisten spürten den Brigadekommandeur Parker Bowles in seinem Haus in Kensington auf und konfrontierten ihn mit den bis dato bekannten Fakten. »Das ist erfunden, völlig frei erfunden. Ich habe dazu nichts zu sagen« lautete seine wohl überlegte, wenn auch unaufrichtige Antwort. Doch während er zu der Affäre schwieg, hatten andere dafür umso mehr zu sagen. Selbst der Erzbischof von Canterbury fühlte sich verpflichtet, seine Meinung kundzutun. »Die derzeitigen Spekulationen über intime persönliche Belange haben die Grenzen überschritten, die in einer Gesellschaft, die behauptet, die Grundrechte des Menschen zu respektieren, beachtet werden sollten.«

Doch was in diesen Tagen der anfänglichen Enthüllungen ans Licht kam, lieferte nur einen Teil des Gesamtbildes. Denn Mortons Buch, das auf den Aussagen von Dianas Freunden basierte, vermied eine grundlegende Frage: Warum hatte Diana, die von Anfang an von Charles' verzehrender Liebe zu Camilla gewusst hatte, seinen Heiratsantrag überhaupt angenommen?

Diese Frage ist niemals zufrieden stellend beantwortet worden. Doch zu diesem Zeitpunkt schlugen im Hause Windsor so viele Blitze ein, dass keine Zeit für rationale Analysen blieb. Es war die Hölle los, und einen solchen öffentlichen Aufruhr hatte es noch nie gegeben.

Hinter den Kulissen, in den königlichen Korridoren des Buckingham-Palastes und der Schlösser Windsor, Balmoral und Sandringham, herrschte eine furchtbare Atmosphäre. Es war hin und wieder vorgekommen, dass Bedienstete ihre Geschichte an eine Zeitung oder an ein Magazin verkauft hatten – und anschließend zum letzten Abschaum deklariert wurden. Es war jedoch unvorstellbar, dass eine Prinzessin Familiengeheimnisse verriet und die gesamte königliche Familie in Gefahr brachte. Seltsamerweise waren es vor allem die Bediensteten, die ihre Wut am spürbarsten zum Ausdruck brachten, während die Höflinge und Mitglieder der Königsfamilie nur wenig sagten. Sie waren einfach sprachlos hinsichtlich des Ausmaßes dessen, was geschehen war, sowie der zu erwartenden langfristigen Auswirkungen.

Doch es gab nur eine Person, der man die Schuld geben konnte, und das war Diana. Ihre Unschuldsbeteuerungen erweichten niemanden, und schon bald sollte ihr anfängliches Triumphgefühl darüber, dass sie das System aus dem Gleichgewicht gebracht hatte, in Panik umschlagen. Sie erkannte, wie schlimm sich ihre Rache nicht nur auf ihren Mann, sondern auf die gesamte königliche Familie und die loyalen Bediensteten auswirkte. Plötzlich hatte sie im königlichen Lager keinen einzigen Freund mehr.

Das Gleiche konnte man über Camilla Parker Bowles nicht behaupten. An dem Tag, an dem der Abdruck von Mortons Buch als Fortsetzungsserie begann, stellte sie sich tapfer – manche sagen sogar: tollkühn – der Öffentlichkeit und besuchte das Queen's Cup Poloturnier im Windsor Great Park. Die Berichte, dass sie von der Königin mit einem herzlichen, freundlichen Lächeln begrüßt worden sei, schossen weit über das Ziel hinaus. In Wahrheit befanden sie sich zufällig gleichzeitig im selben Gebäude, und Reporter zählten einfach eins und eins zusammen und machten drei daraus.

Falls die Gäste in der königlichen Loge erstaunt über Camillas Erscheinen waren, so waren sie noch erstaunter beim Anblick ihres Outfits. Sie trug ein graues Kostüm mit dem Schottenmuster des Prinzen von Wales. »Niemand wusste, ob es ein bewusstes Statement sein sollte oder einfach nur das einzige Kleidungsstück in ihrem Schrank gewesen war, das sich gerade nicht in der Wäsche befand«, sagte ein Freund zu Camillas unbekümmertem Verhalten.

Zu diesem Zeitpunkt war den Beobachtern klar, dass Diana nicht mehr ganz Herrin ihrer Taten war. In jener Woche erschienen in fast allen Zeitungen Bilder vom privaten Besuch der Prinzessin bei ihrer Freundin Carolyn Bartholemew, deren Mitarbeit an dem schädigenden Buch Diana offensichtlich unterstützte und guthieß. Eine halbe Stunde vor Dianas geplanter Ankunft im Haus ihrer Freundin im Westen Londons gab, so hieß es zumindest eine lange Zeit, eine gebildet klingende Frau fünf Zeitungen telefonisch einen Tipp. Und so wurde die Prinzessin vor dem Haus von Fotografen erwartet.

Mrs. Bartholemew, die als Carolyn Price mit Diana die Wohnung am Colherne Court geteilt hatte, behauptete, sie habe »keine Ahnung«, wie die Presse von dem Besuch erfahren konnte. Doch egal, wer die Anrufe getätigt hatte, dahinter steckte Diana in machiavellischer Höchstform. »Noch nie zuvor sind die Weltmedien dermaßen manipuliert worden«, schrieb die *Sunday Times* – obwohl der Sinn und Zweck dieser Manipulation nicht klar erkennbar war. Ja, Diana wollte Solidarität mit ihrer alten Freundin beweisen, aber zu diesem Zeitpunkt hätte sie besser daran getan, so viel Distanz wie möglich zwischen sich und *Diana. Ihre wahre Geschichte* zu schaffen.

Die Maschinerie des Königshauses reagierte, wie immer, mit der Geschwindigkeit eines Supertankers beim Wendemanöver und brauchte unglaublich lange, um zu entscheiden, was zu tun war. Die Hofbeamten sprachen sich wie üblich dafür aus, nichts zu überstürzen. Ihr Rat lautete, einfach so weiterzumachen wie bisher. Fünf Tage später besuchte Diana in der Grafschaft Weyside ein Hospiz in Southport. Inzwischen hatte sie das Ausmaß des Schadens erkannt – sie hatte den fertigen Text vor der Veröffentlichung nicht gesehen – und war voller Schuldgefühle.

Als sie am Hospiz ankam, bemerkte sie eine Gruppe von Anhängern, die ein Transparent entrollt hatten, auf dem stand: DIANA – WIR LIEBEN DICH. Die Prinzessin schüttelte die Hände der wartenden Menschen, schlug plötzlich die Hände vor das Gesicht und begann zu weinen. Ein Augenzeuge, Mr. Bob Bird, sagte: »Sie schluchzte. Sie hatte das Gesicht in den Händen vergraben und schluchzte. Ihre Wimperntusche war überall. Sie sah furchtbar aufgewühlt aus.« Ein Sicherheitsbeamter sagte einem anderen Zuschauer: »Das war alles zu viel für sie.«

Die Prinzessin wurde hastig in ein Auto verfrachtet und zum Royal-Air-Force-Stützpunkt Woodvale gebracht, wo sie in der Bar des Aero-Clubs um ein Glas Wasser bat und anschließend den Wunsch äußerte, allein zu sein. Der Raum wurde geräumt, und Diana saß zwanzig Minuten da, den Kopf in die Hände gestützt, während ihre Schwester, Lady Sarah McCorquodale, die zugleich als ihre Hofdame fungierte, sie tröstete. Diana kam bei ihrem nächsten offiziellen Termin einige Minuten zu spät, und ein Polizeibeamter erklärte, dass ein Wagen des königlichen Konvois eine »technische Panne« gehabt habe.

Nachdem die Taktik des »Nichts Tuns« erst einmal beschlossene Sache war, wich niemand mehr davon ab. Und so geschah es, dass nur wenige Tage nach diesem tödlichen Schlag die Schuldige – Diana, Prinzessin von Wales – gemeinsam mit dem Rest des Hauses Windsor unter dem Jubel von Zehntausenden Zuschauern bei der Royal-Ascot-Week die Rennbahn entlangfuhr, als sei nichts geschehen.

In Vorbereitung auf dieses Ereignis, das im Fernsehen übertragen wurde, erschienen Charles und Diana bei der etwas weniger im öffentlichen Interesse stehenden Zeremonie des Hosenbandordens in der St. George's Chapel. Im Anschluss half Charles Diana galant in die offene Kutsche, doch bei der fünfminütigen Fahrt zurück zum Schloss würdigte sich das Paar keines Blickes. Die Prinzessin befand sich angeblich in einem Zustand des inneren Aufruhrs und verbrachte viele Stunden mit ihrem Therapeuten Stephen Twigg, der sie seit dreieinhalb Jahren behandelte.

Charles und Diana erschienen gemeinsam beim Royal-Ascot-Rennen, weil einfach niemand wusste, was sie sonst hätten tun sollen. Zur großen Verwirrung der Rennbahnbesucher, die am Sonntag zuvor noch weitere schreckliche Einzelheiten über die gescheiterte Ehe erfahren hatten, verließen Charles und Diana den Platz auch gemeinsam. Der einzige offensichtlich feindselige Zwischenfall ereignete sich, als Diana nach dem Verlassen der offenen Kutsche die königliche Loge betrat, von der aus man die Rennbahn übersehen kann. Dort wurde sie von Prinz Philip, dem Oberhaupt der königlichen Familie, brutal geschnitten. Unter der scheinbar harmonischen Oberfläche herrschte eine ungeheure Wut über das, was Diana getan hatte.

Charles hatte während dieser Krise in Highgrove häufig mit Camilla telefoniert, um mit ihr zu besprechen, was als Nächstes geschehen sollte. Ihr Haus wurde von der Presse belagert, und nun lernte sie, was Diana schon Jahre zuvor erkannt hatte: Die Mutter aller Demokratien gestattet es durchaus, dass jemand von der Presse unter Hausarrest gestellt wird.

Plötzlich musste sie sich an das gewöhnen, was Diana in den letzten zehn Jahren hatte aushalten müssen. Außerdem wurde sie mit Hassbriefen überschüttet. Ein Journalist der Regenbogenpresse berichtete:

Camilla … ist schockiert über die zahlreichen Briefe, die bei ihr zu Hause eintreffen. Ein enger Freund sagte: »Die Briefe geben ihr die Schuld am Scheitern der Ehe des Thronfolgerpaares. Das alles ist sehr unfair. Manche der Briefe waren ekelhaft und sehr unhöflich. Sie behaupten im Grunde, dass Diana eine Göttin sei, und fragen, wie Camilla es wagen könne, sie aufzuregen oder ihr Glück zu zerstören.«

Letztlich waren die Parker Bowles' gezwungen, ihre Telefonnummern zu ändern und das Haus zu verlassen, um Zuflucht bei Freunden zu suchen. Andrew kehrte anschließend zu seiner Arbeit zurück, und Camilla quartierte sich bei ihrem ehemaligen Schwager Nick Paravicini in Breconshire ein. Später reiste sie nach Venedig, um die hartnäckigen Presseleute abzuschütteln.

In der Zwischenzeit fuhr Prinz Charles zum Schloss Windsor zu einem Krisenmeeting mit der Königin und seiner Frau, bei dem Diana sehr vehement äußerte: »Ich kenne meine Pflichten.« Damit wollte sie sagen, dass sie diese Ehe nicht aufzugeben gedachte. Sie hatte ihrem Herzen Luft gemacht, und das war's. Charles war darüber außer sich, doch da er die Krise als das erkannte, was sie war, erklärte er sich einverstanden, gemeinsam mit seiner Frau zu dem Bankett anlässlich des vierzigjährigen Thronjubiläums der Königin im Juli zu gehen. Vielleicht würde das die hitzigen Debatten außerhalb der Schlossmauern beruhigen.

Charles kehrte wieder nach Gloucestershire zurück, während der Buckingham-Palast hektische Versuche unternahm, die Risse zu übertünchen. Charles' Freunde waren so besorgt über den spürbaren Schaden, der ihm täglich zugefügt wurde, dass Lord und Lady Romsey ihn überreden wollten, eine Briefkampagne an die *Times* zu organisieren. Die Idee verlief schnell im Sand, und die Unterstützung für den Prinzen erstarb erschreckend schnell.

Charles und Diana hatten bereits einmal eine griechische Kreuzfahrt an Bord der Luxusjacht von John Latsis durchstehen müssen und sich anschließend geschworen, dieses Experiment niemals zu wiederholen. Doch nun wurde plötzlich beschlossen, dass eine zweite Kreuzfahrt die durstige Presse besänftigen und die Reporter davon überzeugen würde, dass die Ehe immer noch funktionierte. Die plötzliche Kehrtwendung des Palastes angesichts einer gemeinsamen Urlaubsreise überraschte einige der Angestellten des griechischen Tycoons. Seinerzeit hatte man ihm persönlich mitgeteilt, dass eine Wiederholung der Reise nicht in Frage komme, sosehr er sich dieses prestigeträchtige Unterfangen auch herbeiwünschen möge. Nun wurde die Reise, zur Freude der Palastbeamten, als »zweite Hochzeitsreise« deklariert. Als Statisten in diesem furchtbaren Drama wurden Prinzessin Alexandra und ihr Ehemann Sir Angus Ogilvy sowie Lord und Lady Romsey eingeladen.

Die Kreuzfahrt hatte den Vorteil, dass sie auf einer ausreichend großen Jacht stattfand und das Paar nicht gezwungen war, miteinander zu reden. Diana verbrachte ihre Tage mit Wasserskifahren und Sonnenbaden. Charles zeichnete und telefonierte mit Camilla. Sie aßen und schliefen getrennt.

Camilla war in der Zwischenzeit mit ihrer Schwester Annabel und ihren Eltern nach Guidecca im Zentrum von Venedigs schöner Lagune geflohen. Gäste des Restaurants des Cipriani-Hotels bemerkten, wie müde und blass sie aussah, während sie unter einem Sonnenschirm saß und die Aussicht auf Venedig zeichnete. Gleichzeitig wurde bekannt, dass Charles Camilla im Juli in Middlewick House besucht hatte und mit einem Helikopter angereist war.

In Großbritannien hatte sich die öffentliche Meinung so sehr gegen ihn gerichtet, dass sämtliche Bemühungen, ihn und Diana vereint zu präsentieren – und davon gab es einige –, hauptsächlich von seiner Seite ausgingen. Diana hatte die Pole-Position, sowohl in moralischer Hinsicht als auch in den Umfrageergebnissen. Charles' Beliebtheit hatte einen Tiefpunkt erreicht. Doch all das sollte sich bald ändern.

Es wurde bald viel Wirbel um den skurilen Cyril Reenan gemacht, den pensionierten Bankmanager mit einer Schwäche für das Abhören von nächtlichen Telefongesprächen. Dieser geriet versehentlich in das Zentrum eines Skandals, der noch größere Ausmaße annahm als das Drama um Dianas Geständnisse gegenüber Andrew Morton.

Aber für Charles und Camilla, die inzwischen eine engere Beziehung hatten als je zuvor, war Reenan lediglich ein etwas ungewöhnlicher Ritter in schimmernder Rüstung, der ein privates Telefongespräch belauscht, aufgezeichnet, noch einmal angehört und dann für eine hohe Summe an die *Sun* verkauft hatte.

Reenan lieferte einer sensationshungrigen Öffentlichkeit die so genannten Squidgy-Bänder, die die Aufzeichnung einer Unterhaltung zwischen der Prinzessin von Wales und ihrem Autohändler-Freund James Gilbey enthielten. Die Bänder enthüllten vor allem Dianas labilen Gemütszustand zum Zeitpunkt der Aufnahme – am Silvesterabend 1989 – und den maßlosen Ehrgeiz des Autohändlers. Die *Sun* stellte mit vorbildhaftem Geschäftssinn die Bänder per gebührenpflichtiger Servicenummer zur Verfügung. Und diejenigen, die Lust hatten, diesem traurigen Gespräch zuzuhören, konnten sich selbst ein Bild davon machen, wie weit ihre Göttin Diana vom Weg der Normalität abgekommen war.

Für Charles und Camilla war die Veröffentlichung der Squidgy-Bänder ein Geschenk Gottes. In den darauf folgenden Tagen wurden alle, die etwas mit Diana zu tun hatten, gnadenlos verfolgt, und im Eifer des Gefechts waren der Prinz und seine Geliebte vergessen. Sie würden allerdings auch noch an die Reihe kommen, und der Schaden, der nach der Veröffentlichung eines ihrer Privatgespräche entstand, sollte noch um einiges größer ausfallen. Fürs Erste waren sie aber in Sicherheit.

Inmitten der vielen grässlichen Schlagzeilen über Dianas Beziehung zu James Gilbey, ihren Schwiegereltern und ihrem Ehemann wurde die eine oder andere Frage nach der tatsächlichen Herkunft der Bänder laut. Am Ende mussten Ermittler die unausweichliche Schlussfolgerung ziehen, dass kriminelle Elemente innerhalb des britischen Geheimdienstes die Königsfamilie abgehört hatten. Zum damaligen Zeitpunkt war der Inhalt der Bänder aber so explosiv, dass, sobald ihre Echtheit bestätigt worden war, sich niemand mehr dafür interessierte, woher sie eigentlich stammten.

In der Zwischenzeit hatte man im Palast begonnen, die Bedingungen für eine offizielle Trennung auszuarbeiten. Der Privatsekretär der Königin Sir Robert Fellowes und der Pressesprecher des Palastes Charles Anson führten laut Zeugen bereits während des Sommers 1992 eine Diskussion über das Ende der Ehe – obwohl diese Tatsache erst ein paar Monate später bekannt gegeben werden sollte und man immer noch Versuche unternahm, der Außenwelt weiszumachen, dass die Ehe des königlichen Paares keinen dauerhaften Schaden erlitten hatte. Warum diese Lüge aufrechterhalten wurde, lässt sich nicht erklären. Vielleicht lag es an der fast angeborenen Geheimnistuerei der Höflinge, die der Außenwelt freiwillig nicht einmal die Uhrzeit verraten würden. Vielleicht – und auch nur vielleicht – wollte Charles einen letzten Versuch unternehmen, einer Sache Leben einzuhauchen, die ehrlich gesagt schon lange tot war.

Dennoch versuchten die Beteiligten, den Schein zu wahren. Im Oktober gedachte die Nation des Sieges über die deutsche Armee bei El Alamein, wo fünfzig Jahre zuvor die bedeutendste Schlacht des Zweiten Weltkriegs stattgefunden hatte. Einer der vielen Kämpfer, die an der Gedenkfeier teilnahmen, war Major Bruce Shand, und das zu Recht. Er war einige Tage vor der historischen Schlacht in der Wüste Libyens Winston Churchill begegnet und bei den anschließenden Kämpfen verwundet worden und in deutsche Gefangenschaft geraten. Den Rest des Krieges hatte Shand in Spangenburg verbracht und seine Internierung stets ebenso nonchalant heruntergespielt wie seine Verletzung. Fünfzig Jahre später stand er an der Seite seiner Tochter in der Westminster Abbey und erinnerte sich mit schlechtem Gewissen an seine Kameraden, die gestorben waren, während er überlebt hatte. Gleichzeitig saßen Staatsmänner und Mitglieder des Königshauses, die nicht unter dem Krieg hatten leiden müssen, auf den besten Plätzen.

Unter den mit Medaillen geschmückten und elegant herausgeputzten Anwesenden waren auch der Prinz und die Prinzessin von Wales. Zu diesem Zeitpunkt waren ihre gemeinsamen Auftritte in der Öffentlichkeit eine Seltenheit, doch nach dem Masterplan der namenlosen Männer im Palast waren sie verpflichtet, sich hin und wieder zusammen sehen zu lassen. Bei diesem speziellen Anlass wünschten sich alle Beteiligten rückblickend, sie hätten es nicht getan.

Der Gedenkgottesdienst für El Alamein stand für sehr viel mehr als nur für eine einzelne gewonnene Schlacht. Mit ihm »feierten« die Streitkräfte zu Land ihre Triumphe während des gesamten Zweiten Weltkriegs. Es war ein nationaler Moment des Nachdenkens, des Dankes und der Trauer über den Verlust von so vielen Menschenleben im Kampf für die Freiheit. Doch am nächsten Morgen sagten die Schlagzeilen etwas ganz anderes. GEDENKTAG VON CAMILLA ZERSTÖRT, hieß es in der *Sun*. PRINZESSIN SCHNEIDET RIVALIN NACH SCHOCK BEI GEDENKGOTTESDIENST. Die Zeitung berichtete:

Ein seltener Moment der Gemeinsamkeit zwischen Charles und Diana wurde gestern zerstört – durch das unerwartete Erscheinen der Ex-Freundin des Prinzen.

Das Paar, das sich zurzeit in einer schwierigen Phase befindet, musste direkt an Camilla Parker Bowles vorbeigehen, die beim Gedenkgottesdienst in der Westminster Abbey saß.

Charles begrüßte sie beim Vorbeigehen höflich mit einem wissenden Nicken und einem Lächeln, doch seine unversöhnliche Ehefrau schaute in die andere Richtung. Während des Danksagungsgottesdienstes wechselten die Frauen keinen einzigen Blick.

Bekanntermaßen können sich die beiden nicht ausstehen. Die Prinzessin blieb nach dem Gottesdienst sogar ein Stück zurück, um nicht ein zweites Mal an Camilla vorbeigehen zu müssen.

Es lässt sich durchaus die Meinung vertreten, dass dies der schlimmste Moment der ganzen Affäre war. Dabei wurde eine nationale Gedenkfeier, die Tausende von Menschen betraf, von einem albernen Ehestreit und den verfälschenden Berichten der Medien, die sich über das Zusammentreffen der drei Hauptbeteiligten in der Kirche ausließen, in den Schmutz gezogen. Es war ein Patzer erstaunlichen Ausmaßes, der vor allem zeigte, wie sehr das Urteilsvermögen der Beteiligten und deren Berater in den Monaten zuvor fehlgeleitet worden war. Charles hatte angeblich gewusst, dass Camilla dort sein würde. Dabei nahm sie in letzter Minute nur den Platz ihrer Mutter ein, die sich nicht wohl fühlte. Ihre Anwesenheit als Begleiterin ihres Vaters war völlig gerechtfertigt. Ob die Prinzessin von Wales zu diesem Zeitpunkt hätte teilnehmen sollen, ist eine andere Frage. Die Palastoffiziellen, die auf das Zur-Schau-Stellen von Zusammengehörigkeit drängten, wollten Charles und Diana bei diesem Ereignis Seite an Seite sehen, egal, ob es auf Kosten der anderen Anwesenden ging. Also kam Diana mit und verlieh dem Anlass, über dessen Ursprung sie wenig gewusst haben dürfte, in einem brandneuen Catherine-Walker-Outfit mit breitem Hut und Handschuhen einen gewissen Glanz. »Camilla«, so schrieb die *Sun*, die den eigentlichen Punkt übersah, »trug ein langweiliges, blaues Kostüm mit einem langen Rock.«

Doch damit war die Angelegenheit noch nicht ausgestanden. Irgendwo in der verkehrten Pro-Diana-Welt war entschieden worden, dass Camilla der Störenfried bei diesem Anlass sein sollte. Ein Freund wurde zitiert: »Nach allem, was in diesem Sommer geschehen ist, war dies ein regelrechter Schlag ins Gesicht der Prinzessin. Jeder weiß von der Freundschaft zwischen Charles und Camilla und wie sehr alles Diana verletzt hat.«

Die Berichterstattung ließ an niemandem ein gutes Haar. Die *Daily Mail* verkündete:

Sie waren wie die zwei Gesichter des Krieges – die Hässlichkeit der Niederlage und der Glanz des Sieges. Betrachtet man es als Theaterstück, war es sehr fesselnd. Auf der einen Seite die Prinzessin von Wales, mit großen funkelnden Augen in einer silbergrau schimmernden Jacke und einem engen weißen Rock. Auf der anderen Seite Camilla Parker Bowles wie ein Gast bei einer Beerdigung, blass, dünn, mit grauen Strähnen in den Haaren und in einem formlosen, tristen blauen Outfit.

Die Hauptbotschaft dieses Artikels war, dass Camilla nur noch eine vertrocknete Hülle war, die »viel älter als ihre dreiundvierzig Jahre aussah, während sie aus der Abtei schlurfte«. Und dass sie keinen triftigen Grund hatte, in der Westminster Abbey zu sein und den glamouröseren Mitspielern im Weg zu stehen. Diana hingegen sah wunderbar aus, und daher war ihre Anwesenheit völlig gerechtfertigt.

Wenn man Bruce Shands eigenes Leid an diesem Tag bedenkt – er hatte beinah sein Leben gelassen, während andere nie zurückgekehrt waren –, so fiel seine Reaktion auf die Paparazzi vor der Westminster Abbey erstaunlich zurückhaltend aus – obwohl die aufdringlichen Fotografen dem Anlass den letzten Rest Würde zu rauben drohten. »Es war sehr gut, dass sie mit mir den Gottesdienst besucht hat, und ich hätte mir keine bessere Begleitung vorstellen können«, sagte er. »Aber ich glaube, sie fand es nicht so angenehm, vor der Westminster Abbey mit mehr als dreißig Fotografen konfrontiert zu werden.« Was ihren Gesundheitszustand anging, so hatte er keinerlei Bedenken. »Nach meiner Einschätzung geht es ihr blendend, und sie ist guter Dinge. Die ständige Beobachtung durch die Presse scheint sie nicht belastet zu haben.«

Diese Aussage war sehr tapfer und sehr würdevoll. Wenn es schon einen öffentlichen Showdown zwischen den beiden Frauen in Charles' Leben geben musste, dann kann man sich keinen schlimmeren Ort dafür vorstellen als einen Gedenkgottesdienst für die im Krieg verstorbenen Menschen. Aber entgegen allen Berichten über den Tag waren es die Shands, die mit erhobenem Kopf aus der Angelegenheit hervorgingen.

Drei Wochen später veröffentlichte der allgegenwärtige Andrew Morton die Taschenbuchausgabe seines Buches. Darin stand, dass Diana es nicht über sich bringen könne, Camillas Namen auszusprechen, und sie stattdessen mit »Rottweiler« tituliere. Die Mittelmeerkreuzfahrt an Bord der Jacht von John Latsis, die das Paar im Sommer unternommen hatte – die so genannten »zweiten Flitterwochen« –, sei ein Desaster gewesen. Diana sei ständig über ihren Mann gestolpert, der per Satellitentelefon heimlich mit Camilla sprach.

Irgendwann kamen verzweifelte Männer zu der Überzeugung, sie könnten Charles und Diana mit einer »Zusammengehörigkeitstour« wieder versöhnen. Das war ein völliger Reinfall. Von Commander Richard Aylard als »ganz normale Reise« bezeichnet, sollte es eine Versöhnungstour durch Südkorea werden. Aylard zog am Abend der Abreise im November 1992 verzweifelt alle Register, um einen guten Start sicherzustellen. Schlagzeilen wie WARUM CHARLES UND DIANA WIEDER ZUSAMMEN SIND im *Daily Express* und BLICK VON DIANA – HOFFNUNG FÜR DIE EHE STEIGT in der *Daily Mail* mögen unter den weltweiten Fans des Königshauses Hoffnungen geweckt haben. Doch unter den Journalisten, die man gezwungen hatte, diese Artikel zu schreiben, rief diese Aktion nur ein müdes Lächeln hervor. In der Fleet Street wusste jeder, dass die Ehe vorbei war und diese Tatsache nur noch öffentlich verkündet werden musste. Die Presse gab Charles und Diana jedoch die Gelegenheit, das zu tun, was sie tun mussten, und ließ ihnen dabei Zeit.

Die Journalisten mussten nicht lange warten. Sobald der königliche Jet in Seoul den Boden berührt hatte, wussten die Beobachter, dass sie mit dem Schlimmsten rechnen mussten. Minuten vor der Landung hatte das Paar eine heftige Auseinandersetzung, und Charles und Diana verließen wütend und mit hochroten Köpfen die Maschine. Diese Stimmung sollte sich die kommenden fünf Tage nicht bessern. Ein Journalist, der die Tour begleitete und dieses unwürdige Spektakel beobachtete, schrieb: »Es war das sehr öffentliche und sehr peinliche Ende der Liebesgeschichte des Jahrhunderts.« Und daher war es für diejenigen, die das Paar die Monate zuvor genau beobachtet hatten, keine große Überraschung, als sich Premierminister John Major am 9. Dezember 2002 im Unterhaus erhob und verkündete:

»Der Buckingham-Palast gab heute mit Bedauern bekannt, dass der Prinz und die Prinzessin von Wales beschlossen haben, sich zu trennen.

Ihre Königlichen Hoheiten haben nicht vor, sich scheiden zu lassen, und ihre konstitutionellen Positionen bleiben unangetastet. Diese Entscheidung wurde in beiderseitigem Einvernehmen getroffen, und das Paar wird weiterhin gemeinsam die Kinder erziehen. Ihre Königlichen Hoheiten werden auch zukünftig im vollen Ausmaß ihre öffentlichen Termine wahrnehmen und gelegentlich gemeinsam an Familienfeiern und nationalen Anlässen teilnehmen.

Die Königin und der Herzog von Edinburgh bedauern die Entscheidung, haben jedoch Verständnis und Mitgefühl für die Schwierigkeiten, die zu diesem Schritt geführt haben. Ihre Majestät und Seine Königliche Hoheit hoffen vor allem, dass das Eindringen in die Privatsphäre des Prinzen und der Prinzessin nun nachlassen möge. Sie sind der Auffassung, dass ein gewisses Maß an Privatsphäre und Verständnis unabdingbar ist, damit Ihre Königlichen Hoheiten ihren Kindern ein glückliches und sicheres Zuhause bieten und zugleich mit ganzem Einsatz ihre öffentlichen Pflichten wahrnehmen können.«

Die Beobachter des Königshauses hatten es gewusst, doch das Unterhaus war fassungslos. Die Mitglieder des Geheimen Staatsrates, darunter Camilla Parker Bowles' Onkel Lord Howe, der ehemalige Schatzkanzler, waren vorgewarnt gewesen. Nachdem John Major seine Ankündigung verlesen hatte, machte sie trotz ihrer Kürze Geschichte.

In Camilla Parker Bowles' öffentlichem Kommentar, der von eifrigen Journalisten, die sich um ihr Haus in Wiltshire versammelten, erbeten wurde, lag keinerlei Spur von Triumph. »Wenn etwas schief gegangen ist, tut mir das natürlich sehr Leid«, sagte sie. Dann fügte sie ohne die Spur eines Lächelns hinzu: »Aber ich weiß auch nicht mehr als der einfache Mann auf der Straße. Ich weiß nur das, was ich im Fernsehen sehe.«

Anschließend brauste sie, gefolgt von einer Polizeieskorte, mit ihrer Schwester Annabel Elliott in einem Mercedes in der Dunkelheit davon. Sie fuhren nach Bowood, dem Familiensitz des Grafen von Shelburne, das eine fünfundzwanzigminütige Autofahrt entfernt lag – ein Haus, das wenige Wochen später noch mehr Berühmtheit erlangen sollte.

KAPITEL 8

Lügen im Wind

Während Charles von Geburt an mit dem Interesse der Presse konfrontiert gewesen war und Diana über die Zeit gelernt hatte, die Presse zu genießen und zu manipulieren, empfand Camilla die hartnäckige Verfolgung als störend und verwirrend.

Für die Frau mit dem eisernen Rückgrat, die das an Sparta erinnernde Regime von Dumbrells ertragen hatte, zudem eine furchtlose Reiterin war, die ohne mit der Wimper zu zucken Schrecken erweckende Zäune übersprang, war diese neue psychologische Tortur zweifellos ein Tiefpunkt in ihrem Leben.

Doch ihr standen noch weitere Qualen bevor. Das Interesse der Welt an Camillas Affäre mit Charles schien nicht nachzulassen. Und im Januar ertönte auf der anderen Seite der Erdkugel ein Donnergrollen, das ihr gesamtes Privatleben noch stärker an die Öffentlichkeit zerren würde.

In der zweiten Januarwoche 1993 veröffentlichte das wöchentlich erscheinende australische Frauenmagazin *New Idea* die vollständige Abschrift der so genannten Camillagate-Bänder. Beinah gleichzeitig wurde der Text dieser Unterhaltung in der britischen *Sun* und in anderen Zeitungen weltweit publiziert.

Als der Inhalt der Bänder abgedruckt wurde, lag die zugrunde liegende Unterhaltung bereits drei Jahre zurück, und welche Intimitäten auch immer Camilla und ihr Geliebter ausgetauscht haben mochten, so hatten sie diese vermutlich längst vergessen. Doch als jemand am Abend vor der Veröffentlichung in Großbritannien Camilla am Telefon Auszüge daraus vorlas, reagierte sie mit Ungläubigkeit und wachsendem Entsetzen. Gegenüber dem Reporter, der die unschöne Aufgabe hatte, ihr Gedächtnis aufzufrischen, platzte sie plötzlich heraus: »Das glaube ich nicht, das kann ich nicht glauben. Ich muss mit meinem Mann reden. Er ist auf dem Weg nach Hause.«

Diese spontane Reaktion ist auch ein weiterer Beweis für die intakte Beziehung zu Andrew Parker Bowles. Jede andere Frau, die in einer ähnlichen Situation ertappt worden wäre, hätte sich sofort Schutz suchend an ihren Liebhaber gewandt. Die Erwähnung ihres Mannes verblüffte einige Redakteure, denen es auch so schon schwer genug fiel, mit den vorliegenden Beweisen umzugehen.

Die besagte Unterhaltung hatte am Sonntagabend des 17. Dezember 1989 stattgefunden. Charles hatte sich zu diesem Zeitpunkt in Cheshire im Haus seiner alten Freundin Anne, der Herzogin von Westminster, aufgehalten, die auf den Bändern Nancy genannt wird. Der Prinz hatte eine pflichtenreiche Woche hinter sich gebracht, in der er im Kensington-Palast an einem Empfang für seinen Prince's Trust teilgenommen, im Namen des Staatsrates Diplomaten empfangen, sich mit dem Außenminister getroffen, ein Dinner für den Royal Opera House Trust gegeben und an Empfängen für verschiedene andere Organisationen teilgenommen hatte. Die Woche hatte er mit einer Tour durch unter anderem Greenfield, Mold und Wrexham in Wales beendet. Währenddessen hatte Camilla mit der Beaufort-Gesellschaft gejagt und Weihnachtsvorbereitungen getroffen.

Der Ausschnitt aus der Unterhaltung, der elf Minuten dauert, lautet folgendermaßen:

Charles: … er dachte, er sei ein bisschen zu weit gegangen.

Camilla: Na ja.

Charles: Jedenfalls ist es genau das, wovor man sich in Acht nehmen muss. Und wobei man sich ganz vorsichtig vorantasten muss, wenn du verstehst, was ich meine.

Camilla: Hmmm. Im Vorantasten bist du auch wirklich ausgesprochen gut.

Charles: Hör auf! Ich würde mich am liebsten an dir vorantasten, überall, rauf und runter, rein und raus.

Camilla: Oh!

Charles: … vor allem rein und raus.
Camilla: Das ist genau das, was ich jetzt brauche.
Charles: Ach ja?
Camilla: Das würde mich bestimmt beleben. Ich kann den Sonntagabend ohne dich nicht ertragen.
Charles: Oh Gott.
Camilla: Es ist wie bei der Sendung *Start in die Woche*. Ich kann die Woche einfach nicht ohne dich beginnen.
Charles: Ich fülle also deine Tanks auf!
Camilla: Ja, das tust du!
Charles: Und dann kommst du mit allem klar.
Camilla: Dann geht es mir gut.
Charles: Und was ist mit mir? Das Problem ist, ich brauche dich mehrmals die Woche.
Camilla: Hmmm. Ich auch. Ich brauche dich die ganze Woche, die ganze Zeit.
Charles: Oh Gott, ich ziehe einfach in deine Hosen ein oder so. Dann wäre alles viel einfacher.
Camilla: *[Lacht]* In was verwandelst du dich dann? In einen Schlüpfer? *[Beide lachen]* Genau, du kommst als Schlüpfer auf die Erde zurück.
Charles: Oder bei meinem Glück als Tampon! Gott bewahre! *[Beide lachen]*
Camilla: Du bist wirklich ein Idiot! *[Lacht]* Das ist ja wirklich eine wundervolle Idee!
Charles: Ja, bei meinem Glück werde ich ins Klo geworfen und schwimme für den Rest meines Lebens im Kreis herum, ohne jemals runtergespült zu werden!
Camilla: *[Lacht]* Oh, Darling!
Charles: Bis der Nächste von oben kommt.
Camilla: Vielleicht könntest du ja auch als Schachtel zurückkommen.
Charles: Was für eine Schachtel?
Camilla: Als eine Schachtel Tampons. Dann könntest du immer so weitermachen.
Charles: Das stimmt.

Camilla: Immer wieder und wieder. *[Lacht]* Oh, Darling, ich will dich jetzt.

Charles: Ach ja?

Camilla: Mmmmm.

Charles: Ich dich auch.

Camilla: Dringend, dringend, dringend. Oh, ich habe in Garrowby[20] so oft an dich gedacht.

Charles: Wirklich?

Camilla: Es war gemein, dass wir uns nicht dort treffen konnten.

Charles: Es war schrecklich. Wenn du hier sein könntest – Manchmal bin ich kurz davor, Nancy zu fragen.

Camilla: Warum tust du es nicht?

Charles: Ich traue mich nicht.

Camilla: Ich glaube, sie ist in dich verliebt.

Charles: Hmm.

Camilla: Sie würde alles für dich tun.

Charles: Sie würde es allen möglichen Leuten erzählen.

Camilla: Nein, das würde sie nicht, denn sie hätte viel zu große Angst davor, was du dazu sagen würdest. Ich glaube, du hast … Ich fürchte, es ist schlimm, so etwas zu sagen, aber ich glaube, dass Menschen wie sie sehr viel für dich empfinden. Du hast großen Einfluss auf sie.

Charles: Wirklich?

Camilla: Und du … Ich denke, du hältst wie üblich viel zu wenig von dir selbst.

Charles: Aber vielleicht ist sie schrecklich eifersüchtig oder so.

Camilla: Oh. *[Lacht]* Da hast du auch wieder Recht. Hm, das wäre wohl möglich.

Charles: Man kann nie wissen, oder?

Camilla: Ja, es könnte tatsächlich sein, dass ein kleines grünäugiges Monster in ihr schlummert. Aber was ich meine, ist, du gehst so wunderbar damit um, wenn es den Menschen schmeichelt, dass du sie ins Vertrauen ziehst. Aber ich weiß nicht, ob sie dich verraten würden. Du weißt schon, echte Freunde.

Charles: Wirklich?
Camilla: Ich … *[Pause]* Bist du schon eingeschlafen?
Charles: Nein, ich bin hier.
Camilla: Hör zu, Darling. Ich habe heute Abend wieder mit David[21] gesprochen. Es wird wohl nicht klappen.
Charles: Oh nein!
Camilla: Ich sage dir, warum. Er hat die Kinder von einer der Crawley-Mädchen und deren Nanny zu Besuch.[22] Er wird, ich werde ihn morgen noch einmal anrufen. Er wird versuchen, den Besuch bis Freitag zu verschieben. Aber ich dachte, ich könnte als Alternative Charlie[23] anrufen.
Charles: Ja.
Camilla: Und ihn fragen, ob es dort geht. Ich weiß, dass er am Donnerstag wieder da ist.
Charles: Das wäre ja viel später.
Camilla: Meinst du?
Charles: Na ja, ich überlege gerade. Wenn man von Newmarket kommt.
Camilla: Wenn du um die Zeit von Newmarket zu mir kommst, könntest du es in Zweidreiviertelstunden schaffen. Ich brauche drei.
Charles: Was, um nach, äh, Bowood[24] zu fahren?
Camilla: Nach Northmore.[25]
Charles: Um nach Bowood zu fahren?
Camilla: Die Fahrt nach Bowood würde für dich genauso lange dauern wie für mich, oder?
Charles: Du schlägst also Bowood vor?
Camilla: Nein, überhaupt nicht.
Charles: Welchen Charlie meinst du denn?
Camilla: Was meinst du denn, über welchen Charlie ich rede?
Charles: Ich weiß nicht, ich dachte, du meintest …
Camilla: Ich kenne viele!
Charles: Jemand anderen.
Camilla: Ich habe viele Freunde, die Charlie heißen.
Charles: Den anderen. Pattis Charlie.[26]
Camilla: Ach so! Da. Das ist weiter weg. Sie sind nicht …

Charles: Sie sind weg.
Camilla: Ich weiß nicht, ich dachte nur, es wäre eine Möglichkeit, wenn es an dem anderen Ort nicht klappt.
Charles: Ja, verstehe. Also, wie kommt man dahin? Auf die M-25 und dann weiter auf der M-4?
Camilla: Ja, du fährst, hm, in Richtung Royston, oder auf die M-1, jedenfalls zu dieser Uhrzeit.
Charles: Ja, es wird später, auf jeden Fall nach dem Schießen.
Camilla: Ja, gut, hm, dann würdest du den schlimmsten Verkehr meiden, denn ich werde, äh, verstehst du, das Problem ist, dass ich morgen Abend in London sein muss.
Charles: Ja.
Camilla: Und Dienstagabend kommt A.[27] nach Hause.
Charles: Nein!
Camilla: Ja, kaum zu glauben, was? Denn ich weiß nicht, was er tun wird. Ich glaube, er will hier auf die Jagd gehen oder so. Aber du könntest mich sowieso nicht anrufen, oder, Darling?
Charles: Vielleicht doch. Ich meine, ich hätte morgen Abend anrufen können.
Camilla: Oh Darling, ich kann es nicht ertragen. Wieso hättest du morgen Abend anrufen können?
Charles: Weil ich *[Gähnt]* an der nächsten Rede arbeiten werde.
Camilla: Oh nein, was ist das für eine?
Charles: Für Business in the Community[28], über den Wiederaufbau der Gemeinden.
Camilla: Oh nein, für wann ist die?
Charles: Sie ist ziemlich wichtig, für Mittwoch.
Camilla: Na, wenigstens werde ich hinter dir stehen.
Charles: Ich weiß.
Camilla: Kann ich eine Kopie von der haben, die du gerade gehalten hast?
Charles: Ja.
Camilla: Kann ich? Hm, das wäre toll.
Charles: Gut, ich werde versuchen, dir eine zu organisieren.
Camilla: Darling …

Charles: Aber ich, oh Gott, wann werde ich denn wieder mit dir sprechen können?

Camilla: Ich kann es nicht ertragen, hm …

Charles: Mittwochabend?

Camilla: Ja, sicher, Mittwochabend. Ich bin allein, am Mittwoch, weißt du, am Abend. Oder Dienstag. Weißt du, während du herumrennst und Dinge erledigst, bin ich allein, bis er wieder da ist. Und Mittwochmorgen ganz früh, ich meine, da fährt er gegen halb acht, Viertel vor acht wieder. Am Donnerstag ist er Gott sei Dank nicht da. Hm, dieser Streik der Rettungswagenfahrer, es ist schlimm, so etwas zu sagen, aber er wird wohl bis Donnerstag noch nicht zu Ende sein, oder?

Charles: Ich denke schon.

Camilla: Na ja, ich hoffe für alle, dass es dann vorbei ist, aber für uns hoffe ich, dass der Streik weitergeht.

Charles: Warum?

Camilla: Wenn er aufhört, kommt er Donnerstagabend her.

Charles: Oh, nein.

Camilla: Ja, aber ich denke, dass er aufhört, was meinst du?

Charles: Ja, ich auch. Bei unserem Glück.

Camilla: Ja, bei unserem Glück.

Charles: Dann hört er bestimmt auf.

Camilla: Nein, das wird er nicht. So darfst du nicht denken. Du musst positiv denken.

Charles: Darin bin ich nicht besonders gut.

Camilla: Also, ich werde positiv denken. Denn wenn nicht, dann werde ich noch verzweifeln. *[Pause]* Hmmm … bist du eingeschlafen?

Charles: Nein. Das ist doch zum Verrücktwerden.

Camilla: Ich weiß. Na, jedenfalls tut er sein Bestes, David meine ich, um die Sache zu ändern. Aber ich dachte, ich könnte Charlie fragen.

Charles: Hast du ihm schon etwas gesagt?

Camilla: Nein, ich habe nicht mit ihm gesprochen.

Charles: Hast du nicht?

Camilla: Na ja, ich habe kurz mit ihm gesprochen, aber, weißt du, ich dachte, ich – ich weiß einfach nicht, ob er die Kinder bei sich zu Hause hat. Das ist das Problem.

Charles: Ja, das stimmt.

Camilla: Oh … Darling, ich glaube, ich werde …

Charles: Bete, du musst einfach beten.

Camilla: Es wäre einfach wunderbar, wenn wir nur eine Nacht hätten, um uns über Wasser zu halten, oder?

Charles: Ja, das wäre es. Dann könnte ich dir frohe Weihnachten wünschen.

Camilla: *[Undeutlich]* Frohe, oh nein, lass uns nicht an Weihnachten denken. Ich kann es nicht ertragen. *[Pause]* … Schläfst du schon? Du solltest besser schlafen, oder, Darling?

Charles: *[Schläfrig]* Ja, Darling.

Camilla: Ich glaube, du bist völlig erschöpft von der ganzen harten Arbeit. Du musst jetzt schlafen, Liebling.

Charles: *[Schläfrig]* Ja. Darling.

Camilla: Rufst du mich an, wenn du aufwachst?

Charles: Ja, das mache ich.

Camilla: Bevor die Kinder um mich herumtoben. Morgen ist Toms Geburtstag.[29] Geht es dir gut?

Charles: Hm, mir geht es gut.

Camilla: Kann ich mit dir sprechen, bevor die Kinder …

Charles: Um wie viel Uhr stehen sie auf?

Camilla: Na ja, Tom steht normalerweise gar nicht von alleine auf, aber da morgen sein Geburtstag ist, stolpert er vielleicht von alleine aus dem Bett. Aber nicht vor halb acht. *[Pause]* Nacht, mein Schatz.

Charles: Darling …

Camilla: Ich liebe dich.

Charles: *[Schläfrig]* Vor …

Camilla: Vor halb acht.

Charles: Soll ich anrufen?

Camilla: Ja, wenn du kannst. Ich liebe dich, Darling.

Charles: Nacht, Darling.

Camilla: Ich liebe dich.

Charles: Ich dich auch. Ich will nicht auflegen.

Camilla: Es tut gut, das zu hören. Du bist wirklich ein gerissener Kerl. In dir steckt ein ziemlich schlaues Hirn, oder? Oh Darling, ich denke, du solltest deinem Hirn eine Pause gönnen. Nacht.

Charles: Nacht, Darling. Gott schütze dich.

Camilla: Ich liebe dich und bin so stolz auf dich.

Charles: Oh, ich bin so stolz auf dich.

Camilla: Sei nicht albern, ich habe noch nie etwas Großes geleistet.

Charles: Doch, das hast du.

Camilla: Nein, habe ich nicht.

Charles: Deine größte Leistung ist es, mich zu lieben.

Camilla: Oh Darling, das ist leichter als von einem Stuhl zu fallen.

Charles: Du erträgst all diese Demütigungen und Qualen und Verleumdungen.

Camilla: Ach, Darling, sei nicht albern. Für dich würde ich alles ertragen. Das ist nun mal Liebe. Das ist die Macht der Liebe. Gute Nacht.

Charles: Nacht, Liebling. Es klingt, als würdest du ein ellenlanges Seil mit ganz vielen Töpfen und Dosen hinter dir herziehen. Das muss an deinem Telefon liegen. Gute Nacht, bevor die Batterie alle ist. *[Macht Kussgeräusche]* Nacht.

Camilla: Ich liebe dich.

Charles: Ich will nicht auflegen.

Camilla: Ich auch nicht, aber du musst jetzt schlafen. Bis bald.

Charles: Bis bald, mein Schatz.

Camilla: Ich liebe dich.

Charles: Bis bald.

Camilla: Hoffentlich bis morgen früh.

Charles: Bitte.

Camilla: Mach's gut, ich liebe dich.

Charles: Nacht.

Camilla: Nacht.

Charles: Nacht.

Camilla: Ich liebe dich für immer.

Charles: Nacht.
Camilla: Bye-bye, mein Liebling.
Charles: Nacht.
Camilla: Nacht.
Charles: Nacht.
Camilla: Bis bald.
Charles: Bin jetzt weg.
Camilla: Mach's gut.
Charles: Bin jetzt weg …
Camilla: Gute Nacht.
Charles: Nacht.
Camilla: Drück die Taste.
Charles: Ich drück jetzt den Nippel.
Camilla: Ach, Liebling, ich wünschte, es wäre meiner.
Charles: Gott, das wünschte ich auch. Fester und fester.
Camilla: Oh Liebling.
Charles: Nacht.
Camilla: Nacht.
Charles: Ich liebe dich.
Camilla: *[Gähnt]* Ich liebe dich und drück jetzt den Nippel.
Charles: Ich bete dich an. Nacht.
Camilla: Nacht.
Charles: Nacht. *[Camilla macht Kussgeräusche]*
Charles: Nacht.
Camilla: Nacht, mein Liebling … ich liebe dich.
[Charles legt auf]

Die Veröffentlichung dieser Unterhaltung erschütterte Camilla. Ein Foto fing ihre seelische Verfassung in dieser Zeit ganz besonders deutlich ein. Darauf ist zu sehen, wie sie mit Zeitungen in der Hand, deren Schlagzeilen weitere schmutzige Einzelheiten aus ihrem geheimen Leben enthüllten, vom Kiosk zurückkehrt. Mit einem Schal um den Kopf gewickelt, der sie vor dem Blitzlicht der Fotografen schützen sollte, spiegelte ihr Gesicht die blanke Verzweiflung wider.

Sie erhielt säckeweise Hassbriefe. Camilla, die ihr Leben lang vor den unverblümten Reaktionen der weniger privilegierten Gesellschaftsschichten abgeschirmt worden war, sah sich plötzlich mit Verachtung und Spott konfrontiert. So wurde sie zum Beispiel auf dem Parkplatz vom Sainsbury-Supermarkt in Chippenham von einer Gruppe Frauen entdeckt, die sie verhöhnten und beleidigten. Schließlich griffen die Frauen in ihre Einkaufstaschen und warfen Brötchen nach Camilla, als diese zu flüchten versuchte. Eine Nachbarin, Jessica Webb, sagte zu diesem außergewöhnlichen Anblick: »Camilla wirkte sehr aufgebracht. Die Frauen waren offensichtlich nicht mit ihrer Beziehung zu Charles einverstanden.«

Die Beamten des Buckingham-Palastes, die sich noch nie sehr gut in Notfällen bewährt hatten, wurden von den Enthüllungen und der anschließenden Reaktion der Öffentlichkeit auf dem völlig falschen Fuß erwischt. Prompt taten und sagten sie nichts, während der Sturm weitertobte. Die *Sun*, die den größten Wirbel veranstaltete, schrieb 6-MINÜTIGES LIEBESGEFLÜSTER KANN CHARLES DEN THRON KOSTEN und sprach im Eifer des Gefechts stellvertretend das aus, was wohl die meisten Leser dachten.

Die *Mail on Sunday*, ebenfalls in unversöhnlicher Stimmung, brachte einen Artikel mit der Schlagzeile KABINETTSMINISTER FLEHT CHARLES AN: TRIFF SIE NIE WIEDER. Die Zeitung, die mit beinah jedem Minister aus John Majors Kabinett gut auskam, verriet nicht, mit welchem Minister sie ausführlich gesprochen hatte, doch die Botschaft war klar und deutlich:

Während Charles scheinbar nicht bereit ist, die langjährige Beziehung zu beenden, sagte ein ranghohes Kabinettsmitglied gestern Abend: »Es wäre ratsam, wenn er jeglichen Kontakt zu Mrs. Camilla Parker Bowles abbrechen und reinen Tisch machen würde.«

Das Kabinett, so die Zeitung, sei der Meinung, dass der britischen Öffentlichkeit die Gefahr drohe, sämtliche Illusionen über die königliche Familie zu verlieren, was wiederum langfristige Auswirkungen auf die Monarchie haben könne.

Dies war eine recht unverblümte Nachricht der Tory-Regierung an den Prinzen von Wales, die ihm zu verstehen gab, dass er in ziemlichen Schwierigkeiten steckte und es bald zu einem größeren Bruch zwischen Krone und Staat kommen würde – es sei denn, Charles bewies seine Reue und gelobte Besserung.

Dieser Angriff, der so gar nicht nach einem Angriff klang, jedoch eine ernst zu nehmende Drohung enthielt, war eine Reaktion auf Charles' Verhalten nach dem Erscheinen der Camillagate-Bänder. Es wurde bekannt, dass er die Situation als »einen Tiefpunkt der Krise« bezeichnet hatte.

»Es war ein Damoklesschwert, das über seinem Kopf hing«, sagte ein Freund gefühlvoll. »Das Schlimmste ist nun vorbei. Die Dinge können nur noch besser werden.«

Diese furchtbar naive Ansicht fachte die Wut im Kabinett nur noch stärker an. Einige Minister waren der Meinung, dass man in Anbetracht der Täuschung, der die britische Öffentlichkeit in Bezug auf Charles' Affäre mit Camilla zum Opfer gefallen war, wenigstens mit einem kleinen Anzeichen von Reue rechnen dürfe. Die Nachricht aus Charles' Lager klang hingegen tollkühn und optimistisch – er habe vor, »den Sturm auszusitzen«.

Die Art und Weise, wie er ihn aussaß, sprach nicht gerade für jemanden, der sich beim Polospiel so geschickt im Sattel halten konnte. Das immer mürrischer werdende Kabinett jedenfalls war nicht beeindruckt. Der Plan des Prinzen sah vor, dass er sich mit Lord und Lady Romsey und seinen Ski-Freunden Charles und Patty Palmer-Tomkinson zu einer Krisensitzung nach Balmoral zurückzog. Offiziell wurde es als Sportwochenende deklariert.

Unter dem Ansturm von negativen Schlagzeilen war Charles nicht mehr in der Lage, ein Drama von einer Krise zu unterscheiden. Als die Mitglieder des Geheimen Staatsrats hörten, welche Schritte Charles unternommen hatte, konnten sie nur verächtlich auf die Unerfahrenheit der Menschen herabblicken, die der Prinz von Wales in dieser schwierigen Situation zurate zog.

Doch als die Scheinwerfer der Weltmedien an Charles und Camilla vorbeileuchteten, waren plötzlich die Statisten in diesem außergewöhnlichen Schauspiel an der Reihe. Plötzlich wurden sie als Verschwörer in einem machiavellischen Täuschungsmanöver gegen die Nation entlarvt und mussten erleben, dass Menschen an ihre Türen hämmerten und ihre Telefone lahm legten, die im Auftrag des Landes die Aufgabe auf sich genommen hatten, nachzufragen, was eigentlich los sei.

Manche entgingen jedoch der Aufmerksamkeit. So zum Beispiel Camillas ehemaliger Schwager Nick Paravicini, ein befreundeter Polospieler aus den Anfängen der Romanze von Charles und Camilla in den Siebzigern, in dessen weitläufigem Haus in Breconshire Camilla und Charles bei mehr als einer Gelegenheit Zuflucht gefunden hatten. Und auch Camillas Schwester Annabel Elliott, deren Haus in Stourpaine nahe Blandford Forum in Dorset den Liebenden viele Male Obdach gewährt hatte. Auf dieser Liste stand auch die Marquise von Douro, eine gebürtige preußische Prinzessin, die mit dem Erben des Herzogs von Wellington verheiratet war. Als treue Freundin des Prinzen hatte sie Charles ein Cottage auf dem Land zur Verfügung gestellt, und als Dank dafür erfuhr sie, dass die Prinzessin von Wales nie wieder ein Wort mit ihr zu wechseln gedachte.

Andere wurden fälschlicherweise angeklagt, den Liebenden Unterschlupf gewährt zu haben, wie zum Beispiel der kanadische Milliardär Galen Weston, zu dessen multinationalem Lebensmittelkonzern auch der Lieferant der Königin, Fortnum and Mason, gehört.

Weston, ein enger Freund von Charles, war jemand, an den die Presse furchtbar gerne herangekommen wäre. Sein Wohnsitz in Großbritannien ist Fort Belvedere, ein neugotischer exzentrischer Prachtbau aus dem achtzehnten Jahrhundert, dessen bekanntester Bewohner Charles' Vorgänger war. Die Vorstellung, dass zwei Prinzen von Wales nacheinander unter dem gleichen Dach mit ihren Geliebten geschlafen hatten, war beinah zu viel. Wenn man Charles' Begeisterung für Weston bedachte – und außerdem hatte Charles das Anwesen tatsächlich besucht –, dann musste es doch stimmen, oder?

Weston und seine in Irland geborene Frau Hilary wurden

praktisch belagert und wandten sich Rat suchend an die Berater des Buckingham-Palastes. Weston wusste, wie er hinsichtlich seines eigenen multinationalen Imperiums mit der Presse umgehen musste, doch er wollte nichts sagen, was jemanden vor den Kopf stoßen oder den sowieso schon arg gebeutelten Prinzen von Wales in Schwierigkeiten bringen könnte. Er und Charles waren bereits im Sommer zuvor wegen eines Artikels in einer amerikanischen Zeitung in eine peinliche Lage geraten. Es hatte geheißen, dass Weston Fort Belvedere von der Krone gekauft habe (er hat es langfristig gemietet) und es Charles und Camilla als Geschenk übergeben wolle.

»Sie waren entsetzt angesichts der Reaktion aus dem Buckingham-Palast«, erinnerte sich ein Freund.

Und Hilary Weston verriet: »Galen rief das Pressebüro des Buckingham-Palastes an, das ihm einen unglaublich albernen Ratschlag gab. Er sollte einen Brief [an die Zeitungsredakteure] schreiben, nach dem Motto ›Nach meinem besten Wissen und Gewissen …‹ Kann man sich so etwas Blödes vorstellen? Also schrieb Galen den einzig möglichen Brief. ›Mrs. Parker Bowles war noch nie in ihrem Leben in Fort Belvedere.‹«

Das machte zumindest diesen neugierigen Fragen ein Ende. Andere Zeitungen, die nach der Enthüllung der Affäre begierig darauf waren, die Schauplätze der geheimen und historischen Treffen zu benennen, irrten sich gelegentlich in ihrer Hast. Ein paar von ihnen stießen auf Fotos der Queenwood Golf Lodge auf dem Bowood-Anwesen des Grafen von Shelburne. Sie zählten zwei und zwei zusammen … und mussten sich anschließend entschuldigen. Shelburne sagte zu Recht, dass Charles und Camilla nie dort gewesen seien. Als er die Richtigstellungen erwirkte, sah er keinen Grund, zu verraten, wo genau sich das Paar auf seinem Anwesen aufgehalten hatte.

Nachdem die Reporter ihre Meinung über die sexuellen Anspielungen auf den Camillagate-Bändern kundgetan hatten, geriet dieser Aspekt schnell in Vergessenheit. Es blieb jedoch das unbehagliche Gefühl, dass die Leute von der königlichen Familie getäuscht worden waren. Obwohl zu dem damaligen Zeitpunkt noch niemand genau wusste, wie lange die Beziehung bereits andauerte, wie viel die »zu Schaden gekommenen« Beteiligten wirklich wussten und wie nachsichtig sie waren.

Ein Teil der Wut zeigte sich in Attacken gegen Commander Richard Aylard, dem man vorwarf, er habe die Presse manipuliert, Berichte verhindert und irreführende Informationen verteilt. Die »Gemeinsamkeitstour« kam beispielsweise zur Sprache – bei dieser Gelegenheit hatten zwei im mittleren Marktsegment angesiedelte und vorwiegend pro-monarchische Zeitungen eine völlig falsche Schlagzeile geliefert bekommen. Und dann meldete sich die *Sun*, die lauteste Stimme Großbritanniens, wenn nicht sogar mit einer Auflage von beinah vier Millionen die einflussreichste, zu Wort.

Die Zeitung führte einen Artikel an, den sie im Sommer zuvor nach dem Erscheinen von Mortons Buch geschrieben hatte, der jedoch nach einer durch einen »Freund« von Charles überbrachten Bitte nicht veröffentlicht worden war. In dem Artikel wurde die Prinzessin von Wales als »größenwahnsinnige« und »intrigante Frau« beschrieben. Es hieß wörtlich: »Sie ist größenwahnsinnig geworden. Ihr Verhalten gefährdet ihre Ehe, das Land und die Monarchie. Das Buch rückt sie in ein übertrieben positives Licht, doch die Menschen sollten lieber ihre Motive in Frage stellen. Kann sie wirklich behaupten, eine liebende Mutter und ein mitfühlender Mensch zu sein, und sich gleichzeitig so große Mühe geben, ihrem Mann zu schaden?«

Von anderer Seite hörte man: »Diana möchte die Prinzessin von Wales sein, aber ohne den Prinzen. Sie ist überzeugt, diejenige zu sein, die die Monarchie aufrechterhält. Es ist kein Zufall, dass wir bezaubernde Familienfotos von der Prinzessin mit ihren Jungen in Alton Towers oder Thorpe Park sehen. Wie wurden sie wohl aufgenommen? Es ist kein Geheimnis, dass die meisten Tipps an die Fotografen aus dem nahen Umfeld der Prinzessin stammen.«

Diese Kommentare klangen sehr authentisch. Doch von wem auch immer sie stammen mochten, so war es Commander Richard Aylard gewesen, der plötzlich erkannt hatte, dass sie zu weit gingen. Also hatte er mit der Zeitung verhandelt, dass der Artikel nicht erscheinen sollte.

Die Veröffentlichung der Camillagate-Bänder sorgte somit für viel Ärger. Währenddessen versuchte die Hauptperson, Mrs. Parker Bowles, im Auge des Sturms, ihr Leben in Ordnung zu bringen. Sie hatte große Schuldgefühle wegen der Auswirkungen auf ihren Mann, der nun täglich gezwungen war, einen Spießrutenlauf mit den Fotografen durchzustehen. Obwohl er jedes Mal, wenn er das Haus in London verließ, versuchte gelassen zu bleiben, litt sein legendärer Charme doch ein wenig unter der Situation. Camilla machte sich außerdem Sorgen, wie sich die Publicity auf ihre Kinder auswirken würde. All das führte dazu, dass sie rapide an Gewicht verlor, angeblich nahm sie innerhalb von zwei Monaten beinah zwölf Kilo ab. Ihr Gesicht alterte sichtlich. Verwirrt und im Licht der Scheinwerfer gefangen, traute sie sich nicht, ihren Liebhaber zu sehen, und blieb stattdessen daheim. So stand sie innerhalb von einem Jahr zum zweiten Mal unter Hausarrest. Wie beim ersten Mal tat sie das, was sie in einer Krise immer tat, und wandte sich an ihren Vater. Bruce Shand, inzwischen sechsundsiebzig Jahre alt und immer noch ein Gentleman, trat vor die Journalisten. »Ich denke, wir sollten besser die Klappe halten« lautete sein berühmter Kommentar. Zuvor hatte er noch gesagt: »Ich glaube nicht, dass sie [Andrew und Camilla] sich jemals scheiden lassen. Nichts in dieser Welt ist hundert Prozent sicher, aber so stehen die Dinge momentan.« Anschließend teilten sich die dicht geschlossenen Reihen der Fotografen respektvoll, um ihn durchzulassen.

Es waren altmodische Familienbande, die Camilla in den ersten Wochen des Jahres 1993 aufrecht hielten. Charles, den sie noch genauso liebte wie am Abend des 17. Dezember, als die fatalen Worte ausgesprochen worden waren, litt sehr. Freunde sagen, dass Camilla wegen ihm ein ebenso schlechtes Gewissen hatte wie wegen ihres Mannes, ihrer Kinder und ihrer alten Eltern. Doch sie nahm nicht die Hilfe von New-Age-Therapeuten in Anspruch. Diana mochte sich ja dem Holismus, der Akupunktur und astrologischen Ratgebern und ähnlichem Zeugs zuwenden, aber Camilla zündete sich einfach nur eine Zigarette an, mixte sich einen starken Drink und machte mit ihrem restlichen Leben weiter, so gut es eben ging. »Eine Zeit lang glaubte sie, die meistgehasste Frau im ganzen Land zu sein«, sagte ein Freund. »Sie bekam Hassbriefe und Anrufe von Spinnern, und obwohl Andrew versuchte, sie nach allen Kräften zu unterstützen, ging ihm langsam die Geduld aus. Sie litt ganz fürchterlich bei dem Gedanken, was all das ihren Kindern antun mochte. Vor allem Tom hatte in Eton eine schwere Zeit, da die Jungs die Zeitungen nahmen und mit albernen Stimmen Auszüge auf dem Telefongespräch vorlasen.

Doch was sie wirklich krank machte, war der Gedanke daran, dass sie ausspioniert worden war.«

Sie war nicht die Einzige, die sich darüber Sorgen machte. Man konnte offensichtlich nur *einen* Schluss daraus ziehen, dass innerhalb von vierzehn Tagen die Squidgy- und Camillagate-Bänder aufgezeichnet worden waren. Obendrein war sogar noch eine dritte Unterhaltung, und zwar zwischen dem Herzog und der Herzogin von York, mitgeschnitten worden. *Die königliche Familie war heimlich abgehört worden.* Der *Sunday Mirror* berichtete:

Großbritanniens Spione zeichneten insgesamt 28 intime Telefongespräche zwischen Prinz Charles und Camilla Parker Bowles auf.

Nun versuchen die Chefs des MI5, die die Camillagate-Aufnahmen angeordnet haben, um jeden Preis zu verhindern, dass weitere sensationelle Bänder an die Öffentlichkeit gelangen.

Die anderen Aufzeichnungen sind angeblich genauso intim [wie die erste].

MI5-Chefin Stella Rimington hat ein Team von Agenten zusammengestellt, das den Maulwurf, der die Camillagate-Bänder herausgegeben hat, aufspüren und weitere Enthüllungen verhindern soll. Sie vermutet, dass der Maulwurf aus Großbritanniens Spionagezentrum, dem GCHQ in Cheltenham, stammt, wo die »professionellen Aufnahmen« gemacht wurden. Für manche wurde ein Spionagesatellit benutzt.

Dieser Artikel trug nicht gerade dazu bei, Camillas Besorgnis und Mutlosigkeit zu lindern. Sollte diese Story tatsächlich der Wahrheit entsprechen, würde womöglich noch viel Schlimmeres auf sie zukommen als der seelische Aufruhr, den sie bis dahin durchgemacht hatte. Jedes Telefongespräch mit Charles – sie konnten sich nicht treffen – erfüllte sie mit Angst.

Doch trotz drohender neuer Enthüllungen drang nichts Neues an die Öffentlichkeit. Die Abgeordneten des Unterhauses verlangten zwar zu erfahren, was los sei – hörte der Geheimdienst die königliche Familie ab, und wenn ja, auf wessen Befehl hin? –, erhielten jedoch keine Antworten. Die Fleet Street stellte eigene Nachforschungen an, doch auch hier kam nichts heraus.

Die plausibelste Theorie war, dass kriminelle Elemente im Nachrichtendienst der Marine oder der Armee, die weder dem MI5 noch dem MI6 unterstanden, hochmoderne Abhörtechnologien benutzt hatten, um über das Handy des Prinzen von Wales seine genaue Position zu ermitteln. Eine weitere Theorie behauptete, dass die Mitarbeiter »zum Schutze des Königreiches« den Inhalt königlicher Unterhaltungen analysierten – ein Freifahrtschein und Ausrede für alle möglichen Formen von Spionage.

Das alles waren nur Theorien, und es fehlten unwiderlegbare Fakten. Der Unterhausabgeordnete Geoffrey Dickens, der als Mitglied der Konservativen Littleborough und Saddleworth vertrat, brachte die Angelegenheit ins Parlament und verlangte eine Untersuchung der Abhöraktionen. Sein Antrag wurde nicht zugelassen, und der Sprecher des Unterhauses zitierte den Birkett-Bericht, der eine genaue Beleuchtung der Undercover-Arbeit des Geheimdienstes untersagt.

Die Regierung befand sich in einer Zwickmühle – sollte sie eine Hexenjagd einleiten oder nicht? –, doch auf den Ratschlag ihrer Sicherheitsberater hin griffen sie auf ein althergebrachtes Mittel zur »Problemlösung« zurück und beriefen eine Untersuchungskommission ein. Ende März 1993 veröffentlichte der Premierminister John Major zwei offizielle Berichte, die den

MI5 und andere Nachrichtendienste von dem Vorwurf freisprachen, die königliche Familie ausspioniert zu haben. Dieses Ergebnis wurde von fast allen Mitgliedern des Unterhauses einhellig mit Spott aufgenommen.

Der Premierminister veröffentlichte einen Bericht über das Abhören von Telefongesprächen und einen weiteren über die Staatssicherheitsdienste im Allgemeinen. Im ersten Bericht sagte Sir Thomas Bingham, der Master of the Rolls[30], der Sonderausschuss habe keinerlei Verstöße feststellen können. Im zweiten Bericht von Richter Stuart-Smith stand, er sehe keinen Grund, warum sich die Staatssicherheitsdienste selber schaden und die königliche Familie abhören sollten. Diese Ergebnisse machten die Unterhausabgeordneten nur noch wütender, da die Untersuchungen ganz offensichtlich völlig ihr Ziel verfehlt hatten. Der Konservative Richard Sheperd fasste die allgemeine Unzufriedenheit folgendermaßen zusammen: »Wir haben hier nur zwei alte Knacker, die sagen, dass sich ihrer Meinung nach die Sicherheitsdienste integer verhalten.«

Ein Jahr später, im Sommer 1994, wusste der Unterhausabgeordnete Geoffrey Dickens genauso wenig wie zu dem Zeitpunkt, als er die Frage aufs Tapet gebracht hatte. »Ich habe nie eine zufrieden stellende Antwort erhalten – man sagte mir, dass Fragen der nationalen Sicherheit im Sinne vom Birkett-Bericht geschützt seien«, sagte er. »Zu dem Zeitpunkt beunruhigte mich vor allem die Qualität der Bänder – ich meine, einige von ihnen basierten auf Verbindungen zwischen See und Festland, andere zwischen Stadt und Land. Diese Qualität konnte nicht von Amateuren stammen. Das muss jemand aufgenommen haben, der Zugang zu einer erstklassigen Ausrüstung hatte, und deshalb war ich der Meinung, dass die Angelegenheit untersucht werden sollte.

Die Mitschnitte von Gesprächen der Königsfamilie waren solch ein explosives Thema, dass ich mir nicht vorstellen kann, dass da einfach nur ein Amateur gelauscht hat. Es müssen Tausende von Stunden aufgezeichnet worden sein, was mich zu der Überzeugung bringt, dass die Familie konsequent abgehört worden ist. Ich denke, dass es wahrscheinlich eine undichte Stelle im Geheimdienst gab – die ganze Sache war wirklich beschämend.

Das Schlimme ist, dass durch den Birkett-Bericht sogar die Halunken im Geheimdienst geschützt wurden.«

Nach dem Camillagate-Skandal tauschte Prinz Charles sein Handy gegen ein neues, abhörsicheres aus. Ihm war inzwischen klar, dass es sich bei dem Gespräch zwischen seiner Frau und dem Autohändler James Gilbey, das von dem wachsamen Cyril Reenan belauscht worden war und zu der Squidgy-Affäre geführt hatte, im Grunde um einen Zusammenschnitt aus zwei Telefongesprächen handelte, die zusammengesetzt und anschließend von unbekannten Personen noch einmal gesendet worden waren, damit sie von einem Amateur mitgeschnitten werden konnten. Es bestand durchaus die Gefahr, dass dies noch einmal passierte.

Dieses Wissen trug nicht gerade dazu bei, die Befürchtungen von Camilla Parker Bowles aus der Welt zu räumen. Im Gegenteil, die unbekümmerte Art und Weise, mit der die zuständigen Regierungsstellen ihre Nachforschungen in die falsche Richtung lenkten, ließ für sie nur einen Schluss zu: dass sie und Charles rund um die Uhr vom britischen Geheimdienst abgehört wurden. Und niemand schien etwas dagegen zu unternehmen.

Aber die Camillagate-Bänder sind für diejenigen, die sich für die Zukunft der britischen Königsfamilie einsetzen, ebenso wertvoll wie für diejenigen, die an einer Schwächung der Monarchie interessiert sind, wie zum Beispiel die kriminellen Elemente des Spionagenetzwerks. Die Bänder liefern ein äußerst deutliches Bild darüber, wie die Beziehung zwischen Charles und Camilla beinah zwei Jahrzehnte nach der schicksalhaften Nacht im *Annabel's* beschaffen war.

Dass zwei Menschen sich nach so vielen Jahren immer noch leidenschaftlich lieben, ist schon erstaunlich genug. Die Kosenamen sind bei grellem Tageslicht betrachtet natürlich peinlich, doch das gilt genauso für jedes andere Liebespaar, dessen intime Vertraulichkeiten an die Öffentlichkeit gezerrt werden. Wenn man darüber erst einmal hinwegsieht, erkennt man eine Frau, die sehr stark für ihren Mann empfindet, die sehr um sein Glück und sein geistiges Wohlergehen besorgt ist und die sehr nachsichtig ist, wenn er zu sehr in seinen Problemen gefangen ist.

Sie verhält sich rücksichtsvoll: Die Verwirrung über den Ort, an dem ihr nächstes Treffen stattfinden soll, liegt allein bei Charles, und doch korrigiert sie ihn nicht. Charles hingegen lobt sie ausdrücklich – »Deine größte Leistung ist es, mich zu lieben« –, und während dies nur ein indirektes Kompliment ist und sich auf seine eigene Person konzentriert, stammt es doch von einem Mann, dessen Leben stets auf ein ihm vorherbestimmtes Schicksal zusteuerte. Im Gegensatz zu den meisten Menschen ist sich Charles dessen bewusst, dass er mit allem, was er tut, ein Teil der Geschichte ist – und dass die Geschichtsschreibung mit der Zeit die Rolle, die Camilla in seinem Leben gespielt hat, in einem freundlicheren Licht zeigen wird. In fünfzig Jahren werden die Menschen auf Supermarktparkplätzen nicht mehr mit Brötchen nach ihr werfen.

In ihrer Unterhaltung werden einige Freunde erwähnt, die bereit sind, dem liebenden Paar in ihrem Haus Zuflucht zu gewähren, doch das zeigt auch, welches Maß an Geheimhaltung nötig ist, um diese Treffen zu arrangieren. Offensichtlich dürfen so wenige Leute wie möglich wissen, dass sie Zeit unter demselben Dach verbringen, und dazu zählen auch kleine Kinder im Alter von sechs Jahren. Außerdem scheint das Paar sich selbst zu zensieren, da es weder Freunde noch Häuser beim Namen nennt.

Die Rede, die Charles anspricht, hielt er am Morgen des darauf folgenden Mittwochs im Rathaus der City von London. Als Vorsitzender der Organisation »Business in the Community« rief er die Dragon Awards für das Engagement in der Gemeinde wieder ins Leben und fuhr dann zur Brewer's Hall, wo er an einer Konferenz des Community Trust teilnahm. Kein einziger der zahlreichen Teilnehmer dieser ehrenvollen Initiative hätte wohl gedacht, dass Charles beim Schreiben der Worte, die seine

Zuhörer zu Höherem anspornen sollten, in Gedanken bei Camilla und der Frage gewesen war, wann er das nächste Mal mit ihr schlafen konnte.

Ein Berichterstatter wies darauf hin, dass es auf den Bändern einen Moment der Pflichtvergessenheit gab, und zwar als die Unterhaltung der beiden auf Andrew Parker Bowles zu sprechen kam. Der Streik der Rettungswagenfahrer im Jahr 1989 war eine der schlimmsten Konfrontationen in Großbritannien seit dem Streik der Minenarbeiter. Er dauerte sechs Monate und kostete das Land mehr als 35 Millionen Pfund. Die Polizei und die Armee mussten schnellstens ein System ausarbeiten, um den Rettungsdienst zu ersetzen – und obwohl dies gelang, wurde die Öffentlichkeit stark in Mitleidenschaft gezogen. Es hieß, dass Menschen grundlos gestorben seien, weil die Profis streikten. Als der Streik 1990 beendet wurde, hatte die Polizei insgesamt zusätzliche 1,1 Millionen Arbeitsstunden für Rettungsdienste geleistet, die natürlich von ihrer Hauptaufgabe der Verbrechensprävention und Verbrechensbekämpfung abgezogen werden mussten.

Als die Unterhaltung zwischen Charles und Camilla stattfand, dauerte der Disput bereits drei Monate an und befand sich auf seinem Höhepunkt. Andrew Parker Bowles hatte eine Schlüsselrolle bei der Beschaffung von Ersatzleuten aus der Armee, und diese Aufgabe war sehr anspruchsvoll und zeitaufwändig. Interessanterweise ist es Camilla, die sich für ihren Wunsch entschuldigt, der Streik möge weiter andauern, damit ihr Mann in London bleibt. Der Prinz äußerte keinerlei Bedauern – »Bei unserem Glück«, sagt er nur ironisch bei dem Gedanken, dass womöglich sein nächstes Treffen mit Camilla ausfallen würde. Als Mitglied des Geheimen Staatsrats und zukünftiger König würde er später sagen, dass das Wiederherstellen eines funktionierenden Rettungsdienstes für die Nation oberste Priorität habe. Doch nicht, so schien es, wenn es mit seinem Privatleben in Konflikt geriet.

Andrew Parker Bowles reagierte auf dieses schreckliche Eindringen in sein Privatleben mit heroischem Gleichmut. Er ließ sich nichts anmerken und gestattete sich nicht einmal die Befriedigung, den allzu aufdringlichen Reportern eine ungehaltene Antwort zu geben. Ein Grund dafür mag sein, dass er seine ehemalige Freundin Prinzessin Anne seit ihrer Trennung von Captain Mark Phillips oft gesehen hatte. Er war mit ihr ins Kino und ins Theater gegangen und hatte einige Male mit ihr in einem Restaurant zu Abend gegessen. Sie besuchte ihn zu Hause, wenn Camilla nicht da war, und sah ihn häufig, als er noch in den Knightsbridge Barracks war. Außerdem verbrachte er viel Zeit mit Charlotte Hambro, der er ein Jahrzehnt zuvor begegnet war und in die er sich verliebt hatte, als ihr Vater, Lord Soames, Gouverneur von Rhodesien war.

Interessanterweise war Camilla trotz ihrer eigenen außerehelichen Aktivitäten hinsichtlich Andrews Liebesleben alles andere als gelassen. »Camilla hasste die enge Beziehung zu Charlotte. Und obwohl diese sehr lange anhielt, hatte *gerade* sie gar kein Recht dazu, sich zu beschweren«, sagte ein Freund.

Welche Absprachen das Ehepaar auch immer in seiner Ehe getroffen haben mochte, so blieben diese unverändert. Und Andrew Parker Bowles, dessen Vater Derek angeblich nach dem Tod von König George VI. der engste männliche Freund der Königinmutter gewesen war, blieb einer von Camillas Favoriten. Es war eine Tradition, dass das Paar jedes Frühjahr auf Windsor in der Royal Lodge wohnte und nach Cheltenham reiste, zum großartigen einwöchigen Fest des Pferdesports, dem National Hunt Festival. In jenem Jahr machten sie keine Ausnahme. Obwohl die Königinmutter durchaus wusste, was in den Zeitungen geschrieben worden war, sah sie darin kein Hindernis für ihre Freundschaft mit Andrew oder Camilla. Egal, welche Gefühle das Paar an diesem Wendepunkt der Ereignisse füreinander empfinden mochte, so waren beide dennoch bereit, in Cheltenham der Welt gegenüberzutreten. Wie sie Freunden erzählten, seien sie schon viel zu lange zu Hause eingesperrt gewesen.

Zu dieser Zeit begann eine merkwürdige Geschichte über Camillas Vater Bruce Shand die Runde zu machen. Es hieß, der Major habe genug gehabt und ein Treffen mit dem Prinzen von Wales im Buckingham-Palast verlangt. Als sich die zwei Männer trafen, habe er dem Prinzen angeblich gesagt, seine Frau sei Invalidin und das Leben seiner Tochter sei ruiniert und Charles müsse sie für immer in Ruhe lassen. Daraufhin sei der Prinz in Tränen ausgebrochen.

Als Major Shand nach dieser Geschichte gefragt wurde, tat er nichts, um sie zu widerlegen. Aber es war wohl seine »Klappe halten«-Devise, die ihn davor zurückhielt, die Wahrheit zu sagen. In Wirklichkeit hatte das Treffen niemals stattgefunden und war nur das Produkt der überhitzten Gemüter.

Ein Gerücht, das sich jedoch bestätigte, betraf die Existenz der langjährigen Beziehung zwischen Charles und Camilla an sich. Dies geschah zu einer Zeit, als sich die Zeitungen immer noch schwer taten, Camilla als etwas anderes als Charles' »Vertraute« zu bezeichnen. Erstaunlicherweise kam die Bestätigung direkt aus dem Buckingham-Palast. Ein Mitglied des Pressebüros, Dickie Arbiter, gab es bei einem Interview mit dem *Daily Mirror* zu.

»Na und?«, sagte er. »Der Prinz hat eine Affäre mit dieser Frau – das passiert in Frankreich ständig. Politiker und berühmte Männer aus allen Bereichen des täglichen Lebens in Frankreich haben Geliebte, und kein Hahn kräht danach.«

Nach all den Jahren der Intrigen und Geheimniskrämerei war dies ein erstaunliches Eingeständnis, sozusagen ein blaublütiges Eigentor, das zeigte, wie sehr die Situation aus dem Ruder gelaufen war.

Mitte 1993 hatten die königlichen Berater tatsächlich jegliches Interesse daran verloren, die Ereignisse zu lenken. Völlig verwirrt von dem scheinbar unerschöpflichen Strom an Enthüllungen und ohne eine Ahnung, was wohl noch aus dem Unterholz zutage kommen würde, gaben sie einfach auf. Es wurden keinerlei Schritte unternommen, die außer Kontrolle geratene Prinzessin von Wales zu beschwichtigen, die man inzwischen für vogelfrei erklärt hatte. Diese Taktik war schlecht gewählt, denn in ihrer Wut und Frustration angesichts der Art und Weise, wie sie behandelt worden war – ihr Lieblingsspruch lautete »nach allem, was ich für diese **** Familie getan habe« –, stellte die Prinzessin in vielerlei Hinsicht eine ernst zu nehmende Gefahr für das Haus Windsor dar.

Am gefährlichsten war ihr Einfluss auf ihre Kinder, vor allem auf Prinz William. Egal, wie oft die kleinen Prinzen in der Kirche von Sandringham gesehen wurden, wo sie auf den Spuren ihres Vaters wandelten, so sah sie die Kinder häufiger als Charles. Und wenn sie es wollte, konnte sie einen schlechten Einfluss auf sie ausüben, sei es im Hinblick auf den Vater, die Großmutter oder die gesamte königliche Maschinerie. Angesichts ihres übererregten Zustands wäre es ratsam gewesen, Vorsichtsmaßnahmen zu treffen und sie zu besänftigen, doch stattdessen behandelte man sie wie eine Feindin.

Zweitens hatte sie die Macht, dem gesamten Hause Windsor bei praktisch jedem Ereignis die Show zu stehlen. Eine sorgfältig geplante Shopping-Tour, während der Prinz von Wales eine wichtige Rede über die Umwelt hielt, vertrieb ihn von den Titelseiten. Eine andere Frisur oder ein neuer Hut bei dem alljährlichen Gedenkgottesdienst am Volkstrauertag, und alle Augen waren auf sie gerichtet, nicht auf die Königin. Eine Rede zu egal welchem Thema – vor allem eine, die eine versteckte Andeutung auf ihre Probleme enthielt – schien die Nation tagelang zu beschäftigen.

Und dann gab es da noch die allgegenwärtige Drohung, dass sie noch nicht damit fertig war, aus dem Nähkästchen zu plaudern. Im Sommer 1994 nach ihrem so genannten Rückzug aus dem öffentlichen Leben wurde die Prinzessin bei langen Unterhaltungen mit dem Journalisten Richard Kay beobachtet. Es hieß, dass Mr. Kay ein Buch plane. Sollte dies eine weitere, noch unglückseligere Version von *Diana. Ihre wahre Geschichte* werden? Der Schaden, den sie dem nationalen und internationalen Ansehen des Hauses Windsor noch zufügen konnte, war nicht abzusehen.

Und doch wurde von der königlichen Maschinerie nichts unternommen, um sie zu beschwichtigen. Sie wurde von den Mitgliedern des königlichen Haushalts wie jemand behandelt, der alle im Stich gelassen hatte, jemand, der ein Leck in den Rumpf des Bootes geschlagen hatte, in dem sie alle segelten. Es herrschte große Befriedigung, als Diana endgültig aus Highgrove auszog. Ihre Schwester Lady Janes Fellowes half ihr dabei, ihre persönlichen Sachen zu packen und endlich das Haus zu verlassen, das Dianas Meinung nach immer Camilla gehört hatte.

Im März 1993 machte sich Charles, angetrieben von Camilla, daran, alle sichtbaren Spuren von Diana aus dem Haus zu entfernen. Eines der ersten Ziele war das private Wohnzimmer der Prinzessin, ein Zufluchtsort in der Nähe des in Pink und Grün gehaltenen Hauptschlafzimmers, in dem auch das Himmelbett stand, das Diana seit dem Anfang ihrer Ehe vorwiegend allein benutzt hatte.

1981 war der Raum von dem Innenausstatter Dudley Poplak, den Dianas Mutter Mrs. Frances Shand Kydd empfohlen hatte, in Gelbtönen eingerichtet worden. Nun wurde auf Camillas Anraten hin der in Wiltshire ansässige Designer Robert Kime hinzugeholt, der die Wände abschliff, die eingebauten Bücherregale in den Alkoven entfernte und dem Raum einen maskulineren Touch gab. Diese Veränderungen, von denen Charles Diana nicht in Kenntnis gesetzt hatte, schockierten sie ziemlich, als sie im Mai noch einmal für zwei Nächte in das Haus zurückkehrte. Bei dieser Gelegenheit unternahm sie den misslungenen Versuch, den Prinzen noch einmal die Geborgenheit einer intakten Familie zu geben, in der beide Eltern unter einem Dach leben. Nachdem sie die von Camilla bewirkten Veränderungen im Garten von Highgrove gesehen hatte, kam sie zu dem Schluss, dass sie dieses Experiment nicht wiederholen würde.

Camilla drückte auch Charles' neuer Wohnung im St.-James-Palast ihren Stempel auf, in die er nach der Trennung gezogen war. Diana war ebenfalls bereit, das eheliche Heim in London gegen eine nicht-königliche Unterkunft einzutauschen. Sie sah den

Kensington-Palast als »sicheren, aber goldenen Käfig«. Der gewünschte Umzug machte ihr jedoch größere Schwierigkeiten.

In der Zwischenzeit gaben sich Andrew und Camilla Parker Bowles angesichts der Flut von negativen Enthüllungen tapfer. Zumindest die Königinmutter war nicht gewillt, sie nur wegen des boshaften Geredes fallen zu lassen. Es war auch ihr Einfluss – schließlich hatte sie bei der Hochzeit der beiden vor zwanzig Jahren als Haupttrauzeugin ihre Unterschrift unter die Heiratsurkunde gesetzt –, der die Reaktion von Königin Elisabeth auf die skandalösen Aufzeichnungen bestimmte. Die Königin war unsicher, wie sie mit dem Mann, der ihr *Silver Stick in Waiting* gewesen war, mit der Frau, die die Tochter eines vertrauenswürdigen ehemaligen Mitglieds der königlichen Leibgarde war, und ihrem eigenen Sohn umgehen sollte. Sie übernahm die Haltung ihrer Mutter, die die ganze Angelegenheit einfach als ein kleines Wölkchen am dynastischen Horizont betrachtete.

Doch während der Kern der königlichen Familie den festen Vorsatz zu haben schien, die peinliche Situation auszusitzen, die Charles' Liebe zu Camilla verursacht hatte, gab es draußen in der richtigen Welt keine Gnade. Im April 1993 ließen sich Andrew und Camilla bei einer Party, die sie in Middlewick House für ein Dutzend Freunde veranstalteten, fotografieren. Doch diese zur Schau getragene eheliche Solidarität wurde durch die allzu große Neugier der Presse ruiniert, die nicht ohne Grund ein paar Erklärungen zu der historischen Ménage-à-trois hören wollte. Andrew knallte ihnen die Tür vor der Nase zu.

Seine eigenen Beziehungen zur Presse hatten sich kurz zuvor merklich abgekühlt. Unsicher, was sie über einen Mann schreiben sollten, dessen Frau mit dem Prinzen von Wales liiert war, hatten die Journalisten den Soldaten anständigerweise außen vor gelassen. Er wiederum hatte selbst die aufdringlichsten Vertreter der Presse mit ungewöhnlicher Höflichkeit behandelt. Das Ergebnis war, dass Camilla die ganze Kritik abbekam, angefangen bei ihrer Kleidung und ihrem Aussehen bis hin zu ihrer Moral, während Andrew verschont blieb.

Doch die äußerst erfolgreiche Karriere des Brigadiers war mittlerweile an einem kritischen Punkt angelangt. Nachdem er die Household Cavalry angeführt hatte, erhielt er nun ein neues Kommando als Direktor des Royal Army Veterinary Corps. Für das 200 Jahre alte Korps war dies ein schwerer und demoralisierender Schlag – niemals zuvor in seiner Geschichte war es von jemandem geleitet worden, der kein ausgebildeter Veterinär war.

Die Entscheidung führte dazu, dass Brigadier Robert Clifford, der befehlshabende Oberst des Korps, nach dreißig Dienstjahren beim RAVC umgehend zurücktrat. Er schrieb an den Verteidigungsminister, dass Parker Bowles zwar durchaus qualifiziert für eine Beförderung, jedoch kein Veterinär sei. Andere warfen ihm vor, dass er sich davor gedrückt habe, noch einmal ins Ausland zu gehen, um in London bleiben zu können. »Die Armee musste sich nach einer angemessenen Position umsehen, und das war der einzig freie Posten für einen Brigadier. Also haben sie ihn Andrew gegeben«, sagte ein Freund. »Es schaffte eine Menge negative Stimmung.«

Auch pensionierte Brigadiere aus dem Korps beschwerten sich, und zwar im Namen des Royal College for Veterinary Surgeons, und behaupteten, die Berufung eines Nicht-Veterinärs als Direktor sei unethisch. »Sie waren sehr aufgebracht und verlangten, dass sofort etwas unternommen wurde«, sagte ein Mitglied des College.

Das Verteidigungsministerium machte einen Rückzieher. Es beschloss, dass Brigadier Parker Bowles beim Antritt seines kontroversen Postens seine Anordnungen auf den Verwaltungsbereich beschränken und sich aus dem klinischen Bereich heraushalten sollte. Dies bedeutete jedoch, dass die Arbeitsbelastung in medizinischen Fragen für die anderen ranghöheren Offiziere zunehmen würde. Es bedeutete auch, dass er während seines letzten Kommandos vor seiner Pensionierung im Dezember 1994 nicht gerade auf Rosen gebettet sein würde. Seine Kollegen würden insgeheim – und eigentlich unberechtigt – behaupten, dass er den Job nur wegen seiner Beziehungen bekommen habe, nicht wegen seiner Leistungen. Für einen Mann, der in Rhodesien unbewaffnet einen Guerillatrupp überredet hatte, die Waffen niederzulegen, war dies eine bittere Pille. Veterinäre gehörten schließlich nicht zu denjenigen, die an vorderster Front kämpften.

Die Anspannung bei der Arbeit und zu Hause forderte bei Andrew und Camilla ihren Tribut, und zum ersten Mal begannen Freunde ernsthaft darüber zu sprechen, dass sich das Paar nach zwanzig Jahren Ehe möglicherweise trennen könnte. Der Kolumnist Ross Benson beim *Daily Express* bemerkte: »Trotz beinah übermenschlicher Anstrengungen, mit den Enthüllungen der letzten Monate fertig zu werden, hat die Anspannung das Paar beinah an seine Grenzen gebracht.« Camilla war inzwischen nur noch selten zu Hause zu sehen. Sie hatte nach dem Skandal um das aufgezeichnete Telefonat eine Reise nach Italien unternommen und verbrachte nun viel Zeit in London. Was nicht in dem Artikel stand, jedoch unterschwellig zum Ausdruck kam, war die Tatsache, dass sie sich mit Charles traf. Das war in der Anonymität Londons einfacher zu bewerkstelligen als in ihrem Haus auf dem Land oder in Highgrove. Ihr sorgfältig errichtetes Netzwerk aus »sicheren Häusern« war aufgeflogen – zumindest fürs Erste –, und sowohl Camilla als auch Charles verspürten das dringende Bedürfnis, sich zu sehen.

Bald darauf wurde das Gerede über eine Scheidung immer lauter, doch diese Art von Schwarzmalerei wurde von Andrews Cousin Lord Beaverbrook, einem ehemaligen Kammerherren der Königin, zurückgewiesen. Er protestierte: »Das ist absurd. Jeder, der Andrew kennt, weiß, dass er seiner Frau in diesen schweren Zeiten beistehen wird.«

Andrews jüngerer Bruder Simon – der das Paar Jahre zuvor einander vorgestellt hatte – sagte: »Sowohl Andrew als auch Camilla haben gesagt, dass sie sich niemals voneinander scheiden lassen würden, und auch wenn die Beziehung etwas exzentrisch ist, scheint sie dennoch zu funktionieren. Sie verstehen sich gut.«

Vielleicht wurde diese bittere Pille etwas durch das Erscheinen des pikanten Romans *Polo* von Jilly Cooper versüßt, der sich um Andrews Lieblingssport dreht. Die Handlung erhält durch einen schneidigen Captain namens Drew Benedict den richtigen Pep, dessen Name – und womöglich Abenteuer – durch den Brigadier inspiriert worden war. Der fiktive Vorname des Captains ist eine Kurzform von Andrew, Benedict eine geschickte Anspielung auf seinen römisch-katholischen Glauben. Parker Bowles amüsierte sich angeblich sehr über seine Verewigung in einem Buch.

Dies war ein nur kurzer, unbeschwerter Moment innerhalb eines düsteren Theaterstücks. Charles und Camilla befürchteten, dass sie abgehört wurden, und hofften verzweifelt, dass ihre immer noch bestehende Beziehung nicht aufgedeckt würde. Daher gaben sie sich große Mühe, Distanz zu wahren. Camillas traditioneller Frühlingsbesuch in Birkhall auf dem Balmoral-Anwesen wurde abgesagt, und sie und Andrew sorgten dafür, dass sie in der Öffentlichkeit zusammen gesehen wurden – vor allem wegen der Kinder.

Im Mai erschien das Paar gemeinsam bei der Hochzeit der fünfundzwanzigjährigen Sarah Ward in der Dorfkirche von Chilton Foliat in Wiltshire. Doch während die Braut von ihrem Vater Gerald Ward zum Altar geführt wurde, wanderten Camillas Gedanken bestimmt zu der Nacht im Jahr 1972 zurück, als der Brautvater, sie, Prinz Charles und Prinzessin Anne im *Annabel's* die Nacht durchgetanzt hatten. Und sie überlegte sicherlich, was geschehen wäre, wenn die Dinge anders verlaufen wären.

Während dieses Zeitraums im Sommer 1993 wurde Charles' und Camillas Beziehung unter dem enormen Druck von außen noch intensiver. Charles, der von allen Seiten angegriffen wurde, hatte das Vertrauen der Nation verloren. Eine Meinungsumfrage nach der anderen ergab neue Alternativen, was die Thronfolge anging, und die meisten Leute schlugen vor, er solle die Krone direkt an Prinz William weitergeben. Seine Popularität sank auf ein nie da gewesenes Tief, er war sogar noch unbeliebter als die auf Abwege geratene Herzogin von York.

»Trotz all des Geredes darüber, dass er angeblich keinen richtigen Job habe, hatte Charles schon immer ein sehr deutliches

Bild seines Schicksals vor Augen«, hörte man aus einer Quelle im Königshaus. »Obwohl ihn das lange Warten auf den Thron vermutlich frustriert haben dürfte, hatte er längst eine in seinen Augen wertvolle Rolle für sich gefunden. Er setzte sich für die einfachen Leute beim Kampf gegen die Bürokraten ein und agierte gegen politische Korrektheit, wenn diese traditionelle Werte verdrängte.« Das war ja alles schön und gut, aber nun war diese Rolle durch die Veröffentlichung eines einzigen Telefongesprächs wertlos geworden.

Das königliche Räderwerk der Fehlinformation setzte sich in Gang. Im Juni brachte der *Daily Express* die Schlagzeile: CHARLES HAT CAMILLA VOR ZWEI JAHREN AUFGEGEBEN. Darunter schrieb ein Hofberichterstatter:

Enge Freunde des Prinzen, der mit wachsendem Selbstvertrauen seine kontroverse Ehe hinter sich lässt, sind darauf bedacht, die neuste Entwicklung herunterzuspielen. Einer von ihnen sagte: »Es gibt nichts, was noch über die Beziehung des Prinzen mit Camilla ans Tageslicht kommen könnte. Was uns betrifft, ist das alles ein alter Hut.«

Ein anderer behauptete, dass die Beziehung des Prinzen mit Camilla seit über zwei Jahren beendet sei, also bereits zwölf Monate vor dem Erscheinen von Andrew Mortons Diana. Ihre wahre Geschichte *der Vergangenheit angehörte.*

»Das alles war so unnötig«, sagte ein Freund. »All die Erniedrigungen, Schmerzen und verletzten Gefühle hätten verhindert werden können. Der Prinz hat seine Beziehung zu Camilla vor zwei Jahren im Frühjahr 1991 beendet. Er wusste, dass er sie aufgeben muss, und das hat er auch getan.«

Dies war einer der empörendsten Artikel, der bis dahin je einem Journalisten eingeflüstert worden war. Die Informationen stammten aus den höheren Kreisen, sodass der Journalist glaubte, was er hörte. Es handelte sich schließlich um eine Kopie des Briefings, das Commander Richard Aylard ein paar Monate zuvor im Rahmen der »Zusammengehörigkeitstour« an ausgewählte

Zeitungen verteilt hatte. Doch die Aussagen waren zu beiden Zeitpunkten irreführend. Es wurde beschworen, dass Charles große Anstrengungen unternommen habe, seine Ehe zu retten, Diana jedoch all seine Versuche zurückgewiesen habe. Genau genommen habe die Prinzessin während der unseligen Korea-Tour – die letzte Reise, die Charles und Diana gemeinsam unternehmen sollten – rundheraus abgelehnt, über eine Versöhnung nachzudenken.

Weiterhin hieß es: »Nach der Reise wusste Charles, dass seine Ehe zu Ende war, doch die Vorwürfe, dass er zu Camilla zurückgekehrt sei, sind einfach nicht wahr. Der Prinz befürchtete, dass er, sollte er noch einmal mit Camilla gesehen werden, seine Chancen auf den Thron zerstören würde. Die Menschen würden ihn nicht akzeptieren.«

Also hatte Charles angeblich in einem »emotionalen Treffen« gesagt, er wolle die Freundschaft beenden, um einen letzten Versuch unternehmen zu können, seine Ehe zu retten. Seitdem habe er zu seinem Wort gestanden und Camilla nicht wieder gesehen.

Der Bericht endete folgendermaßen:

Tatsächlich war es die fünfundvierzigjährige Camilla, die langsam ihr gutes Aussehen verlor und nicht verkraften konnte, von dem Mann abserviert zu werden, den sie anbetete. Sie verfolgte ihn. Nachdem im Januar der Camillagate-Skandal die Monarchie hart getroffen hatte, traf der Prinz ein Gentleman's Agreement mit Brigadier Parker Bowles, dass er dessen Frau nie wieder sehen werde.

Dieser Bericht war kompletter Unsinn, doch die intriganten Männer, die ihn verbreitet hatten, waren mittlerweile völlig verzweifelt. Es dauerte nur noch ein Jahr bis zu Charles' fünfundzwanzigjährigem Jubiläum als Prinz von Wales, und die Aufgabe, den Schaden zu beheben, den die Tampon-Unterhaltung angerichtet hatte, stellte sich als schwieriger heraus, als anfangs gedacht.

Inzwischen wurde der Druck auf Camilla immer deutlicher sichtbar. Im Juni äußerten Freunde Besorgnis über ihren Gesundheitszustand und sprachen von dem »unerträglichen

Druck«, dem sie ausgesetzt war. Als ihr sechsundvierzigster Geburtstag näher rückte, sah sie angeblich älter aus, als sie tatsächlich war. Freunde gaben zu, dass sie mit Charles in Verbindung stand, hielten aber an der Story fest, dass sie ihn seit sechs Monaten nicht gesehen habe. Diese nicht ganz glaubhafte Version unterstützte jedoch die Aussage von Charles' »Freund«, der behauptet hatte, sie hätten sich seit zwei Jahren nicht mehr getroffen.

Der Einsatz in dem Spiel, rechtzeitig zu Charles' erstem großen Jubiläum die Zuneigung der britischen Öffentlichkeit zurückzugewinnen, war hoch, und am Ende rechtfertigte das Ergebnis die Mittel.

Im Frühherbst hatte sich Camillas Stimmung so weit gebessert, dass sie zusammen mit Gerald Wards Frau Amanda und Emilie van Cutsem, deren Haus Northmore in den Camillagate-Bändern eine Rolle gespielt hatte, eine Reise nach Indien unternahm. Die Befürchtung, sie habe während des Sommers einen Nervenzusammenbruch erlitten, wurde von Andrew Parker Bowles zerstreut, der erklärte: »Es geht ihr gut. Sie ist mit ein paar Mädchen in Urlaub gefahren, das ist alles.«

Er fügte mit ungewöhnlicher Offenheit hinzu, dass das Paar hart daran arbeite, dass seine Ehe funktionierte: »Zwischen uns ist alles in Ordnung.«

Ein paar Tage nach ihrer Rückkehr ging Camilla Diana geschickt aus dem Weg, als sie an dem Gedenkgottesdienst für den ehemaligen Stallmeister der Königin, den Grafen von Westmorland, teilnahm. Im Gegensatz zu dem El-Alamein-Gottesdienst ein Jahr zuvor kam es zu keiner Konfrontation zwischen den beiden Frauen, aber Beobachter waren in der Lage, den jeweiligen Schaden zu begutachten, den die Vorkommnisse angerichtet hatten. Diana, die nervöse, an Bulimie leidende Egozentrikerin, die theatralische Selbstmordversuche unternommen hatte, erschien in Schwarz und wirkte jung und strahlend. Camilla, die eiserne Pferdenärrin, deren Entschlusskraft Charles stets den Rücken gestärkt hatte, sah sehr mitgenommen und beinah alt genug aus, Dianas Mutter zu sein. Obwohl sie wieder einige der Kurven besaß, die es dem Prinzen so angetan hatten, waren die Unterschiede zwischen den beiden Frauen doch sehr deutlich.

Zu diesem Zeitpunkt erhielten die Menschen, die das alles nicht glauben konnten und die sich immer noch an die Hoffnung klammerten, dass die Ereignisse der letzten Monate nur ein schlimmer Alptraum gewesen waren, einen weiteren Schlag. Und zwar, als Andrews Schwägerin Carolyn einem australischen Frauenmagazin ein Interview gab. Die Ehe der Parker Bowles', so sagte sie, sei »eine ungewöhnliche Zweckgemeinschaft. Jeder weiß, dass Camilla und Andrew eine arrangierte Ehe führen. Seit ihrer Hochzeit haben sie ein ziemlich freies Leben geführt.« Sie leugnete jedoch die Möglichkeit einer Scheidung. »Warum sollten sie? Sie verstehen sich gut, und was sie tun, passt beiden gut.«

Die Veröffentlichung der Camillagate-Bänder hatte das Leben aller Beteiligten verändert. »Sie geht einfach nicht mehr aus, es sei denn zu privaten Partys. Daraus kann man ihr schließlich keinen Vorwurf machen, oder? Stellen Sie sich vor, Sie gehen in einen Supermarkt, nachdem in sämtlichen Zeitungen und Magazinen Ausschnitte aus Ihren privaten Unterhaltungen abgedruckt worden waren.«

Inzwischen war die Öffentlichkeit des Kampfes ebenso müde wie die Mitwirkenden in diesem Drama, und so nahm Camilla dieses Zugeständnis eines Mitglieds der Familie Parker Bowles mit erstaunlicher Gelassenheit auf. Weihnachten stand vor der Tür, und nach beinah einem ganzen Jahr voller Skandale und Intrigen waren alle zu der Überzeugung gelangt, dass sie das Schlimmste bereits gehört hatten.

Zwei oder drei Tage später erschien Camilla kurz vor den Kameras, um zu zeigen, wie wenig sie die Kommentare ihrer Schwägerin berührten. Sie sah tatsächlich erstaunlich gesund und gefasst aus, und ihr Schwager Simon bestätigte, dass es ihr viel besser gehe. Enge Freunde hätten ihr über eine schwere Phase hinweggeholfen, so Simon. »Die Dinge laufen nun viel besser für sie«, sagte er. »Sie geht viel häufiger aus als vorher. Ich weiß nicht, wie es zurzeit um ihre Beziehung zu Prinz Charles steht, aber sie wirkt glücklich.«

Er fügte hinzu, dass für Camilla der königliche Kreis immer noch »Sperrbezirk« sei. »Sie würde niemals die königliche Familie in Verlegenheit bringen«, sagte er. So, als wollte Camilla dies unterstreichen, erlaubte sie Freunden, bekannt zu geben, dass es keine Scheidung zwischen ihr und Andrew geben werde. Sie hätten Gespräche geführt, um ihre jeweiligen Positionen zu klären, und nun seien sämtliche Probleme in ihrer höchst ungewöhnlichen Ehe aus der Welt geräumt. Ein kurzes inoffizielles Statement der beiden lautete: »Wir werden uns niemals scheiden lassen. Dies wurde noch nie in Erwägung gezogen.«

In diesem Wirbel harmonischer Botschaften an die Außenwelt trat plötzlich überraschend eine Person in den Vordergrund: Bruce Shand. Er erklärte, dass er zwar noch nie zuvor ein Interview gegeben habe, aber nun dazu bereit sei. Man darf vermuten, dass dies nur ein kleiner Versuch war, etwas zur Rehabilitierung seiner Tochter beizutragen, da er nicht wirklich etwas anzubieten hatte.

Schließlich überraschte das Interview nicht durch das, was zur Sprache kam, sondern durch das, was nicht zur Sprache kam. Er verkündete lediglich seine Ansichten zur neuen sexuellen Freizügigkeit und gab eine kleine Anekdote über die Königin zum Besten. Alles in allem war es ein geschickter, charmanter Auftritt, der aber rein gar nichts preisgab.

Als die Prinzessin von Wales ihrem Mann mit der Veröffentlichung von *Diana. Ihre wahre Geschichte* die Zügel aus der Hand nahm, musste sie gewusst haben, dass es nur eine Frage der Zeit war, bis sie den dadurch gewonnenen Vorteil wieder verlieren würde. Nachdem das Buch im Juni 1992 in die Buchläden kam, suchten sowohl die Höflinge als auch die Mitglieder der Königsfamilie nach Lösungen. Und man muss gestehen, dass ihre Urteilskraft durchaus von Rachegedanken beeinflusst war.

Es dauerte achtzehn Monate, doch im Dezember 1993 war es schließlich so weit. Die Prinzessin wurde gezwungen, einen würdelosen Rückzug aus dem öffentlichen Leben anzutreten, über den Politiker, Kirchenmänner und die Öffentlichkeit gleichermaßen staunten.

Die Ankündigung war so perfekt inszeniert, dass niemand begriff, dass dieser Schritt unfreiwillig war. In der ungewöhnlichen Umgebung des Park Lane Hilton Hotels in London verkündete die Prinzessin: »Ich habe beschlossen, meine bisherigen öffentlichen Auftritte einzuschränken. Ich möchte während der nächsten Monate nach einem Weg suchen, wie ich eine sinnvolle Rolle in der Öffentlichkeit mit einem, so hoffe ich, größeren Privatleben in Einklang bringen kann.«

Und sollte im Eifer des Gefechts jemand daran denken zu fragen, warum die Prinzessin diese erstaunliche Ankündigung machte, so gab es hierzu eine Passage in ihrer Ansprache, in der ein recht unmissverständlicher Grund enthalten war: »Als ich vor zwölf Jahren mein Leben in der Öffentlichkeit begann, wusste ich, dass sich die Medien dafür interessieren könnten, was ich tue. Mir war damals bewusst, dass sowohl an unserem öffentlichen als auch unserem privaten Leben Interesse bestehen würde. Aber mir war nicht klar, wie überwältigend dieses Interesse sein würde und dass es meine öffentlichen Pflichten und mein Privatleben auf so unerträgliche Weise beeinflussen würde.«

Dieser Teil ihrer Ankündigung berührte die Herzen der Zuhörer, die aus Mitgliedern der Headway National Head Injuries Association, einer nationalen Stiftung für Kopfverletzte, bestanden. Waren doch gerade erst einige Monate zuvor heimlich aufgenommene Fotos von Diana bei ihrem Training in einem Fitnessstudio in Westlondon von der Mirror Group veröffentlicht worden – sehr zum Entsetzen aller. Doch was die Prinzessin nun verkündet hatte, war im Grunde glatter Unsinn. Schließlich ging die Krise, die das Haus Windsor die vergangenen achtzehn Monate fast permanent in die Schlagzeilen gebracht hatte, allein auf Dianas Konto.

Dem Überbringer der schlechten Nachrichten die Schuld zuzuweisen ist ein alter Trick, den vor allem Politiker gerne benutzen, und nun setzte ihn Diana sehr geschickt ein. Der

Akademiker Dr. David Starkey von der London School of Economics war nicht beeindruckt. »Sie wollte nicht nur ihre Privatsphäre schützen, sondern sämtliche Annehmlichkeiten und Vorteile einer reichen jungen Frau genießen«, sagte er. »Aber das geht nicht, vor allem nicht, wenn man sein Privatleben selbst vor der Öffentlichkeit zur Schau stellt, wenn es einem gerade in den Kram passt. Sie beschwert sich jetzt über die aufdringlichen Medien, dabei war sie es doch, die über Andrew Mortons Buch der Presse sämtliche Einzelheiten ihres Ehelebens verraten hat.«

Bei näherer Betrachtung lässt sich feststellen, dass ihre Botschaft voller Ungereimtheiten steckte. Als das Morton-Buch erschien, ließ sie die *Sunday Times* über Mittelsmänner wissen, dass sie sich nun selber besser verstehe und genauer wisse, was sie im Leben erreichen wolle. In ihrer Arbeit mit den Kranken, den Sterbenden und den Notleidenden habe sie eine Berufung gefunden. Als im Dezember des Jahres ihre Trennung verkündet wurde, hielt sie eine öffentliche Ansprache, in der es unter anderem hieß: »Ich möchte Ihnen versichern, dass unsere gemeinsame Arbeit unverändert weitergehen wird.«

Doch noch während sie diese Worte sprach, war bereits das Räderwerk in Bewegung gesetzt worden, das Diana aufs Abstellgleis schieben und schließlich ganz aus dem Verkehr ziehen sollte. Nach der Trennung hatte sie vor, eine internationale Rolle einzunehmen, durch die sie Zutritt zur Weltbühne erhalten würde. Freunde der Prinzessin enthüllten, dass sie vorhabe, sich im Frühling ein wenig aus dem öffentlichen Leben zurückzuziehen. »Sie wird nicht länger die Prinzessin von Wales sein, sondern eine Prinzessin der ganzen Welt«, sagte einer von ihnen ein wenig hochtrabend. »Sie wird sich auf den internationalen Aspekt ihrer Wohltätigkeitsarbeit konzentrieren, während die Aufgaben in ihrer Rolle als Mitglied des Königshauses abnehmen dürften.«

Eine andere Version, die auf Anweisung der Prinzessin an die Öffentlichkeit gelangte, betonte ihre »dynamische neue Rolle auf der internationalen Bühne«. Es gab Pläne, dass sie eine

Wohltätigkeitsorganisation leiten sollte, und es wurde angedeutet, dass sie von nun an als leitende Angestellte und Entscheidungsträgerin, nicht mehr nur als fotogene Galionsfigur arbeiten würde. Die unabhängige Organisation würde den vom Schicksal Unbegünstigten Hilfe und Unterstützung geben, und Diana wollte sich auf das Ausland konzentrieren und ihrem Mann die Projekte in Großbritannien überlassen, damit es nicht zu Interessenkonflikten kam. Sie selber bezeichnete die Berichte über ihr zukünftiges Exil als »furchtbar übertrieben«.

Aber Charles wollte nichts davon hören – seine Berater warnten ihn davor, dass seine eigene Rolle an Bedeutung verlieren würde, solange Diana im Licht der Öffentlichkeit stand. Es kam zu einem Streit wegen einer Reise nach Russland. Beide wollten fahren, und keiner war bereit zu verzichten.

Bei einem Treffen mit dem Premierminister machte Charles deutlich, dass er alleine auf der königlichen Bühne stehen müsse und er nur ein erfolgreicher Monarch werden könne, wenn nichts von dieser zentralen Position ablenke. Während der Premierminister angesichts dieses königlichen Tauziehens gleichgültig blieb und nichts unternahm, verlor sein Außenminister Douglas Hurd keine Zeit, Charles zu Hilfe zu eilen.

Hurd, ein alter Eton-Absolvent und Sohn eines unbekannten Peers, hatte sich im diplomatischen Dienst ausgezeichnet, bevor er eine ebenso erfolgreiche Karriere in der Politik begann. Er war allgemein als ein gestandenes Mitglied des Establishments angesehen und würde sich daher nicht vom Königshaus blenden lassen. Dennoch war seine Lobrede auf Charles sehr peinlich, vor allem, da sie von einem Mann kam, der das zweithöchste Amt des Landes bekleidete. Charles, so verkündete er fröhlich, sei ein Star. »Ich habe ihn in vielen verschiedenen Situationen in Aktion gesehen, und er ist ein Star. Er wäre auch ein Star, wenn er nicht der Prinz von Wales wäre. Wir müssen sowohl seine besonderen Gaben nutzen, die über das übliche Maß eines Mitglieds des Königshauses hinausgehen, als auch seine Interessen, wie zum Beispiel die Wirtschaft, das Soziale und die Umwelt.

Zum Glück«, verkündete er, werde Charles eines Tages König sein. Es ist schwer vorstellbar, dass der Rest des Kabinetts Douglas Hurds Meinung teilte. Vielleicht, so Beobachter, kompensierte er einfach nur die Indifferenz oder blanke Feindseligkeit einiger Minister gegenüber einem Mann, der sie im Stich gelassen hatte.

Im Oktober hatte Diana ebenfalls ein Treffen mit John Major, dem sie ihre Zukunftspläne darlegte. Sie äußerte weiterhin den Wunsch, mehr Reisen wie die erfolgreiche Tour durch Tibet zu unternehmen. Selbst zu diesem späten Zeitpunkt hegte sie tatsächlich noch die Hoffnung, dass eine Zukunft als reisende Botschafterin vor ihr lag. Sie und die Ministerin für Entwicklungshilfe Baroness Chalker waren zu einer Übereinkunft und gegenseitigem Respekt gelangt und sahen in den unterentwickelten Ländern der Welt die Chance für eine gemeinsame fruchtbare Arbeit. Eine Unterstützung durch John Major war an diesem Punkt gar nicht abwegig, da er Dianas internationale Wirkung durchaus erkannte. »Er hat immer Interesse an der Ehe der Wales' gezeigt und verkündete ihre Trennung, obwohl man allgemein der Ansicht war, dass dies die Aufgabe des Palastes sei«, sagte ein Mitglied der Regierung. »Er hält sie für eine sehr wichtige Figur, da sie die Mutter des zukünftigen Königs ist. Daher sieht er es als seine Pflicht an, dafür zu sorgen, dass sie eine angemessene Aufgabe erhält.«

Diana engagierte sogar Sir Gordon Reece, einen geschickten Imageberater, der ihr dabei helfen sollte, ein eigenes Sekretariat und eine eigene Agenda durchzusetzen. Doch am Ende wurde nichts daraus, da Charles seinen Einfluss als zukünftiger König geltend machte. Sir Gordon warnte Diana, dass sie auf verlorenem Posten kämpfte, und da es nur wenig andere hochrangige Verfechter ihrer Sache gab – schließlich bekleidete sie keine konstitutionelle Position, obwohl sie die Ehefrau und Mutter zukünftiger Könige war –, existierte kein ausreichendes Fundament für ihre Pläne.

Es kann ruhig gesagt werden, dass die Leute im Palast, die die Presse und somit die Welt mit Informationen fütterten, es nicht dementierten, wenn jemand andeutete, dass es allein Dianas Entscheidung gewesen sei, sich aus der Öffentlichkeit zurückzuziehen. War es eine übereilte Entscheidung? Vielleicht. Eine emotionale? Kein Kommentar.

Ein erfahrener Beobachter sagte zu Dianas Schicksal: »Es war ein klassischer Fehler und ein alter Trick der königlichen Familie. Wann immer sie ein Problem aus der Welt schaffen wollen, manövrieren sie die betreffende Person in eine Ecke, bis diese unweigerlich ins Ausland geht oder ganz von der Bildfläche verschwindet. Man muss sich nur die Art und Weise ansehen, wie sie den Herzog von Windsor oder die Herzogin von York behandelt haben. Sie glauben an das Motto ›Aus den Augen, aus dem Sinn‹, und so, wie es aussieht, ist Diana völlig auf ihren Plan hereingefallen.«

Doch dann tauchte eine andere Person zu ihrer Unterstützung auf, die auf ihre Art ebenso bizarr war wie Sir Jimmy Savile, der Monate zuvor versucht hatte, nach Charles' selbst gewähltem Exil auf Balmoral eine Versöhnung herbeizuführen. Es war Lord Archer.

Der ehemalige stellvertretende Vorsitzende der Konservativen Partei, Bestseller-Autor und zukünftiger Knastbruder, wurde am Tag vor Dianas Ankündigung in den Kensington-Palast gerufen und aufgefordert, ihre Rede zu lesen und Verbesserungsvorschläge zu machen. Archer kommentierte dies später: »Ich war sehr traurig, als ich es las. Wir diskutierten, wie und wann sie es verkünden sollte und wie sie es am besten mit möglichst viel Würde tun könnte.«

An jenem Tag wurde tatsächlich ein gewisses Maß an Schicklichkeit gewahrt, doch Dianas nächster Auftritt war alles andere als würdevoll. Am darauf folgenden Montag erschien sie am Flughafen Heathrow, um einen neuen Jet von Virgin Atlantic zu taufen. Dort setzte der äußerst lebhafte Virgin-Chef Richard Branson Diana einer peinlichen Tortur aus, indem er Champagnerkorken knallen ließ, seinen Arm um sie legte und sie behandelte wie eine Schauspielerin aus einer Seifenoper.

Es war eine demoralisierende Niederlage, und sie steuerte mit gesenktem Kopf und Tränen in den Augen auf die anonyme Menge zu. Ihr Mann verbrachte an diesem Abend zwei Stunden in der Gesellschaft von Camilla Parker Bowles.

Dies hätte in den Augen des Reverend Tony Higton, eifriges Mitglied der Synode der Kirche von England und langjähriger Vikar von Hawkwell in Essex, keine Zustimmung gefunden. »Mit großer Trauer«, begann er, »bin ich zu dem Schluss gekommen, dass Prinz Charles nicht für das Amt des Königs von England geeignet ist.

Ich bin der Meinung, dass Charles nur König werden kann, wenn er den Ehebruch mit Camilla Parker Bowles bestreitet. Alternativ sollte er in der Öffentlichkeit Reue und Buße verkünden. Und wenn er aufrichtig beschwört, dass es ihm Leid tut, und versichert, dass die Romanze zu Ende ist, dann kann er meiner Meinung nach immer noch König werden.

Doch in Ermangelung beider Optionen muss ich leider sagen, dass er in meinen Augen nicht als König geeignet ist und er die Krone direkt an Prinz William weitergeben sollte – vorausgesetzt, dass dieser in seinem Privatleben die höchsten moralischen Werte befolgt hat.«

Mr. Higton war vielleicht eine der lautesten Stimmen des Klerus, doch er sprach im Namen einer immer noch bedeutsamen Institution – der Kirche von England. Ihre würdevollen Mitglieder versperrten Charles den Weg zu neuer Respektabilität, und er benötigte ihre Vergebung, bevor er in den Augen der Bevölkerung wieder rehabilitiert werden konnte.

»Wir fordern heute von den Menschen in öffentlichen Ämtern noch höhere Standards als in der Vergangenheit«, fuhr Mr. Higton fort. »Wir müssen bei Ehebruch eine strenge Position einnehmen – es ist meiner Meinung nach sehr verwerflich, wenn Menschen in so hohen Ämtern wie Prinz Charles sich moralisch nicht einwandfrei verhalten können.

Dieses Land hat eine der höchsten Scheidungsraten der Welt, und ich finde, wir müssen anfangen, uns zusammenzureißen, um den moralischen Verfall aufzuhalten. Unser Königshaus sollte uns ein starker Anführer sein.«

Und Arthur Leggatt, Vorsitzender der 5000 Seelen starken Church Union, sagte: »Es würde gegen die Lehren der Schriften verstoßen, in denen eindeutig geschrieben steht, dass eine Person, die sich scheiden lässt, Ehebruch begeht. Ein Ehebrecher sollte nicht Oberhaupt der Kirche von England sein.«

Die Kirche, die all die Jahre stumm geblieben war, hatte plötzlich ihre Stimme wiedergefunden.

KAPITEL 9

Der Tiefpunkt

Das Wort »Verfassungskrise« versetzte die königliche Familie und ihre Anhänger stets in Angst und Schrecken. Es hatte bereits eine solche Krise gegeben, an die sich die Menschen noch gut erinnern konnten, und der Heilungsprozess nach der damaligen Abdankung[31] war zwangsläufig sehr langsam vonstatten gegangen.

Das Haus Windsor war sich der weltweit unbeständigen Anziehungskraft der Monarchie durchaus bewusst – die Thronbesteigung von König Juan Carlos von Spanien erfolgte fast zur gleichen Zeit wie die endgültige Entthronung von König Konstantin von Griechenland 1974 – und reagierte daher immer noch empfindlich auf Kritik. Obwohl während der Ehekrise der Wales' keine konkreten republikanischen Bestrebungen zutage kamen, wurde dennoch deutlich, dass der größte Feind der Königsfamilie die Geringschätzung des eigenen Volkes war. Großbritannien lehnte sich zurück und sah voller Gleichgültigkeit zu, wie sich die erste Familie des Landes das eigene Grab schaufelte.

Anfangs schien es, als seien sich andere der wachsenden Krise eher bewusst als die Royals selbst. Nachdem der Premierminister im Unterhaus die Trennung von Charles und Diana verkündet hatte, beeilte sich eine nervöse Kirche von England, jeglichen Verdacht zu zerstreuen, dass die zukünftige Position des Prinzen als ihr Oberhaupt in Gefahr sein könnte. Der Erzbischof von Canterbury, Dr. George Carey, instruierte den Erzbischof von York, sich ins Oberhaus zu begeben und die Überlegungen der Kirche angesichts der Krise zu verkünden.

Am 9. Dezember 1992, also am gleichen Tag, an dem der Premierminister seine historische Ankündigung verlas, erzählte der Erzbischof einem sprachlosen Oberhaus: »Wir bitten die Öffentlichkeit eindringlich, mit Mitgefühl und Verständnis zu reagieren und den Schmerz, den die Beteiligten bereits erfahren haben, nicht zu erhöhen. Die Interessen und Gefühle von Prinz Henry und Prinz William dürfen niemals außer Acht gelassen werden.«

Er fuhr fort: »Es werden unweigerlich Fragen über die Auswirkungen der Trennung auf die Position Seiner Königlichen Hoheit als zukünftiges Oberhaupt der Kirche von England aufkommen. In gesetzlicher Hinsicht hat der Familienstand keinen Einfluss auf die Thronfolge und somit auch nicht auf den Titel des Oberhaupts der Kirche. Der Monarch ist aufgrund seiner Position als Souverän automatisch Oberhaupt der Kirche. Es existiert keine andere gesetzliche Voraussetzung. Nach dem Act of Settlement[32] von 1701 muss der Souverän ein aktives Mitglied der Kirche von England sein.

Im Fall einer gescheiterten Ehe akzeptiert die Kirche von England durchaus, dass es manchmal Umstände gibt – wie traurig diese auch immer sein mögen –, in denen eine Trennung das geringere Übel ist und daher die beste Lösung darstellt. Solch eine Erfahrung und Entscheidung bedeutet nicht automatisch, dass die betreffende Person nicht mehr den Titel des Oberhaupts der Kirche von England innehaben darf.«

Sechs Wochen später hatte sich die Position des Erzbischofs jedoch ein wenig geändert. In der BBC-Fernsehsendung *Heart of the Matter*[33] sagte er, dass er zwar nicht der Meinung sei, dass die Enthüllungen über die Beziehung des Prinzen von Wales mit Camilla Parker Bowles es Charles erschweren würden, Oberhaupt der Kirche von England zu werden, jedoch »alle Toleranz ihre Grenzen hat«.

Somit war die Position der Kirche in klaren und unmissverständlichen Worten dargelegt – Charles würde durch seine Thronbesteigung Oberhaupt der Kirche werden. Doch die Dinge waren bei weitem nicht so einfach, und ein Jahr später sollten Diskussionen stattfinden, die das Ziel verfolgen würden, Prinz Charles jenes Amt zu verwehren.

In der heutigen, wenig religiösen Zeit mögen viele fragen, welche Rolle es für Großbritannien spielt, ob sich die etablierte Kirche und das Königshaus voneinander lossagen. Obwohl der Anglikanismus die offizielle Religion des Landes ist, besucht nur noch ein geringer Teil der Bevölkerung regelmäßig den Gottesdienst. Seit der Krönung Elisabeths II. 1953 hat sich eine multikulturelle Gesellschaft entwickelt, und mehr und mehr Briten gehören einer anderen Religion an. Als König wird Charles auch diese Menschen regieren – so argumentieren seine Anhänger –, und die Unterstützung durch die etablierte Kirche dürfte für eine erfolgreiche Regentschaft eine weniger bedeutende Rolle spielen, als es seit der Zeit von König Heinrich VIII. je der Fall war.

Nachdem Charles geschworen hatte, sich bei Reisen durch das ganze Land über Minoritäten wie die Sikhs, Moslems und Hindus zu informieren, und er sich mit ihrem Leben und ihrer Kultur vertraut gemacht hatte, sah er die Bedeutung der Kirche von England wohl etwas anders als zuvor. Doch er hatte die Gegenreaktion unterschätzt. Am 5. Dezember 1993 kam das unterschwellige Brodeln in den Reihen einer kleinen, mächtigen Gruppierung innerhalb der Kirche endgültig zum Ausbruch, als der Archidiakon von York, der ehrwürdige George Austin, für viele verstimmte Kollegen das Wort ergriff und eine direkte Offensive in einem BBC-Radiointerview startete.

»Darf man ihm die Rolle des Königs anvertrauen, nachdem er gegenüber der Institution der Ehe eine so leichtfertige Haltung gezeigt hat?«, fragte er.

»Prinz Charles hat vor Gott in der Kirche seiner Frau die Treue geschworen und, wie es scheint, bereits kurz danach begonnen, diesen Schwur zu brechen. Er hat zugleich einen Vertrauensbruch begangen und gegen ein Gelöbnis verstoßen. Wie kann er da eine Kirche, in diesem Falle Westminster Abbey, betreten und den Schwur auf die Krone ablegen?«

Er schloss mit den vernichtenden Worten: »Sollen wir ihm glauben, dass er diesen Schwur halten wird? Man muss sich fragen, wie Charles überhaupt gegenüber einem Schwur, dem Thema Vertrauen und ähnlichen Dingen eingestellt ist. Die Kirche verzeiht natürlich. Wenn ich als Archidiakon von York die Bücher manipuliere oder meine Frau betrüge oder gegen meine Priesterweihe verstoße, würde Gott mir verzeihen, wenn ich meine Taten bereue. Doch letztlich wäre ich wohl nicht für die Aufgaben des Archidiakons von York geeignet.«

Seine Worte lösten umgehend einige dramatische Reaktionen aus. Austin war innerhalb der Kirche als vehementer Antiliberaler bekannt, und daher wurden seine Ansichten von vielen seiner höher gestellten Kollegen verworfen.

Trotzdem würde dieser neue Angriff aus dem Zentrum des Establishments der Fleet Street die Rechtfertigung liefern, nach der sie schon so lange gesucht hatte, um weiteres schädliches Material zu veröffentlichen. Erst einmal geschah nichts. Doch drei Tage später fuhr der Archidiakon in der *Times* mit seinem Angriff fort.

Am 8. Dezember schrieb Dr. Austin in einem Artikel, der eine landesweite Debatte entfachen sollte, von seiner Überzeugung, dass der Prinz von Wales bereits kurz nach seinem lebenslangen Treueversprechen an die Prinzessin von Wales Ehebruch begangen habe. Damit kam er der Wahrheit ironischerweise sehr nah.

In Bezug auf den Schwur, den Charles bei seiner Krönung leisten würde, wiederholte Austin, was er bereits im Radio angeführt hatte, und sagte weiterhin, dass er sich selbst zu einem Rücktritt verpflichtet fühlen würde, wenn er seine Frau betrogen und das in ihn gesetzte Vertrauen missbraucht hätte. »Es kann sein, dass der Prinz bereits zu weit gegangen ist, um dieses Vertrauen wiederherzustellen«, schloss er.

Zur Bestürzung des Prinzen und seiner Berater hatten wohl auch andere ranghöhere Bischöfe im privaten Kreis ihre Bedenken bezüglich Charles' Eignung zum zukünftigen König geäußert.

Der Bischof von Sodor und Man ging sogar einen Schritt weiter und trat mit seiner Meinung an die Öffentlichkeit. Er erklärte, dass der Ehebruch »ein Anzeichen für einen Besorgnis erregenden Mangel an Moral« sei und schon in den Schriften geschrieben stehe, dass an die, denen viel gegeben wird, auch hohe Erwartungen gestellt würden. Er fügte noch hinzu: »Ein Ehegelübde bleibt ein Ehegelübde, und ich begrüße es nicht, wenn sich Geschiedene in der Kirche wieder verheiraten.«

Er schloss mit den Worten: »Es wäre richtig, zu behaupten, dass jeder, der ein hohes Amt anstrebt, auch über ein hohes Maß an Moral verfügen muss. Wer das nicht erfüllen kann, sollte es bleiben lassen. Es würde mir sehr schwer fallen, einem geschiedenen zukünftigen Monarchen Loyalität entgegenzubringen.«

Als Nächster kam der Bischof von Kensington an die Reihe, der eine ebenso vernichtende Analyse der Situation vorbrachte. »Die Kirche sollte ihn [Charles] daran erinnern, dass die königliche Familie um ihre Glaubwürdigkeit kämpft. Der Versuch, sein Familienleben zu retten, wäre das beste Beispiel, das er der Nation bieten könnte. Er sollte zeigen, dass er sich um die Rettung seiner Familie bemüht.

Die Heirat mit einer Geschiedenen würde ihn in eine unhaltbare Situation bringen. Sollte er eine Geschiedene heiraten, müsste er auf den Thron verzichten.«

Die zahlreichen Kirchenmänner, die das Establishment unterstützten und die Beziehung zwischen dem Monarchen und der Kirche unverändert belassen wollten, behielten ihre Ansichten für sich. Andere jedoch waren der Meinung, dass sich diese Bindung bereits lockerte. Der ehrwürdige Reverend Peter Coleman, Suffragan der Diözese von Exeter, verkündete unheilschwanger: »Je nachdem, aus welchem Grund sich Charles scheiden lässt, wäre dies im Hinblick auf seine Krönung ein ernst zu nehmendes Problem. Die meisten von uns werden erkennen, dass schwierige Zeiten vor uns liegen.«

Die Bedeutung dieser Worte war allen klar. Konnte ein völlig diskreditierter König genügend Bischöfe um sich scharen, die ihn krönen würden? Diese Besorgnis wurde vom Archidiakon von Canterbury, dem ehrwürdigen Michael Till, aufgegriffen. »Er wird vielleicht seine Glaubwürdigkeit verlieren«, sagte er. »Die Leute halten den Atem an, und der Ausgang hängt von den kommenden Wochen, Monaten und Jahren ab.« Er fügte hinzu, dass eine Scheidung die Position des Prinzen unterhöhlen und eine Heirat mit einer Geschiedenen sie verschlimmern würde. »Die Kirche und auch die Gemeinden hätten damit ein echtes Problem. All die Menschen, die ihre Ehe am Leben erhalten, werden sich damit schwer tun.«

Diese Kommentare regneten wie Hammerschläge auf den Prinzen und seine Berater nieder. Es ist nicht ungewöhnlich, dass Mitglieder der Königsfamilie von Politikern, der Presse und Interessengruppen kritisiert werden. Doch dieser einhellige Unmut in den Reihen des religiösen Establishments konnte nur Alarm auslösen.

Der Freund des Prinzen, Nicholas Soames, vor langer Zeit sein persönlicher Mitarbeiter und nun ein Regierungsminister und durch seine Schwester Charlotte und deren Beziehung zu Andrew Parker Bowles in die Angelegenheit verstrickt, konnte nicht länger schweigen. Nachdem die *Times* den Angriff des Archidiakons von York gegen den Prinzen abgedruckt hatte, betonte Soames, dass Austin ganz allein für sich selbst gesprochen habe. Er erklärte: »Was er gesagt hat, ist eine Schande. Die Andeutung, dass die Stellung des Thronfolgers eine Art Lotterie ist, ist völlig unangemessen. Thronfolger zu sein ist keine Ambition, sondern eine Pflicht, die der Prinz von Wales an einem traurigen Punkt in seinem Leben übernehmen muss.

Der Erzbischof [von Canterbury] hat deutlich gemacht, dass der Archidiakon ausschließlich für sich selbst spricht und nicht für die Kirche von England. Was heute gesagt wurde, ist absolut unglaublich. Ich bin sehr überrascht über das, was dieser Mann gesagt hat – es ist empörend, verletzend, ignorant.«

Manche interpretierten seine vehemente und improvisierte Verteidigung des besten Freundes als ein Zeichen von Panik, die sich im St.-James-Palast ausgebreitet hatte. Aber Mr. Soames war noch nicht fertig. »Der Archidiakon beweist eine erstaunliche Ignoranz hinsichtlich der Gefühle der meisten Menschen in Großbritannien, die sich einen glücklichen Prinzen von Wales und eine stabile Monarchie wünschen, mit allen Auswirkungen für Großbritannien. Ich glaube nicht, dass das Geschwafel eines völlig unrepräsentativen Archidiakons etwas ändern wird. Aber es ist dennoch eine absolute Schande.«

Soames glaubte vielleicht, dass dieser an Don Quichotte erinnernde Angriff ausreichte, um das Ruder herumzureißen, andere jedoch nicht. Geistliche, die selten in eine öffentliche Kontroverse hineingezogen worden waren, waren plötzlich wild entschlossen, sich Gehör zu verschaffen. Dass sich trotz Soames' Überzeugung so viele Stimmen gegen den Prinzen vereinten, wirkte sich auch auf die Öffentlichkeit aus. Und da es keine echten Anzeichen dafür gab – offizieller oder anderer Art –, was als Nächstes passieren würde, kamen die meisten zu dem Schluss, dass die Veröffentlichung der Camillagate-Bänder zu einer Scheidung der Parker Bowles' führen musste. Diese Annahme verleitete viele zu dem Glauben, dass Charles Camilla heiraten würde. Seine auf den Bändern zum Ausdruck gebrachte Ergebenheit verdeutlichte, dass sie ihn vom Pfad der Pflicht abgebracht hatte. Und wer wusste schon, was als Nächstes geschehen würde?

Innerhalb weniger Tage wurde unter 100 der 574 Mitglieder der Synode, die sich in die drei »Häuser« der Bischöfe, Kleriker und Laien unterteilt, eine Umfrage durchgeführt. Von diesen 100 waren 47 der Meinung, dass Charles bei seiner Krönung zum König nicht Oberhaupt der Kirche von England werden sollte, während 27 glaubten, dass er nicht König werden sollte, wenn er tatsächlich eine Affäre mit Camilla Parker Bowles gehabt hatte.

Einen Tag nachdem dieses Resultat veröffentlicht wurde, berichtete die *Today*, dass ein besorgter Premierminister seine Minister angewiesen habe, zu Charles' Verteidigung hervorzutreten. Dies war ein in der Politik des zwanzigsten Jahrhunderts noch nie da gewesener Schritt, der nicht ohne Rücksprache mit dem Privatsekretär der Königin Sir Robert Fellowes und dem Prinzen selbst unternommen worden sein konnte. Wenn eine Partei im Hinblick auf die Königsfamilie von ihrer neutralen Position abweicht, fordert dies die Opposition nahezu heraus, die entgegengesetzte Haltung einzunehmen, und Monarchen und ihre Berater haben es seit jeher bewusst vermieden, die Königsfamilie zum innenpolitischen Thema zu machen.

Doch John Majors Anweisungen führten dazu, dass der Außenminister Douglas Hurd Charles als »Star« beschrieb. Andere Minister äußerten ebenfalls ihre – stets positive – Meinung über den Thronerben. Lord Wakeham, der Lord Privy Seal[34], fügte hinzu, dass eine große Gefahr darin bestehe, wenn »Kirchenmänner mutwillig die Monarchie zerstören«. Dabei ließ er geschickt die Tatsache außen vor, dass die geäußerten Meinungen der Kirchenmänner eine Reaktion auf Charles' Doppelmoral waren.

Hinzu kam, dass der ehemalige Bischof von Birmingham, der ehrwürdige Reverend Hugh Montefiore, die verstörende, jedoch berechtigte Frage aufbrachte, was eigentlich passieren würde, wenn die Königin am nächsten Tag tot umfiele. Schließlich könne man unmöglich Diana – die nun offiziell von Charles getrennt lebte – zur Königin krönen. Seine Bemerkungen deuteten sehr genau auf das Problem hin, das durch das gemächliche Voranschreiten der Distanzierung des Paares entstanden war. Doch vor allem versetzten sie den optimistischen Behauptungen des Buckingham-Palastes und der Downing Street, die Trennung von Charles und Diana habe keinerlei konstitutionelle Auswirkungen, den Todesstoß.

Dr. Montefiore sagte: »Die in Trennung lebende Prinzessin von Wales kann nicht zur Königin gekrönt werden. Dieser Gedanke würde dem Großteil der englischen Bevölkerung widerstreben. Man wird sich irgendwann der Frage stellen müssen, ob der Erzbischof [von Canterbury] sie mit gutem Gewissen krönen kann.«

Zu diesem Zeitpunkt war die Debatte um die Nachfolge rein rhetorischer Natur, doch innerhalb weniger Wochen verletzte sich die siebenundsechzigjährige Königin bei einem schweren Sturz von einem Pferd. Hätte sich der Sturz auf einer Schotterstraße zugetragen oder wäre das Pferd auf sie gerollt, wäre die Diskussion nicht mehr ganz so theoretisch gewesen. Man hätte einen neuen König gekrönt, und es wäre zu spät für die Frage gewesen, was man nun mit Diana machen sollte, die mit dem König verheiratet und die Mutter des zukünftigen Königs war.

Das alles ging nicht spurlos an den Höflingen im St.-James-Palast vorüber. Zum einen waren sie sehr wütend darüber, dass ihre Bemühungen, Prinz Charles' Glaubwürdigkeit wiederherzustellen, auf Treibsand gebaut zu sein schienen. Zum anderen blieb es ihnen verwehrt, ihrem Ärger über diejenigen Luft zu machen, die ihrer Meinung nach tatsächlich für die ausweglose Situation verantwortlich waren – nämlich die Presse, die Kirche und Diana. Das war wirklich eine Sackgasse.

Zu diesem Zeitpunkt, Ende 1993, bestand tatsächlich die Gefahr, dass der hässliche Streit der Monarchie dauerhaften Schaden zufügen könnte. Mitglieder des Geheimen Staatsrats ließen ihre Besorgnis darüber durchsickern, dass Charles' Beziehung zu Camilla offensichtlich nicht beendet war und dass, was noch schlimmer war, Mrs. Camilla Parker Bowles großen Einfluss auf ihn zu haben schien. Dies ging sogar so weit, dass sie angeblich im Sommer den Plan vereitelt hatte, die Beziehung zwischen Charles und Diana zu kitten.

Diese Entwicklung, sollte sie denn der Wahrheit entsprechen, räumte Camilla Parker Bowles eine neue und bedrohliche Machtposition ein. Es war eine Sache, wenn sie die Geliebte des Prinzen war, die sich um all seine Bedürfnisse kümmerte und seine fiebrige Stirn kühlte – für manche war das schon schlimm genug. Schlimmer jedoch war die Vorstellung, dass sie sich zwischen den Prinzen und die Prinzessin von Wales drängte und bestimmte, was Charles tun und nicht tun sollte. In diesem Fall übte sie Macht aus, ohne Verantwortung zu tragen.

Nun wurden die Mitglieder des Geheimen Staatsrats, ganz zu schweigen von den ranghöheren Geistlichen und anderen führenden Personen des öffentlichen Lebens, nervös. Niemand würde von einer größeren Verfassungskrise profitieren, doch das Problem war, dass niemand wusste, was Charles als Nächstes zu tun gedachte.

Würde er sich scheiden lassen? Würde er Camilla heiraten, nachdem sie sich hatte scheiden lassen? Würde er tun, was er heimlich angedroht hatte – seine Heimat verlassen und sich mit Camilla in Florenz niederlassen, wo Alice Keppel ihren Lebensabend verbracht hatte? Es gab viele Fragen, aber keine Antworten. Charles, darum bemüht, die Fassung zu wahren, hatte sich für die Taktik »Je weniger gesagt wird, desto schneller heilen die Wunden« entschieden. Es war schwierig, ihm den äußerst besorgten Zustand der Menschen verständlich zu machen, die eine rudimentäre Rolle in diesem Drama spielten.

Jemand aus der Politik, der auf den Besorgnis erregenden Mangel an Informationen über Charles' Absichten anspielte, enthüllte: »Einige der ranghöchsten Personen im Palast und in der anglikanischen Kirche glauben, dass Charles ernste Schwierigkeiten bekommen wird, wenn er weiterhin darauf beharrt, die Scheidung von Diana voranzutreiben – auch ohne dass es zu weiteren Komplikationen kommt.

Ihrer Meinung nach würde ein erneutes Erscheinen von Mrs. Parker Bowles auf der Bildfläche bedeuten, dass Charles öffentlich auf den Thron verzichtete und Prinz William den Vortritt gewährte. Das stünde in vollem Gegensatz zu dem Verhalten seiner Tante Margaret, die die Liebe hinter die Pflicht stellte, als sie sich bereit erklärte, sich von Captain Peter Townsend zu trennen.« Die nicht besonders verschlüsselte Botschaft lautete: Sag uns, was du vorhast, Charles, bevor sich das ganze Establishment gegen dich wendet.

Plötzlich publizierte die *Times* die für einige Leser schockierende Andeutung, dass einflussreiche Bischöfe mit der Königin im Buckingham-Palast verschiedene Optionen diskutiert hätten, wie man die vierhundertsechzig Jahre alte Verbindung zwischen dem Souverän und der Kirche ändern könnte. Diese wichtige Bestandsaufnahme führte zu dem allgemeinen Schluss, dass kurz vor oder nach der nächsten Krönung (jedoch nicht zu Lebzeiten der Königin) neue Gesetze in Kraft treten sollten, die die Position des Monarchen ändern würden.

Nur ein Spion innerhalb der Mauern des Buckingham-Palastes hätte verraten können, ob die Königin mit diesem Plan nur ihren ehebrecherischen Sohn maßregeln wollte. Fest stand, dass die vorgeschlagenen Neuerungen das traditionelle Band lockern würden, da der Souverän anschließend nicht mehr Oberhaupt der Kirche wäre, sondern nur noch den Titel »Verteidiger des Glaubens« trüge.

In einer Sache waren sich die ranghöchsten Geistlichen einig: Prinz Charles war in der Kirche von England nicht mehr willkommen. Ein Beobachter bemerkte: »In den Augen vieler innerhalb der Kirche müsste das Image des Prinzen drastisch verbessert werden, damit er das Vertrauen der Gläubigen zurückgewinnen und die Rolle der Galionsfigur übernehmen kann.

Zurzeit hat die Kirche in der Person der Königin ein beispielhaftes Oberhaupt. Doch jemanden an diese Stelle zu setzen, der eine offen gesagt fragwürdige Reputation hat wie Prinz Charles, ist eine ganz andere Sache. Ihm steht eine schwierige Aufgabe bevor, und es ist nicht anzunehmen, dass er erkennt, wie weit er tatsächlich gehen muss, um die Anerkennung der Kirche zurückzugewinnen.

Sein Image muss von Grund auf verbessert werden, und das ist nur durch harte Arbeit möglich. Er muss uns ein Zeichen geben, dass er Gutes für die Gesellschaft tun will, und es bedarf einiger Jahre der Enthaltsamkeit.«

In einer Gesellschaft, deren Sittenkodex sich innerhalb von einer Generation völlig verändert hat, ist die Enthaltsamkeit eine überzogene Strafe. Außerhalb der römisch-katholischen Kirche sind nur wenige Menschen in Großbritannien bereit, sich Vorschriften über ihr Sexualleben machen zu lassen, und der Prinz von Wales war da sicherlich keine Ausnahme. Er hatte das frustrierende Beispiel seiner Vorfahren vor Augen. Von denen hatten sich nur wenige solch einer strengen Moral unterwerfen müssen, und etliche hatte ihr *droit de seigneur*[35] in Anspruch genommen, ohne vom nörgelnden Geistlichen daran gehindert worden zu sein.

In der heutigen Zeit hat die Kirche einen immer stärker schwindenden Einfluss auf die Moral der Menschen. So mag durchaus der Eindruck entstehen, dass die Bischöfe mit ihrem Versuch, einem einzelnen Mann und nicht der ganzen Nation ihre Regeln aufzuzwingen, völlig den Bezug zur Realität verloren hätten.

Dennoch traten die Hardliner vereint gegen Charles an. Ein Insider erklärte: »Das Hauptproblem ist, dass Charles nicht in der Lage ist, die Bedeutung seiner Position und die Konsequenzen seines Verhaltens zu erkennen. Er dachte, er könne die ehebrecherische Tradition seines Vaters und seines Großonkels fortführen, doch er hat nicht mit den vereinten Kräften seiner Frau, der Kirche und der Regenbogenpresse gerechnet. Wie kein zukünftiger König vor ihm steht er unter genauer Beobachtung und scheint nicht zu begreifen, dass sich die Regeln geändert haben.«

Das Establishment war zu diesem Zeitpunkt fest entschlossen, jegliche Andeutung auf eine Verfassungskrise herunterzuspielen, und alle schienen sich einig zu sein, dass der Zwiespalt zwischen Charles und der Kirche von England erst beim Tod der Königin akut würde. Doch der neue König würde möglicherweise bei seiner Krönung erkennen, dass sich der Wortlaut seines Treueschwurs geändert hatte.

Bei dem traditionellen Krönungseid fordert der Erzbischof von Canterbury den neuen Regenten auf, feierlich zu schwören, die Menschen Großbritanniens gemäß den geltenden Gesetzen zu regieren. Anschließend fragt er ihn: »Werden Sie nach allen Kräften die Gesetze Gottes und das wahre Bekenntnis des Evangeliums bewahren? Werden Sie nach allen Kräften im Vereinigten Königreich die durch das Gesetz eingeführte protestantische Religion erhalten? Werden Sie die Kirche von England bewahren und ihre Lehren, ihre Liturgie und ihre Ordnungsgrundlage schützen? Und werden Sie den Bischöfen und dem Klerus (…) all die Rechte und Privilegien erhalten, wie es ihnen laut Gesetz zusteht?«

Der Souverän antwortet daraufhin: »All dies verspreche ich zu tun« – was er jedoch nur tun kann, wenn ihm diese Frage auch gestellt wird. Während des Entstehens dieses Buches herrschte die wachsende Überzeugung, dass dieser Teil der Krönungszeremonie umgeschrieben werden würde – mit oder ohne Charles'

Zustimmung – und dass man ihm den Titel des Oberhauptes der Kirche vorenthalten würde.

Jeder Monarch kann aus freien Stücken die historischen Traditionen abwerfen oder unfreiwillig von ihnen ausgeschlossen werden und dennoch überleben. Doch sollte Prinz Charles je die Unterstützung durch den Eckpfeiler des Establishments verlieren und herausfinden, dass die Kirche seine Eignung als König anzweifelte, dann dürfte es tatsächlich zu einer Krise epischen Ausmaßes kommen. Dagegen dürfte die Abdankung seines Großonkels wie eine Nichtigkeit erscheinen. Sollte der Staat von der Kirche, die Krone von der Mitra getrennt werden, würde es letztlich beide Seiten schwächen und das Geflecht zerstören, das die Nation zusammenhält.

Wie Sir Douglas Lovelock, First Church Estates Commissioner[36], anführte, kann man zwar einen oder alle Stützpfeiler des Systems verändern – »doch hat die Geschichte bewiesen, dass die Veränderung eines Bestandteils des Systems unter den Menschen schnell die Frage aufwirft, ob es sich noch lohnt, das System überhaupt zu erhalten«.

Charles hatte weiträumig um Unterstützung gebeten, nicht nur die Kirche von England, doch nur die etablierte Kirche konnte ihm bei seinem Versuch behilflich sein, die konstitutionellen Hürden zu überwinden, vor denen er stand. Die Loyalität der Katholiken würde immer vorrangig Rom gelten, die der Muslime Mekka, doch die Unterstützung, die Charles am meisten benötigte, war die einer Religion, die sein Verhalten am wenigsten tolerieren konnte.

In Anbetracht des Inhalts der Camillagate-Bänder und der wahren Entrüstung, den die Veröffentlichung innerhalb der Kirche von England ausgelöst hatte, überraschte es viele Kirchenmänner, dass der Prinz keine Anstrengungen unternahm, ihre Unterstützung zurückzugewinnen. Zahlreiche Presseerklärungen seitens des Palastes sprachen von Verärgerung, Wut und Depressionen angesichts des Skandals, den Camillagate ausgelöst hatte. Doch es gab nicht einmal einen Hinweis auf Reue.

Die Kirche, die einst die größte Stütze der Monarchie gewesen war, gewann den Eindruck, dass Prinz Charles glaubte, er könne, wenn seine Zeit gekommen sei, wie Heinrich VII. ein halbes Jahrtausend zuvor einfach die Krone hervorholen, sie aufsetzen und sich zum König proklamieren.

KAPITEL 10

Schick das Miststück in die Wüste

Die Tour des Prinzen von Wales 1994 durch Australien begann kurz nach der Durchführung von unzähligen Meinungsumfragen in Großbritannien und im Gastgeberland, die belegten, dass seine Beliebtheit einen neuen Tiefstand erreicht hatte.

In Großbritannien zeigte eine Umfrage, dass nur die Herzogin von York, die nach der peinlichen Veröffentlichung der Fotos, auf denen ihr texanischer Liebhaber John Bryan in Südfrankreich an ihrem Zeh herumlutschte, noch unbeliebter war als er. In einer weiteren Umfrage fand Charles sehr zu seinem Ärger heraus, dass nur drei Prozent der Befragten Diana die Schuld am Scheitern der Ehe gaben. Ein kleiner Trost war die Tatsache, dass in einer landesweiten Umfrage 57 Prozent nicht der Meinung waren, dass ihn seine Affäre mit Camilla Parker Bowles als König disqualifizierte.

Dennoch schwamm er in seinem fünfundzwanzigsten Jahr als Prinz von Wales gegen den Strom. Wütend erfuhr er, dass der allseits respektierte Labour-Abgeordnete Frank Field einen Ausschuss aus Mitgliedern des Geheimen Staatsrates einberufen wollte, der unter dem Vorsitz des Premierministers stehen und die Erziehung der Prinzen William und Harry überwachen sollte. Natürlich wurde nichts daraus, aber es war dennoch ein Schuss vor Charles' Bug. Die Tatsache, dass ein Parlamentarier ihn bezichtigte, ein schlechter Vater zu sein, verlängerte schlicht die Liste seiner öffentlichen Demütigungen.

Im Monat zuvor hatte Charles einen offiziellen Termin in Southwark, London, absolviert, wo er Arbeiter des Gateway-Projekts traf, das Unterkünfte und Ausbildungsplätze für Obdachlose schaffen sollte. Als er am 8. Dezember dort ankam, war die Straße leer. Am nächsten Tag listeten die Zeitungen die Zahl der Menschen auf, die gekommen waren, um ihn zu sehen. Fotografen – 13; Reporter – 10; Menschen aus der Bevölkerung – 2. »Er ist scheinbar wirklich so unbeliebt, wie alle immer behaupten«, sagte der Polizist, der die Menge in Schach halten sollte und dessen Dienste an diesem Tag nicht gebraucht wurden. Als Charles schließlich im Innern des Gebäudes eintraf, sprach er den einundzwanzigjährigen Barry Holden an, der ihm erzählte, dass einer der Gründe für sein Leben auf der Straße die Scheidung seiner Eltern sei, die sich getrennt hatten, als er sechs Jahre alt gewesen war.

»Wirklich?«, fragte der königliche Inquisitor. »Warum haben sie sich scheiden lassen?«

»Weil mein Dad hinter dem Rücken meiner Mutter etwas mit einer anderen Frau hatte« lautete die Antwort. Charles lächelte matt; es war an der Zeit, weiterzugehen.

In der Zwischenzeit befand sich Diana in Belfast bei einem ihrer letzten offiziellen Termine. Obwohl ihr Besuch aus Sicherheitsgründen nicht angekündigt worden war, stellten die Zeitungen eine weitere Berechnung auf. Fotografen – 30; Reporter – 10; Menschen aus der Bevölkerung – 160. Kein Wunder, dass Charles die erzwungene Pensionierung seiner Frau nicht abwarten konnte. Schließlich drohte ihm ganz offensichtlich das schlimmste Schicksal eines Thronfolgers – es war ernsthaft zu befürchten, dass er von seinen zukünftigen Untertanen ignoriert werden würde.

In Australien, einer Nation, deren politischer Anführer Paul Keating bereits signalisiert hatte, dass es nicht darum gehe, *ob* das Land eine Republik würde, sondern *wann*, sah sich Charles mit der unverhohlenen Gleichgültigkeit der Öffentlichkeit und einer sehr kleinen Zuschauermenge konfrontiert. Berichte deuteten an, dass die Berater von Charles harte Überzeugungsarbeit hatten leisten müssen, um ihn überhaupt nach Australien zu bekommen. Man benötigte einen großen PR-Erfolg, und dieser konnte leichter im Ausland erzielt werden.

Bei seiner Ankunft in der letzten Januarwoche hatte Charles

eine Mappe mit verschiedenen Reden bei sich, mit denen er und seine Berater sich auf alle möglichen Stimmungen der Zuschauer einstellen und diese zu seinem Vorteil nutzen wollten. Doch trotz dieser gründlichen Vorbereitung gab es keinen Plan für das, was folgen sollte.

Sein erster größerer Auftritt war im Tumbalong Park in Sydney. Ein Polizeiorchester spielte »Waltzing Matilda« und »I still call Australia Home«. Auf der Bühne bereitete sich Charles darauf vor, einer Gruppe von Schülern einige Preise zu überreichen. Vor der Bühne befand sich eine freundlich gestimmte Menge von ungefähr 5000 Menschen, doch als Charles nach vorne trat, um die Preise zu übergeben, stand einer der Zuschauer, der dreiundzwanzigjährige Anthropologiestudent David Kang, auf und holte eine Waffe hervor. Er rannte auf Charles zu und feuerte dabei in die Luft. Einen Moment lang begriff niemand, was da geschah, und Charles stand einfach nur da und zupfte an seinen Manschettenknöpfen. Nach einem Sprung auf die Bühne feuerte Kang erneut ein paar Schüsse ab. Dann stolperte er über ein Mikrofonkabel und fiel zu Boden. Sofort wurde er von dem Segler Ian Kiernan überwältigt, der gerade zum »Australier des Jahres« ernannt worden war.

In der Waffe waren nur Platzpatronen gewesen, und Kang hatte nur einen unbesonnenen Protest zur Lage der kambodschanischen Boatpeople im Sinn gehabt. Er verschaffte sich Gehör, doch vor allem rückte er Charles' Besuch stärker ins Rampenlicht. Diejenigen, die seine Reise mit Ablehnung oder Gleichgültigkeit betrachtet hatten, waren nun beeindruckt von Charles' Art, mit der er den Vorfall überspielt hatte. So etwas sei nun einmal Teil seines Jobs, sagte Charles.

Als zwei Tage später der königliche Tross in Perth ankam, war gerade das Ergebnis einer Meinungsumfrage veröffentlicht worden. Charles wurde von der Menge mit neuem Respekt und voller Begeisterung empfangen. Die Umfrage hatte ergeben, dass inzwischen 63 Prozent der Australier der Ansicht waren, dass er den Aufgaben eines Königs gewachsen sei. Nur jeder Fünfte fand, dass er seine Arbeit nicht gut mache, und 53 Prozent glaubten, dass er ein gutes Beispiel abgebe. Verglichen mit den Ergebnissen in Großbritannien war dies eine erstaunliche Wendung.

Plötzlich bekam die Tour durch die erwachte Begeisterung der wachsenden Zuschauermengen neuen Schwung.

Was als Nächstes geschah, mögen viele für einen logischen Schritt halten. Reporter, die die Tour begleiteten, hatten von den Höflingen, die die Reise als »Streich den Tampon«-Tour bezeichneten, inoffizielle Informationen erhalten. Australien sei die Chance für einen Neuanfang, bei dem der Prinz die Vergangenheit hinter sich lassen könne.

Bis zu dem Angriff durch Kang war dies eine recht klägliche Hoffnung gewesen, doch nach dem Vorfall und dank einiger löblicher Analysen von britischen Journalisten war dies womöglich der richtige Zeitpunkt, ein bisschen das Tempo anzuziehen.

Aus welchen Quellen die Information auch stammen mochte und welcher Grund auch dahinter steckte, so erschien am 30. Januar in der Londoner *Mail on Sunday* auf der Titelseite ein Artikel mit der Überschrift: PRINZ CHARLES LÖST DIE BINDUNG ZU CAMILLA PARKER BOWLES: MEINE PFLICHT KOMMT VOR DER LIEBE.

Unter dieser dramatischen Überschrift stand ein Artikel von Nigel Dempster, der behauptete, Charles habe auf seine Freundschaft mit Camilla »verzichtet«.

»Er hat sich entschieden, aus Pflichtgefühl gegenüber seinem Land die enge Freundschaft mit der Mutter zweier Kinder zu opfern«, schrieb der Journalist.

»Der Prinz hat nach Monaten der Gewissenserforschung beschlossen, jedes Hindernis aus seinem Leben zu entfernen, das seiner Krönung im Weg steht, und die vierundzwanzig Jahre andauernde Beziehung zu beenden. Laut einem Vertrauten des Prinzen hat er in dieser Angelegenheit eine unumstößliche Entscheidung getroffen.«

Der Artikel zitierte aus der unbekannten Quelle weiter: »Der Prinz sagt, dass er auf jeden Fall König werden möchte, wenn die Zeit reif ist, und solange dies der Fall sei, gebe es in seinem Leben keinen Platz für Mrs. Parker Bowles.«

Dempster fuhr fort: »Der Prinz hat entschieden, dass sie von nun an ein getrenntes Leben führen müssen und sich ihre Wege nicht mehr kreuzen dürfen. Camilla ist angeblich über diese Zurückweisung außer sich.

Es hieß weiter: ›Camilla hat gemerkt, dass der Prinz ihre Anrufe nicht mehr entgegennimmt, und ist sehr unglücklich darüber.‹«

Wenn das stimmte, dann hatte sie eine seltsame Art, es zu zeigen. Nachdem sie so viele lange Monate in selbst gewählter Isolation gelebt hatte, um der sensationslüsternen Presse aus dem Weg zu gehen, verließ sie nun ihr Haus – und brachte den Männern, die auf ihrem Grundstück Holz hackten, Kaffee. Sie hielt sich lange genug in ihrer Gegenwart auf, damit jeder Fotograf eine Aufnahme von der völlig entspannt lächelnden Camilla machen konnte. Eine der Kaffeetassen trug die Aufschrift LIEBE, und diese unverschlüsselte Botschaft dürfte sicherlich die andere Seite des Erdballs erreicht haben.

Dennoch glaubte die britische Presse, sie hätte eine Story – noch dazu eine historisch bedeutsame. Manche Zeitungen sprachen von Charles' »monatelanger Gewissenserforschung«, die das Ziel habe, jegliches Hindernis hinsichtlich seiner Krönung aus dem Weg zu räumen. Das alles war natürlich völliger Unsinn, denn nur ein vorzeitiges Ableben hätte Charles davon abhalten können, den Thron zu besteigen. Trotzdem glaubten die Leute – wer auch immer diesen Glauben geschürt hatte –, dass an dieser Geschichte etwas dran war. Wie so oft, wenn dickköpfige Redakteure eine Story unbedingt gedruckt sehen wollen, hatten sie Scheuklappen vor den Augen und räumten alle Gegenargumente beiseite.

Manche Bereiche der Fleet Street sahen die Parallelen zwischen Edward und Mrs. Simpson und Charles und Camilla verblassen. Stattdessen stellten sie einen Prinzen dar, der seiner Nemesis entschlossen den Rücken zukehrte. Ein Kabinettsminister, dessen Name nicht genannt wurde, sagte Folgendes:

»Diese Entscheidung ist ein deutliches Zeichen, dass er seine zukünftigen Verpflichtungen sehr ernst nimmt. Es ist absolut richtig, dass er die Erfüllung seiner Pflicht an die erste Stelle setzt, und man sollte ihm für diese Entscheidung Respekt zollen.«

Es dauerte nicht lange, bis dieser Traum zerplatzte. Bereits am folgenden Morgen wurde ein sehr starkes Gegenargument publik – angeblich sei die Liebe von Charles und Camilla stark wie eh und je, der Prinz verwahre sich gegen diese neue Interpretation seines Verhaltens gegenüber Camilla, und alles sei beim Alten.

Diese Behauptungen wurden durch ein weiteres Detail untermauert, das ans Tageslicht kam. Es hieß, dass Charles und Camilla während seiner Tour durch Australien ein langes Telefongespräch geführt hätten. Diese Neuigkeit zeigte deutlicher als alles andere, was in den Monaten seit der Veröffentlichung der Camillagate-Bänder bekannt geworden war, dass das Paar immer noch sehr eng verbunden war.

Der besagte Anruf erreichte Charles in seiner offiziellen Residenz mit Blick auf die Oper von Sydney. Camilla rief ihn von einem Freund der Familie irgendwo in Südengland an, dessen Haus sehr wahrscheinlich nicht abgehört wurde. Andere Anrufe folgten, und die Beziehung lief reibungslos weiter. Menschen mit einem Faible für Parallelen sollten sich später daran erinnern, dass König Edward VII. Alice Keppel sofort ein Telegramm nach Weymouth schickte, nachdem man 1900 bei einer Fahrt durch Brüssel auf ihn geschossen hatte (scheinbar ein häufig auftretendes Problem bei den Prinzen von Wales), um sie wissen zu lassen, dass er unverletzt war. Man darf durchaus davon ausgehen, dass sich sein Nachfolger ebenfalls sofort mit Mrs. Keppels Urenkelin in Verbindung setzte, wenn auch mittels modernerer Technologien.

Das Gerücht um die angebliche Trennung löste sich schneller in Luft auf als Nebelschwaden im Morgengrauen. Aus einer Quelle hörte James Whitaker vom *Daily Mirror:* »Die beiden lieben sich. Und selbst wenn sich die Beziehung etwas abgekühlt hat, was nicht der Fall ist, ist der Prinz nicht der Typ Mensch, der seine Freunde abserviert. Er ist unglaublich loyal, und es beleidigt seine Integrität, anzudeuten, dass er Camillas Anrufe nicht mehr entgegennimmt.«

Das Thema wurde von einem anderen gut unterrichteten Journalisten aufgegriffen, der schrieb: »Ein Freund, der einen engen Kontakt zum Prinzen pflegt, beschwerte sich während einer Silvesterparty in der Karibik, dass Charles und Mrs. Parker Bowles trotz seiner Bemühungen entschlossen seien, weiterhin zusammenzubleiben.«

Er zitierte aus einer Unterhaltung, die Charles' große Loyalität bewies. Der Prinz erzählte einem Begleiter: »Ich würde nie jemanden so behandeln, wie mein Großonkel Mrs. Dudley Ward behandelt hat.« Dies war eine Anspielung darauf, wie Edward Prinz von Wales mit seiner Geliebten Freda Dudley Ward umgegangen war, nachdem er sich mit Mrs. Simpson eingelassen hatte. Er servierte sie ab, indem er einfach der Telefonzentrale des Buckingham-Palastes die Anweisung gab, zukünftig keine Anrufe mehr von Freda durchzustellen.

Die Anekdote mag nicht verbürgt sein, aber sie zeigt durchaus Charles' Prinzipientreue. Ehrlicherweise gab es jedoch einen anderen Grund, warum er Camilla nicht aufgeben wollte – er konnte einfach nicht ohne sie leben. Warum also dieses übereilte Manöver, das die Weltpresse glauben machen sollte, dass Charles eine Liebesbeziehung beendet hatte, die bereits zwei Jahrzehnte dauerte?

Die meisten glauben, es seien wohlmeinende Freunde gewesen, die dachten, dass man Charles' Erfolg in Australien und seiner langsam steigenden Popularität zu Hause etwas nachhelfen müsse. Diese Freunde heckten eine Kampagne unter dem Motto »Schick das Miststück in die Wüste« aus, die Charles' Position stärken sollte. Der Plan war jedoch unglaublich schlecht durchdacht und führte zu einer neuen öffentlichen Demütigung. Nach anfänglichem ungläubigen Staunen darüber, dass der Prinz hatte durchsickern lassen, er habe Camilla den Laufpass gegeben, kam der vorauszusehende Gegenschlag. Eine Zeitung veröffentlichte die Schlagzeile: ER SCHLÄFT MIT IHNEN, DANN VERLÄSST ER SIE, die sowohl auf Diana als auch auf Camilla abzielte.

Charles' bekanntester Biograf Anthony Holden schrieb bissig über die »unterschiedlichen Ziele seiner so genannten ›Freunde‹«, die ihn lieber »als zukünftigen König statt als zukünftigen Herzog von Windsor um sich haben wollten«. Außerdem warf er Charles' Freunden vor, die Informationen an die Presse gegeben zu haben, um den Prinzen zu einem bestimmten Verhalten gegenüber Camilla zu drängen: »Man ging allgemein davon aus, dass der Prinz gar nichts von der Existenz undichter Stellen wusste. Er war sehr wütend über ihre Auswirkungen. Er hatte die Tour durch Australien und den Südpazifik peinlich genau geplant und wollte durch die ›Streich den Tampon‹-Aktion alle Anspielungen auf seine Beziehung zu Camilla aus der Welt schaffen. Er wollte nicht, dass sein Name an diesem glücklichen Wendepunkt in irgendeiner Weise mit ihrem in Zusammenhang gebracht wurde. Er war außer sich.«

Bei der anschließenden Hexenjagd wurden erschreckend viele Fehlinformationen verbreitet. Hastig versuchte man einen Rückzieher zu machen und deutete an, dass Charles Camilla gar keinen Laufpass gegeben habe. Seine Freunde hatten der Welt angeblich nur die beruhigende Mitteilung machen wollen, dass die körperliche Beziehung der beiden zu Ende sei. Diese Version der Dinge bot ebenso viel Zündstoff wie die davor. Laut verschiedenen Aussagen war das Paar seit November 1992 – einen Monat vor der Trennung von Charles und Diana – nicht mehr intim gewesen. Die Affäre sei vorbei, und daher spiele der Ehebruch in der Diskussion über Charles' Eignung als zukünftiger König keine Rolle mehr.

Diese logische Schlussfolgerung war zugleich genial und völlig idiotisch. Es war enorm dumm von Charles' Freunden, anzunehmen, dass die Kirche zwei Jahrzehnte des Ehebruchs ignorieren würde, nur weil die Beziehung zwischen Charles und Camilla nun vorbei war. Was Charles' Eignung als Oberhaupt der Kirche von England anging, hatte es keinerlei Bedeutung, ob die Beziehung noch bestand oder ob sie wirklich dauerhaft beendet war.

Außerdem war an der Version, die seine Freunde erfunden hatten, etwas sehr verdächtig. »Sie kamen beide zu dem Schluss, dass es das Beste sei, die Beziehung abkühlen zu lassen, hielten jedoch weiterhin engen Kontakt«, sagte einer von ihnen. Dann, kurz vor Weihnachten 1993, habe das Paar den letzten Schritt vollzogen und aufgehört, regelmäßig miteinander zu telefonieren.

Die Tatsache, dass Camilla Charles vierundzwanzig Stunden vor dem Zwischenfall mit der Waffe angerufen hatte und dies auch den Journalisten zu Ohren kam, die die Tour des Prinzen begleiteten, machte diese Behauptung zunichte. Charles und Camilla redeten miteinander, trafen sich, und sollten sie tatsächlich nur noch eine platonische Beziehung führen, so lag das wohl eher an der Zeit, die verstrichen war, als an einer bewussten Entscheidung der beiden. Doch im Laufe der Zeit wurde sogar das immer unwahrscheinlicher.

Mitten in diesem Durcheinander kam es zu einer kurzen Atempause, als sich die Romanschriftstellerin Una-Mary Parker in die Angelegenheit einmischte.

Ihre Berechtigung, sich zur Ehe der Wales' zu äußern, basierte auf ihrer Heirat mit dem Gesellschaftsfotografen Archie Parker. Parker stammte, wie auch Andrew Parker Bowles, von dem sechsten Grafen von Macclesfield ab, dessen arg geplagte Frau ihm sieben Söhne und vier Töchter geschenkt hatte.

Una-Marys Ehe mit Parker war bereits einige Jahre zuvor gescheitert, und außerdem war er tot, sodass er seinen entfernten Cousin nicht zu den neusten Geschehnissen befragen konnte. Mrs. Parker sah darin jedoch kein Hindernis, eigene Überlegungen anzustellen, und verkündete, dass Charles mit dem Gedanken spiele, zum Wohle der Kinder über einen Neuanfang mit Diana nachzudenken. In Anspielung auf die Presseberichte erklärte sie: »Dies ist alles Teil eines großen Plans, der Charles und Diana wieder versöhnen soll.«

Im Lager des Prinzen in Australien wurde dies mit lautem Gelächter quittiert.

Als der Frühling näher rückte, gab es natürlich keinerlei Anzeichen dafür, dass Charles und Diana zusammen waren. Trotz ihrer gefühlsbetonten Ankündigung, dass sie sich aus dem öffentlichen Leben zurückziehen werde, tauchte Diana ständig in den Zeitungen auf. Fotografen lichteten sie beinah täglich ab, wenn sie mit ihren Söhnen unterwegs war, einkaufen ging, ein Restaurant verließ oder einen chinesischen Massagesalon betrat, um sich eine Fußmassage geben zu lassen. Nachdem sie ein Jahrzehnt öffentliche Pflichten wahrgenommen hatte, stand ihr schließlich eine Auszeit zu, in der sie ihr Leben überdenken und ihre Prioritäten herausfinden konnte. Doch bald wurde klar, dass sie in ein Vakuum geraten war und ohne ihre Arbeit und ohne ein echtes Hobby oder eine sinnvolle Beschäftigung einfach nichts zu tun hatte. Es gab in diesem Frühling eine Menge Fotos von einer Frau, die nichts zu tun hatte.

Kurz nach Charles' Rückkehr aus Australien – seine Mitarbeiter waren mit der Tour ganz zufrieden – kam heraus, dass er Kontakt zu Camilla aufgenommen hatte, um den Erfolg seiner Reise zu besprechen. Sein Anruf bei ihr wurde von der gleichen Person bestätigt, die auch Camillas Anruf bei Charles in Australien enthüllt hatte. Zur gleichen Zeit wurde bekannt, dass Diana gegenüber Freunden gesagt hatte, sie habe nie an das Ende von Charles' Beziehung zu Camilla geglaubt und sei überzeugt, dass die beiden noch zusammen waren. Damit hatte sie absolut Recht, auch wenn sich die Liebenden inzwischen seltener sahen.

Das Leben ging weiter. Charles und Camilla jagten mit der Beaufort-Jagdgesellschaft, obwohl sie unterschiedliche Tage wählten, damit sie nicht zusammen gesehen wurden. Als der Sommer näher rückte, begann Charles wieder mit dem Polospielen, und Camilla kümmerte sich um ihren Garten. Seine Sorge, wie er mit den Prinzen William und Harry umgehen sollte, wenn sie bei ihm waren, wurde durch die Anstellung der »Ersatzmutter« Alexandra Legge-Bourke beendet, die zuvor die Kindertagesstätte *Mrs. Tiggywinkle* geleitet hatte. Die Jungen mochten sie auf Anhieb. Nach zwei unruhigen Jahren kehrte das Leben wieder in normale Bahnen zurück, obwohl es nie wieder wie früher sein würde. Gesellschaftliche Anlässe, an denen Camilla früher, ohne darüber nachzudenken, teilgenommen hatte – die Hochzeit eines Freundes, das alljährliche National Hunt Festival in Cheltenham –, mied sie nun. Die Öffentlichkeit war natürlich begierig darauf, die Frau zu sehen, die der Prinz von Wales wahrhaft liebte, und sie sollte noch viele Jahre Millionen Menschen faszinieren.

Im Februar wurde in Charles' Wohnung im St.-James-Palast eingebrochen und Schmuck, darunter ein Paar Manschettenknöpfe, gestohlen. Sofort wurde die Frage laut, ob die Diebe Camillas berühmte Manschettenknöpfe gestohlen hatten, und zwar die mit den ineinander verschlungenen Cs, die der Prinz dummerweise während seiner Hochzeitsreise getragen hatte.

Sie hätten nie existiert, lautete die ungerührte Antwort. Der Palast hatte wieder einmal sein Korrekturband hervorgeholt und versuchte verzweifelt, der Welt seine Botschaft zu vermitteln – *diese Frau existiert nicht, sie hat niemals existiert, bitte vergesst sie.* Aber es war ein hoffnungsloses Unterfangen, denn es würde Jahre dauern, bis die Nation Camilla Parker Bowles vergessen hatte. Nach dem ersten Schock war die Öffentlichkeit ihr gegenüber sogar nicht mehr ganz so feindselig eingestellt.

In der Zwischenzeit machte seine Rehabilitierung Fortschritte. Charles erschien bei dem Status-Quo-Konzert in der Royal Albert Hall. Früher hätte er diese Art von Veranstaltung seiner Frau überlassen. Und wenn er einmal bei so einem Anlass erschienen war, hatte er aus seiner Abneigung kein Geheimnis gemacht, wie zum Beispiel bei dem Live-Aid-Konzert 1985, bei dem er als Einziger im Anzug aufgetaucht war.

Sein Interesse an der Rockmusik, das schon von vornherein nicht sehr ausgeprägt war, hatte 1967 ein jähes Ende genommen, als ihn die Troggs, die bereits mit Hits wie »Wild Thing« und »I can't control myself« die Charts anführten, aufgefordert hatten, sie bei ihrem nächsten Hit auf dem Cello zu begleiten. Er hatte abgelehnt und beschäftigte sich ab da nur mit Klassikmusik. Doch nun versuchte er es auf ein Neues, wippte zum limitierten Drei-Akkord-Repertoire der Quo mit dem Fuß und lächelte viel. Es war eine ungeheure Anstrengung.

Doch ihm stand eine noch größere Herausforderung bevor. Ein Jahr zuvor, im April 1993, hatte Charles für sein Verhalten nach dem schockierenden Tod von Jonathan Ball und Tim Parry – sie waren bei einem IRA-Angriff in der im Norden gelegenen Stadt Warrington ums Leben gekommen – viel Kritik einstecken müssen.

Der Tod der Jungen traf den Nerv der Nation. Ein im Fernsehen übertragener Gedenkgottesdienst wurde organisiert, dem der Premierminister, der Oppositionsführer und der Präsident der Republik Irland beiwohnen wollten. Dann wurde die Frage laut, welches Mitglied der königlichen Familie teilnehmen würde.

Charles war der naheliegendste Kandidat, da er der Stadt nach dem Bombenattentat einen kurzen Besuch abgestattet hatte und die Bewohner Warringtons sich über seine Anteilnahme gefreut hatten. Doch am Tag des Gottesdienstes befand sich Charles in Spanien, wo er an der Beisetzung von Don Juan de Borbon y Battenburg, dem Vater des Königs von Spanien, teilnahm.

Seine Anwesenheit dort hatte keinerlei Bedeutung, doch seine Kritiker warfen ihm vor, dass er nicht die Gelegenheit verpassen wollte, sich unter die gekrönten Häupter Europas zu mischen. Angeblich gab ihm das ein Gefühl der Überlegenheit. Wenn überhaupt jemand das britische Königshaus in Spanien hätte vertreten sollen, dann Prinz Philip, dessen Mutter eine Cousine des Dons gewesen war. Prinz Charles als entfernter Cousin mag zwar bei der filmreifen Prozession unter der spanischen Sonne in seiner Marineuniform großartig ausgesehen haben, doch im kühlen und regnerischen Warrington wartete man vergeblich auf ihn.

Das Parlamentsmitglied Ian McCartney erklärte: »Als zukünftiger König hätte er wissen müssen, dass sein Platz in so einer schrecklichen Zeit bei seinen Untertanen ist.« Niemand wollte dies bestreiten. Echte Differenzen kamen jedoch erst auf, als die Menschen aus Warrington erfuhren, dass Charles nicht nur entschieden hatte, dem Gottesdienst fernzubleiben, sondern auch seiner Frau verboten hatte, daran teilzunehmen. Die Prinzessin von Wales hatte den dringenden Wunsch geäußert, nach Warrington zu fahren, und hatte am Telefon lange Gespräche mit einer der Mütter der toten Jungen geführt. Doch Diana wurde Opfer von Charles' entschlossenen Bemühungen, sie zu einer Randfigur zu machen, und die Nation ärgerte sich über die Unfähigkeit, die das Haus Windsor in so schweren Zeiten bewies. Wenn schon Politiker ihre Differenzen beiseite legen konnten, um der Toten zu gedenken – und die lange Reise aus London antraten –, warum dann nicht auch Charles?

Dazu kann man nur sagen, dass übereifrige Höflinge Charles einen schlechten Rat gegeben hatten, den dieser unüberlegt angenommen hatte. Doch so einen Fehler konnte er sich eigentlich nicht leisten. Er warf ihn in seinen Bemühungen um die Akzeptanz durch die Öffentlichkeit um Längen zurück.

Als sich im März 1994 die Chance ergab, die Sache wieder gutzumachen, reagierte ein älterer und weiserer Charles genau richtig. Ein maskierter, mit einem Messer und einer Pistole bewaffneter Mann stürmte in der Hall Garth School in Acklam in der Nähe von Middlesbrough in den Mathematikunterricht im ersten Stock und befahl den Schülern, sich hinzuknien. Dann schrie er: »Sie haben mich getötet, jetzt töten sie euch alle.« Er erstach die zwölfjährige Nikki Conroy und verletzte die beiden Schülerinnen Emma Winter und Michelle Reeve, bevor ihn zwei Mitarbeiter der Schule überwältigen und entwaffnen konnten.

Die Nation befand sich in einem Schockzustand, nicht nur wegen des Verlusts von einem klugen, hübschen Kind, sondern wegen der Erkenntnis, dass keine Schule sicher vor einem plötzlichen Angriff war. In dieser Situation erschien der Prinz von Wales auf der Bildfläche, der sich gerade auf einer Tour durch die Gegend von Cleveland befand, zu der auch Middlesbrough gehört.

Als er in der Hall Garth School ankam, trug er einen Kranz aus gelben und weißen Nelken, Lilien und Rosen bei sich, an dem er eine Karte mit der Aufschrift »In tiefstem Mitgefühl,

Charles« befestigt hatte. Er versammelte die Kinder und die Mitarbeiter um sich, die Zeuge des Angriffs geworden waren, und sprach sehr sanft mit ihnen. Er erzählte von seinen eigenen Gefühlen des Schmerzes, des Zorns und der Trauer, als Graf Mountbatten 1979 von der IRA ermordet worden war, und drängte die Kinder, miteinander über ihre Gefühle und über Nikki zu sprechen.

Der Direktor der Schule Peter Smith sagte: »Sie waren wie Freunde, und der Prinz machte es ihnen sehr leicht. Sein Besuch und die Mühe, die er sich offensichtlich gegeben hat, haben uns sehr berührt.« Und die sechzehnjährige Schülerin Claire Barry fügte hinzu: »Ich finde es gut, dass er hergekommen ist. Es ist nicht nur, dass uns Prinz Charles besucht hat – es ist viel wichtiger. Er steht für das ganze Land.«

Das Land respektierte sein taktvolles Verhalten, das sich so sehr von dem im Jahr zuvor unterschied, zutiefst. Die Menschen waren sogar bereit, sich einen weiteren Haufen Reden von Prinz Charles zum leidigen Thema Architektur anzuhören.

Im März stellte Charles im Rahmen eines vor Prominenz strotzenden (und für seine Rehabilitierung sehr wirksamen) Empfangs im St.-James-Palast das erste Exemplar seines eigenen Architektur-Magazins *Perspectives* vor. *Perspectives* würde wohl nie die Nation in Scharen in die Zeitungsläden locken, doch jeder äußerte sich sehr höflich darüber. Die Zeitschrift war nicht eben anspruchsvoll, doch das hinderte Charles nicht daran, gegen andere Bauplaner und Investoren vorzugehen. Im Mai wetterte er gegen die Russen, die versuchten, die schlafende Wirtschaft in Sankt Petersburg mit einem Wolkenkratzer wachzurütteln. Es war ein charmanter Wesenszug von Charles, dass er über einige Themen einfach nicht diskutierte. Architektur und Polo waren zwei davon. Mrs. Parker Bowles ein anderes.

Und plötzlich spielte Mrs. Parker Bowles – man muss sagen: mit nicht allzu großer Ernsthaftigkeit – die gleichen Machtspielchen, die die Prinzessin von Wales zu ihren Glanzzeiten so gerne betrieben hatte.

San Lorenzo, das berühmte Restaurant in Knightsbridge, in

dem Leute wie Eric Clapton, Dustin Hoffman, Joan Collins und andere Prominente verkehren, die gerne viel bezahlen, aber nicht viel essen, war während der unseligen Liebesgeschichte mit James Gilbey Dianas Hauptquartier. Die italienische Besitzerin Mara Berni wurde eine von Dianas engsten Freundinnen und lieh ihr auf dem Höhepunkt der heimlichen Affäre den Schlüssel zu ihrem Haus um die Ecke. Dorthin konnten sich Diana und Gilbey allein zurückziehen. Außerdem wurde das Restaurant als Briefkasten benutzt, als Diana – zu Recht oder zu Unrecht – glaubte, dass ihre Post im Kensington-Palast abgefangen wurde.

Doch in diesem Mai änderte sich alles. Camilla Parker Bowles, die nicht gerade für ihre mittäglichen Restaurantbesuche bekannt war, erschien plötzlich. Und ebenso plötzlich drückte Mara Berni sie an ihren ausladenden Busen. Für die Mitglieder des Jetsets war diese schlichte Geste immer das Zeichen, dass sie akzeptiert waren. Aber für Camilla war sie einfach nur ein Schlag gegen ihre Rivalin.

Im Rahmen seines Kampfes um sein Image startete Charles eine Attacke gegen die Political Correctness, die, so Charles, einen Großteil der britischen Identität und Gesellschaft zerstöre. Mit einem Schlag verdammte er moderne Theorien, die von Kinderbetreuung über Erziehung bis hin zur Literatur reichten, und rief die einfachen Menschen auf, dem »intellektuellen Fanatismus« zu widerstehen und für bewährte Prinzipien einzustehen. Doch die einfachen Menschen, für die er sich einsetzte, interessierten sich viel mehr für die Tatsache, dass Charles irgendwo auf dem Balmoral-Anwesen seinen Jack-Russell-Terrier Pooh verloren hatte. Und noch mehr faszinierte es sie, dass die Schwester von Pooh Camilla gehörte und sie dem Prinzen wegen des Verlustes des Hundes ihr Mitleid ausgesprochen hatte. Geschichten über menschliche Schicksale, vor allem, wenn noch ein Tier darin vorkam, berührten wohl eher die Herzen der Menschen. Sie brachten Charles die Unterstützung, die er so verzweifelt anstrebte – zumindest mehr als die hochtrabenden Vorträge, die er zum Wohle der Allgemeinheit hielt.

Hier hätte Charles endlich etwas erkennen können, was ihm bis dahin entgangen war. Das Königtum existiert in den Augen der Massen nicht im realen Leben, sondern schwebt irgendwo hoch oben außerhalb ihrer Reichweite. Daher wird der Verlust eines Hundes des Prinzen besorgt diskutiert, während der Verlust von hundert anderen Hunden nicht einmal der Rede wert wäre. Und daher wird jede Debatte, die Charles anstößt, von der Mehrheit in die gleiche weltfremde Ecke eingeordnet. Nicht ganz ernst genommen zu werden ist eine Last, die Charles ertragen muss, auch wenn er es sich zum Ziel gesetzt hat, eine glaubwürdige Figur abzugeben.

Es war an der Zeit, seine Vorzüge neu zu bewerten.

KAPITEL 11

»Was Lady Chatterley gefiel«

In den ersten Monaten des Jahres 1994 schlug sich Charles mit diesem Dilemma herum und entwarf einen großartigen Plan, der das Ziel unterstützen sollte, das Vierteljahrhundert als Prinz von Wales erfolgreich abzuschließen. Seine Triumphe sollten hervorgehoben werden, zugleich jedoch sollte Balsam auf die Wunden gestrichen werden, die die Camilla-Parker-Bowles-Affäre der Nation zugefügt hatte.

Es war ein lobenswerter, logischer Schritt. Schließlich musste er früher oder später einen Neuanfang mit der Öffentlichkeit starten, und um das zu erreichen, musste er wohl eine Erklärung zu seinem Verhalten in der Vergangenheit abgeben. In Anbetracht seiner immer noch bescheidenen Popularität lautete die Hauptfrage: Wie?

Zu diesem Zeitpunkt trat die Autorin und Fernsehmoderatorin Penny Junor an den Prinzen heran, deren autorisierte und hoch gelobte Biografie *Charles* im Jahr 1987 erschienen war. Damals hatte der Prinz mit Miss Junor zusammengearbeitet und ihr umfangreiches Interviewmaterial zur Verfügung gestellt. Wäre es nicht sinnvoll, so argumentierte sie nun, seine Kritiker von zwei Seiten aus anzugreifen und sowohl das Medium Fernsehen als auch das Medium Buch zu nutzen? War sie nicht als seine gefeierte Biografin und erfahrene Fernsehmoderatorin die ideale Kandidatin, die Botschaft zu überbringen, die Charles so verzweifelt der Außenwelt vermitteln wollte?

Der Prinz zog sich zurück, um darüber nachzudenken. Und das war das Letzte, was Miss Junor von ihm zu diesem Thema hören sollte, bevor sie schließlich erfuhr, dass in der zweiten Hälfte von 1994 eine Fernsehdokumentation kombiniert mit einer autorisierten Biografie über den Prinzen von Wales veröffentlicht werden sollte, was genau ihrer anfänglichen Idee entsprach. Der Autor und Moderator sollte nicht Miss Junor sein, sondern der sehr bekannte Jonathan Dimbleby. Sie nahm diesen Affront mit Würde hin, lehnte sich wie alle anderen erwartungsvoll zurück und harrte der Enthüllungen, die da kommen sollten. Diese ließen nicht lange auf sich warten.

Anfang Oktober fand in London ein Gedenkgottesdienst für Camillas Mutter Mrs. Rosalind Shand statt. Der erste Teil der Charme-Offensive des Duos Wales/Dimbleby – eine lange und zum Großteil langatmige Fernsehdokumentation, die fast alle Aspekte des Lebens des Prinzen berührte und in der auch die eheliche Untreue des Prinzen zur Sprache gebracht wurde – war im Sommer 1994 ausgestrahlt worden. Nun war die Nation neugierig, wie Charles sich hinsichtlich des Gottesdienstes verhalten würde. Er hatte öffentlich seine tiefe Freundschaft mit Camilla eingestanden; würde er ihr nun die Ehre erweisen und bei der Beerdigung ihrer Mutter erscheinen?

Am Ende wurde ein geschickter Kompromiss gewählt. Der Prinz schickte an seiner Stelle seine Freunde, den Grafen und die Gräfin von Shelburne, die in seinem Bentley zur St. Paul's Church in Knightsbridge fuhren, in der Bruce und Rosalind Shand 1946 geheiratet hatten. »Mrs. Shand«, so erklärte ein Sprecher des Palastes knapp, »war eine Freundin des Prinzen von Wales.«

Später im selben Monat folgte der wesentlichere Teil der Verteidigungskampagne, und Jonathan Dimblebys Buch *The Prince of Wales* erschien. Während die Biografie hauptsächlich von den Meilensteinen in Charles' Leben handelte, entsprach sie im Hinblick auf die Beziehung zwischen Charles und Camilla ganz und gar nicht den Erwartungen.

»Erst Ende 1986 oder 1987, als er und die Prinzessin von Wales bereits begonnen hatten, getrennte Wege zu gehen, vertiefte sich die Freundschaft des Prinzen mit Camilla aufs Neue«, schrieb Dimbleby unaufrichtig. »Auf der Suche nach Unterstützung begann er, mit Camilla zu telefonieren, und sie sahen sich in Highgrove. Sie kam für gewöhnlich entweder mit ihrem Mann oder einem engen Freund des Prinzen vorbei, und sie waren nur selten für längere Zeit miteinander allein.«

Doch darin lag die Schwachstelle des gesamten Projekts. Die Öffentlichkeit war größtenteils der Meinung, dass Charles Anrecht auf ein Privatleben hatte, solange es nicht seine Stellung oder die der Monarchie gefährdete. Und auch Mrs. Parker Bowles, die während der schmutzigen Wortgefechte der Eheleute Wales' vorbildhaft geschwiegen und sich von der Presse fern gehalten hatte, besaß das Recht auf ein Privatleben.

Die beteiligten Parteien hatten zwei Möglichkeiten: entweder alles zu enthüllen oder, wie es Camillas Vater Major Bruce Shand so treffend ausgedrückt hatte, die Klappe zu halten. Charles tat unter Mithilfe seines eifrigen Biografen Jonathan »Boswell« Dimbleby nichts von beidem und ging in seinem offiziellen Eingeständnis seiner Zuneigung für Mrs. Parker Bowles sehr sparsam mit den Fakten um. Es ist nicht so, dass der Prinz gelogen hätte; er zeichnete lediglich ein unvollständiges Bild der Beziehung und gab es als ganzes aus. Und so erfuhren die Leser der autorisierten Biografie weniger über die verzehrende Liebesbeziehung, als ihnen eigentlich zustand.

Dimbleby charakterisierte die frühe Beziehung von Camilla und Charles Ende 1972 als ganz normale Affäre, die, wären die Dinge anders gelaufen, in einer Heirat hätte enden können. Der Autor deutete an, dass man das emotionale Minenfeld hätte vermeiden können, das Charles bis 1981 durchqueren musste, wenn er nur seine Gefühle für Camilla deutlicher zum Ausdruck gebracht hätte. Und zwar, bevor er seine achtmonatige Reise auf der *HMS Minerva* angetreten und Camilla zurückgelassen habe, denn daraufhin habe sie erst den Heiratsantrag von Andrew Parker Bowles angenommen.

Aber das ist völliger Unsinn. Wie schon in den früheren Kapiteln dieses Buches deutlich gemacht wurde, hatte Camilla zu dem Zeitpunkt, als sie ihre Beziehung zu Charles festigte, einen zielsicheren Kurs eingeschlagen. Sie wollte schon seit sechs Jahren um jeden Preis ihren Kavallerieoffizier heiraten, und nun rückte dieses Ziel in greifbare Nähe. Sie und Charles wussten beide, dass ihre Beziehung nicht in einer Ehe gipfeln konnte, und zwar aus den Gründen, die in den ersten Kapiteln dargelegt wurden. Sie war keine Jungfrau mehr, und Andrew Parker Bowles war nicht ihr einziger Bettgefährte gewesen. Ihre Herkunft war ohne Zweifel aristokratisch, aber damals bei weitem nicht vornehm genug, um sie als ernsthafte Bewerberin um die Hand des Prinzen zuzulassen. Und obwohl ihr Aussehen und Verhalten sie unverwechselbar als Mitglied der Oberschicht kennzeichneten, reichte es – zumindest nach Meinung der Höflinge – nicht aus, um sie als Märchenprinzessin auf Briefmarken und Münzen darzustellen und irgendwann einmal auf den Thron zu setzen.

Die angebliche Offenheit des Buches maskierte eine Vielzahl von ausgelassenen Details. Es hieß, Charles habe Dimbleby 10.000 Briefe zur Verfügung gestellt, was den Anschein erweckte, dass das Porträt vollständig sei. Dies war jedoch nicht der Fall. So wurde zum Beispiel nicht erwähnt, dass die beiden kurz nach Camillas Heirat die Affäre fortgesetzt hatten. Diejenigen, die sich eine präzisere Darstellung der damaligen Geschehnisse wünschten, mussten sich auf die Aussagen des Butlers von Hall Place, dem Wohnsitz von Camillas Großmutter Sonia Cubitt in West Meon, verlassen. Die warfen nämlich etwas Licht auf die wieder aufgewärmte Beziehung.

Der namentlich nicht genannte Butler diente Mrs. Cubitt in den Siebzigern, als Charles als Offizier der Royal Navy auf dem Stützpunkt *HMS Mercury* stationiert war und Camilla bereits ihren kleinen Sohn Tom großzog. Das Paar traf sich regelmäßig in Hall Place, das nur eine kurze Fahrt von Portsmouth entfernt war. Der Diener erzählte: »Ich erinnere mich gut an das erste Mal, als der Prinz Hall Place besuchte. Er kam um sechs Uhr nachmittags an, und nachdem er sich ein paar Minuten mit Mrs. Cubitt unterhalten hatte, verschwand er mit Camilla.

Sie war den ganzen Tag in einer Jeans ohne Reißverschluss herumgelaufen, die von einer Sicherheitsnadel zusammengehalten wurde. Dieses Benehmen schockierte Mrs. Cubitt, und sie verlangte zu wissen, ob sich Camilla vor der Ankunft des Prinzen noch ein Kleid anziehen würde. »›Ich kann sogar deine Unterhose sehen, Camilla‹, hörte ich sie schreien«, so der Butler. »Camilla erwiderte: ›Ach, Charles stört das nicht‹. Daraus, wie sie das sagte, konnte man schließen, dass es ihm nichts ausmachte, weil er das alles schon einmal gesehen hatte.«

Sein Bericht steckte voller Details, wie sie häufig mit Begeisterung im Dienstbotentrakt verbreitet wurden. Bei einer Gelegenheit machte sich der Sicherheitsbeamte von Charles auf die Suche nach seinem Herrn. »Ich sagte ihm, er solle sich keine Sorgen machen, dass sie einen Spaziergang im Garten machten, und überredete ihn, nicht nach ihnen zu suchen. Es hätte ihn sehr in Verlegenheit gebracht – sie standen an einen Baum gelehnt und machten das, was *Lady Chatterley am besten gefiel*. Ich habe es selber gesehen. Sobald sie den Garten betraten, steuerten sie auf die Buchenallee zu und verschwanden im Schatten. Sie nahmen gar nichts anderes mehr wahr.«

Diese Erinnerungen beziehen sich auf einen Zeitraum, in dem Prinz Charles noch Junggeselle, Mrs. Parker Bowles jedoch gerade frisch verheiratet war. Dimbleby ließ diese Phase aus. Bald darauf gelangte der Bericht einer weiteren ehemaligen Angestellten an die Öffentlichkeit, und zwar der von Brenda Stronach. Sie stellte Dimblebys Version noch deutlicher in Frage.

Sie erinnerte sich, dass Prinz Charles vor 1985 Besuch von Frauen auf Highgrove erhalten hatte. »Es war eine unaufrichtige und grausame Verschwörung. Jeder in Highgrove wusste, dass er eine Affäre hatte, angefangen vom jüngsten Diener bis ganz nach oben – jeder, mit Ausnahme der Prinzessin. Jeder, der auf dem Anwesen lebte, wusste von den nächtlichen Besuchen des Prinzen bei Mrs. Parker Bowles. Alle lästerten darüber.«

Es ist ein Glück für die Beteiligten solcher Skandale, dass nur wenige Leute lange auf das Getratsche der Dienstboten hören, auch wenn deren Erinnerungen immer sehr zuverlässig sind. Die ersten Reaktionen auf Charles' angeblich so freimütiges Eingeständnis seiner Beziehung mit Camilla waren positiv, obwohl einige besser informierte Leser über Dimblebys Versicherung, Charles habe drei einzelne Affären mit Mrs. Parker Bowles gehabt, die Nase rümpften. Sofort wurden verschiedene Meinungsumfragen in Auftrag gegeben und Zehntausende Menschen befragt, die sich vorwiegend auf die Seite des Prinzen stellten.

Durch dieses Ergebnis ohne Zweifel ermutigt, führte der Premierminister John Major das Liebesleben des Prinzen aus der Gerüchteküche in die öffentliche Arena und verkündete, dass eine Scheidung seiner zukünftigen Krönung zum König nicht im Weg stünde. Die Erklärung aus der Downing Street sagte ganz unverblümt, dass die Scheidung und Wiederheirat des Prinzen keine Auswirkungen auf die Thronfolge hätten.

Die Veröffentlichung dieser Erklärung so kurz nach dem Untreuegeständnis des Prinzen war äußerst wichtig. Alle Verfassungsexperten waren immer noch überzeugt, dass Charles' Anrecht auf die Thronfolge unangetastet blieb. Es bestand also keine Notwendigkeit, die Aussagen zu bekräftigen, die der Erzbischof von York, Dr. John Habgood, 1992 im Oberhaus verlesen hatte. Dieser hatte damals deutlich gemacht, dass weder eine Scheidung noch eine Wiederheirat Charles' Krönung gefährden würde. Dennoch benötigte Charles nun jede offizielle Unterstützung, die er bekommen konnte, und Downing Street war bereit, sie ihm zu geben. Die *Times* brachte die Nachricht auf der Titelseite.

Obwohl Charles und sein Privatsekretär Commander Aylard über diesen PR-Coup begeistert waren, mussten sie sich eingestehen, dass das Buch und die Fernsehreportage trotz der positiven Meinungsumfragen auch Nachteile mit sich bringen würden. Nachdem Charles gesagt hatte, was er zu sagen hatte, würden sich die Journalisten das Recht herausnehmen, ihre Meinung zu äußern. Und so kam es auch. Bald wurde die Frage laut, dies alles sei ja für Charles gut und schön, was aber mit Camilla sei?

Schließlich betraf sein Geständnis nicht nur sie, sondern auch ihre Familie, zu der ihre Kinder und auch ihr Ehemann zählten, der nun seit mehr als einem Jahr die Neugier der Öffentlichkeit und jede Menge Zoten hatte ertragen müssen.

Weder er noch Camilla hatten je die Chance bekommen, sich

zu der eigennützigen Freimütigkeit des Prinzen zu äußern. Doch plötzlich erklang im November in Australien ein eisiger Fanfarenstoß. Andrews Bruder Simon – der vor so vielen Jahren für Bruce Shand in dessen Weinhandel gearbeitet und Andrew die Tochter des Majors vorgestellt hatte – feuerte bei seinem Besuch dort plötzlich eine Breitseite ab. Camilla sei durch die Enthüllungen in Dimblebys Buch »achtlos beiseite geschoben« worden, so Simon. Seiner Meinung nach gab der Prinz jedem die Schuld an seinen Fehlern, Enttäuschungen und Misserfolgen, sei jedoch keinesfalls bereit, selber Verantwortung zu übernehmen.

Bei einem Gespräch mit einem australischen Magazin gestand Mr. Parker Bowles, dass es ihn schmerze, wenn die Menschen ihn fragten, wie »der arme Charles jeden Tag mit der Publicity« fertig werde.

»Ich würde eher sagen ›arme Camilla‹«, erklärte er. »Unser Mitgefühl gilt zurzeit nicht Prinz Charles. Man kann einfach nicht nur seiner Erziehung oder seinen Eltern die Schuld [an einem unglücklichen Leben] geben, so wie er es gerade tut. Das ist falsch und sehr verletzend. Selbst wenn man so fühlt, läuft man nicht herum und redet darüber, vor allem nicht als Mitglied der königlichen Familie.

Seien wir doch ehrlich, die Generation unserer Eltern hat einfach nicht ihre Gefühle gezeigt, so wie wir es heute tun. Sie hatte nicht so enge Beziehungen zu ihren Kindern wie wir heute. Man kann einfach nicht bloß die alten Zeiten als Ursache hinstellen und sagen: ›Der Grund für meine unglückliche Schulzeit war …‹«

Dies war eine gezielte Breitseite gegen den Prinzen, auch wenn sie von der anderen Seite der Erdkugel abgeschossen worden war. Aber Mr. Parker, Besitzer eines der elegantesten Restaurants Londons, dem *Green's* im Stadtviertel St. James's, war noch nicht fertig. Er war der Meinung, dass mit Charles etwas nicht stimmte. »Er ist sehr verwirrt. Es muss sehr verletzend für die Königin sein, die ihre Aufgabe so wunderbar erledigt hat.«

Seine Frau Carolyn, die Tochter des australischen Bankiers Sir Ian Potter, fügte hinzu, dass Charles bei seinen Geständnissen in Dimblebys Buch schlecht beraten gewesen sei. »Es ist in Ordnung, mit Camilla zu sprechen, aber es der ganzen Welt zu erzählen ist eine ganz andere Sache.«

Diese Kommentare dürften auch den Ansichten von Commander Parker Bowles entsprochen haben, den man nicht gefragt hatte, ob der Ehebruch seiner Frau im Buch des Prinzen publiziert werden solle. Vielleicht spiegelten die Kommentare sogar die Ansichten von Mrs. Parker Bowles wider.

Viele Beobachter werteten das eindeutig als Ergebnis des Gesetzes von Ursache und Wirkung. Am 10. Januar 1995 wurde sehr unerwartet bekannt gegeben, dass sich Mr. und Mrs. Parker Bowles scheiden lassen würden. Offensichtlich hatte Charles' öffentliche Erniedrigung von Andrew Parker Bowles das Fass zum Überlaufen gebracht.

Die Scheidung war am 14. Dezember 1994 eingereicht worden – weniger als zwei Monate nach der Veröffentlichung von Dimblebys Enthüllungsbiografie. Die Anwälte der beiden lancierten ein gemeinsames Statement, das lautete:

Die Entscheidung, unsere Ehe zu beenden, wurde gemeinsam getroffen und ist eine reine Privatsache. Da wir jedoch nicht damit rechnen, dass man unsere Privatsphäre respektieren wird, veröffentlichen wir dieses Statement und hoffen, dass unserer Familie und unseren Freunden zukünftige Belästigungen erspart bleiben werden.

Am vorrangigsten bitten wir darum, dass unsere Kinder, die uns ganz besonders am Herzen liegen und unserer Verantwortung unterstehen, in Ruhe gelassen werden, damit sie in dieser schwierigen Phase ihr Studium fortsetzen können.

Wir sind in unserer Ehe stets unterschiedlichen Interessen nachgegangen, doch in den letzten Jahren haben wir ein völlig getrenntes Leben geführt. Wir haben uns in solchem Maß auseinander gelebt, dass es abgesehen von unseren Kindern und unserer bestehenden Freundschaft nur noch wenige Gemeinsamkeiten gibt und wir uns zu einer Scheidung entschlossen haben.

Was die Beobachter erstaunte, war, wie weit die Angelegenheit schon vorangeschritten war. Der Antrag war bereits einen Monat zuvor gestellt worden, doch seltsamerweise hatten die Scheidungsreporter den unverwechselbaren Nachnamen auf den Listen übersehen. Und obwohl Freunde des Ehepaars bestätigten, dass Camilla und ihr Mann tatsächlich »getrennt gelebt« hätten, hatten alle geglaubt, dass die Beziehung dennoch so freundschaftlich und stabil geblieben sei, dass eine endgültige Trennung vermieden werden könne.

Knapp eine Woche nach der schockierenden Ankündigung durch Brigadier Parker Bowles und seine Frau fand die Anhörung vor dem Scheidungsrichter statt. Am Donnerstag, dem 19. Januar, erfuhr die überraschte Öffentlichkeit, dass Camilla und ihr Mann seit mehr als drei Jahren getrennt gelebt hatten. Dies, nicht der Ehebruch, war angeblich der Grund für die einvernehmliche Scheidung. Während niemand – weder vor Gericht noch in den Zeitungen – ihre Angaben anzweifelte, dass der Brigadier seit dem Januar 1992 nicht mehr als neunzig Nächte in ihrem Zuhause Middlewick House verbracht hatte, fiel es zynischeren Beobachtern schwer, dies zu schlucken. Sie erklärten, dass nach diesem Scheidungsurteil jeder Handelsvertreter zukünftig ganz leicht eine Scheidung erwirken könne, da auch er nur an den Wochenenden zu Hause sei.

Die Ehe, die einundzwanzig Jahre zuvor unter den Augen zahlreicher Royals und Mitglieder des Hochadels in der überfüllten Guards Chapel und bei einem anschließenden glanzvollen Empfang im St.-James-Palast begonnen hatte, hätte nicht schlimmer enden können. Die Verhandlung zwischen der Antragstellerin Camilla Rosemary Parker Bowles und dem Beklagten Andrew Henry Parker Bowles war einer von zweiunddreißig Fällen, die an diesem Tag im Gerichtssaal Nummer zwei des Familiengerichts angehört wurden. Eine schäbige Liste, die mit einer Reißzwecke an der Tür des Gerichtssaals befestigt war, war der einzige Hinweis auf diese kleine Fußnote in der Geschichte.

Richter Gerald Angel fragte einen leeren Gerichtssaal: »Möchte jemand Einspruch gegen das folgende Urteil erheben?«, und als dieser ausblieb, wurde die Scheidung ausgesprochen. Der Richter erhob sich, suchte seine Papiere zusammen und verließ den Saal. Die Anhörung, die über das Ende einer einundzwanzigjährigen Ehe entschied – die zu den berühmtesten des Landes zählte –, dauerte ganze drei Minuten.

Die Geschichte war jedoch noch nicht vorbei. Denn im Gegensatz zu der Ruhe und Stille im Gerichtssaal war draußen die Hölle los. Die Folgen von Mrs. Parker Bowles' Scheidung waren für jeden mehr als ersichtlich: Innerhalb von sechs Wochen und einem Tag, sobald das Urteil rechtskräftig wurde, konnte Camilla erneut heiraten. Der Prinz von Wales lebte bereits seit zwei Jahren offiziell von seiner Frau getrennt und bereitete angeblich seine eigene Scheidung vor. Würden Charles und Camilla das tun, was bis zu dieser Minute noch völlig undenkbar gewesen war: heiraten?

Wieder einmal stand Charles unter Beschuss. Manche hatten das Gefühl, dass er und Camilla trotz seiner angeblichen Offenheit über den Zustand seines Liebeslebens einen geheimen Plan verfolgten. Planten sie heimlich ihre Hochzeit? Würde Charles jegliche Verantwortung von sich weisen und mit seiner geschiedenen Geliebten das Land verlassen, um genau das zu wiederholen, was sein Vorgänger David alias König Edward VIII. ein halbes Jahrhundert zuvor getan hatte? Die Frustration und auch die Wut über die Scheidung der Parker Bowles' und das, was sich dahinter verbergen mochte, richteten sich mit aller Wucht gegen den Prinzen. Die pro-monarchistische Zeitschrift *Majesty* befragte ihre Leser und kam zu dem Ergebnis, dass diese Charles für emotional schwach, schwierig und unentschlossen hielten. Nur die Hälfte der Befragten war der Meinung, dass er der nächste König werden solle, und beinah zwei Drittel glaubten, dass sein Ansehen in der Öffentlichkeit nach seinem eingestandenen Ehebruch mit Camilla nie mehr wiederhergestellt werden könne.

All das hätte man vorhersehen können. Charles' freiwillige Enthüllungen mittels Dimbleby waren von Anfang an ein riskantes Unterfangen gewesen, und es war noch viel zu früh, um alle langfristigen Auswirkungen seines Geständnisses abzusehen. Es war erst ein Jahr her, dass Charles' Popularität trotz aggressiver Befragungen gute Werte erzielt hatte. Schließlich waren nach dem Anschlag im Tumbalong Park in Sydney 63 Prozent der vorwiegend republikanischen Australier der Meinung gewesen, dass er sich als König eigne. Höflinge und Mitglieder der Königsfamilie betrachten die Dinge häufig aus der langfristigen, historischen Perspektive: Wenn sogar Australien, das unter dem Joch einer Monarchie stand, die auf der anderen Seite der Erdkugel ihre Wurzeln hatte, über Charles lächeln konnte, dann würden die Leser von *Majesty* irgendwann auch ein Einsehen haben.

Sosehr dieses Wissen das Lager des Prinzen auch beruhigen mochte, so erhielt seine Zuversicht einen kleinen Dämpfer, als zwei weitere Umfragen die Unzufriedenheit der Öffentlichkeit mit dem Prinzen vermerkten. Die Ergebnisse der einen Umfrage, die in der Zeitung *Today* veröffentlicht wurden, zeigten, dass 84 Prozent der Meinung waren, dass Charles durch das Eingeständnis seiner Beziehung zu Camilla Parker Bowles dem Image der königlichen Familie Schaden zugefügt habe. Viel alarmierender war eine andere Umfrage im *Guardian,* nach der die Hälfte der Briten der Ansicht war, dass die Monarchie nicht länger als noch fünfzig Jahre bestehen bleiben würde.

Doch die Höflinge argumentierten, dass die Ergebnisse solcher Umfragen nun mal schwankten und sehr unberechenbar seien. Doch sie konnten nicht vorhersehen, was als Nächstes geschehen sollte.

Am 15. Januar 1995 entschied sich Ken Stronach, der fünfzehn Jahre lang für Prinz Charles als Kammerdiener gearbeitet hatte, das Wissen über seinen Dienstherren an die *News of the World* zu verkaufen. Unter der Schlagzeile CHARLES SCHLIEF MIT CAMILLA, WÄHREND DIANA OBEN IM BETT LAG verriet Stronach die schädlichsten Informationen, die bis dahin über das Intimleben von Charles und Camilla veröffentlicht worden waren. Neben den Titelschlagzeilen war ein Foto von Camilla abgebildet, auf dem sie lächelnd auf einer Gartenbank saß und das angeblich einen Ehrenplatz auf Charles' Nachttisch in Highgrove einnahm. Im Hintergrund des Fotos, das in Birkhall auf dem Balmoral-Anwesen aufgenommen worden war, saß Prinz William, der sich in Anwesenheit der Geliebten seines Vaters sehr wohl zu fühlen schien. Clive Goodman, ein Redakteur der Zeitung, schrieb: »Es erzählt eine Geschichte, die die Prinzessin von Wales nur allzu gut verstehen dürfte – und die sie tief verletzen wird.

Wenn sie alle zusammen in Birkhall sind, kann das nur bedeuten, dass die Königinmutter – die mächtige Hüterin der königlichen Familienwerte – die enge Beziehung gutheißt. Dass Prinz William dabei ist, lässt vermuten, dass die Königinmutter die Meinung vertritt, dass ein glücklicher Charles nur gut für ihren Urenkel sein kann.«

Der Diener behauptete, genug von der schlechten Behandlung durch seinen Arbeitgeber zu haben und von Charles' öffentlichem Eingeständnis seines Ehebruchs enttäuscht zu sein. Er enthüllte, dass der Prinz nach der Geburt von Prinz Harry aus dem ehelichen Schlafzimmer ausgezogen sei und in dem Messingbett in seinem Ankleidezimmer geschlafen habe. Nach Dianas Auszug aus Highgrove sei er in das Hauptschlafzimmer zurückgekehrt.

Seine Aussagen waren, wie die des Butlers in Hall Place, mit Gerüchten aus dem Dienstbotentrakt gewürzt. Eine von Stronachs Pflichten sei es gewesen, die Grasflecken an den Knien vom Schlafanzug seines Dienstherren zu schrubben. »Überall waren Matsch und Dreck«, erklärte er. »Sie hatten es offensichtlich im Freien getrieben.«

Während der Zeit, als die Wales noch beide in Highgrove wohnten, sei, so Stronach, Camilla vorbeigekommen, wenn Diana nicht da war, und sei als Gast der kleinen, intimen Partys über Nacht geblieben. Obwohl sie ein eigenes Schlafzimmer gehabt habe, habe sie die Nacht im Bett des Prinzen verbracht, nachdem dieser die Alarmanlage ausgeschaltet habe, die das Zimmer schützte. »Es war ein großes Risiko«, bemerkte der Diener. »Es hatte schon Eindringlinge gegeben. Es war sehr dumm – aber wenn es um diese Dame ging, war er für alles andere blind.«

Stronach wurde von Charles aufgefordert, sich an den Täuschungsmanövern zu beteiligen. Morgens habe er frische Bettwäsche in das Schlafzimmer des Prinzen gebracht, um die anderen Angestellten in die Irre zu führen. »Es war sehr umständlich, doch es täuschte niemanden«, erzählte er. Er habe den Prinzen auch gedeckt, wenn dieser die Nacht in Middlewick House verbrachte. Um sicherzustellen, dass es so aussah, als ob Charles zu Hause geblieben sei und ferngesehen habe, habe der Diener Sendungen im Programmheft angekreuzt und dieses neben Charles' Sessel oder in dessen Schlafzimmer liegen gelassen, um die Prinzessin von Wales in die Irre zu führen.

Kurz nach diesen Enthüllungen wurde noch mehr publik gemacht, und zwar in der *Sun*. Diesmal waren es nur allgemeine Informationen ohne Quellenangabe, doch die beiliegenden Fotos zeigten das Schlafzimmer und das Himmelbett von Mrs. Parker Bowles. Auf anderen Bildern, die offensichtlich jemand aus einem Familienalbum gestohlen hatte, waren Charles und Camilla bei zahlreichen informellen Treffen zu sehen. Das geheime Leben von Charles und Camilla wurde von allen Seiten beleuchtet und war schließlich kein Geheimnis mehr.

Die Höflinge unternahmen sofort Maßnahmen, um den königlichen Dienstboten, die ihre Geschichte an die Regenbogenpresse verkauft hatten oder dies noch planten, den Mund zu verbieten, doch der Schaden war bereits angerichtet. Charles' bockiges, manchmal auch aufbrausendes Temperament – ein Aspekt seiner Persönlichkeit, der bis dahin der Öffentlichkeit verborgen geblieben war und an seinen Großvater König George VI. erinnerte – wurde nun anschaulich beschrieben. Die lächerlichen Aspekte der Täuschungsmanöver in seiner Ehe wurden bloßgestellt. Die unterwürfige Rolle von Mrs. Parker Bowles, die häufig die Gastgeberin bei Dinnerpartys in Highgrove gespielt hatte, kam ans Tageslicht. Während all das durchaus eine faszinierende Lektüre darstellte, trug es nicht dazu bei, Charles' und Camillas Ansehen in der Öffentlichkeit zu verbessern.

Dennoch änderte sich durch diesen Wirbel an der Beziehung rein gar nichts. Im Dezember wurde Charles dabei beobachtet, wie er Camilla in Middlewick House besuchte, wo er gegen 20.30 Uhr mit seinem Sicherheitsbeamten Colin Trimming eintraf und vier Stunden später wieder wegfuhr, ohne dass man ihn direkt zu Gesicht bekam. Ungefähr im selben Zeitraum sah man Camilla auf dem Highgrove-Anwesen ausreiten. Da die beiden sehr häufig Gelegenheit hatten, sich außerhalb der Blicke der Öffentlichkeit zu sehen, wurden diese gelegentlichen Treffen von der Presse als die Spitze des Eisbergs behandelt. Man war sich einig, dass die Beziehung so gefestigt war wie eh und je und die Welt früher oder später das zu sehen bekommen würde, auf das sie lange gewartet hatte: ein Bild des Prinzen von Wales Seite an Seite mit der Frau, die er liebte.

Doch es bedurfte eines gewaltsamen Todes und der Tränen der Nation, damit dies geschehen konnte.

KAPITEL 12

Tod in der Nacht

Der folgende unbehagliche Burgfrieden konnte nicht lang halten. Charles' Beichte seines Ehebruchs hatte Diana moralisch gesehen eine höhere Position gesichert. Sie konnte die Sache jedoch nicht auf sich beruhen lassen. Heimlich vereinbarte sie mit dem BBC-Reporter Martin Bashir, dass sie in der hoch geschätzten Sendung *Panorama* eine eigene öffentliche Beichte ablegen würde.

Während des sehr emotionsgeladenen Interviews war die Prinzessin, die starkes Augen-Make-up und dunkle Kleidung trug, den Tränen nahe. Das ganze Gespräch war offensichtlich inszeniert, einschließlich der Phrasen, die sie bei dieser angeblich spontanen Beichte äußerte. Sie habe James Hewitt »angebetet«, so die Prinzessin, doch er habe sie sehr enttäuscht. Dann sagte sie den Satz, der um die ganze Welt gehen sollte. »Wir waren zu dritt in dieser Ehe, und so wurde es ein bisschen eng«, erklärte sie.

Später sagte sie etwas noch viel Schädlicheres, und zwar, dass Charles ihrer Meinung nach nicht als König geeignet sei und auch bestimmt nicht König werden würde. Dennoch war es der besagte andere Satz, der die Fantasie der Presse beflügelte und Camilla wieder einmal ins Rampenlicht zerrte. Laut Charles' Biografin Penny Junor war Camilla aufgrund von Dianas Worten »am Boden zerstört«.

Die Rache folgte schnell, war jedoch nicht sehr effektiv. Charles' und Camillas langjähriger Freund Nicholas Soames, der Enkel von Winston Churchill und nun Verteidigungsminister in der Tory-Regierung, trat vor die Fernsehkameras und sagte unmissverständlich, dass Diana eine »unglückliche Phase« durchlebt, die bei ihr einen »Zustand der Labilität und Geisteskrankheit« ausgelöst habe. Schließlich beschuldigte er sie der »fortgeschrittenen Paranoia«. Damit hatte Charles den kleinen Vorteil, den er durch Dianas eingestandenen Ehebruch bei diesem ehelichen Wettstreit gewonnen hatte, wieder verloren. Der Öffentlichkeit gefiel es nicht, dass ihre Prinzessin von einer aufgeblasenen, unwichtigen Randfigur wie Soames verleumdet wurde.

Doch die weltweiten Schockwellen, die Dianas Geständnis im November 1995 ausgelöst hatte, und der anschließende schmutzige Grabenkrieg waren zu viel für die Königin. Nachdem sie mit dem Premierminister und dem Erzbischof von Canterbury gesprochen hatte, schrieb sie Charles und Diana einen Brief und befahl den beiden, sich scheiden zu lassen. Es folgte ein peinliches Gerangel um die Klauseln und Bedingungen der Abfindung, doch schließlich zog Diana mit einem Abfindungspaket in Höhe von geschätzten 17 Millionen Pfund von dannen.

Charles war wütend über die enorme Summe, doch man warnte ihn davor, seine Verärgerung öffentlich zu zeigen. Inzwischen hatte er eine Gruppe von Mitarbeitern um sich geschart, die mehr Erfahrung mit den Medien hatten. Dazu zählte vor allem Mark Bolland, der zuvor beim Presserat gearbeitet hatte. Mit ihm befand sich vermutlich zum ersten Mal jemand innerhalb der Palastmauern, der tatsächlich wusste, wie die blutrünstige britische Presse operierte. Bolland und die anderen Mitarbeiter wurden von ihrem Arbeitgeber darüber in Kenntnis gesetzt, dass Camilla eines Tages an der Seite des Prinzen stehen würde. Dann sollte sie die Anerkennung dafür erhalten, dass sie ihn in schwierigen und oft unglücklichen Zeiten unterstützt hatte. Es sei nun ihre Aufgabe, dafür zu sorgen, dass Camilla von der Öffentlichkeit akzeptiert wurde.

Es wäre ihnen vermutlich leichter gefallen, Wasser in Wein zu verwandeln. Als sich Charles und Diana im August 1996 scheiden ließen, war Camilla Parker Bowles in den Augen der britischen Nation der Staatsfeind Nummer eins. Als sich ein Teilnehmer einer hitzigen Live-Debatte auf ITV auf Camillas Seite schlug, wurde er von wütenden Zuschauern niedergebrüllt. Angeblich sagte der Produzent dazu: »Wenn Camilla jetzt durch diese Tür käme, würden sie sie glatt an den Füßen aufhängen.« In den Monaten nach der Scheidung herrschten Wut und Verwirrung, doch Charles blieb eisern – die Tür musste sich einen Spalt öffnen, damit Camilla endlich aus der Kälte ins Warme treten konnte. Es folgten einige Versuche, um die öffentliche Meinung auszuloten. In der Woche, in der die Scheidung rechtsgültig wurde, erschien ein unscharfes, aus der Ferne aufgenommenes Foto von Charles und Camilla in der *News of the World* – das erste seit über zwanzig Jahren. Das geschah nicht zufällig. Das Paar hielt sich in Glyn Celyn House auf, dem walisischen Sitz von Camillas ehemaligem Schwager Nick Paravicini. Das Haus stand völlig einsam und abgelegen, und niemand wäre auf die Idee gekommen, dass sich die beiden dort aufhalten könnten. Nicht einmal die hartnäckigsten Schnüffler hätten an diesem Tag dorthin gefunden, wenn sie nicht einen Tipp erhalten hätten.

Es gehörte zu dem Täuschungsmanöver dazu, dass einige von Charles' Büromitarbeitern sich über diesen Eingriff in die Privatsphäre des Prinzen entsetzt zeigten, doch nur wenige Beobachter ließen sich davon täuschen. Dieses Foto war der Beginn des langsamen Prozesses, Camilla der Welt als die neue Frau des Prinzen von Wales vorzustellen.

Falls dies ein Versuch gewesen war, die Stimmung der Öffentlichkeit zu testen, so musste Charles nicht lange auf die Reaktionen warten. Nur zwei Tage nach der Aufnahme des Fotos in Glyn Celyn, das ganz deutlich ausdrückte »Charles und Camilla sind für immer zusammen«, feuerte die Kirche eine Breitseite ab. Eine Umfrage unter ihren Mitgliedern – angefangen vom Bischof bis hin zu den Gemeinden – zeigte, dass mehr als die Hälfte die Meinung vertrat, dass ein wieder verheirateter Prinz weder König noch Oberhaupt der Kirche werden sollte.

Es war ein wackeliger Start für Camillas Rehabilitierungskampagne, und bald bekamen die Höflinge in den Büros im St.-James-Palast zu spüren, dass sich die Dinge schnell ändern mussten. Eines der ersten Opfer der neuen Taktik war Commander Richard Aylard, Prinz Charles' Privatsekretär, der die ganze Wucht der Angriffe nach der katastrophalen Episode mit Jonathan Dimbleby abbekommen hatte. Es war Aylards Vorschlag gewesen, dass Charles seinen Ehebruch im Fernsehen gestehen sollte. Es war Aylards Versäumnis gewesen, mit Camilla Rücksprache zu halten, wie sich die Sache auf sie und ihre Familie auswirken würde. Und es war Aylards Werk gewesen, dass sämtliche Kommunikationswege zu Charles ausschließlich über seine eigene Person liefen. Es ist außerdem möglich, dass Aylard etwas gegen die Ideen von Mark Bolland hatte – er war ein Einzelgänger, der sich schnell innerhalb der Palastmauern zu Hause gefühlt hatte und bereit gewesen war, die Presse auf eine völlig neue und riskante Art und Weise zu informieren. Und so kam es, dass Aylard nach elf Jahren absoluter, wenn auch gelegentlich fehlgeleiteter Loyalität gegenüber dem Hause Windsor gefeuert wurde.

Ungefähr zur gleichen Zeit wurden von Charles die Worte »nicht zur Debatte stehend« geprägt, die bald eine Art Mantra werden sollten. Jedes Mal, wenn jemand vorschlug, dass der Prinz mit einem enthaltsamen Lebenswandel besser beraten wäre, kamen die Worte zum Einsatz. »Mrs. Parker Bowles ist ein nicht zur Debatte stehender Teil seines Lebens« lautete die Standardantwort des St.-James-Palastes, so als sei der Prinz bereit, alles für sie aufzugeben. Nachdem dieses Thema geklärt war, begann Charles das Jahr 1997 in bester Stimmung und ließ verlauten, dass er eine Strategie ausgearbeitet habe, um sein Ansehen in der Öffentlichkeit wiederherzustellen.

Camilla und Charles lebten inzwischen praktisch wie Mann und Frau in Highgrove zusammen, obwohl Camilla häufig zum Ray Mill House in Raybridge, Wiltshire, zurückkehrte. Die Wahl dieses Hauses nach ihrer Scheidung von Andrew Parker Bowles hatte die Beobachter zunächst verwirrt, da die eher bescheidene Größe und unpraktische Lage kaum ihrem neuen Status als offizielle Geliebte von Prinz Charles gerecht wurden. Doch das Haus sollte nur eine Zwischenstation, eine vorübergehende Unterkunft sein, bis sich die öffentliche Meinung zu ihrem Vorteil verändert hatte.

Zu diesem Zweck wagte sich Camilla auf die gleiche Bühne, auf der Diana stets brillierte – die der Wohltätigkeitsarbeit. Die Höflinge argumentierten damit, dass Camilla ein klares öffentliches Image benötige und dass sie durch das Engagement für eine wohltätige Organisation dem Volk vor Augen führen könne, dass sie Gutes tat. Obwohl man erkannte, dass Diana in diesem Bereich das Zepter führte, gab es nur wenige Alternativen. Camilla hatte keine besonderen Interessen – abgesehen von ihren Kindern, vom Prinzen von Wales und der Jagd. Trotzdem musste die Welt irgendwie sehen, dass sie etwas tat.

Man wählte die Nationale Osteoporose-Gesellschaft, und das aus gutem Grund. Schließlich waren sowohl ihre Mutter als auch ihre Großmutter an Knochenschwund gestorben. Im April 1997 nahm sie die Einladung der Organisation an, die Schirmherrschaft zu übernehmen. Man gab eine Pressekonferenz, bei der Camilla ungelenk zwischen anderen, medienerfahrenen Personen herumstand, die ebenfalls einer Schirmherrschaft zugestimmt hatten. Dann verschwand sie aus dem Blickfeld der Öffentlichkeit. Obwohl sie später ihre Verbindung zu der Gesellschaft wieder beleben würde, um ein öffentliches Zusammentreffen mit Charles zu inszenieren, leistete Camilla vorerst weder weitere Öffentlichkeitsarbeit für diese Organisation, noch weitete sie die Wohltätigkeitsarbeit auf andere Bereiche aus. Irgendwann kam man wohl zu dem Schluss, dass sie nicht hoffen konnte, es mit Diana aufnehmen und gewinnen zu können.

Dieser zaghafte Schritt in die öffentliche Arena und der anschließende hastige Rückzug mögen Diana ein flüchtiges Gefühl der Befriedigung verschafft haben, auch wenn sie sich mehr oder weniger mit den neuen Lebensumständen ihres Mannes abgefunden und sich selber ein neues Leben und einen neuen Mann zum Ziel gesetzt hatte. Ihre heimliche zweijährige Beziehung mit dem angesehenen Herzchirurgen Dr. Hasnat Khan näherte sich gerade ihrem Ende. Sie hatte den nicht realisierbaren Traum gehabt, mit ihm ein neues Leben in Australien zu beginnen. Doch Khan war zu sehr seiner Arbeit verpflichtet, und die beiden hatten zu unterschiedliche Ziele.

Außerhalb ihrer Beziehung zu Khan wurde ihr Verhalten immer sprunghafter. Eine Anzahl treuer Angestellter, die seit Jahren für sie gearbeitet hatten, packten ihre Sachen und gingen, manche von ihnen freiwillig, andere aufgrund von Kündigungen. Bis zum Februar 1997 hatte sie innerhalb eines Jahres elf Angestellte verloren, angefangen von einer Reinigungskraft bis hin zu ihrer persönlichen Assistentin und Privatsekretärin. Ihr Freund, der Fernsehmoderator Clive James, sagte später: »Sie war von jeher sehr aufbrausend und ein wenig instabil. Doch wenn der Druck zu groß wurde, mutierte sie zu einer außer Kontrolle geratenen Furie.« Minister Howe beschrieb sie als »gefährlichen Querschläger«. Im Verlauf des Jahres 1997 wurde sie immer nervöser.

Camilla hielt sich währenddessen bedeckt. Bis sie eines Abends im Frühling 1997 zum Abendessen von ihrem Haus in Wiltshire nach Highgrove fuhr. Als sie auf einer schmalen Landstraße um die Ecke bog, stieß ihr Wagen plötzlich mit einem entgegenkommenden Fahrzeug zusammen. Obwohl die Fahrerin des anderen Autos nach dem Zusammenstoß eingeklemmt war, entfernte sich Camilla vom Unfallort und rief per Handy die Sicherheitsbeamten an, damit diese sie abholten. Sie wurde hastig nach Highgrove gebracht, wo sie viel später an diesem Abend von der Polizei befragt und einem Alkoholtest unterzogen wurde.

Carolyn Melville-Smith, die Fahrerin des anderen Fahrzeugs, erklärte bei ihrer Befragung, dass Mrs. Parker Bowles einfach den Unfallort verlassen habe, ohne nachzusehen, ob sie verletzt war. »Ich war in meinem Wagen eingesperrt und schrie um Hilfe, aber sie ist nicht gekommen. Ich hätte schwer verletzt sein können, doch sie hat mich einfach zurückgelassen.«

Jeder Brite, der in einen Verkehrsunfall verwickelt ist, muss am Unfallort bleiben, bis die Polizei eintrifft, es sei denn, er ist verletzt. Dass Camilla so übereilt von den königlichen Sicherheitsbeamten weggebracht und Miss Melville-Smith eingesperrt und hilflos zurückgelassen wurde, verriet zwei Dinge. Camilla stand mittlerweile unter Charles' persönlichem Schutz und war somit bis zu einem gewissen Grad über das Gesetz erhaben. Schließlich kann jeder Polizist bestätigen, dass es sinnlos ist, einen Fahrer drei Stunden nach einem Unfall einem Alkoholtest zu unterziehen. Die ganze Angelegenheit wurde schnell unter den Teppich gekehrt und von allen vergessen, mit Ausnahme von Miss Melville-Smith, die wegen ihrer leichten Verletzungen ins Krankenhaus gebracht werden musste.

Als der Sommer näher rückte, wurde Diana immer unruhiger. Die Presse hatte herausgefunden, dass Charles plante, in Highgrove einen Ball anlässlich Camillas fünfzigstem Geburtstag zu geben. Für Diana hatte er so etwas nie getan, und diese hatte nur den Wunsch, zu diesem Zeitpunkt ganz weit weg zu sein.

Nur allzu gern stellte ihr ein neuer Bekannter, Mohamed Al Fayed, der in Ägypten geborene Besitzer von Harrods in Knightsbridge, sein Haus in St. Tropez zur Verfügung. Als 150 Gäste, zu denen auch der ehemalige König von Griechenland Konstantin und Camillas Vater Bruce Shand gehörten, zum Aperitif Laurent-Perrier-Champagner tranken, hatten sich Diana, William und Harry bereits einige Tage von der Sonne der Cote d'Azur bräunen lassen.

Die Jungen kehrten nach London zurück, während Diana in Frankreich blieb. Inzwischen war, etwas verspätet, Dodi, der einundvierzigjährige Sohn des Tycoons, auf dem Anwesen eingetroffen. Obwohl er Diana bereits zweimal zuvor begegnet war, kannten sie sich nicht sehr gut. Dodi war ein von Zeit zu Zeit erfolgreicher Filmproduzent und hatte an dem oscargekrönten Film *Die Stunde des Siegers* sowie an *Hook* mitgearbeitet. Er sah gut aus, war charmant und ein Frauenheld. Zu seinen ehemaligen Freundinnen zählten Brooke Shields, Joanne Whalley-Kilmer und die Models Marie Helvin und Deneice Lewis. Daher brachte ihn die blonde Mittdreißigerin mit dem bezaubernden Lächeln, der beinah greifbaren Aura und dem Hunger nach Liebe nicht gerade aus der Fassung.

Fayed umwarb Diana auf eine Art und Weise, wie sie es bis dahin von den Männern in ihrem Leben nicht kannte. Er war weitaus kosmopolitischer, freigebiger mit seinem Geld und besaß mehr Finesse als die James Gilbeys und Hewitts dieser Welt. Schnell gelang es ihm, Dianas Herz zu erobern. Nach ihrem ersten Besuch in St. Tropez kehrte sie kurz nach London zurück, wohin er Unmengen von Blumen, Obstkörbe und eine Armbanduhr von Cartier schickte. Er entführte sie in seinem Hubschrauber zu einem geheimen Wochenende in Paris, wo sie sich im Hotel seines Vaters, dem Ritz, liebten. Nach nur wenigen Tagen überredete er sie, ihr Tagebuch zu zerreißen und an die Cote d'Azur zurückzukehren, wo sie an Bord der Familienjacht *Jonikal* gingen.

Fayed war zu bekannt und berüchtigt, als dass die Presse nicht umgehend die vielen Frauen in seinem Leben aufgespürt hätte, nachdem seine Romanze mit Diana erst einmal bekannt geworden war. Seine Ex-Freundin Kelly Fisher behauptete bald darauf, dass er ihr einen Heiratsantrag gemacht habe, um sie kurz darauf wegen Diana abzuservieren. Es gab noch andere ähnliche Geschichten, in denen häufig von seinem Kokaingebrauch die Rede war. Diana störte sich nicht daran und ließ nach nur wenigen Tagen in einen Zigarrenschneider von Asprey »In Liebe von Diana« gravieren. Außerdem – und das war noch viel bedeutsamer – schenkte sie Dodi ein Paar Manschettenknöpfe ihres Vaters. Die Romanze entwickelte sich mit Lichtgeschwindigkeit – schneller und schneller und schneller.

Der Sommer schien kein Ende zu nehmen. Als Dodi kurz nach Los Angeles zurückkehrte, machte Diana mit ihrer engen Freundin Rosa Monckton, Tochter einer bekannten Aristokratenfamilie und sehr erfolgreiche Geschäftsfrau, Urlaub auf den griechischen Inseln. Überglücklich vor Liebe, aber dennoch auf der Hut, machte sie sich Sorgen wegen Dodis übertriebener Großzügigkeit. »Das ist nicht, was ich will, Rosa, ich fühle mich nicht wohl dabei. Ich will mich nicht kaufen lassen, denn ich habe alles, was ich will. Ich will einfach nur jemanden, der für mich da ist, bei dem ich mich sicher und geborgen fühlen kann.«

Aber selbst in diesen langen, sonnigen Tagen blieb wenig Zeit für intensives Nachdenken. Schon bald war Fayed zurück, und

Diana ging wieder an Bord der *Jonikal*, auf der sie zum zweiten Mal innerhalb eines Monats mit ihrem Liebhaber Urlaub machte. Die Fotografen beobachteten sie bei glücklichen Strandspaziergängen, unbekümmerten Jetski-Fahrten und intimen Momenten an Deck der *Jonikal*. Bald lichtete die Jacht den Anker und nahm durch das blaue Mittelmeer Kurs auf das südlicher gelegene Portofino.

Während Diana im Luxus schwelgte und Annehmlichkeiten wie Privathubschrauber, Privatflugzeuge und teure Geschenke genoss, machte Camilla ebenfalls Urlaub. Sie fuhr hinaus zum Flughafen Stansted, Londons kleinstem und unattraktivstem Flughafen in Essex, und mischte sich unter Hunderte von Pauschalurlaubern, um ein billiges Ticket nach Malaga in Spanien zu buchen. Die schlauen Köpfe hinter den Kulissen des St.-James-Palastes sorgten dafür, dass jeder erfuhr, dass sie das 145 Pfund teure Flugticket selber bezahlt hatte, doch aus irgendeinem Grund machte dieser starke Kontrast zwischen der aufrichtigen Pfennigfuchserin und der verschwenderischen Nassauerin keinen großen Eindruck auf die britische Öffentlichkeit. Den Menschen gefielen die Fotos von der lachenden, gebräunten Diana, die sich in ihrem Bikini amüsierte. Sie scherten sich keinen Deut um Camilla, die sie niemals in einem Bikini zu Gesicht bekommen würden. Außerdem war die britische Öffentlichkeit klug genug zu erkennen, dass man sie reinlegen wollte. Eine Frau, die ihr gesamtes Leben in riesigen Häusern in Begleitung von reichen Männern verbracht hatte, konnte nur ein Dummkopf sein, wenn sie sich freiwillig in das stickige, laute Gedränge in Stansted begab. Ein Dummkopf oder jemand, der sich zu einer eher schlechten und fehlgeschlagenen PR-Aktion hatte drängen lassen.

Die Paparazzi hatten überhaupt kein Interesse an Camilla. Dodi und Diana, gebräunt, erholt und verliebt, waren die Einzigen, auf die sie es abgesehen hatten. Als ihr Privatjet am Flughafen Le Bourget in Paris landete, stürzten sich die Fotografen – ganz anders als ihre fiktionalen Vorfahren in Fellinis *La Dolce Vita* – hungrig auf sie. Dodi, der in dieser für ihn ungewohnten, für Diana aber nur allzu vertrauten Situation zeigen wollte, dass er Herr der Lage war, befahl seinem Fahrer Philippe Dorneau, schneller zu fahren, um die Motorrad fahrenden Paparazzi abzuschütteln.

Trevor Rees-Jones, der dem Paar zugeteilte Leibwächter und die einzige Person, die die späteren schrecklichen Ereignisse überleben sollte, erinnert sich an die Fahrt in die Innenstadt. Nach Anweisung seines Arbeitgebers gab Dorneau immer mehr Gas, bis der Wagen schließlich mit 150 Stundenkilometern davonraste. Dodi drängte ihn, noch schneller zu fahren, während Diana ihn entsetzt anflehte, langsamer zu werden. Rees-Jones erzählte später: »Dodi versuchte ganz eindeutig, die Prinzessin zu beeindrucken, doch Diana war wütend und verängstigt. Als sie [an ihrem Ziel] ankamen, war sie aufgebracht und ganz rot im Gesicht.«

Dodis Vater Mohamed hatte dem Paar das ehemalige Haus des Herzogs und der Herzogin von Windsor in der Route du Champ d'Entraitnement 4 zur Verfügung gestellt, ein bewohntes Mausoleum für einen toten und in Ungnade gefallenen König. Es war vielleicht nicht die ideale Umgebung für eine aufkeimende Liebesbeziehung, die Fayed Senior in jedem Fall unterstützen wollte, doch es war geschichtsträchtig und einen Besuch wert. Rees-Jones' Kollege Ben Murrell berichtete, dass er die aufgebrachte Diana in ein kleines Büro brachte, wo sie sich nach der schrecklichen Fahrt fangen konnte. Später unternahm sie zögernd einen Rundgang durch das Haus, sah sich die Kleider der Herzogin an, die inzwischen in Glaskästen verwahrt wurden.

Murrell erinnerte sich, dass ihm die Körpersprache des Paares auffiel, als es seine kurze Tour beendete. »Ich folgte ihnen in einiger Entfernung und bemerkte, dass sie nicht Händchen hielten oder auf andere Art ihre Gefühle zeigten. Sie sahen eher sehr distanziert aus. Was sie anging, wirkte sie nicht sehr begeistert.«

Das war am späten Nachmittag. Gegen Mitternacht befand sich das Paar erneut in einer von einem Chauffeur gefahrenen Limousine, nachdem es das Ritz Hotel durch den Hintereingang verlassen hatte. Am Steuer saß Henri Paul, der stellvertretende Sicherheitschef, ein Mann, der zuvor Pastis getrunken und die Antidepressiva Prozac und Tiapradal genommen hatte. Paul, ein einundvierzigjähriger Einzelgänger, mag zwar für das Ritz gearbeitet haben, fuhr aber sonst nur einen Mini. Er besaß nicht einmal die besondere Fahrerlaubnis, die man nach dem französischen Gesetz für leistungsstarke Fahrzeuge benötigt. Seine Aufgabe bestand einfach darin, Dodi und Diana in Dodis Wohnung zu bringen und dabei die unzähligen Fotografen zu meiden, die an den Eingängen des Hotels warteten. Er hatte die Anweisung, die Fotografen um jeden Preis abzuschütteln. Aber Paul hatte die erlaubte Promillegrenze bereits um ein Dreifaches überschritten, die Medikamente in seinem Blut vermischten sich mit dem Alkohol, und die Bremsen des Mercedes 220 SL waren nicht in Ordnung.

Der Wagen verließ den Place Vendôme und fuhr in Richtung Place de la Concorde. Paul überfuhr eine rote Ampel, und die nachfolgenden Journalisten sahen, wie er mit Höchstgeschwindigkeit auf die Unterführung am Place de l'Alma am Nordufer der Seine zusteuerte. Dianas Biograf Andrew Morton erzählt die Geschichte sehr anschaulich: »Gegen 12.24 Uhr fuhr der Mercedes mit einer Geschwindigkeit von 120 bis 150 Stundenkilometern in den schwach beleuchteten Tunnel. Henri Paul verlor die Kontrolle über den Wagen, der frontal gegen einen ungesicherten Betonpfeiler prallte, herumschleuderte und in entgegengesetzter Richtung zum Halten kam.«

Der Fahrer und Dodi waren sofort tot, während der Leibwächter, der als einziger Insasse einen Sicherheitsgurt trug, schwer verletzt wurde und erst zwei Wochen später wieder das Bewusstsein erlangte. Diana starb vermutlich zwanzig Minuten nach dem Unfall, lange bevor sie im Krankenhaus La Pitié-Salpêtrière ankam, wohin man sie langsam und behutsam brachte.

Auf Schloss Balmoral, wo die Königin und Prinz Charles bereits schliefen, drang das Klingeln des Telefons durch das Dunkel der Nacht.

KAPITEL 13

Der Kampf um Akzeptanz

Was mag Camilla gefühlt haben, als sie zusah, wie Dianas Sarg seine stumme Reise vom Kensington-Palast in die Westminster Abbey antrat? Sicherlich spielten Schuldgefühle eine große Rolle.

Viele innerhalb des königlichen Umfelds – auch die Königin – warfen ihr vor, dass sie Charles kurz nach ihrer Heirat Mitte der Siebziger nicht in Ruhe gelassen hatte. Einer dieser Kritiker erzählte mir: »Sie hatte ihn sexuell hörig gemacht. Sie war für ihn zu gleichen Teilen Mutter und Geliebte; er hat einen Mutterkomplex, und sie war bereit, die Rolle zu übernehmen. Sie wusste genau, wie sie ihn an sich fesseln konnte, und das tat sie auch. Als die Affäre nach ihrer Heirat mit Andrew Parker Bowles endete, hatte sie weiterhin vor, Charles' feste Geliebte zu werden. Sie wusste dank ihrer eigenen Familiengeschichte, wie mächtig diese Position sein kann. In Anbetracht von Charles' sexueller Unerfahrenheit und Naivität in Bezug auf Frauen fiel es ihr nicht schwer, dies zu bewerkstelligen.

Es besteht gar kein Zweifel daran, dass sie eine tiefe Zuneigung für ihn empfand, aber manche Freunde meinten, dass ihre Gefühle von Ehrgeiz getrieben waren«, hieß es weiter. »Sie trichterte ihm ein, dass es völlig akzeptabel sei, eine Frau *und* eine Geliebte zu haben. Dabei spielte es auch eigentlich keine Rolle, *wer* die Frau war – schließlich hatte Charles ja sie. Es war wirklich geschickt eingefädelt.«

Camillas großer Fehler war es, Diana als Charles' zukünftige Frau zu billigen. Sie hatte Diana völlig falsch eingeschätzt und als »Mäuschen« bezeichnet, ohne sich genauer den Charakter und das Wesen der Frau anzusehen, die später die Welt im Sturm erobern sollte. Das Diana-Phänomen hatte jedes Mitglied der königlichen Familie erschreckt, doch es war Camilla, die Charles bei seinem Kampf gegen Diana unterstützt und somit dabei geholfen hatte, das Paar in zwei Lager zu spalten. Es war tatsächlich so, wie Diana es später ausdrücken sollte: Sie waren zu dritt in dieser Ehe.

Camilla sah sich die Beerdigung mit dem gleichen Entsetzen an, mit dem sie auch schon die chaotischen und hysterischen Ereignisse in der Woche nach Dianas Tod beobachtet hatte. Sie saß mit Freunden in Ray Mill House zusammen und schaute sich den langen und traurigen Abschied im Fernsehen an. An einem Punkt soll sie beim Anblick der Prozession gelacht haben, doch wie auch immer ihre Reaktion ausgesehen hat, so wusste sie genauso gut wie Charles, dass ihre Rehabilitierung, die während der vergangenen zwölf Monate angestrebt worden war, nun auf Eis lag. Camilla stand wieder draußen in der Kälte.

Erwartete Diana Dodi Fayeds Kind, als sie starb? Diese Frage wurde noch vor ihrer Beerdigung laut, doch die Beweise scheinen dagegen zu sprechen. Ihre Freundin Rosa Monckton erklärte: »Ich weiß, dass es biologisch völlig unmöglich war, dass sie zum Zeitpunkt des Unfalls ein Kind erwartete.« Einer von Dianas Biografen behauptete, dass sie einen Arzt konsultiert habe, weil sie sich Sorgen über ihren Monatszyklus machte – nicht weil eine Monatsblutung ausgeblieben war, sondern weil sie zweimal in einem Monat ihre Periode bekommen hatte. So verflüchtigte sich diese für die Öffentlichkeit sehr unangenehme Vorstellung ziemlich schnell.

Andererseits hatten die Reporter und Fotografen, die während der letzten Tage in St. Tropez ständig um sie herumgeschwirrt waren, eine Veränderung an ihrer Figur bemerkt. Außerdem hatte sie zu ihnen gesagt: »Ich werde etwas tun, das euch sehr überraschen wird.« Diese Bemerkung wurde nie erklärt, und Zeugen streiten heute noch über ihre Bedeutung. Schließlich erzählte mir ein enger Freund der Prinzessin: »Sie rief Hasnat Khan aus Südfrankreich an und erzählte ihm, dass sie glaubte, schwanger zu sein. Die beiden waren immer noch befreundet, und sie glaubte, immer noch mit ihm sprechen zu können. Er sagte ihr, sie solle ihn nach ihrer Rückkehr nach London aufsuchen.«

Wäre bekannt geworden, dass Diana tatsächlich schwanger war, hätte das enorme Auswirkungen auf Charles und Camilla und deren Ansehen in der Öffentlichkeit gehabt, egal ob Diana nun tot war oder lebte. Dies wäre der passende Moment gewesen, um die dunklen Künste der Höflinge des St.-James-Palastes zum Einsatz zu bringen, doch man hielt sie zurück. Charles' Büro ließ nicht einmal die leiseste Anspielung zu diesem Thema verlauten. Außerdem darf man nicht vergessen, dass Dianas Beziehung mit Dodi Fayed erst sechs Wochen andauerte, als sie starb.

Camilla wusste nur zu gut, dass Dianas Tod die Gefühle der Briten gegenüber der Königsfamilie vermutlich für immer verändern würde. Die Königin, von ihrem Privatsekretär Sir Robert Fellowes beraten, schätzte die Stimmung der Öffentlichkeit völlig falsch ein und verschanzte sich auf Balmoral. Erst nach der Einmischung durch Premierminister Tony Blair sah sich die Königsfamilie gezwungen, in dieser nationalen Tragödie aktiv zu werden. Endlich reiste die Königin nach tagelangem Zögern in den Süden, um höchstpersönlich die Blumenteppiche zu betrachten, die vor dem Buckingham- und dem Kensington-Palast ausgelegt waren, und zwischen den Menschen herumzugehen, die nächtelang für ihr verlorenes Idol Wache hielten. Das Protokoll wurde ausgesetzt und der Union Jack über dem Buckingham-Palast zuerst hochgezogen und dann auf halbmast gesenkt. Schließlich hielt die Königin im Fernsehen eine Rede an die Nation, die das Ziel hatte, die Wunden zu heilen, die ihre Untätigkeit verursacht hatte, die jedoch in den Ohren mancher nicht sehr aufrichtig klang.

Obwohl dies ein historischer Moment für das Königtum war, hatte die Königsfamilie nicht die Initiative ergriffen, sie hatte sie sich vielmehr von Tony Blair und Dianas Bruder Graf Spencer aus der Hand reißen lassen. Nachdem die Höflinge hin und her überlegt hatten, was mit Dianas Leichnam geschehen sollte, traf

Spencer die Entscheidung, dass sie auf dem Familiensitz Althorp ihre letzte Ruhe finden sollte. Obwohl ein Staatsbegräbnis geplant war, konnte die königliche Familie nicht verhindern, dass er Anspruch auf den Leichnam erhob. In seiner Ansprache bei der Beerdigung seiner Schwester in der Westminster Abbey focht er das Recht des Hauses Windsor an, William und Harry als nur zu ihnen gehörig zu betrachten, und versprach, als Oberhaupt des Hauses Spencer über sie zu wachen – ein Versprechen, das er tatsächlich einhielt.

Während des ganzen Wirbels sah Camilla ihre eigene Chance, je die Akzeptanz der Öffentlichkeit zu erringen, mit beunruhigender Schnelligkeit schwinden. Ungefähr zwei Wochen nach Dianas Tod hätte sie ursprünglich in den Geschäftsräumen ihrer Schwester Annabel Elliott in Dorset ein Fest geben sollen, bei dem für die hochrangigen Gäste ein »Abend der Verzauberung, der Faszination und des Unerwarteten« geplant gewesen war. Die Veranstaltung wurde abgesagt. »Die Beziehung«, so Charles' Biografin, »durfte wieder nur im Verborgenen existieren.«

Falls Camilla durch die Ereignisse im Spätsommer 1997 eingeschüchtert war, so traf das auf die Leute im Palast nicht zu. Sie hatten die Aufgabe erhalten, Charles' Ansehen in der Öffentlichkeit wiederherzustellen, egal, mit welchen Mitteln, und sahen keinen Grund, von diesem Ziel abzuweichen. Im Oktober, also gerade mal einen Monat nach Dianas Tod, hatten sie eine neue Strategie ausgearbeitet. Charles sollte nun all die Bereiche erobern, in denen Diana stets die Oberhand gehabt hatte – Jugend, Soziales und Freizeit –, und wenn möglich, Dianas Anhänger auf seine Seite ziehen.

Im November hatte der Film *Titanic* in London Premiere. Obwohl Charles die Unaufrichtigkeit, die er solchen Veranstaltungen zuschreibt, ablehnt, löste die Publicity für den Film solch ein Medieninteresse aus, dass er nur davon profitieren konnte, zusammen mit jungen Stars wie Kate Winslet und Leonardo Di Caprio gesehen zu werden. In letzter Minute wurde dann noch beschlossen, dass es nicht schaden könne, wenn Camillas Kinder – Tom, inzwischen zweiundzwanzig, und Laura, neunzehn – mit von der Partie waren. Es war die subtile Botschaft, dass Camilla immer noch ein »nicht zur Debatte stehender« Teil seines Lebens war, die letztlich jeder verstand.

Nach diesem Erfolg besuchte Charles die Premiere eines Films, den er insgeheim verabscheut haben muss. Zusammen mit William und Harry sah er sich *Spice World* mit den Spice Girls an und arrangierte später, dass die Band zum Tee nach Highgrove kam. All das brachte enorm viel Publicity, und im Dezember hielt man den richtigen Zeitpunkt für gekommen, dass die Prinzen zu Fuß die Beaufort-Jagd begleiteten, bei der Camilla mitritt. Es stellte sich jedoch heraus, dass dieser Schritt etwas verfrüht gewesen war. Schließlich wird Charles' Unterstützung der Fuchsjagd nicht von der breiten Öffentlichkeit befürwortet. Des Weiteren empfanden diejenigen, die immer noch die Meinung vertraten, dass Camilla an der Seite von Charles (und der Prinzen) nichts zu suchen hatte, dieses Zusammentreffen so kurz nach Dianas Tod als rüde Geste. Selbstverständlich wurde dieses Experiment nicht wiederholt, im Gegensatz zur erfolgreicheren Aktion mit den Spice Girls.

Anfang 1998 nahm Charles Prinz Harry mit nach Südafrika, um ein Konzert der Spice Girls zu besuchen, an dem auch Nelson Mandela teilnahm. Es war eine todsichere PR-Gelegenheit, die ihm die Möglichkeit verschaffte, sich mit jungen Pop-Idolen und einem der größten Helden der freien Welt fotografieren zu lassen. Doch es war der Rückflug, der zum Wendepunkt von Charles' Rehabilitierung werden sollte. Auf der Reise wurde er von einigen britischen Presseleuten begleitet, die alle für Zeitungen arbeiteten, die bis zu ihrem Tod auf Dianas Seite gestanden hatten. Nun gab es keine Diana, keine pikanten Geschichten und keine wunderschönen Fotos mehr. Nach dem Tod der Prinzessin hatte die Presse weiterhin so viele Aufnahmen wie möglich von ihr abgedruckt, da dies in der Vergangenheit immer für hohe Auflagen gesorgt hatte. Doch nach einigen Monaten erkannten die Redakteure der Fleet Street, dass dieses Verhalten nicht nur sehr geschmacklos war, sondern dass die ehrlich trauernde Nation einfach nicht mehr jeden Tag aufs Neue daran erinnert werden wollte, wen das Schicksal auf so grausame Weise aus ihrer Mitte gerissen hatte. Und so herrschte in den Zeitungen ein Vakuum, das irgendwie gefüllt werden musste.

Charles hatte keine Ahnung, wie negativ die Presseleute, die da im hinteren Teil seines Flugzeugs saßen, sein Erscheinen mit Harry in Südafrika aufnehmen würden. Für viele von ihnen war es während des kalten Krieges zwischen dem Paar ein Vergnügen gewesen, Charles' Ruf mit Informationen aus Dianas Lager in den Schmutz zu ziehen, und so waren sie in vielerlei Hinsicht *der Feind*. Doch Charles atmete tief durch, ging nach hinten und begann mit ihnen zu plaudern. In diesem Moment wurde ein neues Bündnis geschlossen. Ohne Diana brauchte die Presse Charles genauso sehr wie er sie – und damit war der Pakt besiegelt. Camilla war allerdings kein Bestandteil dieser Abmachung.

Nach Beendigung der Südafrika-Reise sah es so aus, als ob Charles, William und Harry leichtes Spiel haben würden. Camilla hingegen musste sich auf eine Schlacht einstellen, die zu einem späteren Zeitpunkt ausgefochten werden würde. Nichtsdestoweniger sorgte dieses Bündnis unter den klugen Köpfen im St.-James-Palast für gute Stimmung, und sofort trieben sie die Camilla-Kampagne voran.

Bald darauf hatte sie einen großen Auftritt bei der Hochzeit ihres Patenkindes Henry Dent-Brocklehurst, bei der Berühmtheiten wie Mick Jagger, Hugh Grant und Claudia Schiffer zu den 350 Gästen zählten. Ende Juli spielte Camilla eine wichtige Rolle bei einer vorgezogenen Geburtstagsparty zu Charles' fünfzigstem Geburtstag, die seine Söhne für ihn organisierten. Britische Schauspieler, darunter Emma Thompson, Stephen Fry und Rowan Atkinson, führten, begleitet vom Klirren der Champagnergläser, eine einstündige Revue auf. Unter den Zuschauern waren nicht nur Camilla, sondern auch ihre Kinder Tom und Laura.

Rechtzeitig zu Charles' fünfzigstem Geburtstag kam eine neue Biografie von Penny Junor auf den Markt. Die Autorin hatte bereits ein erfolgreiches Buch über Charles geschrieben und war später zugunsten von Jonathan Dimbleby übergangen worden. Anders als andere Biografen, die ähnlich behandelt worden waren, hatte Miss Junor den Prinzen weiterhin unterstützt und sich gewissenhaft darangemacht, das, wie sie glaubte, endgültige Porträt des zukünftigen Königs zu schreiben.

Angeleitet von Höflingen und Freunden, akzeptierte Miss Junor, was man ihr sagte, und verwendete die Informationen, ohne sie zu hinterfragen. Darin – so ihre Kritiker später – zeigte sie einen Mangel an jenem Urteilsvermögen, das von jedem erfahrenen Biografen erwartet wird.

Miss Junors Behauptung, Diana habe 1985 eine Affäre mit ihrem Sicherheitsbeamten Sergeant Barry Mannakee gehabt, löste allgemeines Entsetzen und Missbilligung aus. Man machte sich große Sorgen, wie sich diese und andere zweifelhafte Behauptungen – wie zum Beispiel die lachhafte Feststellung, Diana sei verantwortlich für die Veröffentlichung der Camillagate-Bänder – auf die jungen Prinzen auswirken würden. Dianas Freundin Lucia Flecha de Lima erklärte, sie sei »außer sich vor Wut« über diese Unterstellungen, und fügte hinzu, dass sie auf keinen Fall der Wahrheit entsprächen. Ihre Freundin Rosa Monckton erklärte, Diana habe eine enge, aber platonische Beziehung zu Mannakee unterhalten; eine Tatsache, die den Königshausexperten der Fleet Street bekannt sei, da sie dem Gerücht Jahre zuvor nachgegangen waren und es als falsch entlarvt hatten.

Das Buch gab Dianas »Doppelspiel« die Schuld am Scheitern der Ehe, nicht Charles' Affäre mit Camilla. Miss Junor rechtfertigte diese Behauptung, indem sie sagte: »Eine Vielzahl von seinen [Charles'] Familienangehörigen und Freunden sind der Meinung, dass er genug gelitten hat und man den Versuch unternehmen sollte, einige der falschen Annahmen richtig zu stellen.« Aber Rosa Monckton hielt dagegen: »Wenn dies ein Versuch von Charles' Freunden sein soll, ihn wieder ins rechte Licht zu rücken, dann haben sie die Menschen in diesem Land völlig falsch eingeschätzt.« Sie beschrieb den Inhalt des Buches als »grausam, gehässig und verletzend«.

Als Charles sah, aus welcher Richtung der Wind wehte, distanzierte er sich ganz schnell von den Aussagen des Buches. Er ließ zum ersten Mal gemeinsam mit Camilla eine Presseerklärung herausgeben. Diese Erklärung stammte ironischerweise aus demselben Büro, das Miss Junor beim Verfassen des Buches angeleitet hatte.

Der Streit ging weiter. Sowohl in Großbritannien als auch in der restlichen Welt hielten die Menschen Diana immer noch in liebevoller und positiver Erinnerung, und die Behauptungen von Miss Junor lösten echte Wut aus. So erhob sie die Anschuldigungen, dass Diana als Erste die Ehe gebrochen habe, dass sie versucht habe, Camilla Angst einzujagen, indem sie nachts bei ihr anrief und ihr mitteilte, sie habe einen Auftragsmörder angeheuert, der sich genau zu diesem Moment in ihrem Garten befinde, und außerdem, dass die Königin anfangs nicht die Erlaubnis gegeben habe, Dianas Leichnam in der Chapel Royal aufzubahren.

Die PR-Berater von Charles und Camilla waren trotz der allgemein schlechten Stimmung guter Dinge. Als Nächstes inszenierten sie ein merkwürdiges Zusammentreffen bei der Hochzeit von Charles' Freundin Santa Palmer-Tomkinson und Simon Sebag-Montefiore. Camilla erschien mit ihren Kindern in Begleitung von ehemaligen Beamten des königlichen Sicherheitsdienstes, die nun privat vom Prinzen beschäftigt wurden. Charles kam zwanzig Minuten später in Begleitung von Prinz Harry und saß nicht mit Camilla zusammen. Das Paar verließ die Zeremonie getrennt und ging auch getrennt zum Empfang, der im Hotel Ritz stattfand. Das Ergebnis war, dass alle verärgert waren – denn einerseits war Camilla der berühmte, »nicht zur Debatte stehende« Teil von Charles' Leben, andererseits wurde der Öffentlichkeit, die um Unterstützung dieser Verbindung gebeten wurde, nicht erlaubt, das Paar zusammen zu sehen. Viele fanden dieses merkwürdige Gebaren äußerst überheblich und anmaßend.

Wenn Charles geglaubt hatte, dass er im Projekt Camilla langsam Fortschritte im Kampf um die Herzen der Menschen machte, dann hatte er ein entscheidendes Element nicht berücksichtigt – die Königin. Sein Plan, zu seinem fünfzigsten Geburtstag ein rauschendes Fest mit sämtlichen gekrönten Häuptern Europas zu geben, konnte nur gelingen, wenn seine Mutter daran teilnahm. Doch die Königin hatte lange zuvor im privaten Kreis erklärt, dass sie Mrs. Parker Bowles niemals begegnen wolle. Was sie betraf, war Camilla eine Ehebrecherin, die den Prinzen umworben hatte, als sie es hätte besser wissen müssen. Der Umstand, dass Camilla zu dem damaligen Zeitpunkt mit einem Offizier verheiratet gewesen war, machte alles nur noch schlimmer.

Obwohl Charles Königin Margarete von Dänemark, König Harald von Norwegen, König Gustav von Schweden, Königin Beatrix der Niederlande, König Albert von Belgien, König Juan Carlos von Spanien, den Großherzog von Luxemburg und den Ex-König Konstantin von Griechenland mit Ehegattin eingeladen hatte, lenkte Königin Elisabeth von Großbritannien nicht ein. Sie lehnte die Einladung ihres Sohnes mit der Begründung ab, dass Camilla dabei sein würde.

Charles' Höflinge spürten eine wachsende Verärgerung in der Bevölkerung und fanden, es sei an der Zeit, dass Charles und Camilla gemeinsam in der Öffentlichkeit auftraten – aber erst nach der Veröffentlichung einer Meinungsumfrage, die zeigte, dass die Mehrheit der Königin beipflichtete und entschieden gegen eine Heirat von Charles und Camilla war. Der auserwählte Anlass war eine Party von Camillas Schwester Annabel, die im Hotel Ritz stattfand. »Seit den Zeiten von Charles' verstorbener Frau Diana haben sich nicht mehr so viele Fotografen, Fernsehcrews und Reporter zu einem königlichen Auftritt versammelt«, berichtete BBC News aufgeregt und vergaß dabei zu erwähnen, dass es das Pressebüro des St.-James-Palastes gewesen war, das sie alle dort hinbestellt hatte.

An die 200 Fotografen und Journalisten warteten auf den Moment, in dem Charles und Camilla aus den Drehtüren des Ritz traten und die Stufen zur Arlington Street hinunterstiegen. Für diesen angeblich spontanen Moment waren auf Kosten der Öffentlichkeit zahlreiche Absperrungen errichtet worden, und überall herrschte hohe Polizeipräsenz. Der Steuerzahler musste tatsächlich tief in die Tasche greifen dafür, dass Charles und Camilla auf eine private Party gingen, die im Grunde nur den beiden einen Vorteil brachte.

Der inszenierte Abgang über die Treppenstufen war so getimt worden, dass er rechtzeitig für die verschiedenen Nachrichtensendungen stattfand – doch mit dieser Aktion schossen die Presseexperten des Palastes ein Eigentor. Das Blitzlichtgewitter der Fotografen verursachte in dem aufgenommenen Videomaterial so einen stroboskopischen Effekt, dass die British Epilepsy Association die Fernsehsender eindringlich bat, das Material nicht zu verwenden, da die Bilder bei einigen Patienten Schäden verursachen könnten.

Selbst bei optimistischer Betrachtung verlief die Kampagne, Prinz Charles zu rehabilitieren und Camilla Parker Bowles der britischen Nation vorzustellen, bislang nicht sehr erfolgreich. Die Ursache des Problems lag in der Strategie, die sich Charles' Privatsekretär Stephen Lamport und sein Assistent Mark Bolland ausgedacht hatten. Erfahrene Beobachter fanden die Vorgehensweise zynisch, opportunistisch und gelegentlich sogar rachsüchtig. Außerdem schien sie an den Wünschen der Öffentlichkeit vorbeizuarbeiten. Immer wieder tauchten Neuigkeiten und Gerüchte in ausgesuchten Zeitungen auf, die nur von Lamport und Bolland stammen konnten. Diese Informationsschnipsel – die später aus gleicher Quelle wieder dementiert wurden – manipulierten dank der Monopolstellung, die Charles mittlerweile in den Medien innehatte, die gesamte Berichterstattung. Die Zeitungen, die »mitspielten«, erhielten Informationen; die, die es nicht taten, gingen leer aus.

Infolge dieser Vorgehensweise spurten die meisten Nachrichtenblätter sehr schnell, sodass es in diesem Zeitraum nur wenig öffentliche Kritik an Charles gab. Dennoch erzielte man keine wirklichen Erfolge. Die Meinungsumfragen weigerten sich weiterhin standhaft, zugunsten Camillas umzuschwenken. Sie war zwar nicht länger der Staatsfeind Nummer eins, aber weiterhin eine Frau, die von der Mehrheit mit Misstrauen beobachtet wurde. Dies war zum Teil die Schuld der Imageberater, denen es nicht gelang, eine Strategie zu entwerfen, bei der sich Camilla frei in der Öffentlichkeit bewegen konnte. Denn nur so wäre es dieser möglich, sich selbst ein Bild von der Frau zu machen, die einen »nicht zur Debatte stehenden« Teil von Charles' Leben darstellte. Das bewährte Programm für alle Royals – Besuche in Krankenhäusern, Einweihungen von Gebäuden, kurze Ansprachen – barg zu viele Schwierigkeiten. Der Unterhausabgeordnete Geoffrey Dickens hatte Camilla als »die Mätresse des Prinzen« bezeichnet, und so wurde sie nun von allen gesehen. Die Menschen hielten sie für eine Frau, die all die Privilegien der Königsfamilie genoss, jedoch nicht die damit einhergehenden Pflichten übernahm. Langsam setzte sich die Meinung durch, dass Camilla untätig war und sich nicht engagierte. Im Vergleich zu den anderen Mitgliedern der königlichen Familie war der Beitrag, den sie leistete, minimal – nach Aussagen einiger Familienmitglieder sogar nachteilig. Prinzessin Margaret, die selbst ein Opfer der Familiengesetze zum Thema Scheidung geworden war, reagierte besonders bissig auf die Camilla-Angelegenheit.

In dieser unbehaglichen Situation kam es obendrein zu einem weiteren Skandal in der Familie Parker Bowles. Camillas Sohn Tom, der nach Verlassen der Oxford University ein zielloses Leben auf der Suche nach dem richtigen Job geführt hatte, wurde als gewohnheitsmäßiger Kokainkonsument entlarvt. Bei den Filmfestspielen in Cannes im Mai 1999 erzählte er einem Undercover-Reporter von *News of the World:* »Das beste (Kokain) bekommst du auf einem Hausboot. Da war ich gestern Nacht.« Bald darauf veröffentlichte eine andere Zeitung den Bericht eines Augenzeugen, der ihn beim Kokainkonsum auf einer Party beobachtet hatte.

Robert Hardman vom *Daily Telegraph,* einer der am besten unterrichteten königlichen Berichterstatter, schrieb: »Die Geschichten sind besonders Besorgnis erregend, weil Mr. Parker Bowles den jungen Prinzen sehr nahe steht. Er hat Prinz William während der Schulferien schon oft auf Partys in London begleitet. Es gibt keine Hinweise darauf, dass die Jungen etwas über seinen Drogenkonsum wissen, doch beide mögen ihn sehr und sehen in ihm eine Vertrauensperson und ein Vorbild.«

Dies waren tatsächlich vernichtende Worte – denn nun wurden die Prinzen, vor allem William, in den Skandal hineingezogen. Die PR-Experten des Palastes hatten gerade angefangen, öffentlich zu machen, dass Camillas und Charles' Kinder sich näher kamen und zu einer Art Familie verschmolzen. Und wieder ging der Schuss nach hinten los. Es stellte sich heraus, dass Tom Parker Bowles während seiner Zeit in Oxford eine Verwarnung wegen Besitzes von Ecstasy und Cannabis erhalten hatte. Mitstudenten deuteten andere Exzesse an – das war kaum das ideale Vorbild für einen zukünftigen König.

Die Drahtzieher im Hintergrund versuchten es nun von einer anderen Seite. Diana hatte New York immer wieder im Sturm erobert, und sogar Fergie, der Herzogin von York, war es mit ihrem erfrischend herrischen Wesen und ihrer Offenheit immer wieder gelungen, den Big Apple für sich einzunehmen. Der begeisterte Empfang hatte sowohl Diana als auch Fergie in Großbritannien viele Pluspunkte eingebracht, als man in London gerade nicht so gut auf sie zu sprechen gewesen war. Gab es also einen besseren Plan, als Camilla nach New York zu bringen?

Man ließ Beziehungen spielen und knüpfte Kontakte – denn schließlich liegt New York Prinz Charles nicht gerade zu Füßen. Camilla flog mit Mark Bolland im Schlepptau über den Atlantik, und sie quartierten sich im Carlyle Hotel ein. New York war, wie üblich, bereit, eine Besucherin mit offenen Armen zu empfangen. Der Höhepunkt des fünftägigen Aufenthalts war ein Mittagessen, das die sechsundneunzigjährige Brooke Astor – nach allgemeiner Auffassung die Königin der New Yorker Society – für Camilla gab. Unter den Gästen befanden sich der Designer Oscar de la Renta, die Fernsehmoderatorin Barbara Walters, die Schauspieler Michael Douglas und Catherine Zeta-Jones und einflussreiche Geschäftsmänner wie Mort Zuckerman und Michael Bloomberg.

»Mrs. Astor«, so ein Kolumnist, »ist eine Figur, die aus einem Cole-Porter-Song stammen könnte. Der Vater ihres Mannes starb auf der *Titanic*, wo er eine Zigarre rauchte, während das Schiff unterging. Sie verlässt ihr Haus fast nie ohne ihre beiden, in Pullover gekleideten Dachshunde. Als sie Mrs. Parker Bowles vor ein paar Jahren begegnete, erzählte sie ihr, dass sie ihrer Urgroßmutter Alice Keppel begegnet sei. Camilla, so sagte sie in ihrem Toast, habe das Beste aus dem Erbe ihrer Urgroßmutter gemacht.« Doch der Besuch war ein Flop. Derselbe Kolumnist, Philip Delves Broughton, fügte hinzu: »New York reagierte auf die Nachfolgerin der Prinzessin von Wales vorwiegend gelangweilt.« Und Mrs. Astor fragte im privaten Kreis, warum man sie gebeten habe, für eine so unbedeutende Person ein Mittagessen zu geben.

Im Sommer 2000 stand nur noch ein Punkt auf der Agenda der Königsfamilie, und zwar der hundertste Geburtstag der Königinmutter. Diese tapfere und großartige Veteranin befand sich nach ihrer Krankheit Mitte der Neunziger wieder in Höchstform. Abgesehen von vielen Triumphen in ihrem langen und erfolgreichen Leben konnte sie behaupten, die älteste Frau in Großbritannien zu sein, die zwei neue Hüften eingesetzt bekommen hatte. Sie blieb weiterhin der Liebling der Nation – ob bei Jung oder Alt –, und zu Beginn des Sommers konnte es die Nation kaum abwarten, diesen glorreichen Tag mit Ihrer Majestät zu feiern.

Doch hinter den Kulissen fand ein historisches Kräftemessen zwischen Charles und seiner Mutter statt. Er teilte ihr mit, dass es an der Zeit sei, Camilla anzuerkennen, sie zu treffen, ihr die Hand zu reichen und mit ihr zu sprechen. Es war vielleicht das erste Mal in seinem Leben, dass Charles sich gegen seine Mutter zur Wehr setzte, doch mit Sicherheit das erste Mal, dass er ihr in Bezug auf Camilla die Stirn bot.

Die Königin weigerte sich. Sie war sich sehr wohl ihrer Verantwortung als Oberhaupt der Kirche von England bewusst und fühlte sich als Repräsentantin einer moralischen Mehrheit, die wie sie diese ganze Beziehung und ihre Vorgeschichte verurteilte. Charles wurde noch unerbittlicher und drohte, die Geburtstagsfeierlichkeiten der Königinmutter zu boykottieren, wenn sie nicht nachgab. Er gäbe in Highgrove einen Geburtstagsempfang für den Ex-König Konstantin von Griechenland, und sie müsse teilnehmen – oder mit den Konsequenzen leben.

Angesichts dieser direkten Erpressung zuckte die Königin die Achseln und gab nach. Der *Daily Telegraph* verkündete: »Die Königin hat Camilla Parker Bowles endlich akzeptiert«, doch die Wahrheit sah etwas harmloser aus. Die jüngere Frau wurde erneut der Regentin vorgestellt, der sie nicht mehr begegnet war, seit die Königin Mitte der Siebziger ihren Bann ausgesprochen hatte. Camilla machte einen Knicks, die Königin nahm ihre Anwesenheit zur Kenntnis – und das war's auch schon. Später saßen sie an getrennten Tischen und sprachen kein Wort miteinander. Anschließend verließ die Königin das Haus, ohne sie noch einmal zu beachten.

Den PR-Experten gab der Abend jedoch das, was sie wollten. KÖNIGIN UND CAMILLA TREFFEN SICH IN HIGHGROVE lautete die Schlagzeile. »Prinz Philip war nicht anwesend … doch er unterstützt die Entscheidung der Königin, Mrs. Parker Bowles anzuerkennen«, berichtete der *Telegraph* begeistert. Niemand machte sich die Mühe, diese Berichte zu hinterfragen und dahinter das pragmatische Handeln einer erfahrenen Monarchin zu erkennen, deren achtundvierzigjährige Regentschaft bis dahin ohne Kontroversen verlaufen war. Charles hatte zwar die Schlacht gewonnen – doch die Königin hatte nicht vor, der Geliebten ihres Sohnes je wieder zu begegnen. Bei dieser selbstlosen Geste hatte sie nur das Wohl der Königinmutter im Sinn gehabt.

Ein paar Tage später begrüßte Camilla an der Seite des Prinzen hundert amerikanische Gäste, die Charles' Wohltätigkeitsorganisation, Prince's Foundation, unterstützen wollten. Außerdem wurde bekannt, dass sie sich mit Dr. George Carey, dem Erzbischof von Canterbury und Oberhaupt der Staatskirche, getroffen hatte. Zwischen diesen beiden ungleichen Menschen konnte nur ein Thema zur Sprache gekommen sein, und zwar eine Heirat. Es wurde jedoch kein Kommuniqué herausgegeben, und erstaunlicherweise fand dieses bedeutsame Treffen keinerlei weitere Beachtung.

Im Februar 2001 unternahmen Charles und Camilla einen neuen Versuch, die Akzeptanz der Bevölkerung zu gewinnen. Wieder einmal wählten sie hierfür einen öffentlichen Anlass, das zehnte Jubiläum der Beschwerdestelle des Presserats. Guy Black, der Leiter dieser nicht ganz so erfolgreichen Hüterin der Medien, lebte zufällig mit Charles' Privatsekretär Mark Bolland zusammen.

Wie schon bei der Sebag-Montefiore-Hochzeit dachte man sich einen komplizierten Zeitplan aus, der es Charles und Camilla ermöglichte, sich beim Empfang – ein wahres Medienereignis – im selben Raum aufzuhalten, ohne jedoch gemeinsam zu kommen und zu gehen. Es waren auch Prinz William, Charles' Brüder Andrew und Edward und einige bekannte Schauspieler und Politiker zugegen, doch die Veranstaltung löste in der Öffentlichkeit vor allem Wut darüber aus, dass das Versteckspiel mit Camilla fortgesetzt wurde. Sie fuhr in ihrem eigenen Wagen vor und verließ den Empfang ohne den Prinzen. Das Paar hielt sich im selben Raum auf, achtete jedoch darauf, nicht miteinander fotografiert zu werden. Dabei hatten es die Mitarbeiter des St.-James-Palastes zu diesem Zeitpunkt längst aufgegeben, so zu tun, als würden Charles und Camilla nicht zusammen im Palast und in Highgrove schlafen.

Die medienwirksamen Auftritte, die nach Meinung zynischer Beobachter genau auf die Leser der Regenbogenpresse und der Hochglanzmagazine zugeschnitten waren, wurden fortgesetzt. Im März 2001 erschienen Mick Jagger, Elton John und achtzig andere hochrangige Gäste zum Empfang anlässlich des fünfundzwanzigsten Geburtstags von Charles' Wohltätigkeitsorganisation Prince's Trust. Einige Wochen später gelang Charles' PR-Spezialisten ihr bis dahin größter Coup, und es kam zum ersten öffentlichen Kuss zwischen Charles und Camilla.

Es geschah bei einem weiteren Empfang – dem zum fünfzehnjährigen Bestehen der Nationalen Osteoporose-Gesellschaft. Seit diese Wohltätigkeitsorganisation Camilla vier Jahre zuvor, begleitet von unzähligen Schlagzeilen, zu ihrer Schirmherrin gemacht hatte, hatte sie in Sachen Publicity kein einziges Mal mehr von der Verbindung zu der Geliebten des Prinzen profitiert.

Doch plötzlich wurde für die bescheidene, unauffällige Gesellschaft ein Empfang in Somerset House, dem alten Palast an der Themse im Zentrum Londons, gegeben. Die Mitglieder waren sicherlich verwirrt über diese glückliche Wendung, fragten jedoch nicht, ob der Empfang nur organisiert worden war, um die Interessen ihrer Schirmherrin und deren Partner voranzutreiben. Die Schirmherrin und zugleich Gastgeberin des Festes trug ein fliederfarbenes Cocktailkleid aus Chiffon von Anthony Price. Ehrengast war natürlich der Prinz von Wales – und die anwesende Weltpresse wartete auf einen versprochenen Kuss.

Als es schließlich, begleitet vom Lärm der Blitzlichter, zu dem lang ersehnten Kuss kam, war es eine sehr formelle und leidenschaftslose Angelegenheit – eine leichte Berührung auf beiden Wangen, die dem Vergleich mit dem zärtlichen Kuss, den Charles seiner Braut zwanzig Jahre zuvor auf dem Balkon des Buckingham-Plastes gegeben hatte, nicht standhalten konnte. Der Empfang in Somerset House mit seinen zahlreichen berühmten Gästen, die man inzwischen erwartet, wenn sowohl Charles als auch Camilla anwesend sind, war nur für den Kuss inszeniert worden.

Er war ein Abschied von der Vergangenheit und zugleich ein Versprechen für die Zukunft.

Als am 11. September 2001 das World Trade Center in New York zerstört wurde, kam die zivilisierte Welt einen Moment lang zum Stillstand. Nach der Katastrophe entstand eine neue Art zu denken, und vieles von dem, was zerstört worden war, wurde nun neu bewertet. Dennoch gab es in diesen Stunden der Verzweiflung Orte, an denen das Motto »Business as usual«

galt. Zynische Menschen, die nur daran dachten, aus dem Jetzt Kapital zu schlagen und es zu ihrem Vorteil zu nutzen, verrichteten weiter still und leise ihre Arbeit.

Zwei Tage später hatten sich am belaubten, friedlichen Grosvenor Square zahlreiche Amerikaner zusammengefunden. Nachdem sie am Buckingham-Palast die Coldstream Guards »The Stars Spangeled Banner« hatten spielen hören, waren sie mit von Trauer gezeichneten Gesichtern langsam und stumm zum Grosvenor Square gezogen, wo sie Kerzen anzündeten und Kränze, Briefe, Gedichte und Botschaften auf einem Teppich aus Blumen und Zellophan niederlegten.

Es war ein historischer Moment, in dem das laute Tosen des Londoner Verkehrs zum Stillstand kam, um die Trauer der Amerikaner zu ehren, die auf diese Weise versuchten, Verbindung zur Heimat aufzunehmen. In jener Stunde wurden zwei Nationen zu einer.

In dieser sehr persönlichen Atmosphäre trat eine seltsame und fremd anmutende Figur in Erscheinung – Camilla Parker Bowles. In einem hellen, fliederfarbenen Kostüm überquerte sie in Begleitung von William Farish, dem amerikanischen Botschafter in Großbritannien, etwas zögerlich den Platz. Obwohl sie sich völlig korrekt verhielt, fragten sich die Amerikaner, die sie erkannten, warum sie dort war. Schließlich war Camilla kein Mitglied der königlichen Familie, und bei ihrem Auftritt handelte es sich nicht um einen offiziellen Besuch. Außerdem bestand zwischen ihr und der amerikanischen Nation keinerlei persönliche Verbindung, wenn man mal von dem kürzlich stattgefundenen Mittagessen mit der Königin der New Yorker Gesellschaft absah.

Sie war da, weil sich für sie, wie es in Journalistenkreisen so schön heißt, eine »Fotogelegenheit« bot. Am nächsten Tag erschienen in der Presse unzählige Berichte und Bilder der tragischen und schockierenden Zerstörung in der New Yorker Innenstadt. Doch eine Zeitung ließ noch genügend Platz für Bilder von Camilla am Grosvenor Square. Für viele war dies zugleich absurd und ein Affront gegen die Menschen, die in den

Türmen des World Trade Center gestorben waren. Na und? Für die Leute im Hintergrund, die es als ihre heimliche Mission ansehen, Charles' und Camillas Ziele zu verwirklichen, war das eine Gelegenheit, die man sich nicht entgehen lassen durfte. Dass die Menschen ihre Anwesenheit am Grosvenor Square an diesem Tag der Trauer möglicherweise als geschmacklos und unbedeutend ansehen könnten, kümmerte sie nicht im Geringsten. Wenn es ihnen durch das Bild der »mitfühlenden« Camilla gelingen sollte, auch nur die Meinung von ein oder zwei Menschen in Großbritannien zu ändern, dann wäre ihre Arbeit erledigt, und sie könnten zufrieden nach Hause gehen.

KAPITEL 14

Der Weg zur Erlösung

Seit Prinzessin Dianas Tod waren mehr als vier Jahre vergangen, und immer noch wirkte Charles wie ein Mann, der orientierungslos durch die Wüste stolpert. Er war seinem Ziel, die Akzeptanz des »nicht zur Debatte stehenden« Teils seines Lebens in der Bevölkerung zu erringen, keinen Schritt näher gekommen. Andere Bereiche im Leben des Prinzen verdienten durchaus großes Lob und Anerkennung. Seine Wohltätigkeitsorganisationen brachten weiterhin Geldmittel und Jobangebote für die Jugend und die Unterprivilegierten, während seine öffentlichen Äußerungen zu Themen wie genmanipuliertem Nahrungsmittelanbau positiv aufgenommen wurden. Von einer Sache abgesehen, schien er ein vorbildlicher Prinz zu sein, ein Lehrling, dessen Vorarbeit ihn ausreichend auf die Aufgaben als König vorbereitet hatte.

Doch bei diesem einen Thema – bei Camilla – war er einfach nicht fähig, sich der öffentlichen Meinung zu beugen. Eine Umfrage nach der anderen brachte stets das gleiche Ergebnis: In Großbritannien sah man den zukünftigen König durchaus wohlwollend, mit seiner Geliebten jedoch wollte man nichts zu tun haben.

Zum Großteil lag das an der PR-Kampagne, die für das Paar ausgearbeitet worden war. Es hatte einfach zu viele inszenierte Auftritte gegeben, bei denen Camilla kurz erschien, aber wieder in der Versenkung verschwand, bevor die Menschen ihr die Hand schütteln, in die Augen sehen oder ein paar Worte mit ihr wechseln konnten. Nach Prinzessin Dianas glamouröser Allgegenwart war diese Vorgehensweise nicht nur enttäuschend, sie nährte in der Bevölkerung auch das Misstrauen, dass man sie womöglich nur benutzte, um Camillas Popularität voranzubringen. Darauf war niemand sehr begierig, mit Ausnahme einiger weniger, die sie bei öffentlichen Anlässen mit »Ma'am« anredeten und einen Knicks machten, so als trüge sie längst den königlichen Hermelin um die Schultern.

Doch dies war nur die Spitze des Eisbergs, und unter der Wasserlinie wurde noch in viel größerem Umfang Wiederaufbauarbeit geleistet. Das galt vor allem für das Verhältnis zwischen Charles und seinen Söhnen William und Harry. In den Tagen vor Dianas Tod hatte er sich als Vater nur sporadisch um die jungen Prinzen gekümmert, sodass ein ehemaliger Höfling bei der Nachricht über den tödlichen Unfall herausgeplatzt war: »Wie wird er nur mit den Jungen fertig werden? Letztes Jahr hatte er sie keine dreißig Tage bei sich, er kennt sie ja kaum noch.«

Diese schockierende Tatsache wurde vor der Öffentlichkeit verheimlicht, dient jedoch als letzter Beweis dafür, dass Diana in der Zeit vor ihrem Tod den Kampf um die Kinder gewonnen hatte. Früher, während ihres ehelichen Zusammenlebens in Highgrove, nahm sie die Jungen mit in ihr Bett, um sie von ihrem Vater fern zu halten. Damit hatte sie erfolgreich eine Kluft zwischen Vater und Söhnen geschaffen. »Ich will nicht gewinnen«, hatte sie dem damaligen Herausgeber des Londoner *Daily Telegraph* weismachen wollen, »doch ich bin fest entschlossen, dafür zu sorgen, dass William der direkte Nachfolger der Königin wird.« Welche falschen Informationen sie ihrem ältesten Sohn damals ins Ohr geflüstert haben mochte, werden wir wohl nie erfahren, doch durch den erlittenen Schmerz und die Zurückweisung war sie so gefährlich wie ein verwundeter Tiger gewesen. Sie hatte die Jungen auf jeden Fall räumlich von ihrem Vater distanziert; ob ihr das auch in emotionaler Hinsicht gelungen war, ist wahrscheinlich, lässt sich jedoch unmöglich beweisen.

Vielleicht hatte Charles um das innere Gleichgewicht seiner Söhne gefürchtet, vielleicht war er überlistet worden, doch er hatte zugelassen, dass die Distanz größer wurde. Wenn er sie bei sich hatte, bat er eine Freundin, häufig Emilie van Cutsem, als Ersatzmutter aufzutreten, obwohl die Stunden, die er mit ihnen hatte, wie im Flug vergingen. In den Jahren nach dem Tod ihrer Mutter wurde es nun zu Charles' Pflicht, seine Kinder wieder zu entdecken und erneut ein Teil ihres Lebens zu werden.

Zum Zeitpunkt von Dianas Tod war William fünfzehn, und Harry stand kurz vor seinem dreizehnten Geburtstag. Die wenigen intimen Berichte, die es über die Reaktion der Prinzen auf das gewaltsame Ableben ihrer Mutter gibt, deuten alle darauf hin, dass sie ihren Kummer hinunterschluckten, statt darüber zu sprechen. Zu Beginn war es für sie sicherlich sehr schwierig, ihre innersten Gedanken einem Mann mitzuteilen, den ihre Mutter immer wieder als Teufel hingestellt hatte.

Harry entpuppte sich als der Verletzlichere. Er hatte bereits vor dem Eintritt ins Teenageralter mit dem Trinken und Rauchen angefangen, und zwar bei einem Urlaub, den er mit Freunden auf den griechischen Inseln verbrachte. Während solcher Reisen, so hieß es später, blieben die jungen Leute sich selber überlassen, und angeblich kam es zu wilden Partys mit Wodka und Tequila. Harry mochte von Natur aus eigenwillig und launisch gewesen sein, doch dieser Charakterzug wurde durch den Tod seiner Mutter noch verstärkt.

Im Kreis der britischen Königsfamilie gab es genug Menschen, die mit einer weiteren Gefahr vertraut waren, und zwar mit Drogen. Daher waren diese für Harry von früher Jugend an nichts Ungewöhnliches. Abgesehen von Tom Parker Bowles, der auf frischer Tat beim Kokainmissbrauch erwischt worden war, gab es da noch Toms Kusine Emma, die sich in den USA wegen ihrer Alkohol- und Drogenabhängigkeit hatte behandeln lassen. Die erwachsene Tochter von Charles und Patty Palmer-Tomkinson trat unter dem Einfluss von Alkohol und Drogen in einer Fernsehshow auf und wurde kurz darauf in ein Flugzeug nach Arizona gesetzt, um dort von ihrer Sucht geheilt zu werden. Lord Frederick Windsor, der Sohn von Prinz Michael von Kent und ein Nachbar der jungen Prinzen während ihrer Zeit im Kensington-Palast, wurde auf ähnliche Weise von den Medien ertappt und gezwungen, seinen Kokainkonsum zu gestehen. Ein weiterer Name, der auf dieser schmachvollen Liste nicht fehlen darf, ist Nicholas Knatchbull, der Urenkel von Lord Mountbatten und Prinz Charles' Patenkind, der wie Prinz William Eton besuchte und dessen Mentor wurde. Er suchte zweimal Zuflucht in den USA, wo er seine Abhängigkeit von harten Drogen kurieren wollte. Die Existenz solcher Versuchungen war nicht zu leugnen.

Ob William der allseits präsenten Gefahr von Drogen nachgab, wissen wir nicht, doch es scheint sehr unwahrscheinlich. Zu viele seiner gut betuchten Freunde machten sich in Eton zum Narren, und da er von seinem Vater ein ausgeprägtes Pflichtbewusstsein geerbt hatte, ließ er wohl die Finger davon. Jedenfalls verhielt er sich tadellos, und er schien wirklich nur ein gesunder junger Mann zu sein, der die Gefahren sehr wohl erkannte und sie erfolgreich umging.

Harry hingegen war nicht so gefestigt, und 2001 fiel sein unangebrachtes Verhalten immer häufiger auf. Es gab Behauptungen, dass er bei verschiedenen Privatpartys so betrunken gewesen war, dass er sich hatte übergeben müssen. Bei einem festlichen Anlass wurde er jedenfalls von Großbritanniens reichstem Aristokraten, dem Herzog von Westminster, dabei beobachtet. Im Sommer war er in Spanien und nahm am Sotogrande de Plata Poloturnier an der Costa del Sol teil und wurde später dabei gesehen, wie er in den Nachtclubs von Marbella rauchte und trank. Er hatte bereits den Rasen eines nahe gelegenen Golfplatzes ruiniert, indem er ihn zum Polofeld deklarierte und die Buggys als Ponys benutzte. Bei einem Urlaub in Rock an der britischen Westküste in Cornwall zog er den Zorn mehrerer Mütter auf sich, deren Töchter eine bis dato unbekannte Arroganz des noch nicht ganz sechzehnjährigen Prinzen zu spüren bekamen. »Er schien zu glauben, dass er sich wegen seiner Stellung alles herausnehmen kann«, beschwerte sich eine von ihnen.

Der letzte Beweis erfolgte im Spätsommer 2001 nach einem Zwischenfall im Rattlebone Inn, einem Pub aus dem sechzehnten Jahrhundert in Sherston in der Nähe von Highgrove. Dort trafen sich regelmäßig die jungen Männer der reichen Familien der Umgebung, und obwohl Harry noch nicht volljährig war, schloss er sich bald den lauten Trinkgelagen an, die dort meistens nachts stattfanden. Was jedoch seinen jugendlichen Übermut zum Gesprächsthema Nummer eins im Land machte, war, dass er während einer der zahlreichen Gelage, die nach der Sperrstunde stattfanden, in eine Prügelei verwickelt wurde. Später kam noch heraus, dass Harry für gewöhnlich mit seinen Freunden nach Highgrove zurückkehrte, wo sie in der Disco, die die Brüder irgendwann einmal im Keller eingerichtet hatten, Techno-Musik hörten, Marihuana rauchten und weitertranken.

Als sein Verhalten in der Regenbogenpresse ans Tageslicht kam, stellten ihn die Journalisten als Jungen dar, dem in einem kritischen Alter auf grausame Weise die Mutter entrissen worden war. Nachdem Harry seinen Irrtum eingesehen und unter den Augen der Öffentlichkeit mit seinem Vater ein Rehabilitationszentrum für Drogenabhängige besucht hatte, versiegte die Story.

In der Zwischenzeit verfolgte Charles weiterhin seine eigenen Interessen und hielt den Druck aufrecht, größere Anerkennung für Camilla zu erzielen. An einem Tag im Dezember wurden sie dabei beobachtet, wie sie gemeinsam durch den Green Park schlenderten, der die königlichen Paläste vom Hotel Ritz trennt. Sie befanden sich auf dem Weg zum alljährlichen Empfang für die Angestellten des St.-James-Palastes. Das Wetter war kalt und der Weg weit genug, die Limousine zu benutzen, doch Charles hatte etwas anderes im Sinn. Seine PR-Leute hatten ihre Lieblingsfotografen der Presse alarmiert, und so ergab sich eine weitere »Fotogelegenheit«, die die Welt daran erinnern sollte, dass Charles und Camilla immer noch zusammen waren. In jenem Herbst hatte es jede Menge andere Nachrichten gegeben, und das Paar lief Gefahr, in Vergessenheit zu geraten. Mit dieser Aktion wollten sie versuchen, die Fortschritte, die sie erzielt hatten, zu erhalten. »Der Prinz ist nicht zum ersten Mal zu Fuß zum Weihnachtsempfang gegangen, und Mrs. Parker Bowles war schon einmal Gast bei diesem Fest«, verkündete der PR-

Apparat gut gelaunt. Keine der beiden Behauptungen entsprach den Tatsachen, doch es machte sich niemand die Mühe, sie zu überprüfen.

Es war klar, dass die Königinmutter im Alter von 101 Jahren nicht ewig weiterleben würde, und ab Weihnachten gab es über den tristen Winter hinweg bis in den Frühling hinein vom Schloss Windsor immer wieder Berichte, dass es nicht gut um sie stehe. Ende März hütete sie in der Royal Lodge in Windsor Great Park das Bett und wurde täglich von ihrer Nichte, der Ehrenwerten Margaret Rhodes, besucht. Als diese großartige Frau starb, erschien Mrs. Rhodes, die keinerlei Erfahrung mit Kameras oder den Medien hatte, und berichtete mit klaren und angemessenen Worten, was sich abgespielt hatte. Es war ein Moment, in dem die Menschen innehielten und über ein äußerst erfülltes Leben nachdachten, in dem hohe moralische Werte an ein enormes Pflichtbewusstsein geknüpft gewesen waren. In Fernsehberichten wurden Mrs. Rhodes Worte mit Aufnahmen der Königinmutter hinterlegt, die noch einige Wochen zuvor an einem eiskalten Wintermorgen vor der Westminster Abbey die Veteranen aus zwei Weltkriegen begrüßt hatte. Nur ganz hartgesottene Republikaner äußerten keine Bewunderung für das erfüllte Leben der Verstorbenen.

Das Ableben seiner Großmutter eröffnete Charles eine Vielzahl von Möglichkeiten. Er erbte sowohl Birkhall auf dem Balmoral-Anwesen in Schottland als auch Clarence House auf der Mall in der Nähe des Buckingham-Palastes, was Camilla später erlauben würde – wenn auch fernab der Kameras –, eine gleichberechtigtere Rolle an seiner Seite zu spielen. Der Tod der Königinmutter nahm Charles möglicherweise auch die letzten bestehenden Hemmungen, seine Langzeitgeliebte endlich zu heiraten.

Nach Dianas Tod hatte Charles kurz vor einem Nervenzusammenbruch gestanden und lange Stunden mit seiner Großmutter verbracht, die beinah sein ganzes Leben lang eine Art Ersatzmutter für ihn gewesen war. Doch ihre Verhaltensregeln stammten aus dem Edwardianischen Zeitalter, und eine Vorstellung hätte sie nicht ertragen können: die Heirat zwischen dem Prinzen von Wales und einer geschiedenen Frau. So etwas hatte sich sechzig Jahre zuvor schon einmal in ihrem Leben ereignet und furchtbare Auswirkungen gehabt. Es sollte nicht noch einmal geschehen. Nun, da sie fort war, war die größte Hürde, die einer Hochzeit von Charles und Camilla im Weg stand, beseitigt.

Die Menschen hatten oft auf die Ähnlichkeiten zwischen Großmutter und Enkel hingewiesen, und nach ihrem Dahinscheiden konnte ein Gast des Prinzen einen direkten Vergleich anstellen: »Seine Großmutter ermutigte ihn, sich verwöhnen zu lassen und im ursprünglichen Sinn des Wortes königlich zu sein. Und das tut er auch.« Der Gast beschrieb einen Empfang folgendermaßen: »Es müssen an die zwanzig bis dreißig Diener dort gewesen sein. Jeder hatte seine eigene Kammerzofe oder seinen eigenen Kammerdiener, und jeden Abend, wenn wir zum Essen nach unten kamen, stand uns beim Anblick des prächtigen Tisches, des Silbers, der Dekoration, der Blumen, der Statuen und der Beleuchtung der Mund offen. Es sah an jedem der drei Abende anders aus – ein unglaubliches Bild, absolut beeindruckend. Er besitzt die gleiche wunderbare Stilsicherheit wie die Königinmutter, doch sie hat es nie übertrieben. Er schon.«

Camilla war bei der Beerdigung der Königinmutter anwesend, doch niemand hatte etwas anderes erwartet. Zu diesem Zeitpunkt gewann Charles in der Auseinandersetzung mit dem Buckingham-Palast, den ein scheidender Höfling sogar als »Feind« bezeichnete, langsam die Oberhand. Kurz vor dem Tod der Königinmutter wurde im Buckingham-Palast eine Gala für den Cellisten Mstislaw Rostropowitsch organisiert, bei der sowohl Camilla als auch die Königin erscheinen sollten. Charles hatte durch eine Art Zermürbungstaktik durchgesetzt, dass sich seine Mutter und seine Geliebte erneut im gleichen Raum aufhielten. Und obwohl sie auch diesmal wieder nur flüchtig Kontakt hatten, rauschte es im Blätterwald der Regenbogenpresse. Überschwänglich deuteten die Zeitungen an, dass nach solch einer königlichen Billigung eine Heirat nicht fern sein könne. In Wahrheit war das Verhältnis mehr als frostig.

Charles reiste in den Norden, um seine Erbschaft zu begutachten. Das imposante, 1715 erbaute Herrenhaus auf dem Balmoral-Anwesen nördlich vom Fluss Muick befand sich praktisch im gleichen Zustand wie nach seiner Renovierung durch die Königinmutter im Jahr 1931, als sie noch Herzogin von York gewesen war. Der Zahn der Zeit hatte an Birkhall genagt, und in den ersten Tages ihres Besuchs, nachdem der Geist der Vorbesitzerin langsam verschwunden war, arbeiteten Charles und Camilla einen Plan aus, wie man das Haus renovieren, aber den ursprünglichen Charakter erhalten konnte. Charles trat nun ganz offensichtlich in die Fußstapfen seiner Großmutter, was unter anderem durch seine Anwesenheit bei der Sandringham Flower Show deutlich wurde – im größeren Kontext betrachtet zwar ein unbedeutender Anlass, im königlichen Kalender jedoch ein Muss. Außerdem nahm Charles seine Gäste, zu denen neben Camilla auch Prinzessin Margarets Tochter Lady Sarah Chatto und Camillas alte Freundin aus den Tagen in der Ebury Street, Virginia Carrington, gehörten, von Birkhall mit nach Crathie Kirk. Dort wurden er und auch Camilla sehr herzlich begrüßt. Die Schotten sind, was königliche Liebesaffären angeht, nicht so kritisch wie ihre Nachbarn im Süden.

Prinz Harry hatte seinem Vater in den Jahren nach Dianas Tod viel Kummer bereitet, doch was war mit Prinz William? Erstaunlicherweise schien er von dem Wirbel, der seine prägenden Jahre überschattet hatte – Ehestreit, Scheidung, Tod – unberührt. Trotz der dynastischen Ambitionen seiner Mutter strebte er offensichtlich nicht an, die Krone vor seinem Vater zu tragen. Seine Jahre in Eton verliefen ohne besondere Vorkommnisse. Das lag zum einen daran, dass er im Gegensatz zu seinem jüngeren Bruder die akademischen Ansprüche erfüllte. Außerdem fand er ein Ventil im Wasserpolo – ein gefährlicher, aber auch sehr aufregender Sport –, sodass er einen Großteil seiner Teenager-Ängste im Schwimmbecken abbaute.

Ansonsten setzte er alles daran, keine Aufmerksamkeit auf sich zu ziehen. Er marschierte stets mit gesenktem Kopf die Hauptstraße von Eton entlang und vermied Augenkontakt, sodass er ein unsichtbares Absperrband um sich zog, das die meisten respektierten. In seinem letzten Jahr wurde er Mitglied der *Pop*, Etons selbst gewählter Elite-Clique, die man an ihren eigens entworfenen Seidenwesten erkennt, die sie unter dem regulären Frack tragen. Außerdem gewann er das Ehrenschwert des Kadettencorps der Schule. Er schoss in die Höhe, seine Schultern wurden breiter, und langsam reifte er zum Mann heran. Jede Frau, die ihn zu Gesicht bekam, fand ihn einfach nur umwerfend.

Mitte 2002 hatte William sein erstes Jahr an der St. Andrew's University abgeschlossen. Die 1411 gegründete Hochschule befand sich an der abgelegenen Ostküste Schottlands, weit weg von den Orten, an denen sich die Paparazzi gerne aufhielten. Hier, inmitten von vielen jungen Menschen, konnte er seine sozialen Fähigkeiten entwickeln, was ihm zuvor wegen seiner Privilegien und aus Sicherheitsgründen verwehrt gewesen war. Sein Horizont erweiterte sich sehr, und eine Zeit lang erfüllte sich dort Dianas Wunsch, er möge nicht von normalen Menschen isoliert werden.

Sein Hauptfach war Kunstgeschichte, ein ansprechendes und, man darf annehmen, nicht ganz unvertrautes Fach für jemanden, in dessen Häusern unzählige Studienobjekte herumstehen. Dennoch fand der Prinz das Studium sehr hart und war am Ende seines ersten Jahres frustriert über seinen vergleichsweise geringen Fortschritt und bereit aufzugeben. Daher muss man es ihm umso höher anrechnen, dass er im Sommer 2002 zustimmte, ein paar repräsentative Pflichten zu übernehmen.

Während eines königlichen Empfangs im Garten des Holyroodhouse, dem schottischen Pendant zum Buckingham-Palast, schüttelte er pflichtgemäß die Hände der Besucher und hatte sogar Spaß an dieser Aufgabe. Diese Reaktion überraschte, da er Gerüchten zufolge ein zurückhaltender Royal war, der sich vorgenommen hatte, sich so lange wie möglich von der Öffentlichkeit und der Presse fern zu halten. Eine weitere Hürde bestand für William darin, dass Camilla bei diesem Termin anwesend war, da Charles einen weiteren Versuch unternehmen wollte, eine Verbindung zwischen seiner Geliebten und seinem Sohn herzustellen. Nach außen hin lief alles glatt, und Prinz Williams Enttäuschung blieb unbemerkt. Innerlich aber war er trotz seiner Freude über das Bad in der Menge nicht sehr glücklich darüber, dass ihn sein Vater für seine PR-Inszenierung benutzt hatte.

Doch das Camilla-Problem schob alle anderen Überlegungen beiseite. Es stand ungelöst und scheinbar auch unlösbar im Raum und beeinflusste Charles' Urteilsvermögen und all sein Tun. Die Regenbogenpresse ignorierte andere, ernsthaftere Themen, die das restliche Königshaus oder sonstige nationale Belange betrafen, und verbiss sich weiterhin in Camilla. Dennoch wirkten Charles und seine Berater – die Einzigen, die eine Änderung der Situation herbeiführen konnten – ruhig und amüsiert. Hilfe nahte schließlich in der Gestalt von Dr. Rowan Williams, dem neu gewählten Erzbischof von Canterbury, der ganz unerwartet seinen Segen zu neuen Bestimmungen gab, die die Wiederverheiratung von Geschiedenen in der Kirche regelten.

Da es nun von Seiten der Kirche, die zwar eine geschwächte, aber immer noch mächtige Instanz in der britischen Gesellschaft darstellte, keinen Widerstand mehr geben würde, durfte man davon ausgehen, dass die restlichen Hindernisse für eine Eheschließung schnell aus dem Weg geräumt werden konnten. Schließlich hatte das Argument derjenigen, die immer noch gegen eine Heirat von Charles und Camilla waren – dass nämlich eine Vermählung eine Verfassungskrise auslösen würde –, nun keinerlei Grundlage mehr. Ein ranghoher Berater des Erzbischofs sagte, dass das Thema bereits angesprochen worden sei und das Paar, sollte es denn heiraten wollen, genauso behandelt werden würde wie jedes andere Paar in einer ähnlichen Situation.

Während dies vielleicht ein wenig unglaubwürdig war – die Kirche hat eine Schwäche für das Königshaus –, war es doch bedeutsam, dass der Erzbischof bereits in seinem früheren Amt die Eheschließung von Geschiedenen in der Kirche gebilligt hatte. Und noch bedeutsamer schien, dass er sogar seine Zustimmung zu geben bereit gewesen war, wenn einer der Partner Schuld am Scheitern der früheren Ehe hatte.

Ermutigt nahm Charles Camilla und ihren Vater Bruce Shand mit zur Sandringham Flower Show, einer unauffälligen Veranstaltung – wenn man einmal davon absieht, dass eine Militärkapelle »God save the Queen« spielt. Zum ersten Mal stand das Paar – unbeobachtet von Kameras – bei einem feierlichen Anlass zu Ehren des Königshauses Seite an Seite. Vielleicht war dies ein Vorbote der Dinge, die noch kommen sollten.

Das Paar zog sich zum traditionellen Sommerurlaub nach Birkhall in Schottland zurück und konnte den Fortschritt der Renovierungsarbeiten in Augenschein nehmen. Gemeinsam fuhren sie zum aus dem sechzehnten Jahrhundert stammenden Schloss von Mey, dem Zufluchtsort der Königinmutter an der Nordküste Schottlands, den sie nach ihrem Tod einer Stiftung hinterlassen hatte. Anschließend besuchten sie die in der Nähe stattfindenden Highland Games. Geschickt traten bei diesen zwei Anlässen Charles *und* Camilla in die Fußstapfen der Königinmutter, und die Leute hatten keinerlei Einwände.

Innerhalb der Hautevolee wurde Camilla inzwischen von allen akzeptiert. Während seines Schottlandurlaubs nahm das Paar am Empfang anlässlich des sechzigsten Geburtstags von Komiker Billy Connolly teil, der in dessen Schloss in Aberdeenshire stattfand. Charles und Camilla mischten sich fröhlich unter die anderen Gäste, zu denen Steve Martin, Robin Williams, Paul McCartney, Whoopi Goldberg, Rod Stewart, Ewan McGregor und die Monty-Python-Mitglieder Michael Palin und Eric Idle zählten.

Ungefähr zu dieser Zeit wurde – ob hilfreich oder nicht – bekannt, was Charles seine Gefährtin überhaupt kostete. Sie entpuppte sich als recht kostspieliger Luxus, da sie Fahrer, Leibwächter, persönliche Assistenten, einen Gärtner, einen Stallburschen, Haushaltshilfen, diverse Mädchen für alles, PR-Berater und sogar plötzlich ein komplettes Sekretariat benötigte. All diese Menschen mussten bezahlt werden – Gehälter, Autos, die jährlichen Vergünstigungen, die man als Angestellter der Königsfamilie erhält –, obwohl ihre neue Arbeitgeberin noch gar nicht zur Königsfamilie gehörte. Charles war mehr als bereit, tief in die Tasche zu greifen, was jedoch nicht weiter verwunderlich war, da sein Einkommen aus dem Herzogtum Cornwall 25 Millionen Pfund im Jahr übersteigt. Außerdem verfügt er über ein ererbtes Privatvermögen von ungefähr 75 Millionen Pfund.

Charles hatte es sich zum persönlichen Ziel gesetzt, von den Schmuckstücken, die sein Vorfahr Edward VIII. Alice Keppel geschenkt hatte, so viele wie möglich aufzutreiben und zurückzukaufen. Camilla wurde von einem Freund, Blondel Clough, bei der Anschaffung etwas weniger wertvoller Stücke beraten. Der königliche Hutmacher Philip Treacy lieferte Hüte und die britischen Designer Anthony Price, Paddy Campbell und Robinson Valentine die passenden Kleider. Oscar de la Renta, dessen Mode Diana getragen hatte, zeigte sich überrascht und erfreut über Camillas neuen Chic, die aber nach einem kurzen Flirt mit Versace erkannte, dass die Kluft zwischen ihnen einfach zu groß war.

Camilla wie eine Prinzessin zu kleiden sollte keine leichte Aufgabe werden. Erst nach vielen Versuchen und einigen Fehlschlägen konnte sie einen eigenen Stil entwickeln – Freunde behaupten jedoch, dass Camilla im Hinblick auf ihr öffentliches Auftreten härter gegen sich selber ist als alle anderen.

Die aufmerksamsten Beobachter Camillas waren zu der festen Überzeugung gelangt, dass man bereits im Jahr 2001 die Ankündigung der Vermählung des Prinzen von Wales und Mrs. Camilla Parker Bowles aufgesetzt hatte und dieses Schriftstück seitdem irgendwo im St.-James-Palast herumlag. Es musste nur noch das Datum eingetragen werden. Sie vermuteten, dass Charles, der die Angelegenheit unbedingt voranbringen wollte, nur auf die passende Gelegenheit wartete, die britische Nation mit der Neuigkeit zu überraschen. So eine Gelegenheit konnte sich durch bessere Ergebnisse bei einer Meinungsumfrage ergeben oder durch einen jener Momente, die in Großbritannien unangekündigt vorkommen und in denen sich die königliche Familie ohne besonderen Grund von ihrer besten Seite zeigt. Letzteres ergibt sich häufig bei formellen Anlässen, bei denen die Männer schicke Uniformen und die Frauen elegante Hüte und funkelnde Juwelen tragen.

Doch seltsamerweise ergab sich in jenem Jahr keine solche Gelegenheit. Das fünfzigjährige Thronjubiläum der Königin kam und ging vorbei. Während der viermonatigen Vorbereitungsphase war es zu einem stillschweigenden Einvernehmen gekommen, dass das Thema Camilla, das für gewöhnlich jedes andere Mitglied der Königsfamilie von den Titelblättern verdrängte, fürs Erste auf Eis gelegt werden sollte. Die Monarchin machte deutlich, dass nichts von diesem ruhmreichen Moment ablenken sollte. Im darauf folgenden Jahr, also 2003, stand der einundzwanzigste Geburtstag des zukünftigen Königs Prinz William im Vordergrund, und somit blieb den Mitarbeitern der Charles-und-Camilla-Kampagne nur der Herbst, um die Ankündigung zu platzieren.

Es hätte vielleicht sogar geklappt, wenn nicht wieder ein Gespenst aus der Vergangenheit aufgetaucht wäre. Im Oktober stand plötzlich Paul Burrell, der vierundvierzigjährige ehemalige Butler von Diana, vor dem Old-Bailey-Gericht in London. Man warf ihm vor, 310 Gegenstände gestohlen zu haben, die angeblich aus dem Besitz seiner königlichen Arbeitgeberin stammten. Er bestritt die Vorwürfe vehement.

Die Anklage erfolgte nach einer Durchsuchung von Burrells Haus im Norden von England, nachdem die Polizei einen mysteriösen Tipp erhalten hatte. Obwohl zum damaligen Zeitpunkt kein besonderes Augenmerk darauf gerichtet wurde, stellte sich später heraus, dass die Polizei, die durch Burrells Tür stürmte, nicht auf der Suche nach den 310 Gegenständen war, sondern lediglich nach einem ganz bestimmten. Die Beamten wollten die Tonbandaufzeichnungen einer Unterhaltung finden, die Diana

1996 mit dem königlichen Kammerdiener George Smith geführt und aufgenommen hatte. In diesem Gespräch hatte Smith ein männliches Mitglied des Stabs von Prinz Charles beschuldigt, ihn vergewaltigt zu haben.

Im Grunde war der Vorwurf des Diebstahls nur Mittel zum Zweck. Bald tauchten Geschichten auf, dass die Polizei in ihrem Übereifer Prinz Charles darüber informiert habe, dass der bisexuelle Burrell angeblich in einem von Dianas Ballkleidern auf einer Angestelltenparty erschienen sei. Vor Gericht konnte diese wilde Anschuldigung nie bewiesen werden, doch nachdem man sie dem Prinzen vorgetragen hatte, unterstützte er die Ermittlungen der Polizei gegen den Butler.

Burrell war derjenige, der in Paris Dianas Leichnam hergerichtet und ihr die letzten Kleider angezogen hatte, die sie je tragen sollte. Nach ihrem schockierenden Tod wurde er automatisch zur Berühmtheit, weil er redete, während andere schwiegen. Die Tatsache, dass Diana ihn »meinen Fels« genannt hatte, wurde häufig erwähnt, obwohl später herauskam, dass sie noch andere so genannt hatte, die ihr in ihren letzten Jahren zur Seite gestanden hatten. Doch der Punkt war, dass Burrell sich während seiner Jahre mit Diana und auch im Anschluss sehr ehrenhaft verhalten hatte – und er hatte weder die »Vergewaltigungsbänder« an sich genommen noch ihr Kleid gestohlen oder Kapital aus den Sachen schlagen wollen, die er auf seinem Speicher angesammelt hatte. Er war im Grunde nur ein weiteres tragisches Opfer des Diana-Kults.

Als der Fall voranschritt, wurde deutlich, dass sich die Polizei bei ihren Ermittlungen in den höheren Kreisen der Gesellschaft auf unbekanntem Terrain befand. Man mutmaßte, dass Dianas Schwester Lady Sarah McCorquodale die Polizei auf Burrells Spur gebracht und nicht unbedingt die saubersten Motive gehabt hatte. Sie und Burrell saßen im Vorstand des Princess Diana Memorial Fund, doch es ließ sich nicht verbergen, dass Lady Sarah – einst selbst von Prinz Charles umworben – sich dabei unwohl fühlte, mit einem ehemaligen Butler gleichberechtigt an einem Tisch zu sitzen. Vielleicht lag es auch daran, was absolut nachvollziehbar wäre, dass Burrell aufgrund seiner Zeit mit Diana jetzt Karriere machte, während Menschen mit Sarahs gesellschaftlichem Hintergrund stets eingetrichtert worden war, nicht in der Öffentlichkeit über Privatangelegenheiten zu reden.

Was auch immer die Motivation für die Anklage gewesen sein mochte, so wurde bei der Verlesung der Eröffnungsplädoyers klar, dass üble Dinge zum Vorschein kommen würden. Elf Tage schleppte sich der Prozess dahin, und es gelangten immer mehr peinliche Fakten ans Tageslicht. Dazu gehörte zum Beispiel der Umstand, dass Dianas Mutter und ihre Schwester Sarah bei der erstbesten Gelegenheit in den Kensington-Palast gegangen waren und private Unterlagen der Prinzessin in den Reißwolf gesteckt hatten. Unter dem grellen Licht des Kreuzverhörs kam wirklich niemand ungeschoren davon.

Dann geschah etwas sehr Seltsames. Gerade als John Burrell in den Zeugenstand gerufen worden war, wurde der Prozess unterbrochen. Nach einer längeren Verzögerung wurde bekannt, dass keine Geringere als die Königin selbst vorgetreten war und erklärt hatte, dass Burrell nach Dianas Tod bei einem Treffen mit ihr gesagt habe, dass er einige Gegenstände von Diana an sich genommen habe.

Damit sei die Anklage nichtig, sagte Richterin Rafferty. Mit den Worten »Die Königin hat sich für mich eingesetzt« verließ Burrell den Gerichtssaal und ging mit seinen Anwälten zu einem Champagnerfrühstück. Und das war's.

Doch nicht ganz. Während die Anwälte zufrieden schienen, dass der Gerechtigkeit Genüge getan worden war, nahmen die Öffentlichkeit und die Presse eine andere Haltung ein. Die Einmischung der Königin in ein Verfahren an ihrem eigenen Gerichtshof wurde nicht sehr positiv aufgenommen, da man bis zu diesem Zeitpunkt eigentlich angenommen hatte, dass sie über dem Gesetz stand und sich daher raushalten müsste.

Schlimmer noch, die Presse hatte eine ungefähre Ahnung, was bei Burrells Aussage ans Tageslicht gekommen wäre, wenn man ihn im Zeugenstand befragt hätte. Die inneren Abläufe im Kensington-Palast, dessen Verhältnis zum Buckingham-Palast, das Privatleben von Prinzessin Diana, ihre Beziehung zu Charles vor und nach ihrer Scheidung, intime Details aus der Affäre zwischen Charles und Camilla, die Wahrheit über Prinz William und Prinz Harry – all das und viel mehr wäre womöglich während seiner Aussage zur Sprache gekommen. Dass die maßgeblichen Regierungsstellen so lange gebraucht hatten, um diese Gefahr zu erkennen, zeigte nur das Ausmaß an Arroganz, das sämtliche Beteiligten in dieser traurigen Affäre erleben mussten – das heißt, alle mit Ausnahme von Burrell. Zum ersten Mal geriet die Königin, die normalerweise gegen Kritik gefeit war, unter Beschuss, weil sie sich in ein Gerichtsverfahren eingemischt hatte. Doch viel schlimmer war die Schelte gegen Prinz Charles, denn die Beweisaufnahme hatte etwas Licht auf die geheimen Praktiken geworfen, die im Hause Wales gang und gäbe waren.

Die Öffentlichkeit war schockiert zu hören, dass Geschenke für Prinz Charles, an denen er keinen Gefallen fand, verkauft wurden und sich die königlichen Bediensteten und Charles den Erlös teilten. Schlimmer noch, die Geschenke, die man nicht so leicht loswurde, landeten auf dem Müll. So war ein geschnitzter Tisch, der dem königlichen Paar aus der Südsee zur Hochzeit geschickt worden war, bei einem Lagerfeuer verbrannt worden. Dies und der scheinbare Versuch, eine homosexuelle Vergewaltigung zu vertuschen – die Fleet Street kannte den Namen des angeblichen Angreifers, doch da keine juristischen Schritte unternommen worden waren, konnte man ihn nicht nennen –, steigerte den Zorn über die nachlässige und möglicherweise korrupte Art, mit der Charles sein Amt ausübte. Die Camilla-Kampagne wurde wieder einmal für unbestimmte Zeit auf Eis gelegt.

In einem Versuch, der Kritik entgegenzuwirken, wurde verkündet, dass Charles' Privatsekretär Sir Michael Peat die Vorgänge im Palast untersuchen werde. Die meisten Leute vermuteten, dass Peats Ergebnisse mit einer dicken Schicht Tünche überdeckt werden würden, und so kam es auch.

Praktisch der Einzige, der nach Peats Nachforschungen in Charles' Haushalt dran glauben musste, war Michael Fawcett. Der einundvierzigjährige Fawcett hatte seinem Arbeitgeber beinah zwei Jahrzehnte lang gedient. Nachdem er als einfacher Kammerdiener angefangen hatte, arbeitete er zum Schluss als eine Art Mädchen für alles. Zu seinen Aufgaben gehörten vermutlich so unterschiedliche Dinge wie dem Prinzen die Zahnpasta auf die Zahnbürste zu drücken, die Menüfolge bei offiziellen Abendessen zusammenzustellen und die Veränderungen der Inneneinrichtung in Highgrove zu überwachen. Er war unter dem Spitznamen »Fawcett, der Hehler« bekannt, nachdem er unliebsame Geschenke unter die Leute gebracht und dafür allein in einem Jahr 150.000 Pfund eingesteckt hatte. Die Umstände, unter denen der Sündenbock die Szenerie verließ – es gab eine Abschiedsparty und einen Vertrag als freier Mitarbeiter mit einem Verdienst, der in der Höhe seines ehemaligen Gehalts lag –, zeigten, dass der Prinz im Umgang mit der Öffentlichkeit nichts dazugelernt hatte. Das Jahr des goldenen Thronjubiläums endete, statt mit einem wohlwollenden Vergleich zwischen der britischen Monarchin und ihrer Vorgängerin Königin Victoria, mit einem bescheidenen Dinner im Hotel Ritz in London und einer Demütigung.

In den ersten Monaten des Jahres 2003 kam es zu einem weiteren Skandal, der diesmal Prinzessin Dianas Testament betraf. Ihr ehemaliger Sekretär brachte die Frage auf, warum die Testamentsvollstrecker Dianas Wunsch missachteten, ein Viertel ihres Besitzes ihren Patenkindern zu hinterlassen.

Dieses Vermächtnis, das 1993 eindeutig in einem Brief festgehalten worden war, war bald nach ihrem Tod von einem Gerichtsbeschluss außer Kraft gesetzt geworden, und zwar auf Initiative ihrer beiden Testamentsvollstrecker – ihrer Schwester Sarah und ihrer Mutter Frances Shand Kydd. Die Entscheidung war legal, weil der Brief mit den Wünschen nicht einklagbar war, doch die Eltern von Dianas Patenkindern, darunter der ehemalige König von Griechenland, der Herzog von Westminster und der Nachrichtensprecher Sir David Frost, machten ihre Wut über das arrogante Verhalten der beiden Frauen publik.

Ihr Standpunkt wurde von Jephson zusammengefasst, der selbst eine kurze Zeit Testamentsvollstrecker gewesen war. Es hieß, die Patenkinder hätten laut Dianas Brief mit einer Erbschaft von je 500.000 Pfund rechnen können, stattdessen »kitschige Erinnerungsstücke« wie einen Porzellanhasen und ein Bild aus einem Billigladen erhalten. Lady Sarah rechtfertigte ihr Tun mit dem Hinweis, dass die Nutznießer und ihre Familien nicht gerade arm seien; eine Behauptung, die sich nach einigen Nachforschungen als nicht ganz zutreffend herausstellte. Wieder einmal wurden die Spencer-Frauen in der Presse wegen ihrer Arroganz und Niederträchtigkeit verteufelt. Außerdem wurden Fragen zu der Entscheidung laut, Diana auf einer Insel in Althorp, dem Familiensitz der Spencers, beizusetzen. »Es war nicht das, was sie gewollt hätte«, sagte eine Freundin nachdrücklich.

Doch abgesehen von diesem kurzen Zwischenspiel verblasste die Erinnerung an Diana und nahm normale Ausmaße an, sodass man im Frühjahr 2003 der Meinung war, Camilla erneut aus ihrem Schattendasein befreien zu können. Als Charles wegen einer Hernienoperation ins Krankenhaus kam, begleitete sie ihn ganz öffentlich und nutzte den Auftritt, um ihre neue, entspannte Haltung gegenüber den Kameras zu demonstrieren. Als im Juli wieder die altbewährte Sandringham Flower Show auf dem Programm stand, posierte sie glücklich mit unzähligen Blumensträußen, die sie von den Zuschauern bekommen hatte, und wirkte ganz und gar wie ein vollwertiges Mitglied der königlichen Familie.

Und doch war die Tat nicht vollbracht. Charles musste immer noch seine Absicht verkünden, Mrs. Parker Bowles zu ehelichen. Die Öffentlichkeit wusste sehr wohl von diesem Wunsch und äußerte in Meinungsumfragen keine Einwände. Sein Warten erinnerte an einen anderen zögerlichen Prinzen – an Hamlet von Dänemark –, doch man mochte Charles' Zögern seinem Wissen zuschreiben, dass die Mehrheit Camilla zwar als seine

Ehefrau akzeptierte, jedoch nicht mit ihr als Königin einverstanden war. Der Weg zur Erlösung war lang und beschwerlich gewesen, doch Charles hatte diesen endlosen Pfad stets mit innerer Kraft beschritten. Im Herbst 2003 war er längst Teil einer modernen Partnerschaft geworden, in der zwei Menschen ohne Trauschein zusammenlebten, und Camilla fungierte als offizielle Gastgeberin bei Anlässen im St.-James-Palast, in Clarence House, Birkhall und Sandringham. Doch eines fehlte noch, und das war die Hochzeit.

Er hatte sich einmal bitterlich beschwert: »Niemand außer mir kann verstehen, wie furchtbar es ist, der Prinz von Wales zu sein.« In Anbetracht seiner Reichtümer, seiner Privilegien und seines sorgenfreien Lebens lachten die Leute über diese Aussage. Wenn man sich jedoch all das zu Gemüte führt, was er durchgemacht hat und was noch auf ihn zukommen sollte, steckt vielleicht doch mehr als nur ein Körnchen Wahrheit in seinen Worten.

KAPITEL 15

Die große Liebe

Glücklich bis ans Ende ihrer Tage …?

Als die Nachricht endlich verkündet wurde, waren alle überrascht – sogar die erfahrenen Mitglieder von Charles' Mitarbeiterstab. Am Morgen des 10. Februar 2005 wurde Paddy Harverson, der PR-Berater des Prinzen, in Clarence House durch einen Anruf aus Spanien bei seiner Morgentoilette gestört. Ob es wahr sei, dass Charles und Camilla ihre Heiratsabsichten verkünden würden? Im ersten Moment herrschte absolute Stille, doch dann stotterte Harverson, dass er sich wieder bei dem Reporter melden werde, und legte einfach auf.

Hinter den Toren des Palastes brach das Chaos aus. Harverson und sein Chef Sir Michael Peat beriefen überstürzt ein Meeting ein, bei dem sie der schrecklichen Wahrheit ins Gesicht sehen mussten, dass der streng geheime Plan, in ein paar Tagen Charles' und Camillas Verlobung bekannt zu geben, vereitelt worden war. Harverson machte sich anschließend hastig daran, eine Pressekonferenz zu organisieren. Peat schickte währenddessen eine Nachricht an alle Mitarbeiter des Clarence House, sie mögen sich um 10.00 Uhr in seinem Büro im ersten Stock versammeln.

Eine Stunde später erhob sich Sir Michael und richtete das Wort an den sechzigköpfigen Mitarbeiterstab, zu dem Privatsekretäre, Pressereferenten, Büroangestellte, Kammerdiener und Köche zählten. »Ich habe wirklich gute Neuigkeiten. Der Prinz von Wales und Mrs. Parker Bowles werden heiraten.«

Für das Personal war es tatsächlich eine Neuigkeit. Einige von ihnen jubelten lautstark und klatschten Beifall, während die eine oder andere langjährige weibliche Mitarbeiterin in Tränen ausbrach. Für die Fleet Street hingegen war es nichts Neues.

Während die Angestellten von Clarence House wieder an ihre Arbeit zurückkehrten und sich dabei aufgeregt über die neuste Entwicklung unterhielten, gab es bereits überall an den Straßenecken und in den Zeitungsläden der Hauptstadt die erste Auflage des *London Evening Standard* zu kaufen, dessen Stunden zuvor verfasste, fette Schlagzeile Sir Michaels späte Ankündigung bestätigten.

Und doch war es nicht der *Standard,* der als Erstes dieser Nachricht auf die Spur gekommen war. Einige Tage zuvor hatten bereits Mitarbeiter in der Chefetage der *Mail on Sunday* über den Hinweis gegrübelt und dann schweren Herzens entschieden, dass es nicht genug Beweise gab, um die Story zu drucken Entweder war der *Standard* mutiger oder hatte in der Zwischenzeit noch etwas Neues in Erfahrung gebracht. Wie auch immer, fest stand, dass es auf höchster Ebene eine undichte Stelle gegeben hatte. Prinz Charles war außer sich, dass ihm die verhasste Presse in diesem bedeutsamen Moment die Show gestohlen hatte.

Harverson, entschlossen, das Beste aus diesem schlechten Tag zu machen, öffnete einer kleinen und handverlesenen Gruppe von Reportern die Türen von Clarence House, um ihnen etwas zu erzählen, was sie im Grunde längst wussten. Unter ihnen befand sich ein französischer Journalist, der auf gut Glück in London aufgetaucht war, in der Hoffnung, dass sich etwas Neues in der langatmigen Windsor-Geschichte ergeben würde. Als er an diesem Morgen in Clarence House anrief, erhielt er eine unerwartete Antwort: »Ah, Sie rufen bestimmt wegen der Pressekonferenz an. Kommen Sie sofort vorbei.« Später merkte der Reporter, dass die Mitarbeiter von Clarence House äußerst begierig darauf waren, die Presse davon zu überzeugen, dass die Neuigkeit Grund zu allgemeiner Freude gab, denn man ließ ihn hinein, ohne seinen Ausweis zu kontrollieren. »Es war der seltsamste Moment meines Lebens«, sagte er.

Die Presse erfuhr einiges, jedoch nicht alle Details. Man teilte ihnen mit, dass die Hochzeit auf Schloss Windsor stattfinden werde, lieferte ihnen jedoch keine Informationen darüber, wie es Charles gelungen war, den Premierminister, den Erzbischof von Canterbury und vor allen Dingen die Königin von der Notwendigkeit zu überzeugen, einen Schritt nach vorne zu tun. Man erklärte den Journalisten weiterhin, dass Camilla Ihre Königliche Hoheit, die Herzogin von Cornwall werde und bei Charles' Thronbesteigung die neu geschaffene Ehrenbezeichnung »Princess Consort«[37] erhalten werde. Man wies die Journalisten jedoch nicht auf die kritische Tatsache hin, dass Camilla inzwischen nur noch ein Parlamentsbeschluss daran hindern könnte, Königin zu werden.

Die zwei jungen Prinzen hatten der Verbindung ihren Segen gegeben, doch die Teilnehmer der Pressekonferenz erfuhren nichts über die lange Vorbereitungszeit hinter den Kulissen oder die geheimen Aktivitäten des Lordkanzlers[38], der die Legalität einer Eheschließung zwischen dem Thronerben und einer geschiedenen Frau – dieses bislang einmaligen Falls – bestätigt hatte. Das Thema war im Grunde zu gewichtig, um es bei einem Treffen abzuhandeln, und es sollte Tage dauern, bis all *die* Fragen auftauchten, die das ganze Unterfangen in Gefahr zu bringen drohten.

Am selben Abend begab sich das entlarvte Paar auf eine Wohltätigkeitsgala auf Schloss Windsor, bei der Camilla in Rot erschien und Charles in einem schäbigen Windsor Coat[39], den die Männer der Königsfamilie gern innerhalb des Schlosses tragen. Camilla zeigte glücklich ihren Verlobungsring, einen viereckig geschliffenen Diamanten, der an jeder Seite von drei baguetteförmigen Diamanten eingerahmt war und einst der Königinmutter gehört hatte. »Ich komme gerade erst wieder auf den Boden zurück« lautete ihr Kommentar. Auf eine weitere Frage hin verriet sie noch, dass der Prinz vor ihr auf die Knie gesunken sei, um ihr einen Antrag zu machen. Der Prinz sagte erwartungsgemäß, dass er »mehr als glücklich« sei.

Doch nicht alle empfanden ähnlich. Vorhergehende Meinungsumfragen hatten ergeben, dass die britische Öffentlichkeit einer Heirat zwar relativ entspannt gegenüberstehe, jedoch strikt gegen die Vorstellung sei, dass Camilla Königin werde.

Nun veröffentlichte der pro-monarchisch eingestellte *Daily Telegraph* eine Umfrage, die ergeben hatte, dass in den vorangegangenen drei Jahren die Bevölkerung immer mehr zu der Ansicht tendiere, dass Prinz William seinen Vater in der Thronfolge ablösen solle. Außerdem waren 93 Prozent der Befragten gegen eine »Königin Camilla«. Eine Woche später veröffentlichte die Sonntagsausgabe der gleichen Zeitung unter der Überschrift »Zum Teufel mit ihnen, zum Teufel mit der Monarchie« eine Reihe von Briefen, die bewiesen, dass die Stimmung der Nation im Vorfeld der Hochzeit nicht die beste war.

Ein Grund hierfür war vielleicht, dass der Bevölkerung nur sehr langsam bewusst wurde, dass man Diana den Titel der Königlichen Hoheit genommen hatte und nun ihre Nachfolgerin – von vielen als die Frau gesehen, deren Handeln direkt zu Dianas Tod geführt hatte – die vollen königlichen Ehren erhalten und nach der Königin die ranghöchste Frau im Hause Windsor sein würde.

Schon bald wurden in dem Getöse noch andere Stimmen laut. Die Mehrheit der Geistlichen war weiterhin gegen die Heirat und verkündete, dass, wenn es tatsächlich dazu komme, Charles auf seinen Thronanspruch verzichten müsse. Bei der alljährlichen Versammlung der Synode, dem Kirchenparlament, wurde ihr Protest jedoch zum Schweigen gebracht und ihr Flehen, diese historisch und moralisch gesehen schwierige Situation eiligst zu diskutieren, ignoriert.

Doch damit nicht genug. Bald stellte sich heraus, dass die Höflinge trotz monatelanger Vorbereitung auf den großen Moment ihre Hausaufgaben nicht gemacht hatten. Damit auf Schloss Windsor die standesamtliche Trauung stattfinden konnte, musste eine spezielle Genehmigung für die Durchführung solcher Zeremonien erteilt werden. Eine Nachfrage bei den Ämtern verriet, dass ein solcher Antrag nicht gestellt worden war. Doch bevor diese Unterlassung behoben werden konnte, tauchte ein noch gravierenderes Problem auf. Wenn man Charles und Camilla erlaubte, auf Schloss Windsor zu heiraten, würde dies – so der Wortlaut der Genehmigung – auch für unzählige andere Paare gelten. Bei dieser Aussicht legte die Königin ihr Veto ein, und zwar mit Nachdruck.

Man suchte daher nach einer Alternative und fand sie auch. Das Rathaus von Windsor – ein elegantes Gebäude, das Sir Christopher Wren, der Architekt der St. Paul's Cathedral, entworfen hatte, befindet sich einen Steinwurf vom Schloss entfernt. Es ist jedoch von Straßen voller Pubs, Restaurants und Läden umgeben und daher wohl kaum die passende Umgebung für einen zukünftigen Monarchen und dessen Frau. Der Kolumnist der *London Daily Mail*, Ross Benson, drückte es folgendermaßen aus: »Die Königin, die normalerweise so reserviert und gelassen handelt, ist fuchsteufelswild, was diese Farce angeht, die ohne Zweifel sehr großen Schaden anrichten wird.«

Dann kam heraus, dass Charles am 17. Februar – eine Woche nach der Ankündigung – in den Buckingham-Palast bestellt worden war und während eines langen, qualvollen Abendessens den Zorn seiner Mutter zu spüren bekommen hatte. Interessanterweise war Camilla nicht eingeladen, und Charles erfuhr, dass die Königin nicht beabsichtige, sie während der verbleibenden sieben Wochen bis zur Hochzeit zu sehen. Weiterhin wurde ihm eröffnet, dass er sich von der Idee verabschieden könne, 750 Gäste zu dem Gottesdienst einzuladen, der im Anschluss an die Trauung stattfinden sollte. Die Königin hielt einen »kleinen Gottesdienst im Kreis der Familie« für angebrachter.

Schließlich erfolgte noch ein letzter Schlag. Charles' rechte Hand, Michael Fawcett, sollte nichts mit den Hochzeitsvorbereitungen zu tun haben. Ursprünglich war ein extravagantes Dinner bei Kerzenlicht mit Unmengen frischer Blumen und einer Menüfolge mit organisch angebautem Gemüse aus dem Küchengarten von Highgrove geplant gewesen. Champagner und Claret sollten in Strömen fließen, während die Gäste die Nacht durchtanzten. Doch die Königin teilte Charles mit, dass der Empfang um sechs Uhr abends enden müsse, das Essen vom Personal auf Windsor zubereitet werde und Fawcett sich fern halten solle.

Der Prinz war völlig sprachlos. »Er war wegen der Vorbereitungen völlig verzweifelt«, sagte ein Mitarbeiter. »Er hatte wirklich einen kräftigen Klaps auf die Finger bekommen. Es sieht der Königin nicht ähnlich, solch einen Aufstand zu machen, aber sie war der Meinung, dass die Pläne für die Hochzeit außer Kontrolle gerieten. Sie machte deutlich, dass sie sich eine bescheidene Familienfeier wünschte.«

All das bewies nur, wie wenig Mutter und Sohn in dieser, wie sich herausstellte, sehr kontroversen Angelegenheit in Kontakt gestanden hatten. Die Königin, die in ihren Entscheidungen konservativ war und seit über fünfzig Jahren auf dem Thron saß, schien die Stimmung ihrer Untertanen richtig einzuschätzen. Charles hingegen sah keinen Grund, warum er den glücklichsten Tag seines Lebens nicht prunkvoll feiern sollte.

Doch die Probleme nahmen auch weiterhin kein Ende. Plötzlich erschien der ehemalige Generalstaatsanwalt Sir Nicholas Lyell auf der Bildfläche und zweifelte die Legalität der geplanten standesamtlichen Trauung an. Sir Nicholas, zwischen 1992 und 1997 ranghoher Anwalt im Unterhaus und Mitglied der konservativen Regierung, sagte voraus, dass man nur mit einem Notstandsgesetz die Zweifel beheben könne, die immer noch zu der Rechtmäßigkeit der Eheschließung bestünden. Die Königin habe laut Berichten einen irreführenden Rat vom Lordkanzler Lord Falconer erhalten. »Ich glaube nicht, dass sie ausreichend beraten wurde«, so Sir Nicholas. Seine Argumentation basierte auf einem alten Gesetz, das besagte, dass Charles in der Kirche heiraten müsse – etwas, das der Prinz mit den ranghohen Geistlichen der Kirche von England nicht hatte aushandeln können und was ihm vermutlich auch in Zukunft nicht gelingen würde.

Diese juristischen Spitzfindigkeiten beschäftigten die klugen Köpfe des Landes, doch die Öffentlichkeit – sowohl die Gegner als auch die Befürworter der Verbindung – wollte handfestere Sachen. Und die fanden sich auch in Form eines unerhörten Affronts. Wie sich herausstellte, waren Hugh und Emily van Cutsem, zwei von Charles' ältesten Freunden, von der Gästeliste gestrichen worden.

Mr. und Mrs. van Cutsem hatten während Charles' unerfreulicher Trennung von Diana immer hinter ihm gestanden, seine Romanze mit Camilla unterstützt und ihm in den letzten Jahren seiner ersten Ehe in ihrem Haus Zuflucht gewährt, wenn ihn seine Söhne besuchten. Nach dem Weggang der Nanny »Tiggy« Legge-Bourke war Emily für die Prinzen so etwas wie eine Ersatzmutter gewesen.

Doch die enge Freundschaft sollte, wie so viele andere Freundschaften von Charles, nicht halten. Im November 2004 luden die van Cutsems den Prinzen und Mrs. Parker Bowles zur Hochzeit ihres ältesten Sohnes Edward ein. Der dreißigjährige Patensohn von Charles heiratete Lady Tamara Grosvenor, die Tochter des Herzogs von Westminster. Was nun die Sitzordnung in der Kirche anging, unternahmen die van Cutsems den ungewöhnlichen Schritt und kontaktierten vorher den Buckingham-Palast. Daraus folgte die demütigende Direktive, dass Charles und Camilla nicht gemeinsam an der Kirche ankommen, nicht durch dieselbe Tür eintreten und nicht nebeneinander sitzen sollten. Das königliche Liebespaar fühlte sich dadurch so vor den Kopf gestoßen, dass es einen Rückzieher machte und schwor, nie wieder mit den van Cutsems zu reden.

Aus einer Quelle hieß es: »Camilla war fuchsteufelswild. Absolut außer sich vor Wut.« Später hörte man aus anderer Quelle: »Die Wahrheit ist, dass weder Hugh noch Emily diese Ehe gutheißen. Sie sind der Ansicht, dass Camilla der Monarchie viel Schaden zugefügt hat. Charles hat sich durch Camilla verändert, aber leider nicht zum Vorteil.«

So wie Camillas dunkler Schatten Dianas Gedanken dominiert haben mag, als sie im Sommer 1981 den Mittelgang der St. Paul's Cathedral entlangschritt, so beeinflusste nun das Wiederaufflammen von Dianas Einfluss die bevorstehende Vermählung.

Im Januar 2004 ordnete der neu ernannte königliche Ermittlungsbeamte Michael Burgess eine Untersuchung von Dianas Autounfall durch Beamte von Scotland Yard an. Obwohl die französischen Behörden eine Untersuchung durchgeführt hatten, ist es in Großbritannien üblich, eine eigene Untersuchung durchzuführen, wenn Briten im Ausland verstorben sind und die Umstände es rechtfertigen. Nach dem Auftauchen eines Briefes in Dianas Handschrift, in dem sie ihren eigenen Tod bei einem Autounfall vorhersagte und andeutete, dass es sich nicht um einen Unfall handeln würde, glaubte der Ermittlungsbeamte offensichtlich, dass ihm nichts anderes übrig bleibe, als das Gewissen der Öffentlichkeit durch das Anordnen einer Voruntersuchung zu beruhigen. Und das, obwohl bereits acht Jahre zwischen Dianas Tod und der Arbeit einer Untersuchungskommission, die die Umstände bewerten sollte, liegen würden. Ein paar Tage nachdem Charles und Camilla ihre Verlobung bekannt gegeben hatten, mussten sie nun in den Zeitungen unheilvolle Bilder von britischen Polizeibeamten sehen, die den Tunnel in Paris abschritten, in dem sich das Drama abgespielt hatte, um am Computer den tödlichen Zusammenstoß rekonstruieren zu können, bei dem Diana, ihr Begleiter Dodi Fayed und der Fahrer Henri Paul gestorben waren.

Das Timing war zufällig, doch es kam allen im königlichen Lager so vor, als habe das Paar und die unselige Hochzeit nun ein neuer Fluch befallen. Die Menschen hielten Diana immer noch in positiver Erinnerung, auch wenn ihr Ruf in der Zwischenzeit durch neue Enthüllungen etwas gelitten hatte. Und da die Untersuchung begonnen worden war, schien es wahrscheinlich, dass nach Charles' und Camillas Rückkehr aus den Flitterwochen wieder einmal Dianas Name und Gesicht die Titelseiten der Weltpresse dominieren würden.

Doch zuvor richtete sich das Scheinwerferlicht auf die Kinder des Paares. Während niemand die Aufrichtigkeit von Prinz Williams guten Wünschen anzweifelte, gab es Bedenken, ob Prinz Harry der Hochzeit gegenüber wohlwollend eingestellt war. Der schwierige Junge, dessen Aufenthalt in Eton nicht ganz so erfolgreich verlaufen war wie der seines Bruders, geriet über die Jahre in immer größere Schwierigkeiten.

Obwohl ihm eine Karriere beim Militär vorherbestimmt war, schienen weder er noch sein Vater es besonders eilig zu haben, diese Pflichten anzugehen. Ein Auszeitjahr folgte dem nächsten, und das Nichtstun – von seinen Aktivitäten auf dem Polofeld abgesehen – schien ihm nicht sehr gut zu bekommen. Im Herbst 2004 wurde Harry in den frühen Morgenstunden vor einem Londoner Nachtclub in Handgreiflichkeiten verwickelt Der Prinz war offensichtlich sehr angetrunken, und ein Fotograf trug in dem Streit eine aufgeplatzte Lippe davon. Man darf wohl durchaus annehmen, dass Harry sich von dem Pulk von Paparazzi provoziert fühlte, der draußen vor dem Club auf ihn wartete, doch manche Berichterstatter hielten es nicht für besonders klug, einem jungen Mann, der so anfällig für Alkohol war, zu erlauben, so spät noch auszugehen. Seine Sicherheitsbeamten äußerten sich nicht zu dem Vorfall. Ihre Standardantwort zu solchen Dingen lautet, dass es ihre Aufgabe sei, zu beschützen, nicht zu beraten.

Harrys zukünftige Arbeitgeber wussten ebenfalls über den Vorfall Bescheid. Andrew Ritchie, Kommandant der Militärakademie für Offiziere Sandhurst, reagierte schroff: »Ich halte nicht viel von schlechtem Benehmen an den Wochenenden. Ich habe bereits Kadetten der Schule verwiesen, wenn ihr Benehmen nicht den Maßstäben eines Offiziers entsprach, und das würde ich wieder tun. Er [Harry] wird genau wie jeder andere hier behandelt. Damit wird er rechnen müssen, so wie jeder andere auch.«

Genaue Beobachter des Königshauses hörten von Prinz Charles keine Ermahnungen dieser Art und bezweifelten wieder einmal, dass er als Vater geeignet sei. Zur gleichen Zeit kam heraus, dass Harry tatsächlich nicht gern mit Camilla unter einem Dach lebte. Schnell wurde der Vorfall unter den Teppich gekehrt. Dennoch verzögerte sich Harrys Eintritt in die Militärakademie Sandhurst, und als Grund wurde eine Knieverletzung genannt. Diese Verletzung hielt ihn jedoch nicht davon ab, bald darauf Ski fahren zu gehen.

Gegen Ende des Jahres kehrte Harry nach einem verkürzten Aufenthalt in Argentinien nach Großbritannien zurück. Er war dort in die Schlagzeilen geraten. Die argentinische Presse hatte berichtet, dass er mehrere Male betrunken gewesen war und sich durch sein Verhalten der Gefahr ausgesetzt hatte, von Kriminellen vor Ort aus einer Bar entführt zu werden. Es gab nur wenige Beweise, die diese Vorfälle belegten, doch Harry sah sich gezwungen, schamvoll nach Hause zurückzukehren. Es sollte nur wenige Wochen dauern, bis er noch größeren Ärger bekam.

Im Januar 2005 veröffentlichte die *Sun* eines Morgens ein Foto des jungen Prinzen in einer Nazi-Uniform. Er hatte das Outfit mit seinem Bruder William in einem Laden in der Nähe von Highgrove ausgesucht und bei einer privaten Kostümparty in Gloucestershire getragen. Wäre das Foto nicht veröffentlicht worden, wäre das Ganze eine Privatangelegenheit geblieben – geschmacklos, sonst nichts.

Doch der Abdruck auf der Titelseite der meistverkauften Tageszeitung Großbritanniens mit der Schlagzeile HARRY, DER NAZI änderte alles. Politiker, Interessengruppen und religiöse Anführer standen Schlange, um den Prinzen zu beschimpfen, der schließlich als Dritter in der Thronfolge stand. Israels Außenminister Sylvan Shalom, der Parteivorsitzende der Konservativen Michael Howard und Tony Blairs Sonderbevollmächtigter für den Mittleren Osten Lord Levy griffen den jungen Mann mit vereinten Kräften an. Und das Simon Wiesenthal Center[40] forderte Harry auf, Auschwitz zu besuchen, um etwas über das nationalsozialistische Terrorregime zu lernen.

Alles in allem war es eine Überreaktion auf einen dummen, geschmacklosen Streich. Aber wieder stand Harry unter Beschuss, und die Situation verschärfte sich noch durch seine Weigerung, mehr als nur die geforderte Entschuldigung abzugeben. Prinz Charles, der sich auf Urlaub in Schottland befand, fuhr nicht in den Süden, um sich seinen Sohn vorzuknöpfen, und beorderte ihn auch nicht zu sich. Fragen wurden laut über sein angebliches Desinteresse, doch es war noch nicht bekannt, dass Charles seine Söhne bereits über die bevorstehende Hochzeitsankündigung unterrichtet hatte. Harry hatte es nicht sehr gut aufgenommen und weigerte sich, Camilla zu sehen. Charles wollte einer Begegnung mit seinem leicht erregbaren Sohn aus dem Weg gehen und keine schlafenden Hunde wecken. Harry kehrte nach Highgrove zurück, wo er einige Wochen allein gelebt hatte.

Dieser »Hausarrest« beendete zunächst seine gerade erblühende Romanze mit der neunzehnjährigen blonden Chelsy Davy aus Simbabwe. Sie wurde als die erste Liebe des Prinzen beschrieben und hatte mit ihm einen Urlaub in Argentinien und auf der Insel Lazaretto vor der Küste Afrikas genossen. Ihr temperamentvoller Charakter, ihre Familie und ihre Unfähigkeit, den Mund zu halten, machten sie zu einer unwahrscheinlichen Kandidatin für die Rolle einer zukünftigen Prinzessin. Doch Harry blieb ihr treu, bis er sie, nach Aussage von engen Freunden, anrief und ihr sagte: »Ich habe gerade eine echte Krise und kann mich nicht an dich binden.«

Hinter dieser Absage stand laut Freunden von Miss Davy die Missbilligung seitens Camilla Parker Bowles, die mit Prinz William über seinen Bruder gesprochen hatte. »Mein Bruder hat mit mir über uns gesprochen«, soll Harry seiner Freundin angeblich gesagt haben. »Er sagt, Camilla halte dich, wie auch schon meine Mutter, für unberechenbar. Sie hat eine Menge Einfluss auf meinen Vater. Das ist ernst.«

Die normalerweise sehr kämpferische Miss Davy schwieg, aber ihre Freunde übernahmen das Reden für sie. Prinz William, so enthüllten sie, nehme gegenüber Harry eine beinah väterliche Rolle ein und ermutige ihn, andere Mädchen zu treffen, die angeblich besser zu ihm passten. Wenn man jedoch diesen Aussagen glauben darf, gingen Camillas Versuche, die liebende Stiefmutter zu spielen, nach hinten los. Während Prinz William versprochen hatte, bei der Hochzeit seines Vaters die Rolle des Trauzeugen zu übernehmen, war von Harry kein solches Angebot erfolgt.

Im Vergleich dazu störten sich Camillas Kinder weniger an der zweiten Heirat ihrer Mutter. Der dreißigjährige Tom Parker Bowles und seine sechsundzwanzigjährige Schwester Laura lieferten die üblichen Phrasen und waren beide »hocherfreut«. Tom, inzwischen ein erfolgreicher Journalist und Kochbuchautor, schien nach einigen Eskapaden mit Drogen an der Universität nach seinem soliden Großvater Bruce Shand zu schlagen. Laura besitzt die eiserne Entschlusskraft ihrer Mutter, hat diese jedoch in die Kunstwelt kanalisiert. Nach einem Aufenthalt am Peggy Guggenheim Museum für Moderne Kunst in Italien kehrte sie nach London zurück, von wo aus sie die Eröffnung einer Kunstgalerie in Bulgarien unterstützte. Von beiden war kein Ärger zu erwarten.

Das Gleiche konnte man von der Königin nicht sagen. Am 23. Februar 2005, weniger als vierzehn Tage nach der Bekanntgabe der Heiratspläne, machte der Buckingham-Palast eine schockierende Ankündigung. In kurzen und knappen Worten erfuhr die Öffentlichkeit, dass Ihre Majestät nicht an der Hochzeit ihres Sohnes teilnehmen werde. »Die Königin und der Rest der königlichen Familie werden natürlich an dem Segnungsgottesdienst in der St. George's Chapel teilnehmen«, sagte ein Sprecher. »Sie ist sehr erfreut, den Hochzeitsempfang im Schloss auszurichten.«

Die zuckersüßen Worte machten niemandem etwas vor. Praktisch jede Zeitung benutzte am nächsten Morgen das Wort »Affront«. Sofort deuteten alle diese Entwicklung als Zeichen der inneren Wut und Enttäuschung der Königin über eine Veranstaltung, die der *ersten* Familie Großbritanniens bereits viel zu viel Aufmerksamkeit beschert hatte, und zwar nicht unbedingt im positiven Sinne. Manche glaubten, es sei unter der Würde der Monarchin, an einer Zeremonie teilzunehmen, die nur in einem Standesamt stattfand, andere, dass sie einfach genug von dem ganzen schlecht organisierten Zirkus hatte.

Doch an einer Sache gab es nichts zu rütteln: Die Königin hatte schließlich die Kontrolle über das Projekt Camilla an sich genommen. Ihr Wunsch, die Feier, die ihr Sohn zu einem nationalen Freudentag hatte machen wollen, unauffälliger zu gestalten, war befolgt worden.

Und letztlich profitierte jeder von der Abmachung. Die Königin näherte sich wieder den Moralisten und religiösen Strömungen in Großbritannien. Diese glaubten daran – wie altmodisch es in der heutigen Zeit auch wirken mag –, dass Mann und Frau ein Leben lang verheiratet bleiben sollten und man Ehebruch verurteilen müsse. Im Hinblick auf ihren näher rückenden achtzigsten Geburtstag und die Beurteilung ihrer Regentschaft aus historischer Sicht konnte ihre pragmatische Akzeptanz der Heirat ihres Sohnes und die gleichzeitige Distanzierung von der Veranstaltung selbst nur ihrem Status zugute kommen.

Was Charles anging, so hatte er sich endlich seinen Herzenswunsch erfüllt und ein lang gehegtes Ziel erreicht, nämlich Camilla zu heiraten. Was sein öffentliches Ansehen angeht, mochte es ihn teuer zu stehen gekommen sein – viele sind sogar der Meinung, dass es ihn letztlich den Thron hätte kosten können. Doch vielleicht hatte er einen Punkt in seinem Leben erreicht, wo ihm all das nichts mehr ausmachte. Er war ungeheuer reich, seine Krönung lag noch in ferner Zukunft, so wog vermutlich der schöne Gedanke, Camilla zur Frau zu haben, alles andere auf.

Mrs. Parker Bowles – nun Ihre Königliche Hoheit, die Herzogin von Cornwall – hatte alle Präzedenzfälle in der tausendjährigen Geschichte der britischen Königsfamilie aufgehoben. Während ihre Urgroßmutter Alice Keppel nur eine Fußnote in der Geschichte darstellte, konnte Camilla Stoff für ein ganzes Kapitel liefern. Es war mehr, als sie je zu hoffen gewagt hatte.

Und Diana? Der große Verlust an Vertrauen und Respekt, den die Camilla-Affäre für das Haus Windsor bedeutet hatte, war Rache genug. Ja, am Ende hatte jeder davon profitiert …

KAPITEL 16

Die Erlösung

Im Gegensatz zu den meisten festlichen Anlässen des Königshauses, die stets bis ins kleinste Detail geplant sind und auf jahrhundertealte Traditionen zurückgehen, fand die königliche Hochzeit am 9. April 2005 mit einem Tag Verspätung statt. Nach dem Tod von Papst Johannes Paul II. in der Woche vor der geplanten Hochzeit hatte sich die gesamte Aufmerksamkeit der Weltöffentlichkeit auf Rom gerichtet. Als die Höflinge erfuhren, dass die Beerdigung des Papstes am selben Tag stattfinden sollte wie die Trauung von Charles und Camilla, signalisierten sie dennoch, dass sie nicht von ihren Plänen abweichen wollten. Erst als bekannt wurde, dass die wichtigsten Gäste der Hochzeitszeremonie – darunter Premierminister Blair und das geistliche Oberhaupt der Kirche von England Dr. Rowan Williams – Rom den Vorzug geben würden, machten sie einen Rückzieher.

Wieder einmal wurde dem königlichen Ansehen ein herber Schlag versetzt. Nachdem Charles und Camilla bereits aus verschiedenen Bereichen der britischen Presse Kritik wegen der ineffizienten Vorbereitungen und der ungeschickten Bekanntgabe der Neuigkeit hatten einstecken müssen, sah sich das Brautpaar in den letzten Tagen vor seinem großen Tag ständig weiteren Angriffen ausgesetzt. »Wir werden verteufelt, wenn wir weitermachen, und wir werden verteufelt, wenn wir es nicht tun«, beklagte sich ein Höfling bitter. Letztlich wurde der Ausgang der Angelegenheit – und das nicht zum ersten Mal – von der Downing Street beeinflusst. Tony Blairs Entscheidung, nach Rom zu fahren, ließ das Paar regelrecht im Regen stehen und kam im Grunde einer öffentlichen Brüskierung gleich.

Für Camilla waren die letzten Tage vor der Hochzeit eine Qual. Sie hatte strenge Diät gehalten, und trotz ihrer enormen

Courage – sei es zu Pferd oder gegenüber den Paparazzi – war die Vorstellung, nun endlich ihren schützenden Kokon zu verlassen und die Weltbühne zu betreten, Furcht einflößend. Am Morgen der Hochzeit wirkte sie blass, dünn und etwas wackelig auf den Beinen. Nach einem Glas Sherry, das ihre Nerven beruhigen sollte, fühlte sie sich nur noch schlimmer.

Als das Paar den Hügel von Schloss Windsor in Richtung High Street hinunterfuhr, bot sich ihm ein, nach königlichen Maßstäben, ungewöhnlicher Anblick. Windsor ist eine relativ kleine Stadt, doch während sich neben den bewaffneten Polizisten recht viele Journalisten, Kameraleute und Fernsehreporter eingefunden hatten, fielen die Zuschauer aus der Bevölkerung kaum ins Gewicht. Vielleicht lag es an der Kälte (es hatte in der Nacht zuvor geschneit) oder an der wenig glanzvollen Atmosphäre, die das ganze Unterfangen zu überschatten drohte, doch als Charles und Camilla langsam in ihrem Rolls-Royce an der spärlichen Menge vorbeifuhren, rangen einige hörbar nach Luft. Ein paar kritische Demonstranten wurden schnell von der Polizei abgeführt (obschon im Vereinigten Königreich angeblich noch das Recht auf freie Meinungsäußerung besteht). Außerdem hatte man an einer strategisch günstigen Stelle direkt neben dem Ratshaus eine Jazzband platziert, die mit lauter Musik mögliche Buhrufe oder Pfiffe übertönen sollte.

Die Trauungszeremonie verlief ohne Zwischenfälle und war nicht vergleichbar mit der pompösen Hochzeit von Charles mit Lady Diana Spencer beinah vierundzwanzig Jahre zuvor – auch nicht mit Camillas erster Hochzeit. Die Trauung an sich war im Grunde nichts anderes als die Legalisierung ihrer wilden Ehe. Durch sie wurden die beiden berühmten Liebenden zu einem ganz gewöhnlichen Paar mittleren Alters, das, wie viele andere Paare in einer ähnlichen Situation, an diesem Tag heiratete. Anschließend kehrten Charles und Camilla schnell hinter die sicheren Mauern von Schloss Windsor zurück und begaben sich in die hoheitsvollere Atmosphäre der St. George's Chapel.

Was anschließend folgte, wirkte sich sehr nachteilig auf das Verhältnis zwischen dem zukünftigen König und dem Erzbischof von Canterbury aus. Dr. Williams hatte einige Zeit zuvor deutlich gemacht, dass er gegen den ausdrücklichen Wunsch der Mehrheit in seiner Kirche keine Trauung vollziehen könne. Doch als er die St. George's Chapel betrat, bot sich ihm ein äußerst festliches Szenario, mit dem Charles der Ziviltrauung im Rathaus um jeden Preis mehr Gewicht zu verleihen beabsichtigte.

Zu den Gästen bei diesem verschwenderischen Teil der Hochzeitsfeierlichkeiten zählten Würdenträger wie der König von Bahrain, Prinz Konstantin der Niederlande, der Kronprinz von Norwegen, eine Hand voll saudischer Prinzen und Prinzessin Alexandra von Jugoslawien. Die Experten hingegen waren sich einig, dass es nicht die hochrangigsten Vertreter der Königshäuser aus aller Welt waren. Es gab tatsächlich einige leere Plätze, auf denen weitere Gäste hätten sitzen sollen. So blieb zum Beispiel Kronprinz Felipe von Spanien fern, weil er angeblich verhindern wollte, dass seine frisch gebackene Ehefrau, die selbst geschieden war, mit Camilla über einen Kamm geschoren wurde. Andere gekrönte Häupter hielten den Anlass für zu unbedeutend, um von ihrem Thron herunterzusteigen.

Als der Prinz von Wales und seine Herzogin von Cornwall – wie Camilla von nun an heißen würde – die Stufen der St. George's Chapel betraten, ertönte beifälliger Jubel aus einer kleinen Menschenmenge. Im Gegensatz zu den Feierlichkeiten im Jahr 1981, als sich eine Million Zuschauer auf der Mall die Kehlen heiser geschrien hatte, handelte es sich hier nur um einige wenige geladene Gäste. Camilla, in einem eleganten, bodenlangen Brautkleid und einem mit Federn geschmückten Hut von Philip Treacy, den ihr der Wind beinah vom Kopf riss, das Gesicht blass und stark geschminkt, sah zugleich verletzlich und anziehend aus.

Ganz unerwartet wechselte die Königin lächelnd einige Worte mit ihrer neuen Schwiegertochter. Diese flüchtige Geste war zwar unauffällig, jedoch sehr wohl durchdacht. Sie besagte: Camilla gehört nun zur Familie – mag dies richtig oder falsch, gut oder schlecht sein – und ist daher über jede Kritik von außen erhaben. Die Monarchin hatte in der gesamten Affäre stets ein äußerst geschicktes und kluges Spiel gespielt. Durch ihre Weigerung, der standesamtlichen Trauung beizuwohnen, hatte sie einerseits die Traditionalisten besänftigt, die gegen die Eheschließung von Charles und Camilla waren. Zugleich hatte sie jedoch keinen Einspruch gegen die Heirat erhoben, sodass man ihr nicht vorwerfen konnte, sie habe die Monarchie in Gefahr gebracht. Und durch diese eine raffinierte Geste am Tag der Hochzeit hatte sie ihre Position gefestigt und sich gleichzeitig als Gegnerin *und* Befürworterin dieser umstrittenen Verbindung dargestellt. In den mehr als fünfzig Jahren ihrer Regentschaft war dies eines der gelungensten Manöver, die sie je unternommen hatte.

Bei dem Hochzeitsbrunch nach der Zeremonie wurde eine weitere Hürde aus dem Weg geräumt, als Prinz William seine neue Stiefmutter mit einem Kuss in der Familie willkommen hieß. Prinz Charles dankte in seiner Rede allen, die ihm bei der Verwirklichung seines lang gehegten Traumes geholfen hatten. Als er jedoch auf diejenigen zu sprechen kam, die seine Kämpfe stets beobachtet und protokolliert hatten, rief er inbrünstig: »Nieder mit der Presse!« Alle klatschten begeistert Beifall – obwohl unter den anwesenden Politikern, Geistlichen, Schauspielern, Musikern und Schriftstellern, die den Großteil seiner Gäste ausmachten, selbst nur wenige solch einen gefährlichen Fehdehandschuh geworfen hätten.

Die Fernsehberichterstattung über die Ereignisse des Tages fiel sehr positiv aus. Falls sich jedoch die Höflinge am Abend, nachdem sich die Straßen von Windsor geleert hatten und die Müllwagen herangerollt waren, selbstzufrieden die Hände gerieben haben sollten, so wäre dies wohl etwas verfrüht gewesen. Die Hoffnung, dass sich nach der Hochzeit die Meinung der Öffentlichkeit sofort um 180 Grad wenden würde, sollte sich nicht erfüllen. Schließlich waren die Feierlichkeiten in Windsor von dem Tod und der Beisetzung des Papstes überschattet worden, was nun mal auch in historischer Sicht mehr Gewicht hatte. Königshäuser inszenieren ihre Auftritte in der Öffentlichkeit gerne im großen Stil, doch das Schicksal hatte in diesem Fall dafür gesorgt, dass Charles' und Camillas Weg zur Erlösung auf der Weltbühne nur eine Nebenrolle spielen sollte.

Schließlich stellte sich heraus, dass doch noch jemand für die miserabel organisierte königliche Hochzeit den Kopf hinhalten musste. Der Hofmarschall Kevin Knott, der bereits seit zwanzig Jahren für Prinz Charles arbeitete, musste gehen, nachdem er bereits zweimal selbst seine Kündigung angeboten hatte. Das Amt aus dem sechzehnten Jahrhundert war jahrelang unbesetzt geblieben, jedoch vom Prinzen wiederbelebt worden, damit Mr. Knott mehr Kontrolle über die Angelegenheiten des königlichen Haushalts erhielt. Nun nahm Mr. Knott einen neuen Posten an der Oxford University an. Nicht wenige waren der Meinung, dass eigentlich Charles' Privatsekretär Sir Michael Peat die Schuld hätte auf sich nehmen müssen, nicht der rangniedrigere Höfling Knott.

1981 hatten der Prinz und die Prinzessin von Wales ihre Hochzeitsreise auf der königlichen Jacht *Britannia* angetreten. 2005 gehörte die königliche Jacht – zwei Jahrhunderte lang ein romantisches Symbol des britischen Königshauses – aus einer Vielzahl von Gründen schon längst der Vergangenheit an. Zum einen war es nicht sehr gut um die Wirtschaft bestellt, dann war die Regierung nicht länger gewillt, den »Mythos« des Königshauses zu finanzieren, und außerdem hatte die Bevölkerung von dem offen zur Schau getragenen Wohlstand der *ersten* Familie des Landes genug. Und so brachen Charles und Camilla nach ihrem Hochzeitsbrunch ganz prosaisch im Flugzeug zu ihren Flitterwochen nach Schottland auf.

Die Menschen im Norden hatten schon immer mehr Verständnis für Charles und Camilla aufgebracht – sogar zu Lebzeiten von Diana –, und wann immer sie nun als Mann und Frau in der Öffentlichkeit erschienen, war ihnen stürmischer Beifall sicher. So geschah es auch, als sie am Morgen nach der Hochzeit die Kirche in Crathie besuchten, die ihrem neuen Zuhause Birkhall am nächsten liegt. Anschließend nahm das Ehepaar seinen ersten gemeinsamen öffentlichen Termin wahr und eröffnete einen Kinderspielplatz in Ballater, dem Dorf in der Nähe von Balmoral, dessen Bewohner glühende Anhänger der Monarchie sind. Normalerweise hätte so eine Aufgabe ein Politiker oder eine Persönlichkeit aus dem Lokalfernsehen übernommen, doch es nutzte zugleich Ballater und den Höflingen, dass Charles und Camilla dort ihr öffentliches Leben aufnahmen.

In Schottland ist Prinz Charles seit ein paar Jahren unter dem höchsten seiner schottischen Titel bekannt, und zwar als Herzog von Rothesay. Hier konnte er nun mit seiner neuen Frau die Tatsache auskosten, dass sie als Paar – zumindest in Schottland – endlich einen gemeinsamen Namen führen durften. In England musste Camilla sich an den Umstand gewöhnen, dass ihr Mann der Prinz von Wales war, während sie nur den Titel »Herzogin von Cornwall« trug. Doch hier, nördlich der Grenze, konnte sie sich Herzogin von Rothesay nennen und stand ihrem Mann in nichts nach.

Glücklich machten sich die Rothesays daran, ihre Umgebung zu erobern, wenn auch noch nicht die ganze Welt. Die Schotten, die den Ruf haben, sehr sparsam zu sein, sahen es gern, dass Camilla an drei von sechs Tagen dasselbe Outfit trug, und zwar einen roten Mantel mit kariertem Besatz und einen Schal im Schottenmuster. Diese Art von Geiz würde sich vermutlich nicht wiederholen, doch sie zeigte, dass die königlichen PR-Spezialisten am Ball geblieben waren und auf das hörten, was die Bevölkerung zu sagen hatte.

Die Flitterwochen in Birkhall unterschieden sich im Grunde nicht von den Wochenenden, die das Paar seit der Renovierung des Hauses dort verbracht hatte. Kurz darauf überließ Charles Camilla sich selbst und brach zu einem Urlaub auf, um sich noch einmal ganz für sich vom Hochzeitsstress zu erholen.

Und hierin zeigte sich einen kurzen Moment lang, wie sehr sich das liebende Paar auf geistiger Ebene unterscheidet. Die Liebe der beiden wird durch zahlreiche gleiche Interessen gefestigt, und dennoch sind sie von Grund auf eigenständige Menschen. Die Art, wie sie nach diesen anstrengenden Wochen Entspannung suchten, zeigt überaus anschaulich, wie wenig sich ihre Charaktere gleichen. Charles verließ Schottland und begab sich nach Rumänien, wo er einige Tage in der Gesellschaft von orthodoxen Mönchen verbrachte, bevor er sich auf eine Pilgerreise zum Berg Athos, dem heiligen Berg in Griechenland, begab. Dort haben Frauen keinen Zutritt, und es gibt einen 150-Meter-Bannkreis entlang der Küste, den sie nicht übertreten dürfen. Charles schloss sich dort den 2300 Mönchen bei ihrer täglichen Routine an, und ein Sprecher der religiösen Gemeinde erklärte, dass der Prinz seine Zeit mit Malen und philosophischen Diskussionen mit dem Abt verbringe. Camilla machte es sich währenddessen etwas leichter und entschied sich für die riesige Luxusjacht der Familie des mittlerweile verstorbenen Reeders John Latsis. Und so fanden beide auf ganz unterschiedliche Art Balsam für ihre Seelen.

Nach ihrer Rückkehr wurde Camilla vollends von der Königin akzeptiert – zumindest nach außen hin – und durfte auf Schloss Windsor an der altehrwürdigen Aufnahmezeremonie des Hosenbandordens teilnehmen. Ihre Ankunft und Abfahrt wurden nicht besonders in den Vordergrund gestellt. Doch ihre Teilnahme an der Zeremonie war eine unmissverständliche Botschaft an diejenigen, die in Camilla immer noch nur die Frau sahen, die die Ehe eines Mitglieds der Königsfamilie zerstört hatte. Manche fanden es amüsant, dass man sie neben die Princess Royal[41] setzte. Diese konnte ihre neue Schwägerin nach wie vor nicht ausstehen und hatte dafür gesorgt, dass Camilla in der Hierarchie bei Hofe eine Stufe unter Anne und ihrer Cousine Prinzessin Alexandra stand. Als Frau des zukünftigen Königs kam ihr eigentlich die Stellung als ranghöchste Dame am britischen Hof zu.

Diejenigen, deren Existenz vom Leben bei Hofe, besser gesagt vom Tratsch darüber, abhing, behaupteten, dass Camilla sich nach ihrer Hochzeit innerhalb weniger Wochen ein hoheitsvolles Gebaren angewöhnt habe, das ihr nicht besonders gut zu Gesicht stehe. Doch die Eheschließung hatte sämtliche Konstellationen im Hause Windsor verändert, und obwohl Prinzessin

Anne einen Triumph über Camilla errungen hatte, sollte sich dieser nur als ein Pyrrhussieg erweisen.

Der erste wirklich glückliche Moment im Kreis der Familie seit der Eheschließung ergab sich, als Camilla gemeinsam mit der Königin, Prinz Philip und Prinz Charles die Abschlussfeier in der Universität von Prinz William besuchte. Er hatte an der St. Andrew's University in Schottland seinen Magister der Geisteswissenschaften gemacht.

In den vier Jahren seines Studiums hatte William an der Universität Zuflucht vor der Aufmerksamkeit der Presse suchen können, während er zuerst Kunstgeschichte belegt hatte und anschließend zur Geografie gewechselt war. Während dieser Zeit hatte er sich verliebt und war mit Kate Middleton zusammengezogen, deren Familie aus der Mittelschicht stammt. Angeblich hatte Kate William die Kraft gegeben, in seinem ersten Jahr weiterzumachen, als er glaubte, nicht mit den hohen Anforderungen seiner Tutoren fertig zu werden. Mit ihrer ruhigen und unauffälligen Art bewies Kate erstaunliche Entschlusskraft und wurde für ihre Loyalität damit belohnt, dass sie an Williams großem Tag der Königin vorgestellt wurde. Manche hielten dies für das sicherste Zeichen, dass William sie trotz seiner Proteste heiraten wollte.

Wie bereits bei der Hosenbandordenzeremonie spielte Camilla erneut eine unterstützende Nebenrolle und hielt sich in Anwesenheit der Monarchin und deren Nachfolger erfolgreich im Hintergrund. Als wenige Tage später verkündet wurde, dass sie ihr eigenes Wappen erhalten solle, wertete man dies als Zeichen der Königin, dass sie Camillas wachsende Bedeutung innerhalb der königlichen Familie anerkannte.

Eine wahrscheinlichere Erklärung ist, dass diese Ankündigung wegen der Diskussion darüber, ob Camilla zum Zeitpunkt von Charles' Krönung Königin oder Princess Consort sein würde, seit der Hochzeit zurückgehalten worden war. Ebenso gut kann es sein, dass das Wappen wegen des anhaltenden Chaos bei den Hochzeitsvorbereitungen einfach nicht rechtzeitig fertig geworden war. Wie dem auch sei, das Haus Windsor lässt seine Ankündigungen immer in einem positiven Licht erscheinen, und auch diese eher symbolische Geste wurde von der Presse mit Interesse aufgegriffen.

Im August, also vier Monate nach der Hochzeit, hatte Charles das Gefühl, dass genügend Fortschritte gemacht worden waren. Daher ließ er verkünden, dass er und Camilla später im Jahr eine Reise in die Vereinigten Staaten unternehmen würden. Man war davon ausgegangen – was vielleicht nicht ganz ungefährlich war –, dass die Amerikaner seinen letzten Besuch vor zwanzig Jahren vergessen hatten, bei dem Prinzessin Diana im Weißen Haus mit John Travolta getanzt und die Schlagzeilen erobert hatte.

Doch Charles war wild entschlossen, diesen Plan in die Tat umzusetzen. Er besaß viele mächtige Kontakte in wohltätigen Kreisen, die ihm einen herzlichen Empfang garantieren würden, und daher war die Aussicht einfach zu verlockend. Er gab seinen Mitarbeitern den Auftrag, einen Besuch am Ground Zero in New York zu organisieren, wo Charles und Camilla den Opfern des 11. September Respekt zollen wollten. Dieser Zwischenstopp sollte der Reise eine gewisse Würde verleihen, ohne die man den Besuch für einen teuren Urlaub hätte halten können.

Was Camilla anging, so schien die Rehabilitierung ihrer Familie tatsächlich große Fortschritte zu machen. Ihr Sohn Tom – einst als arbeitsloser, kokainsüchtiger Taugenichts dargestellt – folgte nun dem Beispiel seiner Mutter und heiratete die Journalistin Sara Buys. Der Prinz von Wales fungierte bei der von den Medien viel beachteten Hochzeit seines Patensohns als Trauzeuge. Somit bot sich für Charles und Camilla eine weitere Gelegenheit, sich im familiären Umfeld in der Öffentlichkeit zu zeigen und der Bevölkerung noch einmal in Erinnerung zu rufen, dass sie nur ein ganz normales verheiratetes Paar waren. Camilla trug ein blassblaues Kleid und einen passenden Mantel – beides von ihren Lieblingsdesignern Robinson und Valentine aus Kensington entworfen – und einen Hut von Philip Treacy.

Modejournalisten argumentierten, dass man es auch übertreiben könne, als Camilla im September bei der Enthüllung eines Ehrenmals für die Piloten der Schlacht um England wieder eine Kreation von Treacy trug. Das Denkmal, das an den tödlichen Kampf zwischen der Luftwaffe und der Royal Air Force im Jahr 1940 erinnern sollte, wurde beinah von ihrem extravaganten Kopfschmuck überschattet.

Doch nach einem Jahrzehnt voller Spott und Hohn kam die britische Presse langsam auf den Geschmack, positive Dinge über Camilla zu schreiben. So griffen die Zeitungen begeistert die Information auf, dass Camilla einer Organisation, welche Menschen hilft, die eine Gefahr für sich selbst darstellen, heimlich eine Summe gespendet hatte. Offensichtlich war die Geste der Herzogin erfolgt, nachdem sie von dem Tod der ehemaligen Pferdepflegerin Fiona Gale erfahren hatte. Die Frau hatte sich vor einen Zug geworfen, nachdem sie im Alter von acht Jahren vergewaltigt worden war und seitdem jahrelang unter den Folgen gelitten hatte.

Camillas Spende lenkte die Aufmerksamkeit auf die besagte Organisation, die von der Publicity durchaus profitierte. Doch auch die Herzogin profitierte davon, da sie als mitfühlender Mensch dargestellt wurde – ein bis dahin unbekannter Charakterzug. War den PR-Experten im Palast ein weiterer Sieg gelungen?

Wenn ja, dann sollte ein noch größerer Triumph auf die Beteiligten warten. Prinz Harry gab zu seinem einundzwanzigsten Geburtstag ein Interview und verteidigte Camilla ganz unerwartet mit herzlichen und aufrichtigen Worten.

»Um ehrlich zu sein, stand sie mir und William immer sehr nah«, sagte der Prinz. »Die Menschen müssen verstehen, dass es sehr schwierig für sie ist. Bedenken Sie nur, welche Position sie nun übernimmt. Haben Sie nicht immer nur Mitgefühl mit mir und William, haben Sie Mitgefühl mit ihr. Sie ist eine wunderbare Frau und hat unseren Vater sehr, sehr glücklich gemacht. Das ist das Wichtigste. William und ich lieben sie sehr.«

Und mit diesen innigen Worten ist Camillas langer Weg zur Erlösung endlich beendet worden.

AUSGEWÄHLTE LITERATUR

Benson, Ross: *Charles: The untold story.* London, 1993; dt.: *Charles.* Bergisch Gladbach, 1994.
Campbell, Lady Colin: *Diana in Private.* London, 1992; dt.: *Diana. Ein Leben im goldenen Käfig.* München, 1992.
Campbell, Lady Colin: *The Real Diana.* Aktualisierte Ausgabe: London, 2004; dt.: *Diana. Wie sie wirklich war.* München, 1998.
Dempster, Nigel und Evans, Peter: *Behind Palace Doors.* London, 1993; dt.: *Hinter den Türen von Windsor.* München, 1993.
Dimbleby, Jonathan: *The Prince of Wales: A biography.* Boston, 1994.
Holden, Anthony: *Charles, Prince of Wales.* Aktualisierte Ausgabe: London, 1999; dt.: *Charles.* Berlin, 1990.
Jephson, Patrick: *Shadows of a Princess.* London, 2003.
Morton, Andrew: *Diana: Her True Story.* London, 1992; dt.: *Diana. Ihre wahre Geschichte.* Rastatt, 1992.
Wharfe, Ken: *Diana: Closely Guarded Secret.* London, 2004.
Wilson, Christopher: *A Greater Love: Charles and Camilla.* London, 1995.

ANMERKUNGEN

1 Aus Gründen der Originaltreue wird in diesem Buch bei Zitaten aus englischsprachigen Werken jeweils das englische Original als Vorlage verwendet und eine eigene Übersetzung der Textstellen vorgenommen. Bitte beachten Sie auch die Bibliografie im Anhang. (Anmerkung der Übersetzerin)
2 Das Gelände des Windsor Polo Clubs im Windsor Great Park (A. d. Ü.)
3 Heute ein zeremonielles Amt bei Staatsanlässen (A. d. Ü.)
4 Adelstitel der untersten erblichen Rangstufe (A. d. Ü.)
5 Frz. beaux yeux = schöne Augen (A. d. Ü.)
6 Der Tag im August, an dem offiziell die Moorhuhnjagd beginnt (A. d. Ü.)
7 Bezeichnung für die Vertreter einer jugendlichen Schickeria-Klasse, die durch konservativ-elegante Kleidung, ausgeprägtes Stilbewusstsein, gepflegte Sprache sowie Snob-Appeal bis zur Exzentrik charakterisiert ist
8 Äquivalent zur mittleren Reife (A. d. Ü.)
9 Äquivalent zum Abitur (A. d. Ü.)
10 Die persönliche Leibgarde der Königin (A. d. Ü.)
11 Grüne Minna (A. d. Ü.)
12 Alljährliche Segel-Veranstaltung vor der Insel Cowes (A. d. Ü.)
13 Bezeichnung für eine Sekretärin bzw. einen sehr verlässlichen Menschen (A. d. Ü.)
14 Anspielung auf »Acid Rain«, was »saurer Regen« bedeutet (A. d. Ü.)
15 Verband der Kriegsteilnehmer des Ersten Weltkriegs (A. d. Ü.)
16 Früher Vertreter der Krone in einer Grafschaft, heute repräsentatives Amt (A. d. Ü.)
17 *Jimmy wird's schon richten* (A. d. Ü.)
18 Anspielung auf die Bündnislosigkeit Englands im 19. Jahrhundert (A. d. Ü.)
19 Vom Parlament gewährte Gelder an Mitglieder der Monarchie zur Bestreitung der Ausgaben bei öffentlichen Aufgaben (A. d. Ü.)

20 Das Haus des Grafen von Halifax, einem Freund von Prinz Charles, der früher als zukünftiger Mann von Prinzessin Anne gehandelt wurde; nun mit der Exfrau von Andrew Parker Bowles' jüngerem Bruder Rick verheiratet

21 Lord Willoughby de Broke, ein enger Freund sowohl von Camilla als auch Charles, der eine Farm in Gloucestershire in der Nähe von Highgrove und dem Haus der Parker Bowles' besaß.

22 Die Kinder von Andrew Crawley, der 1988 bei dem Flugzeugabsturz in Turin ums Leben kam. Sarah ist die Tochter des ehemaligen Vorstandsvorsitzenden von Lloyd's, Murray Lawrence, und hat einen Sohn. Aber es waren vermutlich Aidan und Cosima, die Kinder von Marita. Marita ist die Schwester der gegenwärtigen Herzogin von Westminster.

23 Der Graf von Shelburne, der 1956 Ehrenpage der Königin war.

24 Der Familiensitz des Grafen von Shelburne.

25 Eine Hengstfarm in der Nähe von Newmarket. Zu dem Zeitpunkt gehörte sie einem langjährigen Freund des Prinzen und Sohn des Rennpferdtrainers Bernard von Cutsem.

26 Patti und Charles Palmer-Tomkinson. Patti wurde 1988 in Klosters bei dem Skiunfall schwer verletzt, bei dem der königliche Stallmeister Major Hugh Lindsay getötet wurde.

27 Andrew Parker Bowles

28 Organisation zur Förderung von Investitionen in den Gemeinden (A. d. Ü.)

29 Es war Tom Parker Bowles' fünfzehnter Geburtstag.

30 Dritthöchstes Richteramt in England (A. d. Ü.)

31 Die Rede ist von König George VI.

32 Britischer Parlamentsbeschluss (A. d. Ü.)

33 Kern der Dinge (A. d. Ü.)

34 Lordsiegelbewahrer, Fraktionsvorsitzender im Oberhaus (A. d. Ü.)

35 Anspruch des Feudalherrn auf die Hochzeitsnacht mit der Braut eines Vasallen (A. d. Ü.)

36 Wichtiges Amt innerhalb des Finanzapparates der Kirche von England (A. d. Ü.)

37 Die Prinzessin Gemahlin (A. d. Ü.)

38 Vorsitzender des Oberhauses und höchster Berufungsrichter (A. d. Ü.)

39 Eine spezielle Smokingjacke, die Charles mit Erlaubnis der Königin

bei offiziellen Anlässen auf Schloss Windsor, bei denen Abendgarderobe Pflicht ist, tragen darf (A. d. Ü.)

40 Internationale jüdische Menschenrechtsorganisation, deren Ziel es ist, die Erinnerung an den Holocaust zu bewahren und Toleranz und Verständnis zu schaffen

41 Titel der ältesten Tochter der Monarchin (A. d. Ü.)

PERSONENREGISTER

Wegen der häufigen Nennungen sind Prinzessin Diana und Prinz Charles nicht ins Personenregister aufgenommen worden.

Waris Dirie

Schmerzenskinder

Gebunden mit Schutzumschlag | 256 Seiten | ISBN 3-547-71067-7

Waris Dirie, international gefragtes Topmodel, schildert ihre eigene erschütternde Geschichte in den beiden Büchern *Wüstenblume* und *Nomadentochter*, die zu Weltbestsellern wurden. In diesem Buch erzählt Waris Dirie ihr Leben weiter, von dem Tag an, als sie ihr Schweigen brach. Sie erzählt von ihrem Kampf gegen das grausame Ritual der Genitalverstümmelung, von Begegnungen mit Opfern und Tätern, von den mühsamen Recherchen, von Rückschlägen und Erfolgen.

»Und plötzlich ist das grausame Ritual ganz nah.« *Brigitte*

»Ein erschütterndes Buch, doch es ist auch voller Kraft und Hoffnung für Millionen Frauen in aller Welt.« *zeit.de*

Marion von Schröder